Otto E. Ehlers

Im Osten Asiens

Otto E. Ehlers

Im Osten Asiens

ISBN/EAN: 9783743304062

Hergestellt in Europa, USA, Kanada, Australien, Japan

Cover: Foto ©Andreas Hilbeck / pixelio.de

Manufactured and distributed by brebook publishing software
(www.brebook.com)

Otto E. Ehlers

Im Osten Asiens

Im Osten Asiens.

Von

Otto E. Ehlers.

Mit zahlreichen Illustrationen und zwei Karten.

Dritte Auflage.

Berlin.
Allgemeiner Verein für Deutsche Litteratur.
1896.

Inhalt.

Vorwort.

Die Saiten sind zerrissen, der frohe Mund verstummt ...
Die brausenden Fluten eines reißenden Tropenflusses
haben den jugendkräftigen Mann tückisch hinabgezogen, als
er im Begriff stand, durch eine kühne, heroische Forscherthat
seinen Namen mit markigen Zügen in die eherne Tafel der
Erforschungsgeschichte Neu=Guineas einzugraben. Das, was
keinem bisher gelungen, die Durchquerung der Insel, sollte
auch Ehlers versagt bleiben, ja schlimmer, der Versuch
ihm zum Verhängnis werden.

Nur mit einem Gefühl tiefer Wehmut vermag ich die
folgenden Blätter, das letzte Werk eines hochbegabten
Schriftstellers, eines edelen Menschen, der Öffentlichkeit zu
übergeben. Bevor Ehlers den wagemutigen Entschluß faßte,
den Schleier zu lüften, der bis auf den heutigen Tag das
Innere Neu=Guineas verhüllt, unternahm er noch eine Fahrt
längs der ostasiatischen Küste über Hongkong, Canton,
Macao, Schanghai, Tschifu und Tientsin. Von hier aus
wendete er sich dem Innern zu, besuchte Peking, die Stadt
der Städte, und das großartige, an bizarren Monumenten
reiche Gräberfeld der Ming=Dynastie und unternahm dann
über den Paß von Kalgan hinaus einen Vorstoß in die
Mongolei. Ein vierwöchentlicher Aufenthalt im Königreich
Korea schloß die Chinafahrt ab.

Wie in allen seinen früheren Werken, die ihn schnell
zu dem unbestritten beliebtesten Reiseschriftsteller der Gegen=
wart gemacht haben, beweist Ehlers auch hier sein ausge=

zeichnetes Schilderungstalent, das sich mit einer ungemein scharfen Auffassung und einer feinen Beobachtung äußerst glücklich paart. Seit der Zeit Marco Polos bis auf unsere Tage sind China und die Chinesen häufig genug zum Gegenstand der Darstellung in Schrift und Bild gemacht worden, und es war für den Verfasser sicher keine geringe Aufgabe, einem so viel und vielseitig behandelten Thema nicht nur neue, sondern auch fesselnde Seiten abzugewinnen. Daß ihm dies in vollem Umfang gelungen, dafür wird ihm selbst die strengste Kritik das Zeugnis nicht versagen dürfen.

In plastischer Deutlichkeit entrollt sich vor dem Leser ein klares, farbenreiches Bild jener uralten Kultur, deren heutige Träger im eisernen Zwange einer vergilbten Tradition gleichsam erstarrt sind. Der prächtige, goldene Humor, der Ehlers so viele Freunde gewonnen hat, verläßt ihn auch unter den langbezopften Söhnen des himmlischen Reiches nicht; in unvergleichlicher Weise belebt er launig die Schilderung von Land und Leuten, Sitte und Tracht. Neben den kulturellen werden auch die staatlichen Verhältnisse Chinas und Koreas treffend charakterisiert; mit prophetischem Blick sieht der Reisende in seinen kritischen Betrachtungen den Gang der Weltgeschichte, das Geschick der Völker voraus. Was er damals ausgesprochen, ist eingetreten und durch die Schlachten des japanisch-chinesischen Krieges bestätigt worden.

Möge dieser letzte Band den gleichen Beifall finden wie seine Vorgänger.

Dr. Hermann Paetel.

Li-Hung-Chang.

Hongkong.

Am 19. Juli verließ ich Kohsi=Chang, die neueste Sommerresidenz des Königs von Siam, und damit zugleich das Land des weißen Elefanten. Die „Phra Chula Chom Klao", ein kleinerer Dampfer der Scotch Oriental Co., hatte auf dem Wege von Bangkok nach Hongkong Kohsi=Chang angelaufen, um hier ihre Ladung zu ergänzen, da die Barre an der Mündung des Meinam den Schiffen keinen größeren Tiefgang, als 13 Fuß ge= stattet. Ich nahm Passage und schiffte mich ein.

Unsere Fracht bestand aus Reis, getrockneten Muschel= tieren (einer chinesischen, recht übel riechenden Delikatesse) und etwa 100 in ihre Heimat zurückkehrenden chinesischen Kulis. Als einziger Kajüten=Passagier war ich in denkbar angenehmster Weise untergebracht und lernte während meiner siebentägigen Fahrt wiederum einsehen, daß es Thorheit ist, zu glauben, man sei, je größer das Schiff, um so besser aufgehoben. Es geht mit den Schiffen nicht selten wie mit den Gurken, die kleinsten sind häufig die besten.

Meine Kabine war die geräumigste, die ich je an Bord eines Dampfers innegehabt, mit zweischläfrigem Bett, großer Waschtoilette nebst Kommode versehen und ausgezeichnet gelüftet. Essen und Bedienung ließen nichts zu wünschen übrig.

Chinesische Kulis sind im allgemeinen nicht gerade die angenehmsten Reisegefährten. Ihre nahezu nackten Leiber bieten dem Auge keinen erfreulichen Anblick dar, und die Geruchsnerven der Europäer pflegen an dem Rauch der Opiumpfeifen wie an dem Dufte chinesischer Speisen, bei denen getrocknete Seetiere eine große Rolle spielen, durchaus keine Freude zu empfinden. Außerdem ist den bezopften Söhnen des himmlischen Reiches ein so hohes Maß passiver Unverschämtheit zu eigen, daß der hieran noch nicht gewöhnte Abendländer nur schwer ein nervöses Zucken im Handgelenk zu unterdrücken vermag. Der Chinese ist mit allergrößter Vorsicht zu behandeln, und der Kapitän eines Schiffes thut am weisesten, sich gar nicht direkt mit ihm abzugeben, sondern einen von ihm besoldeten chinesischen Beamten für Ruhe und Ordnung verantwortlich zu machen. Schon mancher Schiffskapitän hat seine „Schlagfertigkeit" hier bitter zu bereuen gehabt, denn die Chinesen stehen zusammen wie ein Mann, und wenn sie sich nicht auf der Stelle rächen, so geschieht dies später durch eine Achterklärung gegen das betreffende Schiff, welches dann in Zukunft vergeblich nach der vorzüglich zahlenden Kulifracht Umschau halten kann.

Schon in Singapore und Bangkok hatte ich verschiedentlich den Gastwirten mein Befremden darüber ausgedrückt, daß sie nicht gegen die Unverschämtheit einzelner

ihrer Bediensteten einschritten, und stets die Antwort er=
halten, die Leute hielten derartig zusammen, daß im
Falle einer von ihnen bestraft oder entlassen würde, man
nicht nur Gefahr liefe, selbigen Tages seine sämtlichen
Diener zu verlieren, sondern auch in Zukunft für kein
Geld Ersatz zu erhalten. Der chinesische Diener hat —
das kann ihm niemand abstreiten — einige gute Eigen=
schaften und ist bei weitem, wenn nicht zuverlässiger, so
doch leistungsfähiger, als der Inder, Malaye und Siamese,
aber als Mensch ist er mir persönlich durchaus unsym=
pathisch, ja mehr als das, er ist mir widerwärtig.

Bekanntlich ist vor kurzem von Singapore aus der
erste Transport chinesischer Kulis nach Ost=Afrika ab=
gegangen, und in wenigen Tagen sollen in Macao
600 Chinesen verladen werden, die als Eisenbahnarbeiter
für den Kongostaat angeworben sind.

Man verfolgt hier diese Unternehmungen mit großem
Interesse und ist gespannt zu hören, ob Arbeitgeber wie
Arbeitnehmer im dunklen Weltteil ihre Rechnung finden
werden. Daß der chinesische Kuli als Pflanzer und Erd=
arbeiter, namentlich da, wo er im Akkord arbeitet, seines=
gleichen sucht, darüber ist sich alle Welt einig; die Frage
ist nur, ob er für Afrika nicht zu teuer zu stehen kommt.
Es ist mir unbekannt, wieviel Anwerbung und Trans=
port der von Singapore nach Pangani geschafften Kulis
gekostet hat, ich weiß jedoch, daß man die Kosten für
den Kopf von Macao nach einem beliebigen Hafen
der deutsch=ostafrikanischen Küste auf 450 Mark gegen
240 Mark nach Sumatra berechnet. Der Vertrag würde
auf 3 Jahre, 30 Mark garantierten Verdienst im Monat,
freie Beköstigung und freie Rückfahrt lauten. Die Kosten

der letzteren werden auf etwa 150 Mark für den Kopf angenommen.

Demnach würden sich die Unkosten für Anwerbung, Hin= und Rückfahrt für den einzelnen Kuli auf rund 600 Mark d. h. 200 Mark jährlich, gleich etwa 70 Pfg. für jeden Arbeitstag belaufen. Rechnet man die Be= köstigung (Reis, Thee und gesalzenes Fleisch) auf 30 Pfg. für Mann und Tag dazu, so ergiebt sich alles in allem ein Gesamttagelohn von 2 Mark für den Mann, d. h. viermal soviel, als der Eingeborene in Ostafrika als Plantagenarbeiter bis jetzt zu erhalten pflegt.

Sollte sich trotz dieser hohen Löhne die Beschäftigung chinesischer Kulis für die Plantagen als profitabel heraus= stellen, so kommt es nur darauf an, durch richtige, ge= rechte Behandlung die Chinesen zu fesseln. Von den Berichten, die sie in ihre Heimat schicken, wird es ab= hängen, ob man weiteren Zuzug wird erwarten können oder nicht. Amerika hat den Chinesen seine Thore ver= schlossen, es ist also gute Aussicht vorhanden, daß ein Teil des Stromes der chinesischen Auswanderer sich ohne Schwierigkeit wird nach Afrika lenken lassen. —

Eine Fahrt im chinesischen Meer ist im Monat Juli infolge der dann häufig dort auftretenden Cyklone be= sonders gefährlich, und kein Jahr vergeht, ohne daß ge= rade während dieses Monats hier die See ihre Opfer fordert. Zum Glück hatte sie sich diesesmal nicht die „Phra Chula" als solches ausersehen, sondern sich da= mit begnügt, unserem Kapitän einige recht sorgenschwere Stunden zu bereiten, bis wir endlich am siebenten Tage, nachdem wir ungezählte malerische Halbinseln passiert hatten, in die sichere, herrliche Hafenbucht von Hongkong

einliefen. Eingeschlossen von hohen, größtenteils unbe=
waldeten Bergen, unter denen der etwa 1800 Fuß
messende Mount Victoria, zu dessen Fuße sich die eigent=
liche Stadt ausdehnt, die erste Stelle einnimmt, bedeckt
mit nach Hunderten zählenden vor Anker liegenden
Dampfern und Seglern aller Nationen, seinen Tausenden
von chinesischen Dschunken und Sampans, seinen rastlos
hin= und herfahrenden Dampfpinassen, bietet der Hafen
von Hongkong ein Bild eigenartigen Reizes und seltener
Großartigkeit.

Langsam gleiten wir vorüber an löschenden oder
ladenden Küstenfahrzeugen, von denen erfreulicher Weise
viele die deutsche Flagge führen, sowie an riesenhaften
europäischen und amerikanischen Postdampfern, unaus=
gesetzt gefolgt und umschwärmt von Sampans in allen
Größen, bemannt mit wüst lärmenden Chinesen, die
schreiend und gestikulierend unseren an Bord befindlichen
Kulis ihre Dienste anbieten. Alle sind bewaffnet mit
langen Enterhaken aus Bambus, um in dem Augenblick,
da unser Anker in die Tiefe rasselt, mit ganz erstaunlicher
Behendigkeit an diesen emporkletternd, sich über die
Reeling zu schwingen. In wenigen Sekunden sind
Hunderte von Menschen auf diese Weise an Bord gelangt
und rennen wie die Ameisen eines aufgestörten Haufens
durch einander, Menschen mit sich ziehend, Gepäck an
sich reißend und mit ihrer Beute zurück in die Boote
kletternd.

Nur wer eine derartige Szene im Hafen von Hong=
kong mit angesehen hat, kann sich einen Begriff davon
machen, wie wehrlos die Besatzung selbst eines großen
Dampfers gegen chinesische Piraten sein muß, sobald die=

selben erst einmal in Enternähe gelangt sind. Gegen diesen, in ununterbrochener Folge an allen Ecken und Enden über Bord sich ergießenden Menschenstrom nützen der verhältnismäßig kleinen Besatzung weder Ärzte noch Repetiergewehre.

Zum Glück braucht heutigen Tages der in den chinesischen Gewässern reisende Europäer nicht mehr mit seeräuberischen Überfällen als mit einer wahrscheinlichen Gefahr zu rechnen. Wer jedoch glaubt, Seeräuber gäbe es überhaupt nur noch in Romanen, Operetten und „Reisebeschreibungen", der befindet sich denn doch im Irrtum. Die überall in den Kabinen und Salons der in den chinesischen Häfen verkehrenden Schiffe aufgestellten Waffen sind nicht lediglich ihrer dekorativen Wirkung wegen angebracht, denn kaum ein Jahr ist vergangen, seitdem ein zwischen Hongkong und Swatow fahrender Dampfer von einer Seeräuberbande überfallen worden ist. Der Kapitän sowie mehrere Passagiere wurden dabei getötet, die übrigen Europäer kampfunfähig gemacht, die Feuer der Maschine ausgelöscht und dann das Schiff nach allen Regeln der Kunst ausgeplündert, worauf sich die Piraten mit ihrem Raub entfernten.

Zum Glück war einer der Ingenieure am Leben geblieben, so daß das Schiff nach Hongkong zurückkehren und sofort Anzeige von dem Vorgefallenen erstattet werden konnte. Es gelang dadurch, einen Teil der Piraten einzufangen und ihnen durch Trennung des Kopfes vom Rumpfe ihr sauberes Handwerk für immer zu legen.

In keinem Hafen der Welt habe ich mir soviel Zeit gelassen, an Land zu gehen, wie in Hongkong.

Noch stundenlang, nachdem wir vor Anker gegangen

Hongkong.

waren, saß ich auf Deck, meine Blicke weidend an der mich umgebenden Landschaft und an dem erstaunlich lebhaften Treiben im Hafen.

Und alles das: diese Stadt mit ihrem sich allmählich bis in die Höhe des Victoria Peaks verlierenden Häusermeer, ihren Palästen, Docks und Gärten, mit ihrem nie ruhenden Schiffsverkehr, in 50 Jahren war es geschaffen worden aus dem Nichts, in 50 Jahren war aus dem unbewohnten, nichts hervorbringenden Felseneiland der drittgrößte Hafenplatz der Welt geworden! Sohn Albions! wenn Du irgendwo stolz sein kannst auf den Unternehmungsgeist, auf die Leistungsfähigkeit Deiner Väter und Brüder, so hier in Hongkong. Kühn war das Mühen, herrlich der Lohn!

Wie England Hongkong erworben hat und was dieser Erwerbung alles vorangegangen, das erfährt der Leser am besten aus dem „Konversationslexikon", wie dieses Buch der Weisheit ja trotz aller Verdeutschungsepidemie auch heutigen Tages noch genannt wird. Genug, die Insel wurde 1851 von der chinesischen Regierung den Engländern abgetreten und bildet heute eine sogenannte Kronkolonie. Nach der Volkszählung im Jahre 1891 zählte dieselbe 221 441 Einwohner gegen 160 102 im Jahre 1881, darunter 8545 Europäer.

Hongkong ist vorzüglich befestigt, und die Einfahrt in den Hafen im Kriegsfalle ohne Schwierigkeiten mit Torpedos zu sperren. Die Besatzung wird auf 2989 Mann angegeben. Hongkong ist Freihafen, seine Ein- und Ausfuhr soll gegen 800 Millionen Mark jährlich betragen.

Die natürlichen Erzeugnisse der etwa 50 Kilometer im

Umfange messenden Insel sind gleich Null, nur in einzel=
nen kleinen Thälern wird ein wenig Reis und Gemüse
gebaut. Hongkong ist daher mit Ausnahme von Fischen
in Bezug auf Nahrungsmittel gänzlich vom Auslande
abhängig und würde sich im Falle einer Blokade in
kürzester Zeit vis-à-vis de rien befinden. Als industrielle
Etablissements wären neben verschiedenen Schiffswerften
nur einige Zuckerraffinerien, eine Rumbrennerei, eine
Seidenspinnerei sowie einige Sägemühlen und Zement=
fabriken zu erwähnen. Die Dockanlagen Hongkongs
zählen zu den besten ihrer Art.

Die Presse ist mit 3 englischen und 5 chinesischen
Tagesblättern neben einigen Wochenschriften vertreten.
Die meisten derselben sind auf einen — gelinde gesagt
— unparlamentarischen Ton gestimmt, und es giebt hier
kein Blatt, welches jemals ein solches vor den Mund
nimmt.

Gegen Abend fuhr ich mit einer mir freundlichst zur
Verfügung gestellten Dampfpinasse der Scotch Oriental
Co. an Land, bestieg dort eine von zwei chinesischen
Kulis getragene offene Bambussänfte und ließ mich in
flottem Tempo durch die Hauptstraßen der Stadt tragen.
Hongkong ist eine der wenigen Hafenstädte, die im Innern
halten, was sie von außen versprechen, wenigstens gilt
dies in Bezug auf das Europäerviertel; die Straßen sind
in vorzüglichem Zustande, die Häuser solide gebaut, mit
Gas und Wasserleitung versehen, und trotz des ganz
enormen Wertes des Grund und Bodens fehlt es weder
an breiten Promenaden, noch an Schmuckanlagen und
Spielplätzen. In den Schaufenstern europäischer wie
chinesischer Läden finden wir die Industrie= und Kunst=

Straße in Hongkong.

erzeugnisse beider Hemisphären in verführerischem Durch=
einander ausgebreitet. Hier ist alles vorhanden, was
Herz und Gaumen sich nur wünschen können, vom Pariser
Korsett bis zum westfälischen Pumpernickel, vom Kam=
schatka=Biberfell bis zur Jäger=Unterhose. Und wie in
den Läden die Erzeugnisse, so finden wir in den Straßen
die Vertreter aller Nationen in buntem Gedränge. Orient
und Occident sind nicht mehr zu trennen.

Jn der Chinesenstadt freilich geht es weniger kos=
mopolitisch zu. Hier gehört fast alles, mit Ausnahme
der mit geladenem Karabiner bewaffneten indischen Poli=
zisten, zum Reiche der Mitte, Menschen und Schweine,
Prunk und Schmutz, Wohlgeruch und schlimme Düfte.
Nur an den breiteren Gassen erkennt man, daß die
Stadt unter englischer Verwaltung erbaut ist.

Da ich mir eine Schilderung chinesischen Straßen=
lebens für Kanton vorbehalte, bitte ich den Leser, mir
zurück in die Europäerstadt Hongkongs zu folgen. Was
dem Besucher hier besonders aufzufallen pflegt, ist die
gänzliche Abwesenheit aller von Pferden gezogenen Ge=
fährte. Es sollen freilich in der Kolonie fünf oder sechs
Droschken existieren (man munkelt sogar von einer siebenten=
ten), gesehen aber habe ich keine einzige. Europäer wie
Eingeborene bedienen sich zum Verkehr, falls sie ihre
eigenen Beine schonen wollen, ausschließlich der Trage=
stühle oder der Rickshaws; Schweine werden, jedes
einzelne in ein weitmaschiges Bambusgeflecht geschnürt,
auf Schubkarren, und größere Lasten in Rollwagen, die
oft von 16 bis 20 Chinesen gezogen und geschoben werden,
befördert. Das Pferd dient hier allein dem Polospiel
und Rennzwecken. Die Rennbahn, in größter Nähe

der Stadt, ebenso reizend gelegen wie vorzüglich gehalten,
ist eine der leichtesten Bahnen der Welt, und wenn von
ihr bis zum Friedhof nur ein Schritt ist, so glaube ich,
dürfte es nur in den seltensten Fällen vorkommen, daß
die Sportsmen Hongkongs von der sich ihnen hier
bietenden Bequemlichkeit Gebrauch machen können, denn
Hälse werden hier nicht gebrochen.

Dieser soeben erwähnte Friedhof ist übrigens unstreitig die größte der wenigen Sehenswürdigkeiten der
Kolonie. Was ist selbst der campo santo Genuas im
Vergleich zu diesem Paradiese der Toten? Bei dem
Gedanken, hier einmal begraben zu werden, könnte einem
geradezu das Wasser im Munde zusammenlaufen. Der
Friedhof Hongkongs ist in erster Linie botanischer Garten
und als solcher allein einer der reizendsten, die man
sehen kann. In sanften Steigungen sich bergan ziehend,
von einem murmelnden Bächlein durchzogen, bietet er
mit seinen leise plätschernden Springbrunnen, seinen seltenen Palmen, aromatisch duftenden Koniferenhainen,
seinen blühenden Boskets und farbenprächtigen Blumen-
beeten, die in geschmackvoller Anordnung das saftige
Grün größerer Rasenflächen wohlthuend unterbrechen,
mit seinen hier und da verstreut hervorleuchtenden Mar-
morkreuzen und Denkmälern ein Bild wunderbarer Ruhe
und tiefsten Friedens; er ist in der That ein Gefilde der
Glücklichen. Nicht wie auf unseren heimatlichen Kirch-
höfen liegen hier die Gräber nebeneinander wie Klavier-
tasten, sondern unauffällig, in malerischer Anordnung
verteilt in den ausgedehnten Anlagen. Steigt man
hinauf auf schattigen Wegen und unter den mit blühenden
Schlingpflanzen überwucherten Bogengängen hinan bis

zur Höhe dieses Edens, da thut das Meer sich mit
seinen Buchten vor den erstaunten Augen auf, und über
die Gärten des allmächtigen mors imperator hinweg
gleiten die Blicke des entzückten Wanderers nach einem
Teil des Hafens, der Stätte ununterbrochen pulsierenden
Lebens. Das einzige menschliche Wesen, welches mir in
diesem unvergleichlichen campo santo des fernen Ostens
begegnete, war der Friedhofsinspektor, ein westindischer
Neger, schwarz wie der Tod. Ich konnte nicht umhin,
zu gestehen, daß dieser pechkohlrabenschwarze Mohr hier
vortrefflich in die Landschaft paßte.

Zu glücklichster Stimmung kehrte ich an Bord zurück, um den Anblick Hongkongs bei Nacht von der
Wasserseite zu genießen. Von einer leichten Südwest-
brise umsächelt, in einem bequemen Korbstuhl liegend,
sah ich im Hafen und am Lande die ersten Lichter auftauchen, sah, wie mit Zauberschlag die Hauptstraßen der
Stadt in elektrischem Glanze erstrahlten, und während
sich allmählich Fenster um Fenster, Haus um Haus er-
hellte bis hoch hinauf zum Gipfel des Peaks, da über-
kam mich ein Gefühl echter heimatlicher Weihnachts-
freude; denn das erleuchtete Hongkong glich einem
riesenhaften Christbaum. — „Boy! half a bottle of
Champain." — Und er kam, der Trank der Labe, und
in der weihevollen Stimmung, in der ich mich befand,
leerte ich mein Glas auf das Wohl aller meiner Lieben
daheim.

Am folgenden Morgen siedelte ich in das große,
aber miserabel gehaltene Hongkong-Hotel über, um
einige Stunden später als einziger Gast am Frühstückstisch vor einem neunundzwanzig verschiedene Gerichte

aufweisenden Speisezettel zu sitzen und mich über die
Unverschämtheit einiger Dutzend chinesischer Boys zu
ärgern.

Für ein Zimmer ohne Bedienung, geschmackloses
Essen und schlechte Behandlung zahlt man hier fünf
Dollar täglich. Zum Glück sorgten verschiedene meiner
gastlichen Landsleute während der kurzen Dauer meines
Aufenthaltes in Hongkong dafür, daß ich lediglich die
Nächte und auch von diesen nur kleinste Bruchteile im
Gasthof zuzubringen hatte.

Leider brachte mir Hongkong eine schmerzliche Ent-
täuschung durch die Abwesenheit meines langjährigen
Freundes, unseres allgemein beliebten dortigen Konsuls,
Herrn Coates. Derselbe hatte krankheitshalber und zum
höchsten Bedauern der gesamten deutschen Kolonie nach
Europa zurückkehren müssen.

In seinem zeitweiligen Vertreter, dem aus Canton
herübergekommenen Herrn Konsul Budler, lernte ich
einen ebenso liebenswürdigen, wie über chinesische Verhältnisse gut unterrichteten Herrn kennen, und mit ganz
besonderem Vergnügen denke ich an einen Abend zurück,
den ich mit ihm in dem prächtigen Mount Austin-Hotel
zubrachte. Letzteres, fast auf dem Gipfel des „Peaks“,
etwa 1400 Fuß über dem Meere gelegen und von allen
Seiten der Brise ausgesetzt, dient der vornehmen Welt
Hongkongs als eine Art Sanatorium. Die Temperatur
pflegt hier um 5—6 Centigrad niedriger zu liegen als
unten in der Stadt, mit der der Gasthof durch eine
Drahtseilbahn, deren Steigung 1 : 2 beträgt, verbunden
ist. Die etwa 12 Minuten dauernde Fahrt ist überaus
genußreich, und der Blick aus der Vogelschau in die

herrliche Hafenbucht und auf das tief unten liegende Häusermeer sucht an Großartigkeit ihresgleichen. Die größten Schiffskolosse erscheinen dem Auge hier wie Kinderspielzeuge, die chinesischen Dschunken gleichen winzigen Nußschalen. Am eigenartigsten aber ist der Blick in einer klaren Nacht, denn da bieten die Millionen von Lichtern im Hafen und in der Stadt genau das Bild eines sich unter uns ausbreitenden Sternenhimmels, in dem die elektrischen Bogenlichter die Rolle der Sterne erster Größe spielen.

Um den Park herum gruppieren sich zahllose Villen wohlhabender Europäer, die in der Regel auch noch ein Haus in der Stadt besitzen, in dem sie den Winter zubringen, um so bequemer während der stets sehr belebten „season" ihren gesellschaftlichen Verpflichtungen nachkommen zu können. Der Winter in Hongkong ist eine ununterbrochene Folge von Essen, Bällen und sonstigen Vergnügungen; um so stiller ist's im Sommer, namentlich in diesem Jahre, wo alle Welt an den Folgen einer schweren finanziellen Krisis zu tragen hat.

Die Finanzlage der Kolonie selbst ist infolge der Einnahmen aus dem Opiummonopol und Landverkauf eine derartig günstige, daß die Europäer lediglich zu einer Miethssteuer in Höhe von 14 v. H. herangezogen zu werden brauchen. Große Summen werden jährlich zur Verschönerung der Insel und für gesundheitliche Zwecke verausgabt. Die ununterbrochen fortgesetzte Anpflanzung von Kieferbeständen hat im Verein mit der Anlage enormer Wasserwerke sicherlich viel dazu beigetragen, daß Hongkong, dessen Gesundheitsverhältnisse anfangs derartig ungünstige waren, daß die Regierung sogar ernstlich mit dem Gedanken umging, die Kolonie gänzlich wieder aufzugeben, heute eine Sterblichkeit von nicht über 2 v. H. aufweist.

Nachdem ich nach dem sehr hübschen botanischen Garten, dem Museum, dem palastartigen Gebäude der Hongkong-Shanghai-Bank, sowie den verschiedenen Klub-häusern (unter denen der im gotischen Stil erbaute deutsche Klub, in dem sich neben prächtigen Lese- und Spielsälen auch ein Theatersaal befindet, unstreitig die erste Stelle einnimmt) Besuche abgestattet hatte, verließ ich das gastliche Hongkong, um mit einem der fürstlich eingerichteten Dampfer der Hongkong-Canton-Macao Steamship Co. nach Canton zu fahren und mich hier in den Strudel unverfälschten chinesischen Volkslebens zu stürzen.

Canton.

Wäre Canton ein langweiliges Nest à la Buxtehude und die Fahrt dorthin mit Strapazen aller Art verknüpft, sie würde sich dennoch lohnen, ihrer selbst wegen. Aber Canton ist kein langweiliges Nest, sondern eine der größten, interessantesten Städte des himmlischen Reiches; die Fahrt von Hongkong dorthin geschieht in der denkbar bequemsten Weise in Dampfern, die in Bezug auf Bequemlichkeit vielleicht nur von den großen Mississippi-booten übertroffen werden, so daß der Reisende, welcher Hongkong besucht, ohne von hier einen Ausflug nach Canton zu unternehmen, eine ganz unverzeihliche Unterlassungssünde begehen würde.

Es fahren täglich zwei Dampfer von Hongkong nach Canton, einer in der Frühe, ein zweiter des Abends. Natürlich wählt der Reisende, welcher reist, um zu sehen und zu genießen und nicht nur, um sagen zu können, daß er überall gewesen sei, den Frühdampfer.

Man zahlt für die gegen 7 Stunden dauernde Fahrt, nach heutigem Dollarkurs berechnet, 9 Mark und für

jede an Bord genommene Mahlzeit einbegriffen Wein,
Bier oder sonstige berauschende Stoffe 4 Mark 50 Pfg.

Der „Ho Nam", auf dem ich mich eines schönen
Julimorgens einschiffte, ist das prächtigste Schiff der
Flotille der Hongkong-Canton-Macao-Steamship Co., in
Glasgow erbaut und hat 1 200 000 Mark gekostet. Es
ist eines der schönsten Fahrzeuge, die ich kenne, sehr
sauber gehalten und mit wohlthuender Raumverschwen-
dung eingerichtet. Ich war der einzige Salonpassagier
und hatte für mich allein einen Raum zur Verfügung,
in dem ich mit einem Viererzug bequem eine 8 hätte
fahren können. Im hinteren Teil des Schiffes befinden
sich, über einander liegend, die zweite und dritte Klasse.
Beide waren angefüllt mit chinesischen Passagieren. Dieselben saßen in der zweiten Klasse auf Stühlen, in der
dritten dagegen lagen sie, so nackt wie möglich, eine
wahre Orgie von Menschenfleisch, sich fächelnd, Opium
rauchend, lesend oder Karten spielend, am Boden. Ein
auf sehr hoher Kiste sitzender, lebhaft gestikulierender und
Fratzen schneidender Rhapsode hielt mit schriller Stimme
einen allem Anschein nach etwas frivolen und daher wie
überall in der Welt, beifällig aufgenommenen Vortrag.
Diese Geschichtenerzähler findet man auf allen vielbe-
fahrenen chinesischen Dampfern, sie bezahlen ihre Fahrt
wie jeder andere, und veranstalten Sammlungen, bevor
das Schiff sein Ziel erreicht hat.

Für die ersten Stunden fahren wir auf den smaragd-
grünen Wassern der Bai dahin, zwischen größtenteils unbe-
waldeten und unbewohnten Felseninseln, die von der Morgensonne mit den zartesten Farbentönen übergossen sind.
Dann werden die Fluten allmählich trüber und trüber und

endlich schmutzig gelb. Zu beiden Seiten hin flache, dann leicht hügelige Ufer, weißgetünchte Befestigungen, weniger Achtung gebietend, als malerisch, ein, je weiter wir kommen, um so regerer Dschunkenverkehr, stromab treibende Flöße — wir befinden uns im Chu=kiang, dem Perl= oder Cantonfluß. Bald werden ein paar schornsteinartige, stark verwitterte Pagoden sichtbar, dann erreichen wir Whampoa, ein am rechten Flußufer gelegenes Städtchen, ehemals eine verkehrsreiche Stadt, da vor Abschluß des Vertrages von Nanking (1842), demzufolge Canton und 4 andere chinesische Hafenplätze dem europäischen Handel geöffnet wurden, fremden Fahrzeugen nur gestattet war, bis hierher stromauf zu gehen. Heute ist Whampoa nicht viel mehr als ein Dorf, hat jedoch durch seine früher einer europäischen Gesellschaft gehörenden, später von der chinesischen Regierung erworbenen Dockanlagen, sowie durch eine dort befindliche Armee= und Marineschule, Torpedostation und Schiffswerft eine hohe Bedeutung für die kaiserlich chinesische Kriegsflotte. Etwa ein halbes Dutzend Fahrzeuge derselben lagen im Strome vor Anker. Schwarz gestrichen, äußerlich sauber gehalten, machten sie mit ihrer stolz im Winde flatternden Kaiser= lichen Flagge, einen blauen, nach roter Kugel schnappen= den Drachen in gelbem Felde darstellend, keinen üblen Eindruck.

Später erfuhr ich, daß ein Teil der Flotte aus alten, in Hongkong aufgekauften, aptierten Segelschiffen bestehe, daß die Geschütze an Bord — für ein heilloses Geld von Krupp bezogen — wenn überhaupt, innen und außen mit Sand geputzt würden, und daß die Mannschaft sich größtenteils mit Opiumrauchen beschäftige.

Letzteres schien auch der Fall zu sein, als wir vorüber=
fuhren, denn auf allen Schiffen zusammen konnte ich
mit dem besten Willen und Krimstecher nur drei Mann
auf Deck ausfindig machen; sie trugen die weiten weißen
chinesischen Hosen und Jacken, den Zopf aufgerollt unter
einem Strohhut. An Bord von Schiffen und in Fabriken
ist der Zopf, der in China durchaus do rigueur ist,
und ohne den man höchstens einmal einen soeben erst
aus dem Gefängnis entlassenen Verbrecher sieht, der
freien Bewegung überaus hinderlich, da man leicht mit
demselben irgendwo hängen bleibt. Der Chinese trägt
ihn daher hier bei der Arbeit meist um den Kopf ge=
wunden. Vor Leuten, denen er Achtung schuldig ist,
also z. B. vor Europäern, darf er jedoch nicht mit auf=
gestecktem Zopf erscheinen, und man wird daher häufig
sehen, daß die an Bord der Schiffe bedienenden Boys,
um nicht an Stühlen u. s. w. hängen zu bleiben, ihr
Zopfende in die Tasche stecken.

Da wir nun einmal beim Zopfe sind, will ich
hier auch gleich verraten, daß in der Regel nur etwa
die Hälfte desselben aus Haaren, der Rest aber aus
schwarzer Seide besteht. Ist der Zopf mit weißer Seide
durchflochten, so ist dies ein Zeichen tiefer Trauer, rote
Zopfverlängerungen sieht man bei Festlichkeiten, meist
jedoch nur bei ganz jungen Leuten. Übrigens trägt
nicht nur der männliche Chinese den Zopf, sondern auch
das schöne Geschlecht schmückt sich mit demselben, so
lange man ihm den Jungfernkranz winden kann.

Verheiratete Frauen tragen, so weit ich es bis jetzt
gesehen habe, das Haar gescheitelt und hinten in einen
kunstvollen Knoten geflochten, auch eine sogenannte

Ponyfrisur trifft man nicht selten. Unbekannt dürfte manchem sein, daß der Zopf nicht chinesischen Ursprungs, sondern von den Mandschus in China eingeführt ist.

Er erleichtert wesentlich das Ergreifen von Flüchtlingen, sowie den Transport von Gefangenen, auch macht er den Kindern beim Pferdespielen die Leine entbehrlich. Soviel für jetzt vom Zopfe.

Die Umgebung Whampoas ist hübsch und freundlich. Man war auf den Feldern gerade mit der Reisernte beschäftigt; die bereits abgeernteten Felder wurden sofort mit dem von einem Büffel gezogenen Haken bearbeitet, andere waren sogar schon wieder mit frischen Reispflänzchen besteckt. Der Chinese ist ein ganz unglaublich fleißiger Mensch, wenn es sich um seinen Vorteil handelt, er kann jedoch, das habe ich in Siam gesehen — wo er für Tagelohn arbeitet, in Bezug auf Faulheit sich würdig dem deutschen Maurergesellen zur Seite stellen.

Je mehr wir uns Canton nähern, um so fruchtbarer wird die Gegend. Der Verkehr auf dem Flusse grenzt ans Fabelhafte, und man begreift nicht, wie es möglich ist, daß unser Dampfer sich durch dieses Gewirr von Fahrzeugen aller Art seinen Weg bahnen kann. Verschiedentlich hatte ich Gelegenheit, die Gewandtheit und Unerschrockenheit der Chinesen zu beobachten, denn während wir mit einer Fahrgeschwindigkeit von gegen acht Knoten an den uns begegnenden Booten vorübersausten, brachten mehrere Insassen derselben es fertig, zu uns an Bord zu springen.

Neben den oft mehrere hundert Tons haltenden Dschunken mit ihren riesigen, fledermausflügelartigen

2*

Mattensegeln und den gleichzeitig als Boot und Haus
dienenden Sampans interessierten mich besonders die
nach beiden Seiten weit überbauten Entenboote, auf
denen tausende von Enten gemästet werden, sowie die
pantoffel= — oder wenn Sie lieber wollen — torpedo=
ähnlichen, blitzschnell dahingleitenden sogenannten Slipper=
boote, vor allem aber die mir vollkommen neuen, durch
Menschenkraft getriebenen Sternwheeler (Schiffe mit
einem großen, am Stern angebrachten Schaufelrade).
Wir begegneten oder überholten mehrere dieser kuriosen
Fahrzeuge. Einige derselben waren von beträchtlicher
Größe. Die kleinsten wurden von 9, die größten von
16, in Reihen von je 3 oder 4 hintereinander stehenden,
auf Treträdern arbeitenden Kulis in Bewegung gesetzt.
Die Erfindung ist erst etwa sieben Jahre alt und eine
echt chinesische, wenn ihr auch unsere Dampfschiffe dabei
als Vorbild gedient haben. Anfangs sollen einzelne
dieser Tretradschiffe mit einem Schornstein versehen ge=
wesen sein, in dem bei der Einfahrt in Canton Papier
verbrannt wurde, um so vollkommen den Eindruck von
Dampfschiffen zu machen.

Da, so viel man mir sagte, bisher noch kein Modell
dieses Bootes nach Europa gegangen ist, habe ich ein
solches bestellt, um damit irgend ein heimatliches Museum
zu erfreuen.

Das erste, was der stromauf fahrende Reisende von
Canton zu sehen bekommt, sind die Thürme der die ganze
Stadt hoch überragenden Kathedrale der französischen
Mission. Daneben sieht man einige Pagoden, sowie eine
große Anzahl schmuckloser, kastenartiger, sieben= und acht=
stöckiger, mit kleinen Fensterchen versehener Gebäude aus

dem Häusermeere sich erheben. Es sind dies, wie ich später erfuhr, Ihnen aber schon jetzt sagen will, Pfand= leihhäuser, deren es in der Stadt mehr als 200 giebt. Der Chinese ist ein geborener Spieler, und wo gespielt wird, da sammeln sich auch die Pfandleiher.

Bevor wir Canton erreichen, kommen wir noch an verschiedenen, scheinbar unbeaufsichtigten, aber mit dräu= enden Kanonen ausgestatteten Forts, unter anderen dem auf einem Inselchen inmitten des Flusses reizend ge= legenen Macao=Fort vorüber, passieren dann ein am linken Ufer liegendes Pfahlbautendorf, steuern durch ein sinnverwirrendes Gedränge von Fahrzeugen hindurch, vorbei an einem schwimmenden Stadtteil, der durch große mit einander verbundene Boote gebildet wird, und halten endlich gegen 3 Uhr nachmittags vor dem der Dampfer= Kompagnie gehörenden Landesteg.

Ein Konsulatskawasse, bedeckt mit trichterförmigem, mit rotem Haarbusch geziertem Bambushut, kam an Bord und übergab mir einen Brief des derzeitigen Vertreters des von Canton abwesenden Konsuls Budler, Herrn Lange, von dem ich eingeladen wurde, im Konsulatsge= bäude abzusteigen und während der Dauer meines Auf= enthaltes in Canton mich als seinen Gast zu betrachten.

Ohne Zeitverlust bestieg ich den bereitgehaltenen Tragsessel, und meinem kleinen indischen Diener und dem Kawassen die Beförderung meines Gepäcks über= lassend, ließ ich mich von vier kräftigen, leichtfüßigen Kulis nach Schamien, dem von der Stadt durch einen Kanal gänzlich abgeschiedenen Europäerviertel, tragen. Dieser Weg führte mir etwa 10 Minuten durch die Chi= nesenstadt, aber was ich während dieser kurzen Spanne

Zeit zu Gesichte bekam, die engen Straßen mit ihren an
beiden Seiten in ununterbrochener Folge sich aneinander
reihenden Kaufläden und Werkstätten, die in allen Farben
glänzenden, mit großen, vergoldeten, chinesischen Schrift=
zeichen versehenen, von jedem Hause herabhängenden,
1 bis 2 Fuß breiten und 5 bis 10 Fuß langen Firmen=
schilder, die ungeheuren, sich in den Straßen drängenden
Menschenmassen gaben mir einen Vorgeschmack der meiner
für die nächsten Tage harrenden Genüsse.

Den meisten Europäern ist es ein Greuel, sich unter
Eingeborenen zu bewegen und sich mit schwitzenden Kulis
herumzudrängen, sie lassen sich höchstens einmal, ein Eau
de Cologne durchtränktes Taschentuch vor der Nase, in
einer womöglich zu drei Vierteilen verschlossenen Sänfte
im Geschwindschritt durch einige Straßen tragen, während
es für mich keine größere Wonne giebt, als zu Fuß mich
unter ein mir unbekanntes Volk zu mischen und seine
Gewohnheiten an der Quelle zu studieren. Die Ge=
schmäcker sind eben verschieden. Wir sind wiederum
five o'clock teas und garden parties durchaus contre
coeur.

Wir erreichten nunmehr ein eisernes, von einer Ab=
teilung Soldaten bewachtes Gitterthor, durch welches
keinem Chinesen, es sei denn, daß er sich als Diener
oder als Geschäftsfreund eines Europäers ausweisen
kann, der Eintritt gestattet ist, überschritten eine Stein=
brücke und befanden uns in Schamien.

Welch ein Gegensatz zu der soeben verlassenen Chi=
nesenstadt! Schattenspendende Bäume, Rasenplätze, zu
beiden Seiten zweistöckige, ganz in europäischem Stil ge=
baute Häuser und Villen mit kleinen Vorgärten, irgendwo

eine im üppigen Grase sich dehnende Ziege, ein auf einem
Fenstersims sich sonnender, behaglich blinzelnder Kater,
zwei in einem Garten an hohen Bambusstangen auf=
und abkletternde Affen, sonst kein lebendes Wesen, so
weit das Auge reicht, überall die Ruhe des Kirchhofes.

Nach wenigen Minuten hielten wir vor einem präch=
tigen, am Flusse gelegenen Gebäude, unserem Konsulate.
Im Garten wehte an freistehendem Maste die deutsche
Kriegsflagge, und zwar, wie ich besonders erwähne, eine
nicht zerrissene, wie man solche sonst so häufig auf deut=
schen Konsulaten im Auslande zu sehen bekommt. Wir
sind überhaupt in Canton in jeder Beziehung würdig
vertreten nicht nur als Reich, sondern auch durch die
hier wohnenden deutschen Kaufleute, die, so viele ihrer
sind, überall sowohl gesellschaftlich, wie im Munizipal=
rate sehr geachtete Stellungen einnehmen.

Herr Lange, der als deutscher Offizier wegen eines
Knieübels seinen Abschied hatte nehmen müssen und
später, bevor er in den Konsulatsdienst eintrat, einige
Jahre als Instruktionsoffizier von der chinesischen Re=
gierung angestellt war, hat diese Zeit wie wenige Euro=
päer benutzt, sich mit den Sitten und Gebräuchen, sowie
den Eigentümlichkeiten und der Denkweise der Söhne
des himmlischen Reiches bekannt zu machen.

Bei Europäern wie Chinesen gleich beliebt, taktvoll,
vorurteilsfrei und — last not least — mit einem vor=
trefflichen Magen ausgerüstet, ist Herr Lange just der
Mann, wie man ihn als Konsul im Osten braucht.

Dem lebhaften Interesse, welches mein liebens=
würdiger Wirt sich nach wie vor für chinesisches Volks=
leben erhalten hat, verdanke ich, daß derselbe mich auf

den meisten von mir unternommenen Tag= und Nacht=
ausflügen begleitete und mich auf unendlich viele Dinge
aufmerksam machte, die meiner Beobachtung ohne einen
so trefflichen Führer wohl entgangen sein würden.

Den Nachmittag des Tages meiner Ankunft benutzte
ich zu einem Rundgang um Schamien. Als trotz des 1842
mit China abgeschlossenen Vertrages die Chinesen fort=
gefahren hatten, den Europäern das Betreten Cantons
zu verweigern, riß den Engländern und Franzosen end=
lich die Geduld, und nachdem zuvor noch allerhand
Streitereien stattgefunden hatten, nahmen sie im Jahre
1857 nach erfolgreicher Beschießung die Stadt, um sie
bis 1861 besetzt zu halten. Im Jahre 1859 überließ
die chinesische Regierung diesen beiden Mächten Schamien,
derzeit ein wertloses schlammiges Stück Wiesenland, zur
Errichtung einer Europäer=Niederlassung. Mit sehr gro=
ßen Kosten wurde das Land aufgefüllt und durch einen
ausgehobenen Kanal vom Festlande getrennt, so daß es
heute eine durch drei Brücken mit dem Festlande ver=
bundene Insel bildet, auf der an 100 Europäer, Beamte
und Kaufleute, ein beschauliches und behagliches Dasein
führen. Die Promenade am Fluß ist in den Abend=
stunden — vor 5 Uhr nachmittags zeigt sich keine
Menschenseele in den Straßen   das Stelldichein der
Schamiener, hier genießt man die Brise, spielt Lawn
Tennis, lauscht allem möglichen Gemeindeklatsch, falls
man sich nicht selber an einem solchen beteiligt, lust=
wandelt und sieht die bunten Schiffe den Fluß hinab=
gleiten.

Ich machte hier gleich am ersten Tage die Bekannt=
schaft einer Anzahl sehr angenehmer Landsleute und

wurde sofort für vier Abende mit Beschlag belegt. Man
weiß zu leben in Schamien und übt unbegrenzte Gast=
lichkeit sowohl in den Privathäusern, als auch im Klub,
wo die Vertreter der verschiedensten Nationen in herz=
lichster Weise mit einander verkehren und ungezählte
cocktails trinken.

Nach dem Essen unternahm ich mit Herrn Lange
und einigen anderen Deutschen in einer hübschen Gondel
eine Fahrt auf dem Fluß und zu den Blumenbooten,
die einen schwimmenden Stadtteil bilden und unstreitig
zu den originellsten Sehenswürdigkeiten Cantons ge=
hören. Die Blumenboote sind eigentlich nichts anderes,
als schwimmende Wirtshäuser und Vergnügungslokale,
teilweise groß genug, um gegen hundert Menschen auf=
zunehmen, und meist in prunkvollster Weise ausgestattet.
Der Boden ist mit hübschen Matten bedeckt, die Möbel
bestehen aus reichem, dunklem Holzschnitzwerk mit mar=
mornen Sitzen und Tischplatten, an den Wänden hängen
glänzende chinesische Gold= und Seidenstickereien und von
der Decke herab oft ein halbes Dutzend kostbarer euro=
päischer Kristallkronleuchter neben zahllosen Blumen=
gewinden.

In diese Boote nun pflegt der gutgestellte Chinese
seine Freunde zu Gaste zu laden. Hier werden die aus=
gesuchtesten Gastmähler eingenommen und zwar stets in
Gesellschaft sogenannter Singmädchen, die allerdings
nach chinesischer Sitte nicht mit den Männern essen,
ihnen aber durch allerlei Kurzweil während des Schmauses
die Zeit vertreiben. Die reicheren Chinesen halten sich
nicht selten eine kleinere oder größere Zahl dieser Sing=
mädchen — hony soit qui mal y pense — und

bringen dieſelben, wenn ſie irgendwo zu Gaſte geladen
werden, mit ſich, doch kann man ſolche auch für den
Abend engagieren. Sie muſizieren vor und nach dem
Eſſen und ſitzen während desſelben hinter den Gäſten,
dieſen zutrinkend, Melonen und Mandelkerne knackend
und Allotria treibend.

Mit ihren feſt an den Schädel geklebten, blumen=
geſchmückten, glänzend ſchwarzen Haaren, ausdrucksloſen,
bemalten, wachspuppenartigen Geſichtern, ihren bis auf
einen ſchmalen Streifen wegraſierten Augenbrauen und
rotgefärbten Lippen, in bunte, ſeidene, weite Gewänder
gekleidet, gleichen ſie durchaus den Figuren, wie wir ſie
auf chineſiſchen Fächern u. ſ. w. gemalt finden.

Die einzelnen dicht nebeneinander liegenden Boote
ſind durch Laufbretter mit einander verbunden und bil=
den mehrere Straßen. Zwiſchen ihnen verteilt ſind
ſchwimmende Fleiſcher=, Geflügel=, Obſt= und Gemüſeläden.
Wir wurden überall mit großer Zuvorkommenheit be=
handelt, erregten aber als „weiße Teufel“, wie die Chi=
neſen die Europäer zu nennen pflegen, bei weitem nicht
ſo viel Aufmerkſamkeit, wie mein kleiner, uns begleitender
ſchwarzer indiſcher Diener, der, wohin wir kamen, von
den Singmädchen mit lautem Freudengekreiſch empfangen
wurde.

Am folgenden Morgen verließen wir in Trageſtühlen
unter Leitung des Führers Ah=Po, eines ſchon bejahrten
Herrn, der durch ſein kurioſes Pitchen=Engliſch meine
Lachmuskeln in beſtändigen Zuckungen erhielt, Schamien,
um die verſchiedenen „globe trotter sights“, die jeder=
mann wohl oder übel geſehen haben muß, in Augenſchein
zu nehmen. Pitchen oder Pidgin iſt das chineſiſche Wort

für business. Unter Pitchen-Englisch versteht man daher das chinesische Geschäfts-Englisch. Der Chinese verschluckte vom business das ess, das busin blieb übrig und John Chinaman machte „pitchen" daraus. Aus diesem einen Beispiel kann man sich etwa einen Begriff davon machen, was es mit dem Pitchen-Englisch auf sich hat.

Viele Satzkonstruktionen dieser sonderbaren Sprache sind unmittelbar wörtlich aus dem Chinesischen ins Englische übersetzt. So sagt z. B. der Chinese anstatt: „one man" = „one piece man" (ein Stück Mann), „two men" = „two piece men" u. s. w. „Willst du einen sehr schönen großen Fisch haben?" heißt im Pitchen-Englisch: You like look see biggi fish number one?"

„Belong fish, belong bird" heißt: „Dies ist ein Fisch, dies ist ein Vogel."

Unser Freund Ah-Poh hielt uns allem Anschein nach für tierblind, denn wenn wir an den verschiedenen Fisch-, Geflügel- und Fleischbuden vorüberkamen, unterließ er nie, auf die betreffenden Auslagen deutend, uns zuzurufen: Belong fish! belong fowl! Look see cat" u. s. w. ohne Unterbrechung.

Canton ist ein solches Labyrinth von Gassen, daß selbst ein alter Cantonist, wie Herr Lange, nicht in der Lage ist, sich allein zurechtzufinden und sich eines Führers bedienen muß.

Man zahlt einem solchen für einen ganzen oder halben Tag 1 Dollar, wozu noch seine Sänftenträger mit 2 Dollar kommen, so daß die Führung täglich auf 9 Mark zu stehen kommt.

Der Chinese arbeitet für seine Landsleute für einige

Kasch, von denen etwa 1000 auf den Dollar gehen, den
Fremden dagegen rupft er — gleich dem Berliner
Droschkenkutscher — in der unverschämtesten Weise, wo
er nur kann. Die europäischen Kaufleute machen da=
her nur in den seltesten Fällen Geschäfte direkt mit den
Eingeborenen. Jede Firma hat ihren sogenannten
Kompradorn, durch dessen Vermittlung alle An= und Ver=
käufe abgeschlossen werden.

Ah=Po schleppte uns ohne Erbarmen von Tempel
zu Tempel, von Pagode zu Pagode, die sich gleichen wie
ein Spargel dem andern und für die ich mich durchaus
nicht begeistern konnte, trotzdem manche von ihnen erbaut
sein sollen, lange bevor Romulus und Remus sich an
Wolfsmilch gütlich thaten.

Da haben wir den Tempel der 500 großen Geister
(Genien), in dem 500 vergoldete Figuren in dreiviertel
Lebensgröße, Schüler Buddhas, daneben aber auch der
Reisende Marco Polo, in chinesischer Tracht dargestellt,
in großer Halle neben einander sitzen, dann den Tempel
der 5 Genien mit 5 großen vergoldeten Herrschaften, zu
deren Füßen Meteorsteine liegen, die man als versteinerte
Widder ausgiebt, den Konfuciustempel mit einer großen
Statue dieses genialen Reformators, der im 6. Jahr=
hundert vor Christi Geburt gelebt hat und dessen nach=
weislich direkte Nachkommen noch heute in China existieren
und im Range direkt dem Kaiser folgen, und andere
mehr. Alle diese Tempel stehen in jeder Hinsicht unend=
lich weit hinter denen Burmas und Siams zurück und
sind sowohl arm an architektonischen Reizen, wie an
Kunstwerken und Kostbarkeiten. Die Tempelgeräte sind
meistens aus Zinn, hier und da aus Bronze; letzteres

ist namentlich bei den fast in keinem Tempel fehlenden großen dreifüßigen Urnen der Fall, in denen der Chinese neben allerhand Opfergaben auch seine alten Papiere zu verbrennen pflegt. Beschriebene wie bedruckte Papiere gelten nämlich in China als geheiligt und werden nie, wie bei uns, später zu Einwickelungs= und anderen Zwecken benutzt noch wiederum zur Papierfabrikation verwendet, sondern stets verbrannt.

Zu diesem Behufe nun befinden sich in den Tempeln die vorerwähnten Urnen und daneben in der ganzen Stadt verteilt große gemauerte Verbrennungsöfen.

Die eigentliche Altstadt, die einen Umfang von etwa 10 Kilometern aufweist, ist von einer gegen 20 Fuß dicken und 25—40 Fuß hohen Umwallung umgeben. Auf dem höchstgelegenen Punkte derselben erhebt sich ein fünf Stockwerke messender Wachtturm, auch „rote Pa= gode" genannt, von der man einen hübschen Blick über die Stadt, auf die im Norden derselben liegenden weißen Wolkenberge, sowie über die sogenannten Totenfelder, die bereits seit fast zwei Jahrtausenden als Begräbnisstätten Cantons dienen, genießt. Man sieht hier unzählige kleine Grabhügel und hier und da ein unscheinbares halbkreis= förmiges, gemauertes Denkmal. Weit interessanter, als dieser Massenfriedhof, sind die Aufbewahrungsstätten für Leichname Verstorbener, deren Wiege nicht in Canton gestanden hat. Der Chinese legt einen großen Wert darauf, nach seinem Tode in seinem Heimatsorte beige= setzt zu werden, und bevor die Überführung der Leichen dorthin erfolgt, werden dieselben oft monate=, ja jahre= lang in den Aufbewahrungsstätten aufgebahrt. Sie ruhen hier — jede für sich in einem besonderen Raum in

kolossal massiven Holzsärgen, hinter einem bunten Stoff=
vorhange. Vor dem letzteren steht in der Regel ein
Opfertisch, auf den die Anverwandten jeden fünften Tag
einige mit Thee gefüllte Täßchen stellen und Räucher=
kerzchen verbrennen.

Die, aus 3 bis 4 Zoll dicken abgerundeten Holz=
planken zusammengefügten schmucklosen Särge kosten, wie
Ah=Po uns mitteilte, je nach der Güte der verwendeten
Holzart, von 24—1500 Mark, doch wurde uns ein Sarg
gezeigt, der seit mehr als anderthalb Jahren monatlich
je zwei Überzüge von feinstem Lack erhalten hatte und
dadurch bereits über 3000 Mark kostete. Die von uns
besuchte Totenstadt — es giebt deren mehrere in Canton
— bot Raum für 500 Leichen und war in jeder Weise
würdig und hübsch gehalten. Die Särge werden allem
Anschein nach vorzüglich hermetisch verschlossen, denn es
machte sich auch nicht eine Spur üblen Geruches be=
merkbar.

Wir begaben uns nunmehr in das ehemalige Yamen
des Tartarengenerals, dessen Palast 1857 von den Eng=
ländern und Franzosen zerstört und beim Friedensschluß
mit seinen Ruinen und Gärten den ersteren zur Er=
richtung eines Konsulatsgebäudes abgetreten worden ist.

Dieses wird heutzutage, nachdem das Konsulat nach
Schamien verlegt worden ist, fast nie mehr benutzt, wohl
aber in Stand gehalten und den die Sehenswürdig=
keiten Cantons in Augenschein nehmenden Fremden be=
reitwilligst zu einer kurzen Rast und Einnahme einiger
Erfrischungen zur Verfügung gestellt.

Es ist mit seinem großen, parkartigen Garten, in
dem einige Stücke Dammwild friedlich ihrer Äsung nach=

gehen, seiner wunderbaren Ruhe eine wahre Oase mitten in dem chaotischen Treiben der Stadt.

Seitdem die Familie des jetzigen Kaisers, die tartarischen Ursprungs ist, sich am Ruder befindet, giebt es in jeder Provinz einen Tartarengeneral, der das Kommando über die Tartarentruppen führt. Derselbe steht sonderbarer Weise im Range sogar über dem Vizekönig (Canton ist Sitz des Vizekönigs der Provinzen Kwangtung und Kwangsi), hat sich jedoch jeder Einmischung in die Regierungsgeschäfte zu enthalten und nur dann mit seinen Truppen zu erscheinen, wenn er vom Vizekönige hierzu ersucht wird, oder wenn er den Thron seines Kaisers gefährdet glaubt. Der Vizekönig verfügt selber über direkt von ihm angeworbene chinesische Truppen.

Herr Lange hatte für einen guten Imbiß und vorzüglich geeiste Getränke gesorgt, so daß wir keinen Mangel litten und nach Einnahme einer nicht unverdienten Stärkung uns wieder frisch genug fühlten, von neuem an die Arbeit zu gehen.

Zunächst führte Ah=Po uns in ein Nonnenkloster, in dem etwa 60 weltentsagende, meist ältliche Jungfrauen ein scheinbar ganz vergnügtes Leben führten. Ihre Tracht ist nicht kleidsam, nämlich weite schwarzbraune Hosen aus grobem Seidenstoff und eben solche Jacken. Das Haar tragen sie kurz geschoren. Sie erhielten einige kleine Silbermünzen, den üblichen Obulus in allen Tempeln und anderen besichtigten Instituten, und damit war auch diese Sehenswürdigkeit glücklich erledigt.

Unterhaltender war der Besuch der einzigen Moschee

Cantons, da sich fast die ganze muselmännische Gemeinde
um uns versammelte und uns herumführte. Ein zittern=
der Muselgreis erzählte uns, ihre Vorfahren seien vor
etwa 100 Jahren von der Provinz Schansi hierher ein=
gewandert. Weiter ging's zum Tempel des Gottes des
Nordens, in dem in einem großen gemauerten Wasserloch
mehrere geheiligte riesenhafte Schildkröten von den Be=
suchern mit vorgehaltenen Fleischstücken so lange geneckt
werden, bis sie vor Wut mit allen Flossen um sich
schlagend, sich in den tiefsten Winkel ihres Tempels
zurückziehen.

Große Schildkröten gelten dem Chinesen als heilig,
und will er ein gottgefälliges Werk thun, begangene
Sünden gut machen oder sich Glück im Spiel sichern,
so kauft er sich eine Schildkröte, bemalt oder beklebt sie
mit frommen Sprüchen und giebt ihr die Freiheit. Auch
beim Quacksalbern und Wahrsagen spielt sie oder ihre
Schale eine große Rolle. Der Wahrsager, durch den
ich den Schleier von meiner Zukunft lüften ließ, that
drei kleine Kupfermünzen, sogenannte Kash in eine Schild=
krötenschale, schüttelte sie eine Weile kräftig durch ein=
ander und ließ sie dann auf einen Teller fallen. Aus
ihrer Lage wurde darauf mit Hilfe eines dicken Zauber=
buches ausfindig gemacht, daß ich einmal große Reich=
tümer mein eigen nennen würde, was mir — unter uns
gesagt — ganz außerordentlich angenehm sein wird.

Ich gab dem Manne, in Anbetracht meiner zu=
künftigen glänzenden Vermögenslage, eine für seine
Begriffe fürstliche Belohnung und begab mich dann in
den Tempel des Schreckens, vor dessen Pforten der
Mann sein einträgliches Geschäft betrieb. Wir finden

hier eine plaſtiſche Darſtellung der Hölle mit allen ihren Schreckniſſen. Da wird geprügelt, geköpft und gefoltert, daß es eine Art hat, hier wird ein armer Sünder in einen Topf mit ſiedendem Öl getaucht oder in ein Rind verwandelt, dort einer zwiſchen zwei Bretter geklemmt, der Länge nach mit einer Säge durchſchnitten, während ein dritter zu einem unfreiwilligen Schwißbade unter glühender Glocke verurteilt iſt, und noch andere mit verſtörten Geſichtern auf eiſernen Roſten ſchmoren, während ein himmelblau angeſtrichener Teufel vergnügt daneben ſißt und Grimaſſen ſchneidet.

Damit waren die Tempel für heute abgethan und nunmehr wurde dem Gefängniſſe zugeſteuert. Ich hatte ſo viel von den Torturen, denen die Gefangenen in China unterzogen werden ſollten, gehört und geleſen, daß ich glaubte, die ſoeben geſchauten Schreckniſſe der Hölle ſeien einfach den Schreckniſſen der Gefängniſſe nachgebildet. Wir ſchienen jedoch zur unrechten Stunde gekommen zu ſein, denn es ging überall ganz gemütlich zu, die Gefangenen ſpielten hinter ihren Verſchlägen Karten und unterbrachen ihre Beſchäftigung nur, um uns anzubetteln, wobei ſie vergnüglich mit ihren Ketten kokettierten und dieſelben raſſeln ließen, ſo ſehr ſie nur konnten. Nur ein Mann, der ein ſchweres, etwa 3 Fuß im Geviert meſſendes eiſenbeſchlagenes ſogenanntes Halsbrett auf den Schultern trug, ſchien ſich etwas unbehaglich zu fühlen.

Dem Gefängniſſe folgte die Richtſtatt, doch da gerade der Geburtstag des Kaiſers geweſen war und durch einen Gnadenerlaß die meiſten zum Tode Verurteilten begnadigt worden waren, ruhte hier die Arbeit. Die

Scharfrichter feierten, und friedliche Töpfer gingen auf der sonst so blutigen Stätte ihrem Geschäfte nach.

In einer Ecke standen einige große Thongefäße, in denen die Köpfe der Enthaupteten aufbewahrt werden. Ich veranlaßte einen der Töpfergesellen, mir einen Kopf herauszuholen und belohnte ihn dafür mit einem Trinkgeld.

Hier an dieser Stelle finden auch die sogenannten lingtschis statt. Der zum „lingtschi" Verurteilte wird an ein Holzkreuz gebunden und ihm dann vom Scharfrichter mit einem halbmondförmigen Messer das Fleisch buchstäblich vom Körper geschnitten, bevor er den Gnadenstoß ins Herz erhält.

Den Beschluß des Tages bildete ein Besuch der wirklich ungemein sehenswerten Prüfungshalle. Zu beiden Seiten eines großen, durch eine hohe Mauer abgegrenzten Platzes befinden sich parallel zu einander gelegene, lange, gemauerte Schuppen mit kleinen, schweinebuchtähnlichen Abteilungen. Jeder Student, der sich dem etwa alle drei Jahre hier stattfindenden Examen unterwirft — die Anstalt soll Raum für mehr denn 12000 Studenten bieten — wird in eine dieser Buchten gesperrt und hat darin das allen gleichmäßig gestellte Thema zu behandeln. Am Abend eines jeden Tages hat er seine Arbeit abzuliefern. Die Prüfung dauert 9 Tage, während der die Examinanden auf Regierungskosten verpflegt und von Soldaten und Zivilbeamten bewacht werden, um sie daran zu hindern, unter einander zu verkehren und von einander abzuschreiben. Der chinesische Student ist drei Prüfungen unterworfen, die erste kann er an seinem Heimatsorte bestehen, die zweite, wie eine solche in der von uns besuchten Prüfungshalle abgehalten zu werden pflegt, hat er in der Hauptstadt seiner Provinz abzulegen, die dritte, mit deren Ablegung er den ersten Grad erreicht, jedoch nur in Peking. Hat er dieselbe bestanden, so steht ihm der Weg zu den höchsten Ämtern und Ehren offen. Viele mögen berufen sein, aber nur wenige werden auserwählt. Wenn man bedenkt, daß von den vielen tausend zur Prüfung in Canton erscheinenden Studenten nur etwas über hundert — da man für mehr Beamte keine Verwendung hat — den zweiten Grad erhalten können, und daß diese auch noch in letzter Linie, indem unter den besten Arbeiten die erforderliche Zahl ausgelesen wird, durch den Zufall bestimmt werden, so kann es wahrlich nicht Wunder nehmen, daß unser bezopfter Bruder Studio das Lied: „Es giebt kein schön'res Leben als Studentenleben" noch nicht ins Chinesische übersetzt hat.

Nebenbei bemerkt besteht sein Studium zum weitaus größten Teil in nichts anderem, als in dem Auswendiglernen langweiliger chinesischer Klassiker.

Wir waren gerade rechtzeitig gekommen, um einer militärischen Kraftprüfung, die in einer der großen offenen Hallen dieser Anstalt in Gegenwart einiger Militärmandarinen abgehalten wurde, beizuwohnen.

Hier wurde eine Abteilung Soldaten im Bogenspannen geprüft, denn die chinesische Armee ist auch heute noch selbst da, wo sie bereits Feuerwaffen führt, vielfach mit Pfeil und Bogen ausgerüstet. Letztere sind etwa 6 Fuß hoch, mit fingerdicker Baumwollsehne versehen und derartig schwer zu spannen, daß ein solches nur durch lange Übung erlernt werden kann. In einer zweiten Halle hatten freiwillig sich dazu meldende Soldaten die wunderlichsten Exerzitien mit einer 170 Pfd.

3*

schweren eisernen Hellebarde durchzumachen und einen 390 Pfd. wiegenden Steinblock mit den Armen bis zur Brusthöhe aufzuheben.

Die aus diesen Prüfungen mit Ehren hervorgehenden Soldaten erhalten einen höheren Grad und Gehaltszulage.

Es waren einzelne prächtige Kerle darunter mit schneidigen Gesichtern, denen man ansah, daß sie sich vor keinem Teufel fürchteten, und die Art und Weise, wie sie sich bei dieser schwierigen Prüfung benahmen, hatte einen durchaus ritterlichen Anstrich.

Recht lohnend war am folgenden Morgen ein Aus= flug nach dem zu Canton gehörenden, an der anderen Seite des Flusses gelegenen Stadtteile Ho=Nam, den wir in einem der zu tausenden den Fluß belebenden Sam= pans unternahmen. Diese den Chinesen gleichzeitig als Beförderungsmittel und Wohnung dienenden kleinen flachbodigen Boote zerfallen in zwei Abteilungen. Die eine wird von der Familie des Eigentümers als Schlaf=, Wohn= und Kochraum, die andere als sogen. „gute Stube", die auch zur Aufnahme der Fahrgäste dient, benutzt. Das Rudern wird fast ausschließlich von dem schwächeren Geschlecht besorgt, da tagsüber die Männer in der Regel anderen Beschäftigungen am Lande nach= gehen. Die Kinder werden entweder, um nicht ins Wasser zu fallen, an irgend einer passenden Stelle auf Deck angebunden, oder man läßt sie mit einer verschlos= senen Kalebasse bezw. einem Bambusrohr auf dem Rücken, durch die sie beim etwaigen Überbordfallen über Wasser gehalten werden, frei umherlaufen. Die Chine= sinnen sind sehr sorgsame Mütter und lassen ihre Kinder kaum einen Augenblick außer Acht.

Der Chinese, namentlich der reiche Chinese, ist da=
gegen vielfach nur ein guter Vater gegen seine Söhne.
Weibliche Nachkommen schätzt er so wenig, daß er an
ihnen nicht selten unmittelbar nach der Geburt zum
Mörder wird. Wir statteten dem mit seinen Höfen und
Gärten fast einen Quadratkilometer bedeckenden Tempel
Ho=Nams hauptsächlich seiner Gartenanlagen wegen
einen Besuch ab. Letztere sind nach europäischen Be=
griffen höchst abgeschmackt, das Leitmotiv in denselben
ist Unnatur. Wie die Füße seiner Frauen, so zwängt
der Chinese Bäumchen und Sträucher in eine der Natur
widerstrebende Form, bald in die eines Tieres, als
Hirsch, Ente, Drachen oder Löwen, bald in die einer
Pagode, eines Tempels, eines Vogelbauers u. s. w. Ein=
zelne Sträucher sind sogar als Menschen zugestutzt und
dann mit Porzellanhänden und Füßen, sowie mit Glas=
augen versehen. Dazwischen finden wir Grotten, Bassins
und Wasserfälle in Duodezformat, wenn auch nicht ge=
rade in den Gärten des Ho=Nam=Tempels, so doch in
anderen innerhalb der Stadt.

Im Tempelhofe befindet sich ein Zwinger mit ge=
heiligten, vorzüglich gemästeten Schweinen, Geschenken
an den Tempel von solchen Leuten, deren erkranktes
Borstenvieh hier genesen ist. Der Tempel des Ho=Nam
erfreut sich nämlich des Rufes eines unübertrefflichen
Sanatoriums erholungs= und pflegebedürftiger Schweine.

Interessant war mir, zu erfahren, daß auch in
China das Schwein als Glückstier angesehen wird. Die
einem geheiligten Tempelschwein ausgerupfte Borste wird
von den Chinesen ungefähr in gleicher Weise in Ehren
gehalten, wie von uns ein Georgsthaler.

Ich konnte hier wieder einmal der Versuchung, den bösen Buben zu spielen, nicht widerstehen und warf einige Silbermünzen mitten unter das heilige Schweine= vieh. Dieses ließ sich zwar hierdurch absolut nicht in seiner stoischen Ruhe stören, aber ich kannte meine Pap= penheimer, die uns in Scharen auf Schritt und Tritt folgenden chinesischen Rangen. Im Handumdrehen hatte sich mindestens ein Dutzend derselben über die Brüstung geschwungen, und es begann nun eine Balgerei eines= teils der Jungen unter sich und anderenteils mit den entsetzt grunzenden, in dem engen Zwinger sich durch= einander drängenden Borstentieren, daß mir das Herz im Leibe vor Freude hüpfte — und ich war belohnt genug.

In Ho=Nam befinden sich eine Anzahl Ingwer= kochereien (der Export von Ingwer beziffert sich für Canton jährlich auf etwa 750000 Mark), sowie mehrere Theefaktoreien, in denen der aus dem Innern des Lan= des kommende Thee gesiebt und sortiert wird. Während dieser Prozedur wird er mit Jasminblüten untermischt, um dadurch einen angenehmen Duft anzunehmen. Am oberen Ende Ho=Nams wird ein großer Lotosteich un= terhalten, nicht, um überspannten, lyrisch angekränkelten Dichtern und Dichterlingen zum Vorwurf zu dienen, sondern zu dem sehr prosaischen und praktischen Zwecke, die nicht mit Unrecht in der chinesischen Küche beliebten Lotoskerne zu ziehen.

Die unreife Samenkapsel der Lotosblume gleicht in Form und Farbe der mattgrün angestrichenen Brause einer Gießkanne. In dieser Kapsel nun befinden sich etwa 1½ Dutzend Kerne von der Größe des Kernes

einer Haselnuß, die, roh gegessen, an frische Bucheckern
erinnern und mit Zucker gekocht eine wohlschmeckende
„süße Speise" abgeben.

Da wir urplötzlich von einem heftigen Gewitter=
regen überrascht wurden, suchten wir Unterschlupf bei
einem Kuchenbäcker und ergötzten uns daran, zuzuschauen,
wie derselbe seinen Teig anstatt mit einer Walze, mit
Hilfe einer Bambusstange, auf deren Ende er rittlings
sitzend auf und nieder wippte, flach knetete. Nichts ist
überhaupt fesselnder, als in den Straßen einer Stadt
wie Canton (Ho=Nam bildet, wie schon bemerkt, einen
Stadtteil Cantons) die verschiedensten Handwerker bei
der Arbeit zu beobachten. Ich habe den größten Teil
meines zehntägigen Aufenthaltes daselbst mit Umher=
streifen in der Chinesenstadt zugebracht, bin dessen nie
müde geworden, und kein Tag ist vergangen, ohne daß
ich mit einer Fülle neuer Eindrücke heimgekehrt wäre.

Während der ersten Tage wendete ich meine Auf=
merksamkeit den Nahrungsmittelmärkten zu, und war
überrascht über die hier herrschende Sauberkeit, nicht nur
der Verkaufsstände, sondern speziell der zum Verkauf ge=
stellten Waren. Da hingen zu hunderten die Köpfe
frisch geschlachteter Schweine, mit schwermütigem Gesichts=
ausdruck zwar, aber so wunderbar glatt rasiert und ge=
säubert, daß auch mit der Lupe nicht das feinste Härchen
an ihnen zu entdecken war. Das Gleiche gilt von allen
anderen Teilen sämtlichen geschlachteten Viehes, selbst
von Hunden und Katzen, die freilich nur von den nie=
drigsten Volksschichten gegessen werden und nebenbei auch
meist lebend, in kleinen Bambuskäfigen sitzend, zu Markte
gebracht werden.

Nirgends habe ich so prächtig gerupftes Geflügel gesehen, wie auf den Märkten Cantons. Während unsere Geflügelhändler, Köche und Köchinnen sich damit begnügen, den Tieren die gröbsten Federn auszurupfen und den Rest durch flüchtiges Absengen zu entfernen, erachtet der Chinese dieselben erst für würdig, in den Topf oder an den Spieß zu wandern, nachdem er sie mit Hilfe einer Pinzette selbst von den feinsten Flaumresten befreit hat. Die Fische werden, soweit wie möglich, lebend zu Markte gebracht, in Holzzubern, die ununterbrochen mit frischem Wasser gespeist werden, feil gehalten und in Gegenwart des Käufers geschlachtet. Gemüse kommt niemals ungewaschen auf den Markt, Obst sieht man vielfach in geschältem oder entferntem Zustande, zum unmittelbaren Genusse bereit.

In den Garküchen hängen und liegen nach allen Regeln der Kunst gebratene Enten, Hühner und Tauben neben ganzen, am Spieße gerösteten Spanferkeln mit goldbrauner, knusperiger Schwarte, und wären die 7/₄ nackten, alle diese guten Dinge zubereitenden chinesischen Köche nicht an sich im höchsten Grade unsympathisch, die Speisen selbst wären durchaus geeignet, den Appetit zu reizen.

Ganz Canton mit seiner auf 1 000 000 Menschen geschätzten Bevölkerung besteht scheinbar aus Händlern und Kaufleuten, alle anderen Stände treten für den Fremden vollkommen in den Hintergrund.

Die Straßen sind, mit wenigen Ausnahmen, so eng, daß man kaum begreift, wie zwei Sänften an einander vorbeikommen können. Einige sind mit weitmaschigen, von Dach zu Dach gespannten Bambusflechtwerken be-

deckt, zur Brechung des grellen Sonnenlichts. Sie sind
dadurch bedeutend kühler, als die nicht in dieser Weise
geschützten Straßen. Die Häuser der Kaufleute sind oft
zwei= oder dreistöckig, die der Handwerker meist nur aus
drei überdachten Wänden gebildete, nach vorn gänzlich
offene Räume, so daß den Passanten nichts von dem,
was drinnen vorgeht, entgehen kann. Tischler, Schmiede,
Fächermaler, Elfenbeinschnitzer, Seidenweber und =Sticker,
öffentliche Briefschreiber, Quacksalber und Zahnkünstler,
alle arbeiten sie unmittelbar vor den Augen der sich
ohne Unterbrechung vorüberwälzenden Menschenmasse.
Hier schlagen die Goldschaumschläger mit hölzernen
Schlägeln und wahrer Berserkerwut die in kleine Packete
geschnürten, zwischen feine Stahlblättchen gelegten Gold=
blättchen breit, dort walken, auf einem schaukelartig
konstruierten Walksteine balanzierend, schwitzende Kulis
grobe Seidenstoffe, in einer Nebengasse sitzen Drechsler
am Tretrade, mit diesen nicht selten gleichzeitig einen am
Tretbrette befestigten, langstieligen Fächer in Bewegung
setzend, um sich Kühlung zuzufächeln.

In der Gasse der Jadesteinschleifer schnurren die
kompliziertesten Schleifmaschinen, während gleichzeitig mit
Hülfe großer, aus zusammengeflochtenem Eisendraht be=
stehender Säginstrumente Steine zerschnitten werden. Hier
wieder werden an Webestühlen oder freihändig die hoch=
geschätzten chinesischen Bambusmatten geflochten, Bilder
der verschiedensten Heiligen und gewöhnlicher Sterblicher
gemalt und reich mit Vergoldung versehen.

Eine Spezialität Cantons sind ferner Silberarbeiten
in Gestalt von Dosen und Schmuckgegenständen mit ein=
gelegten winzig kleinen Teilchen der metallisch glänzenden

hellblauen Flügelfedern des Kingfischers, eine Arbeit, die
den Zuschauer geradezu nervös machen kann, aber von
den Chinesen mit wunderbarer Geduld und Präzision
verrichtet wird.

Die größte Gilde ist allem Anscheine nach die der
Schuhmacher. Es giebt ganze Stadtteile, in denen man
nichts sieht, als Schuster und ihre mit fast zolldicken
Filz= oder Papiersohlen versehenen Erzeugnisse. Nur die
Damenschuhe, nicht viel größer als kleine Champagner=
kelche, sind mit Hacken und Ledersohlen versehen. Einer
der abstoßendsten Gebräuche in China ist die durch un=
ausgesetztes Bandagieren herbeigeführte Verkleinerung
und Verkrüppelung des Weiberfußes. Der Leser wird mir
vielleicht ins Wort fallen und sagen: „Verkleinerung"
sei nicht der richtige Ausdruck und „Kleinerhaltung"
jedenfalls eine zutreffendere Bezeichnung.

Aus Nachstehendem wird er jedoch erfahren, daß
ich mit „Verkleinerung" recht habe. Man frage unter
seinen in China gewesenen Bekannten herum, ob einer
derselben je einen nackten, verkrüppelten Weiberfuß zu
Gesichte bekommen, oder sich gar ad oculos von einem
Arzte hat demonstrieren lassen, in welcher Weise die
Verkrüppelung erzielt worden ist. Ich glaube, man
wird wenige finden; denn ich selber kenne außer Herrn
Lange, der mir bei meiner Fußbesichtigung assistierte,
und einem Arzte unter meinen hiesigen Bekannten, von
denen manche seit über dreißig Jahren im Lande sind,
niemanden.

Mich interessierte der chinesische Frauenfuß und seine
Entformung im höchsten Grade, und ich ruhte daher nicht
eher, bis Herr Lange mich zum Hospital der amerika=

nischen Mission begleitete. Ich hoffte hier, wenn nicht
einen lebenden Fuß, so doch zum mindesten einen solchen
in Spiritus vorgeführt erhalten zu können. Das letztere
war leider nicht der Fall, und der uns durch die Räume
des zur unentgeltlichen Aufnahme und Behandlung von
300 Kranken dienenden Hospitals führende Arzt meinte,
es sei keine Aussicht vorhanden, eine der Patientinnen
zu bewegen, ihren Fuß zu entblößen. Ich bat ihn trotz=
dem, sein Heil zu versuchen, und wider alles Erwarten
fand sich nach längerem Zureden eine Mutter bereit,
uns den Fuß ihrer etwa 14 jährigen Tochter zu zeigen.
Das arme kleine Wesen, welches wahrscheinlich dachte,
es solle irgend etwas geschnitten werden und daher von
vornherein anfing wehleidig zu wimmern, wurde darauf
im Sprechzimmer seiner Fußbandage entledigt, und das,
was man zu sehen bekam, war dem ersten Eindruck nach
nichts, als ein in eine scharfe Spitze auslaufender, etwa
4½ Zoll langer, rübenförmiger Fleischklumpen.

Bei genauer Untersuchung stellte sich heraus, daß
der große Zeh zwar verkrüppelt, aber in seiner natür=
lichen Lage geblieben war, die vier anderen Zehen jedoch
durch Bandagieren von Jugend auf vollkommen unter
den Fuß gewachsen waren. Der Spann war infolge
unausgesetzten Zusammenschnürens von Hacke und Fuß=
vorderteil unnatürlich gewölbt.

Als ich die Kleinheit des Fußes gebührend be=
wunderte, erklärte zu meiner größten Überraschung die
Mutter, der Fuß würde, da das Kind noch in der Ent=
wicklung begriffen sei, noch um ein gutes Teil kleiner.
Unsere Zweifel bemerkend, zeigte sie uns, wie durch weiteres
Bandagieren der Spann mehr und mehr gebogen und

infolgedessen die Spitze des Fußes dem Hacken immer
näher gebracht würde, sodaß dadurch thatsächlich die
Fußfläche, je älter das Mädchen wird, um so kleiner
sich gestaltet. Auf mein Befragen, ob die ganze Proze=
dur für das Kind schmerzhaft sei, erwiderte sie: „Jetzt
nicht mehr, wohl aber vom dritten bis zum zehnten
Jahre." Also sieben volle Jahre wird solch ein Geschöpf
gemartert, um seinen Fuß in einen unnatürlichen Fleisch=
klumpen zu verwandeln, der es später an jeder Bewegung
hindert und dadurch zu einem hilflosen Wesen macht,
und das nicht etwa, weil ein kleiner Fuß in China an
sich als eine Schönheit gilt, sondern, wie ich hier gleich=
zeitig erfuhr, weil der chinesische Mann eine wollüstige
Bestie ist, womit freilich keineswegs gesagt werden soll,
daß er als solche seine sämtlichen kaukasischen Vettern in
den Schatten stellt. Näher kann ich die wahren Gründe
dieser schauderhaften Kinderquälerei hier nicht erörtern.

Ein Glück ist, daß infolge der mit der Fußverkrüp=
pelung verbundenen Gehunfähigkeit, wie ich solches
wenigstens bei den Schifferfamilien beobachtet habe, die
Kinder der ärmeren Volksklassen, die im Kampfe ums
Dasein auf normal entwickelte Hände und Füße ange=
wiesen sind, der Regel nach von dieser entsetzlichen Tortur
verschont bleiben.

Der chinesische Charakter ist voll von Widersprüchen,
und neben der raffiniertesten Grausamkeit findet man
nicht selten Beweise echt christlicher Mildthätigkeit und
Nächstenliebe. Viele reiche Chinesen unterstützen z. B.
die Missionshospitäler und unterhalten in der Stadt
Anstalten, in denen Kranke unentgeltlich ärztliche Hülfe
und Medizin, arme Leute für ihre Toten Särge er=

halten. An den Eingängen dieser Anstalten sind Be-
hälter mit Thee angebracht, von dem jeder Durstige nach
Belieben trinken kann, daneben giebt es in Canton
Findelhäuser und Asyle für Aussätzige.

Nirgend steht das Innungswesen in so hoher Blüte,
wie in China, und verarmte und in Not geratene Handwerker werden stets von ihren Zunftgenossen unterstützt.
Es haben sich neuerdings überall im Lande Gesell-
schaften gebildet, die mit bedeutenden Mitteln gegen den
Genuß des Opiums ankämpfen. Sollte da keine Hoffnung sein, daß sich endlich auch einmal Anti-Fußver-
trüppelungsvereine bilden werden? Daß solche existieren,
davon ist mir bis heute ebensowenig etwas zu Ohren
gekommen, wie von der Bildung eines Anti-Schnürleib-
vereins in Europa.

Die größeren Kaufläden Cantons sind oft mit prah-
lerischer Pracht ausgestattet. Treppengeländer und die
selten fehlende umlaufende Gallerie des ersten Stock-
werkes sind mit über und über vergoldetem Holzschnitzwerk versehen, welches auch sonst, wo irgend möglich,
angebracht ist. An der Hinterwand befindet sich fast
immer ein großes Bild des Hausheiligen mit dem Altare,
auf dem unausgesetzt Räucherstöcke zu Ehren verstorbener
Familienmitglieder schwälen. Besonders empfehlenswert
ist ein Besuch der Stadt in früher Morgenstunde, wenn
die ersten Morgenstrahlen die mit goldenen Lettern bedeckten bunten Firmenschilder beleuchten, Laden um Laden
sich öffnet und die Landbevölkerung mit ihren Früchten
zu Markte strömt. Wie alle die im Geschwindschritt
durch die engen Gassen eilenden Kulis mit ihren an
Bambusstangen hängenden — nebenbei bemerkt nicht

immer wohlriechenden Lasten ihren Weg finden, ohne jeden Augenblick eine Stauung des Verkehrs zu verursachen, ist und bleibt mir ein Rätsel. Aber Thatsache ist, daß Verkehrsstockungen zu den Seltenheiten gehören und daß alles seinen Gang geht, ohne daß man irgendwo auf Polizisten stieße. Die Straßen sind — die Verhältnisse in Betracht gezogen — erstaunlich sauber, durchweg mit großen behauenen Granitsteinen gepflastert und kanalisiert. Hat sich hie und da einmal ein Kanal verstopft, so ist das Passieren der betreffenden Straße natürlich kein Vergnügen, aber solche Störungen kommen verhältnismäßig selten vor. Nahezu jedes Haus hat, in den Flur eingelassen, seinen kleinen Ziehbrunnen.

Der chinesische Handwerker arbeitet von morgens 7 bis abends 5 oder 6, nach dieser Zeit sieht man überall den Meister mit seinen Gesellen, den Kaufmann mit seinen Gehilfen und Dienern an einem gemeinsamen Tische ihr Mahl einnehmen.

Nichts überraschte mich in Canton mehr, als während eines späten Spazierganges in den Straßen der Stadt das plötzliche Aufleuchten des elektrischen Lichtes. Edisonsches Glühlicht in einer sonst unverfälscht chinesischen Stadt wie Canton, das hatte ich nicht erwartet, um so weniger als ich überall in den Werkstätten der Handwerker, den Reisbranntweindestillerien und allen anderen industriellen Etablissements genugsam Gelegenheit gehabt hatte, mich zu überzeugen, wie wenig der Chinese geneigt ist, sich die Errungenschaften abendländischer Kultur zu nutze zu machen.

Es ist lächerlich, aber trotzdem Thatsache, daß der Chinese sich in Bezug auf Zivilisation auf eine viel

höhere Stufe stellt, als den „Fank=wei", den „weißen
Teufel", und er mag bis zum Ende des Mittelalters da=
mit Recht gehabt haben. Aber trotz aller unserer Fort=
schritte, unserer Kenntnisse und unserer Erfindungen sind
wir, was wir ja thatsächlich ehemals im Vergleich zu
dem auf vieltausendjährige Kultur zurückblickenden Chi=
nesen waren, in seinen Augen Barbaren geblieben.

Der Chinese, namentlich der gebildete Chinese besitzt
einen Dünkel, der ans Unglaubliche grenzt, und in keiner
Weise will er die Überlegenheit des Europäers anerken=
nen. Herr Lange erzählte mir dafür ein ganz reizendes
Beispiel:

Sich lange mit einem Mandarin über die Vor=
züge der Kultur des Westens gegen die des Ostens
streitend, bemerkte Herr Lange schließlich: „Nun! Du
wirst mir doch jedenfalls nicht abstreiten, daß wir Abend=
länder Euch über sind in Bezug auf Erfindungen. Ich
nenne nur die neueste große Erfindung Edisons, den
Phonographen."

„Den Phonographen?" entgegnete der Mandarin,
„aber ich bitte Dich, das ist ja eine bei uns längst ver=
altete Geschichte, die wir schon vor tausend Jahren ge=
kannt und wieder aufgegeben haben". Und der alte
Herr führte nun als Beweis eine Stelle aus irgend
einem seiner Klassiker an, derzufolge ein Kaiser von
China vor — Gott weiß wie vielen - Jahrhunderten
einem seiner Generale eine Botschaft schickte, indem er
dieselbe in einen Kasten sprach, aus dem sie beim Öffnen
desselben dem Adressaten wieder entgegenschallte.

Also, mein verehrter Herr Edison, bilden Sie sich
um Gotteswillen nur nichts auf Ihren Phonographen

ein. Ben Aliba hat auch hier wieder Recht mit seinem:
„Alles schon dagewesen." —

Und nun, meine Herrschaften, folgen Sie mir zu
einem chinesischen Diner, wie ich eines Abends der von
Herrn Lange an mich ergangenen Einladung zu einem
solchen gefolgt bin.

Durch einige enge Gäßchen gelangten wir zu dem
von unserem liebenswürdigen Wirte auserwählten Wirts=
haus. Nachdem wir einen durch Käfige mit gemäste=
ten Kapaunen, Enten und Tauben beengten Hof durch=
schritten und eine wenig einladende dunkle Stiege er=
klommen haben, marschieren wir mutig vorüber an
einer Anzahl Küchen, in denen schwitzende, fast bis zur
Indezenz dekolletierte Köche zwischen brobelnden Töpfen
und zischenden Pfannen hantieren, und gelangen endlich
in einen hübsch ausgestatteten Raum, von dessen Decke
einige große Petroleumlampen und ein halbes Dutzend
berauschenden Duft ausströmende Blumenlaternen herab=
hängen.

Wir sind begleitet von dem chinesischen Sekretär
des Konsulats und einem „Boy", beide gleich mir von
Herrn Lange zu Gaste geladen.

Auf einen Wink unseres Wirtes erscheinen gefüllte
Theetassen und gleichzeitig vier Singmädchen oder, wie
sie im Pitchen=Englisch genannt werden, „sing-song-
girls". Sie schlürfen Thee und knacken Melonenkerne,
bis vier Musiker antreten und ohne Zeitverlust beginnen,
auf zwei mit Schlangenhaut überzogenen Violinen, einem
hölzernen Banjo und einer Art Mandoline eine entsetz=
liche Musik zu vollführen. Eines der sing-song-girls
beginnt sofort einer Holzklapper die denkbar schrillsten

Töne zu entlocken, während zwei andere mit überschnappenden Fistelstimmen ein Lied fingen. Nr. 4 knackt weiter Melonenkerne, und ich bin der Verzweiflung nahe.

Inzwischen wird ein Tisch gedeckt, was mich lebhaft interessiert. Vor jeden der vier Sitze wird ein kleines Puppenservice aufgestellt, ein Tellerchen, ein Schälchen und ein Gläschen ohne Fuß, nicht größer als ein Fingerhut. Vor den Teller legt man einen Porzellanlöffel, wie solche daheim zum Eingeben von Medizin Verwendung finden, zwei Elfenbeinstäbchen und eine kleine zweizinkige Drahtgabel; in die Mitte des Tisches werden fünf Schüsselchen gestellt; eines mit zerschnittenen hartgesottenen Eiern, die dadurch, daß sie monatelang in gelöschtem Kalk gelegen haben, eine blaugrünliche Farbe angenommen haben; ein zweites mit kleinen Stückchen in Gelee gekochten Schweinefleisches; ein drittes mit Ananaswürfeln; ein viertes und fünftes mit Mandel- oder Melonenkernen. Vor jedem Gedeck steht ein Schälchen mit brauner Salztunke.

Die Musik ist glücklich beendet, wir nehmen Platz, ich, als Ehrengast, nach chinesischer Sitte zur Linken des Gastgebers, und naschen mit den zwischen Daumen und Zeigefinger gehaltenen Stäbchen von den soeben aufgezählten hors d'oeuvres.

Inzwischen wird zwischen je zwei Gäste ein kleines Zinnkännchen mit Samshu (chinesischem Reisschnaps) gestellt und von diesem in die Liliputgläschen geschenkt. Ich finde ihn vorzüglich, an ungarischen Pflaumenschnaps erinnernd, und verschmähe den von Herrn Lange „für den Notfall" mitgebrachten Rotwein.

Die kleinen Singmädchen sitzen neben uns auf

Schemeln, animieren zum Trinken, dürfen sich aber nach
Landessitte nicht am Essen beteiligen. Endlich beginnt
das Diner.

1. Gericht: Haifischflossen in kräftiger Brühe gekocht
(nicht übel).

2. Gericht: Gekochte siamesische Vogelnester (sehen
aus wie grob geschnittenes Sauerkraut und schmecken
wie Nudeln, d. h. nach gar nichts). — Ich wundere
mich darüber, wie leicht es ist, mit Stäbchen zu essen,
und mache mich bereits anheischig, einzelne Reiskörner
mit denselben aufzulesen.

3. Gericht: Gekochter, aber zuvor geräucherter Fisch
(sehr wohlschmeckend). — Nach chinesischer Sitte lege ich
mit denselben Stäbchen, mit denen ich esse, aus der ge-
meinschaftlichen Schüssel meinem Nachbar gute Bissen
auf den Teller, als Gegenleistung solche von ihm er-
haltend.

4. Gericht: Gebratenes, in kleine Stückchen geschnittenes Huhn. — Nachdem ich zehnmal das Samshu-
Gläschen geleert habe, wird mir dasselbe zu klein, und
ich lasse mir eins der von uns mitgebrachten Rotwein-
gläser geben.

5. Gericht: Eine ganze in Brühe gekochte Ente mit
jungen Bambusschößlingen.   Die Ente ist so zart,
daß man das Fleisch mit den Stäbchen loslösen kann.
Das Gericht ist tadellos.

6. Gericht: Froschschenkel mit Bambusschößlingen
gekocht. — Widert mich an, da ich am morgen gesehen
hatte, wie man auf dem Markte den Fröschen das Fell
bei lebendigem Leibe über die Ohren zog und sie
darauf, bevor man sie tötete, noch etwa eine halbe

Stunde im Wasser herumschwimmen ließ. Trinke infolge=
dessen ein großes Glas Samshu, und fühle mich darauf
kräftig genug, dem

7. Gericht, mit Bambusschößlingen gekochter Haut
junger Hühner, tapfer zuzusprechen. — Als

8. Gericht erscheinen in Zucker gekochte Lotoskerne,
über deren Wohlgeschmack ich mich schon an anderer
Stelle ausgelassen habe, und endlich als

Schlußgericht: Reissuppe und Reis mit gesalzenem
Fisch, zerschnittenem, hartgesottenem Eidotter und gekoch=
tem Gemüse. Jeder Gast erhält hierbei seine Schüsseln
für sich, alle vorher aufgetragenen Gerichte sind auf dem
Tische stehen geblieben, und jeder nimmt von den ihm
am meisten zusagenden Speisen nochmals zum Reis,
dessen einzelne Körner ich nunmehr bereits ohne Schwierig=
keit mit den Stäbchen auflesen kann. Hierzu wird heißer
Samshu verabreicht, durch den ich mir den Mund der=
artig verbrenne, daß ich sofort drei Gläser kalten hinter=
her gießen muß.

Zum Schluß wird jedem Gaste ein mit warmem
Wasser durchtränktes Tuch gereicht, mit dem man sich
über das Gesicht fährt, um sofort eine wunderbare Ab=
kühlung zu empfinden.

Einer Wiederaufnahme der musikalischen Unterhal=
tung setzte ich energischen Widerstand entgegen, legte mich
dagegen, um alle Genüsse eines chinesischen Essens durch=
zukosten, auf ein mattenbelegtes Ruhebett und rauchte
mit vieler Mühe unter gütiger Mitwirkung des Lange=
schen Boys eine Pfeife Opium, leider ohne den erwarte=
ten Erfolg, da ein solcher überhaupt nicht eintrat.

Als ich von diesem überaus interessanten Diner nach

4*

Hause kam, bat ich meinen liebenswürdigen Wirt um
einige solide Schinkenstullen und fühlte mich, nachdem ich
dieselben verzehrt hatte, um ein Bedeutendes wohler.

Ich habe in der That nichts gegen die Erzeugnisse
chinesischer Kochkunst einzuwenden, denn das verwendete
Material ist gut und die Zubereitung schmackhaft, aber
man sieht in China zu viel von der Küche, namentlich
aber zuviel von den Köchen, und das genügt überall in
der Welt, einem den Appetit zu nehmen. Übrigens
glaube ich, daß ein Europäer sich viel eher an die chinesische Kost und Essensweise gewöhnen könnte, wie umgekehrt der Chinese an die des Abendländers, denn er
hält unsere Art des Speisens für durchaus barbarisch.

Er findet es, gestatten Sie mir das englische Wort,
„disgusting", daß wir ganze Fleischstücke auf den Tisch
bringen und vor den Augen der Gäste selbst zerschneiden.
Er ist der Ansicht, daß alle Arbeit des Zerlegens in die
Küche gehört, daß dem Speisenden die Gerichte mund-
gerecht auf den Tisch gebracht werden müssen, und daß
es mauvais genre ist, dem Gaste zuzumuten, seine Gerichte noch zu zerkleinern und sein Obst zu schälen.

Vorurteilsfrei, wie ich bin, muß ich dem Chinesen
zugeben, daß er mit dieser Ansicht im Prinzip recht hat.

Nur zu schnell schwanden infolge der unausgesetzt
wechselnden Eindrücke und der Gastlichkeit aller meiner
Schamiener Landsleute die Stunden und Tage meines
Aufenthaltes in Canton dahin, und ehe ich mich dessen
versah, war die Woche, die ich für Canton in Aussicht
genommen hatte, zu Ende. Aber es gab noch eine
Menge des Interessanten zu sehen, und außerdem hatte
man mich für den kommenden Sonntag zu einem Aus-

fluge auf dem Perlflusse eingeladen, so daß ich mich —
und zwar durchaus leichten Herzens — entschloß, noch
einige Tage länger zu bleiben.

An einem der letzten Vormittage besuchte ich mit
Herrn Lange und unserem Freunde Ah-Po den Damen
des Präfekten, um hier einer Gerichtssitzung beizuwohnen.
Auf dem Wege dahin begegneten wir verschiedenen hohen
Mandarinen, deren Sänften von Tamtamschlägern, so-
wie kleinen Trupps Soldaten, teils Fußvolk, teils zu
Pferde, geleitet wurden.

Unter einem „Mandarin" pflegt man sich daheim
vielfach einen chinesischen Prinzen, Vize-König oder Gouverneur vorzustellen. Man hat darin allerdings insofern
recht, als jede dieser hochgestellten Persönlichkeiten ein
Mandarin, nicht aber jeder Mandarin eine hochgestellte
Persönlichkeit ist.

Man unterscheidet Zivil- und Militärmandarinen,
und von beiden giebt es je neun, durch farbige Knöpfe
in Form und Größe eines Taubeneies, die auf Hüten
oder Mützen getragen werden, äußerlich unterschiedliche
Grade. Die höchstgestellten Beamten tragen, als Mandarinen ersten Grades, einen rosa Knopf, dann folgt
rot, hellblau, dunkelblau Glas, milchweiß und drei verschiedene Grade mit goldenen Knöpfen.

Übrigens wird der Mandarinenrang auch Privat-
leuten verliehen, so wurde mir der Compradore der
Firma Schellhaas u. Co. in Canton z. B. als Mandarin
mit dunkelblauem Knopfe (also vierten Grades) vorge-
stellt.

In einem Hause des Yamen des Präfekten fanden
wir gegen 8 Uhr in der Frühe die Herren Richter be-

reits an der Arbeit. In ihren hohen schwarzseidenen
Schaftstiefeln mit violettseidenen Hosen und hellgrauen
weiten Jacken, das Haupt unbedeckt, saßen sie zu vieren,
rauchend, Thee schlürfend und sich fächelnd an einem
Tische hinter riesigen Aktenbündeln.

Vor ihnen auf den Knieen lag der als Zeuge ge=
ladene Sohn eines vor einigen Monaten plötzlich nach
Einnehmen von Medizin verstorbenen Schuhmachers.
Derselbe hatte, da er seinen Vater vergiftet glaubte, den
Vorfall selber dem Gerichte angezeigt, und, wie uns
Ah=Po berichtete, lastete auf ihm keinerlei Verdacht.

An einer Seitenwand hingen allerhand Prügel=
instrumente, ein Haubklopfer in der Form eines vier=
kantigen hölzernen Badethermometers, eine aus zwei von
einander abstehenden Ledersohlen gebildete Klatsche, mit
denen zu viel oder auch zu wenig redende weibliche
Zeugen und Angeklagte auf den Mund geschlagen wer=
den. Diverse doppelte Rohrstöcke und flache, zu zweien
zusammengebundene Bambusleisten, die kürzere Sorte
für Bearbeitung des Rückens, die längere für die eines
unterhalb desselben gelegenen Körperteils bestimmt,
Halsbretter und diverse Folterinstrumente zum Ein=
zwängen, Strecken u. s. w. lagen daneben am Boden.
Da mir daran lag, eine Sammlung der Prügelinstru=
mente zu besitzen, mußte ich dieselben — zu kaufen giebt
es sie nicht — von einem Beamten des Yamen stehlen
lassen. Für die ihn mit Sicherheit erwartenden Prügel
bat er sich ein Schmerzensgeld von 9 Mk. aus, das er
auch erhalten hat.

Dem knieenden Zeugen zur Seite stand ein Dol=
metscher zur Vermittlung des sprachlichen Verkehrs zwischen

ihm und den Richtern, da letztere des Canton=Chinesisch
unkundig waren. Es wird nämlich in China kein Be=
amter in seiner Heimat angestellt, sondern stets nach irgend
einer anderen Provinz geschickt. Ein derartiges Ver=
fahren hat gewiß seine Vorteile, jedenfalls aber den einen
großen Nachteil, daß, wie auch hier, in vielen Fällen die
Beamten nicht in der Lage sind, sich ohne Vermittlung
eines dritten mit der ihnen unterstellten Bevölkerung zu
unterhalten.

Ihre Unkenntnis des Canton=Chinesisch hinderte die
Herren Richter jedoch keineswegs, den Zeugen ab und
zu ganz gehörig anzuschnauzen. Er sagte offenbar nicht
nach Wunsch aus, denn schließlich stürzten auf einen
Wink des Präsidenten zwei mit rotlackierten Bambus=
hüten bedeckte Schergen heran, ergriffen den Zeugen bei
den Armen und zerrten dieselben, ihm je ein Bein in
die Seite stemmend, fast aus den Achselhöhlen, während
der Profoß anfing, ihm die Hände mit dem Badether=
mometer zu bearbeiten. Der arme Schlucker stieß mark=
erschütternde Schmerzensschreie aus und brach endlich,
nachdem er etwa ein Dutzend Hiebe erhalten hatte, halb
ohnmächtig zusammen. Durch einen kräftigen Ruck am
Zopfe wurde er wieder zu sich gebracht und erzählte
dann unter Thränen und Schluchzen alles, was verlangt
wurde. Ich glaube, er hätte jetzt auf Wunsch selbst ge=
standen, daß sein Vater eine Fledermaus und seine
Mutter eine Klapperschlange gewesen sei, so gebrochen
war der arme Kerl. Schließlich wurde ihm Pinsel,
Tusche und Papier gegeben und ihm befohlen, alle ge=
machten Aussagen nach dem Gedächtnis zu wiederholen
unter gleichzeitiger Androhung aller möglichen Strafen,

falls sein Bericht nicht mit den Angaben des Protokolls übereinstimmen würde.

Da Ah-Po uns erklärte, die Abfassung des Schriftstückes könne mehrere Stunden in Anspruch nehmen, entfernten wir uns aus den Hallen der Gerechtigkeit und nahmen die prächtig ausgestatteten Räume des Klubhauses der Swatow-Gilde sowie ein großes zweistöckiges chinesisches Restaurant in Augenschein. Vor dem ersteren halten zwei große, in Granit gehauene Löwen Wache, auf die uns Ah-Po mit den Worten aufmerksam machte: Look see lion! You look see? One lion belong cock, other lion belong lion hen. (Der eine ist ein Löwenhahn, der andere eine Löwenhenne.)

Auch das Klubhaus der Theekausleute wurde mit einem Besuche bedacht. Der Thee-Export Chinas ist in den letzten Jahren zurückgegangen. Der Ceylon- und Assamthee erobert sich mehr und mehr den europäischen Markt, und die chinesischen Theepflanzer können infolge der vielen Durchgangszölle, die sie in jedem von ihren Karawanen oder Booten passierten Regierungsbezirke, und dem Ausfuhrzoll, den sie schließlich noch in dem betreffenden Hafenplatze, von dem ihre Ware verschifft wird, zu zahlen haben, nicht mehr konkurrieren; denn die im Ankauf an den Küstenplätzen angelegten Preise belaufen sich für die gewöhnlicheren Sorten auf nicht über 40 Pf. das Pfund. Immerhin exportiert Canton noch für etwa 2 Millionen Mk. pro Jahr. Der Hauptausfuhrartikel ist Seide mit etwa 50 Millionen, dann kommen Matten mit über 3 Millionen, Feuerwerkskörper und brauner Zucker mit je $1\frac{1}{2}$ Million und Ingwer, wie schon bemerkt, mit $\frac{3}{4}$ Million Mk. Kleinere Erportartikel sind: Schweinsborsten, Entenfedern und Menschenhaar.

Von letzterem wurden im vorigen Jahre (1891) allein von Canton für 84 000 Mk. verschifft, sie werden in Europa gespalten, gefärbt und zieren schließlich die Köpfe unserer Schönen. Wie manche elegante Dame daheim mag, ohne ihr Wissen, das Haar eines ent= haupteten chinesischen Piraten oder Mörders auf ihrem Scheitel herumtragen, denn, mag auch der größte Teil dieses eigenartigen Exportartikels aus ausgekämmten Haaren bestehen, das Geschäft des Köpfens geht in China derartig flott, daß die Zöpfe der im Laufe eines Jahres in Canton Hingerichteten immerhin einen ganz hübschen Ballen ausmachen können.

Nach den mir von Kaufleuten gemachten Angaben habe ich berechnet, daß ein abgeschnittener Chinesenzopf im Durchschnitt auf nicht über 20 bis 30 Pfg. zu stehen kommt.

Ein günstiges Geschick wollte es, daß just am Tage vor meiner Abfahrt eine große Prozession stattfinden sollte. Auf Ah=Pos Rat beschloß ich, mir dieselbe von dem Hofe der französischen Mission aus anzusehen, die, in sich abgeschlossen und von einer hohen Mauer eingehegt, inmitten der Chinesenstadt gelegen ist.

Trotzdem wir in aller Frühe vom Konsulat auf= brachen, hatten wir große Mühe, uns durch die in den Straßen auf= und abwogenden Menschenmassen unsern Weg zu bahnen. Überall begegneten uns kleine Trupps von in kostbare goldstrotzende Seidengewänder gekleideten oder mit Tiermasken versehenen Festteilnehmern und auf= geputzten Kindern.

Als wir in der Mission anlangten, erfuhren wir, daß der Zug nicht vor einer Stunde zu erwarten sei, und so hatte ich Zeit — es war an einem Sonntage, — dem Gottesdienst in der Kathedrale beizuwohnen. Letztere ist ein prachtvolles Gebäude, gänzlich aus behauenem Granit aufgeführt und mit schönen Glasmalereien versehen.

Das über tausend Andächtigen Raum bietende Gotteshaus war bis auf den letzten Platz gefüllt. Die vordere Hälfte der Bänke hatten die Männer, die hintere die Weiber inne, alle, mit Ausnahme einiger weniger portugiesischer Halskasts, waren Chinesen.

Der die Messe lesende französische Priester, von chinesischen Chorknaben unterstützt, trug ein dem Geschmack seiner Herde angepaßtes Meßgewand und einen stattlichen Zopf. Ich kann mich nicht recht mit dieser von den weißen Missionaren den Chinesen gemachten Konzession befreunden, aber sie scheint eine conditio sine qua non zu sein, sonst würden die in allen Dingen so praktischen und vernünftigen französischen Priester diese Sitte wohl nicht mitmachen. Besonders komisch wirkte der Zopf bei einem alten geistlichen Herren mit langem, wallendem, weißem Barte; sein Kopf war kahl wie eine Billardkugel und der Zopf mit irgend einer Klebesubstanz auf dem Scheitel befestigt.

Der Gottesdienst war kaum beendet, als ohrenbetäubender Lärm das Herannahen des Zuges verkündete. Das hohe Gitterthor der Mission wurde geschlossen, und ich faßte hinter demselben, auf einem Stuhl stehend, Posto.

Dem eigentlichen Zuge voran schritten Träger mit

riesenhaften phantastisch bemalten, ballonförmigen Papier=
laternen, gefolgt von einer Abteilung Soldaten mit gold=
gestickten Wämsern, federgeschmückten Hüten und bewaff=
net mit Hellebarden, wunderbaren ein= und dreispitzigen
Spießen oder alten Schießprügeln, wie wir solche auch
in allen chinesischen Wachthäusern in Canton finden, da,
wie Herr Lange sagt, die guten Waffen (Hinterlader
jeden Kalibers) „geschont" werden.

Ein Musikkorps aus Tamtam=, Becken= und Trom=
melschlägern voran, erschien darauf die eigentliche Pro=
zession.

Zuerst kam eine schier endlose Folge von allen mög=
lichen, oft gegen 15 Fuß langen, an Stangen getragenen
Schaustücken mit geschnitzten Figuren und wunderlich be=
malten und vergoldeten Schnitzereien, vielfach ausgelegt
mit den Federn des Kingfishers, Sänften von gleicher
Pracht mit je zwei fürstlich gekleideten allerliebsten jungen
Mädchen (wie ich später erfuhr, als Mädchen verkleideten
Knaben, da ersteren weder auf einer Bühne, noch bei
irgend einer öffentlichen Schaustellung die Beteiligung
gestattet ist), hie und da auch mit gerösteten Schweinen,
Enten, Hühnern, Obst und sonstigen Leckereien beladen.
Wieder kam ein Musikkorps, dieses Mal aus Flöten=
und Violinspielern zusammengesetzt, lange Reihen reich=
gestickter Fahnen, Banner und Standarten, Soldaten mit
Bogen und Pfeilen, herrliche, gegen 5 Fuß lange Federn
des Argusauges oder Leiervogels an den Hüten, darauf
gegen hundert, auf reichgezäumten Ponnies sitzende Kinder
mit großen Bärten und in den Kostümen von Kaisern,
Prinzen, Gouverneuren, Generalen oder historischen Per=
sönlichkeiten, einige davon in so jugendlichem Alter, daß

sie von den zu beiden Seiten nebenher gehenden Dienern im Sattel gehalten werden mußten, während andere ihnen mit großen Fächern Kühlung zufächelten.

Hie und da war der Zug unterbrochen von kleinen Rollwägelchen mit hohen Stangen, an denen geputzte Kinder in schaukelartigen Stühlen hingen, oder durch Musikkapellen von Knaben mit rot durchflochtenen Zöpfen. Von neuem folgten Laternenträger, dann kamen, in Sänften oder auf Bahren getragen, diverse Kleinodien von Tempeln oder hohen Würdenträgern, schließlich als pièce de résistance ein aus Seidenstoff gebildeter etwa 30 Fuß langer Drache mit einem von einem Kuli getragenen Papiermaschee-Kopfe mit gänseeigroßen beweglichen Augen. Wo immer er passierte, warfen die Zuschauer harmlose, brennende Feuerwerkskörper, sogenannte „Kracker", unter ihn. Den Beschluß bildeten Musikanten, Soldaten und fahrendes Volk.

Gegen siebentausend Menschen, meist in den kostbarsten Gewändern (dieselben sind fast sämtlich Eigentum der verschiedenen Tempel) beteiligten sich an dieser Prozession. Alles ging ohne die geringste Störung und Stockung von statten, und die überall herrschende Ordnung war bewundernswert. Die dem Zuge folgenden Volksmassen, ein scheinbar unentwirrbarer Knäuel nackter Menschenleiber, benahmen sich durchaus anständig, und wenn auch vereinzelt ein Straßenjunge mir eine Fratze schnitt oder mir ein „Tank-wei" zurief, so blieb ich doch, sowohl während des Vorbeiziehens der Prozession, als auch später auf dem Heimwege von allen Insulten verschont, und die Chinesen benahmen sich dem „weißen Teufel" gegenüber jedenfalls gebildeter, als z. B. der

Berliner Pöbel es bei gleichen Anlässen einem Chinesen
gegenüber gethan haben würde. Ich bin, nach allen
von mir bis jetzt gemachten Erfahrungen, überzeugt, daß
die meisten Reibereien zwischen Chinesen und Europäern
durch Taktlosigkeit der letzteren hervorgerufen werden,
denn in Bezug auf Mangel an Takt im Verkehr mit den
Eingeborenen leisten die Europäer überall im Orient
ganz Unglaubliches.

Am Abend dieses für mich denkwürdigen Sonntags
lag vor dem Konsulatsgebäude eines der großen Blumen=
boote bereit, in dem sich eine kleine, aber gewählte Ge=
sellschaft fröhlicher Landsleute unter dem Protektorate
der einzigen deutschen Dame Cantons, der von allen
Seiten verehrten und gefeierten Frau von Bose, ver=
sammelte. Die Dampfpinasse der Firma Arnhold, Kar=
berg u. Co. nahm uns ins Schlepptau, und mit fallendem
Wasser ging es mit Blitzzuggeschwindigkeit stromab, beim
Macao=Fort vorüber und dann hinein in einen der
Seitenarme des Flusses. Mit sinkender Sonne setzten
wir uns auf das Dach unseres schwimmenden Salons,
ergötzten uns an den Schönheiten der friedlichen Land=
schaft, erfreuten uns an dem vielversprechenden Stande
der zu beiden Seiten des Flußarmes sich schier endlos
ausdehnenden tiefgrünen Reisfelder und sahen schließlich
die purpurne Scheibe des Vollmondes im Westen am
sternenklaren wolkenlosen Firmamente langsam empor=
steigen.

Als unsere Augen sich satt gesehen hatten und der
hungrige Magen seine Rechte forderte, versammelten wir
uns wieder im Salon, ein vorzügliches an Bord bereitetes
Essen wurde von den mitgenommenen Dienern aufge=

tragen und ihm von allen Seiten gebührende Ehre erwiesen. Vor Anker liegend, sahen wir Dschunke nach
Dschunke, u. a. auch ein sogenanntes Theaterboot mit
einer großen Truppe an Bord im Mondenlichte durch
die silbernen Fluten vorübergleiten. Es war eine herrliche Nacht. Erst spät dachten wir an die Heimkehr, und
die Geisterstunde hatte bereits geschlagen, als wir wieder
im Konsulate anlangten.

Mit Dank im Herzen für alle mir von meinen lieben
Landsleuten in Schamien erwiesenen Liebenswürdigkeiten
und mit der Überzeugung, in Canton eine der interessantesten Städte unseres Planeten kennen gelernt zu
haben, verabschiedete ich mich am 9. August von meinen
neugewonnenen Freunden mit dem aufrichtigen Wunsche:
„Auf Wiedersehen!" Mein nächstes Reiseziel war die
portugiesische Kolonie Macao.

Macao.

Aber gehen Sie doch nicht nach Macao! Macao bietet Ihnen absolut nichts, als das Bild einer heruntergekommenen Kolonie und — Langeweile. Sie finden überhaupt keinen Menschen dort.

Das hatte man mir bereits in Hongkong gesagt und damit versuchte man auch, mich zu überreden, noch einige Tage länger in Canton zu bleiben.

Aber das Bild einer heruntergekommenen Kolonie hatte für mich den gleichen Reiz, wie das einer blühenden, und Langeweile — das Einzige, was ich seit Jahren nicht genossen — war gerade das, wonach mein Herz sich sehnte. Ich ging also trotz alles Abratens nach Macao und preise mich glücklich, es gethan zu haben.

Wie immer, wenn ich von einem mir lieb gewordenen Orte scheide, ging ich mit heftigem Katzenjammer in Canton an Bord. Ein Dampfer derselben Kompagnie, deren prächtiger „Ho-Nam" mich von Hongkong vor zehn Tagen hierher gebracht hatte, sollte mich nach Macao führen. Die „White Cloud" ist zwar kein so stolzes Fahrzeug, wie ihr vorgenanntes Schwesterschiff, aber man ist auch auf ihm in einer Weise aufgehoben, die nichts zu wünschen läßt. Nach siebenstündiger Fahrt gegen die Flut sahen wir die ersten Umrisse von Macao vor uns auftauchen. Bald unterschieden wir auf Berges= höhen liegende Forts und buntgetünchte Häuser; je näher wir kamen, um so freundlicher wurde das Bild. Wir dampften an dem Leuchtturmfort und an einer mit 2 Hundertpfündern und einigen kleineren Geschützen be= festigten Batterie vorüber, oberhalb der das palastähn= liche Krankenhaus auf steiler Felsenklippe sich gar statt= lich ausnimmt, dann an der Europäerstadt mit ihren baumbepflanzten, sich am Meere entlang ziehenden Pro= menaden und fuhren schließlich, um einen befestigten Fels= vorsprung biegend, hinein in den kleinen, aber vorzüglich geschützten Hafen von Macao. Zwei portugiesische Ka= nonenboote und Hunderte von Dschunken lagen hier vor Anker. Der erste Eindruck, den der landende Fremdling von Macao und portugiesischer Reinlichkeitsliebe empfängt, ist kein günstiger, denn er befindet sich mitten im Fisch= markt, unter Haufen lebender, toter und getrockneter Fische in jedem Stadium. Sobald man jedoch diese Stätte emsigen, aber keineswegs geruchlosen Treibens hinter sich hat und den zudringlichen Sänftenträgern und Rickschowkulis glücklich entronnen ist, tritt die Ruhe eines Sommerbadeortes zur Winterzeit an die Stelle wüsten Gewimmels.

Saubere, gut gepflasterte Straßen führen zwischen altmodischen Häusern mit grünen Fensterläden bergauf und bergab, bis wir die Praia Grande erreichen, eine hübsche Promenade am Meeresufer, an der neben dem

Macao.
Palast des Gouverneurs.

kleinen Palaste des Gouverneurs der größte Teil der
öffentlichen Gebäude und das elegante Klubhaus des
Gremio Militao gelegen ist. Auch ein von einem Chinesen
gehaltenes, und mir von allen Seiten auf das wärmste
empfohlenes Gasthaus befindet sich hier.

„Das Boa = Vista = Hotel ist zwar hübsch gelegen",
hatte man mir gesagt, „aber Sie sind weit besser verpflegt
in Hinkees Hotel an der Praia Grande."

Ich lenkte also zunächst meine Schritte dem letzteren
zu, trotzdem die Boa Vista mich bereits beim Einfahren
in den Hafen von stolzer Höhe herab in einladendster
Weise gegrüßt hatte, aber ein einziger Blick in das Chi=
nesengasthaus genügte, mich zu überzeugen, daß für mich
nur das Boa = Vista = Hotel in Frage kam; denn wenn
ich die Wahl habe zwischen einem schlecht gelegenen Gast=
hause mit der ersten Küche der Welt und einem entzückend
gelegenen mit minderwertiger Kost, so entscheide ich mich
ohne Bedenken für das letztere. In vollster Sommerhitze
erklomm ich den Boa=Vista=Felsen, betrat das großartig
angelegte aber fast menschenleere Gasthaus und hielt
dann von den rings um das Haus laufenden hallen=
artigen Veranden Umschau nach allen Himmelsrichtungen.
Es wurde mir schwer, mich für Nord, Süd, Ost oder
West zu entscheiden, denn nach einer Richtung fand ich
das sich mir bietende Bild immer noch entzückender, als
nach der anderen.

Als der Wirt mein Schwanken bemerkte, meinte er,
ich hätte durchaus nicht nötig, mich für bestimmte Räume
zu entscheiden, ich könne sie alle benutzen, heute dieses,
morgen jenes, hier wohnen, dort schlafen, jede Nacht
in dem Zimmer, welches gerade die beste Brise hätte,

Ehlers, Ostasien. 5

denn ich sei außer einer Dame, die nebenbei morgen fortginge, sein einziger Gast. Niemand war glücklicher, als ich, gerade ein solches Plätzchen, wie dieses einzig schön gelegene Hotel mit seiner klosterähnlichen Ruhe hatte ich mir gewünscht zum Niederschreiben meiner letzten Erlebnisse. Hier wollte ich bleiben, selbst wenn mein portugiesischer Wirt mich zu Wasser und Brot verurteilen sollte.

Gegen Abend unternahm ich unter liebenswürdiger Führung eines Deutschen, Herrn Milisch, der bereits seit 30 Jahren in Macao lebt, ohne je wieder in Europa gewesen zu sein und dessen Bekanntschaft ich einige Tage zuvor in Canton gemacht hatte, auf einem Rickschaw eine Fahrt durch die Stadt und ihre nächste Umgebung, bis an die chinesische Grenze; kurz, eine Fahrt durch die ganze etwa 70000 Einwohner zählende Kolonie. Was ich hier zu sehen bekam, war wohl geeignet, mich zu überraschen, ich hatte erwartet, Macao würde in jeder Hinsicht das Bild des Verfalles bieten, und fand nun alles so hübsch gehalten, wie in einem Schmuckkästchen, die Straßen in vortrefflichem Zustande, die Anlagen in keiner Weise vernachlässigt, die Eingeborenenstadt mit ihren 6500 Chinesen in ähnlichem Zustande, wie diejenige Hongkongs, Soldaten und Polizisten gut gekleidet, kurz, ich gewann den Eindruck, daß, wenn man mich recht berichtet hatte, und Macao wirklich in den letzten Zügen liege, man hier jedenfalls dem Grundsatz huldigte: „Nobel muß die Welt zu Grunde gehen."

Als ich Herrn Milisch gegenüber meiner Überraschung Ausdruck gab, meinte er, Macao sei keineswegs eine arme Kolonie zu nennen, man führe sogar jährlich gegen

200 000 Dollar von den Einnahmen an das bankerotte Portugal ab. „Noch sind wir nicht verloren", setzte er hinzu, „aber wenn die Regierung in Lissabon fortfährt, die Steuerschraube immer noch fester anzuziehen, und, wie das seit 2 Jahren geschieht, nur nimmt, ohne etwas zu geben, so werden wir bald erleben, daß die Chinesen — und von diesen lebt Macao — entweder Revolution machen, oder die Kolonie verlassen.

Herr Milisch hatte Macao in seiner Glanzperiode nicht mehr gekannt, denn dazu hätte er über 100 Jahre alt sein müssen, und das ist er nicht, aber er hatte doch noch Handel und Wandel hier gesehen, hatte große Dampfer in den jetzt von Jahr zu Jahr mehr versandenden und verschlammenden Hafen einlaufen sehen, und die Zeiten mit durchgemacht, in denen die Kuliausfuhr nach Westindien hier in höchster Blüte stand, ein Geschäft, durch welches Macao eine traurige Berühmtheit erlangt hatte, als verschiedene Großmächte im Jahre 1874 von Portugal ein Verbot dieses Sklavenhandels erzwangen.

Macao ist bereits seit dem Jahre 1557 portugiesischer Besitz, wenn es auch erst im Jahre 1887 vertragsmäßig von China an Portugal abgetreten wurde. Es war eine blühende Kolonie bis zu Ende des vorigen Jahrhunderts, von da ab ging der Handel immer mehr und mehr zurück, bis er endlich dadurch, daß die Engländer sich auf Hongkong niederließen und alles daran setzten, den Verkehr dorthin zu ziehen, während gleichzeitig die Portugiesen die kurzsichtigste Politik trieben und durch Steuern und Monopole dem Fremden den Aufenthalt in ihrer Kolonie in jeder Weise verleideten, den Todesstoß empfing.

Das Einzige, was heute noch über Macao aus-

5*

geführt wird, ist Thee aus China im Werte von etwa 2 Millionen Mark, Seide, einige Droguen und wohlriechende Öle. Wovon die 4500 Portugiesen jetzt eigentlich hier ihr Leben fristen, das weiß niemand außer ihnen, wahrscheinlich von den Zinsen ihrer Schulden. Wo sie sich sehen lassen, erscheinen sie stets auf das eleganteste gekleidet, zu Hause sollen sie dagegen wie die chinesischen Kulis herumlaufen und sich von Reis und Salzfisch nähren.

Macao ist Freihafen, aber was nützt schließlich seinen Bewohnern der Freihafen, wenn die Regierung alles monopolisiert, Fischfang, Schlächterei, Salz= und Opiumverkauf. Dazu zieht sie ihren Unterthanen auch noch mit Hazardspiel und verschiedenen Lotterien das Geld aus der Tasche.

Vor einigen Wochen wurde trotz alledem versucht, die Steuerschraube noch fester zu drehen und den schon bestehenden Monopolen das Branntweinmonopol hinzuzufügen, trotz einer bereits bestehenden Schanksteuer; aber das war den Chinesen denn doch ein wenig zu weit gegangen, sie erhoben Einspruch, indem sie ohne Ausnahme ihre Läden schlossen und erklärten, eher von dannen ziehen, als sich in dieser Weise ausziehen lassen zu wollen. Der Gouverneur that ihnen zwar kund und zu wissen, daß wem es in seinem Staate nicht gefiel, sich zum Teufel scheren möge, gleichzeitig aber gab er klein bei und legte das Branntweinmonopol ganz vorsichtig in den Papierkorb.

Ich gestehe ohne Umschweife, daß ich den Namen Macao in der Geographiekunde nicht kennen gelernt habe, um so vertrauter war er mir während meiner Sturm=

und Drangperiode als der eines Hazardspieles, welches
sonst auch unter dem Namen „Bakkarat" bekannt ist.

Erst sehr viel später erfuhr ich von der Existenz
einer portugiesischen Kolonie dieses Namens, die ich mir
als eine Insel im Chinesischen Meere vorstellte, bis ich
bei näherer Besichtigung an Ort und Stelle herausfand,
daß Macao keine Insel, sondern durch eine Landenge
mit dem chinesischen Festlande verbunden ist.

Wäre ich Briefmarkensammler gewesen, so würde
ich über dies alles sicherlich sehr viel früher unterrichtet
gewesen sein, denn Macao ist schlau genug, sich durch
häufiges Ändern seiner Postwertzeichen sämtliche Sammler
tributpflichtig zu erhalten. Ich habe erst vor wenigen
Tagen beim Durchblättern eines Briefmarkenalbums
ganz unglaubliche Lücken in meiner Bildung und Namen
Marken druckender Länder entdeckt, von deren Existenz
ich mir in meiner Schulweisheit nichts träumen ließ.

Warum das soeben erwähnte Hazardspiel den Na=
men Macao führt, ist mir selbst als Forschungsreisender
nicht gelungen, zu ermitteln. Dasselbe ist hier niemandem
anders als unter der Bezeichnung Bakkarat bekannt und
dazu nichts weniger als ein Nationalspiel.

Macao ist das Monaco des Ostens, aber man
spielt hier weder Roulette noch Kartenspiele, sondern das
thörichtste, stumpfsinnigste Spiel, welches der Menschen=
geist nur hat erfinden können, das „Fant=ton". Der
Bankhalter legt eine Hand voll Kasch (kleiner durch=
löcherter chinesischer Kupfermünzen) auf den Tisch und
bedeckt sie mit einer Schale. Die Spielenden setzen nun
auf 1, 2, 3 oder 4. Die Münzen werden darauf mit
einem Stäbchen (um Mogeln nach Möglichkeit zu ver=

hindern) zu vieren abgezählt und je nach dem 1, 2, 3
oder 4 Stücke übrig bleiben, gewinnen die Setzer. Die
Einsätze auf der herausgekommenen Nummer werden,
nach Abzug von 7 v. H. für die Bank, dreifach ausbe=
zahlt. Neu war mir in den Spielhäusern die Einrichtung
von über den Tischen angebrachten Galerien, von denen
Spielende, die nicht am Tische Platz finden, in Körben
ihre Einsätze herunterlassen, und etwaige Gewinne in
gleicher Weise zu sich heraufziehen. Und in diesem
elendesten aller Spiele, durch dessen Verpachtung die
hiesige Regierung jährlich eine Einnahme von 420 000
Mark erzielt, verlieren nicht nur Chinesen, sondern auch
unbezopfte Thoren aus allen Weltteilen Summen und
Unsummen.

Ich benutze diese Gelegenheit, u... ein auf Monaco
gemünztes, aber auch auf Macao vorzüglich passendes,
leider nicht nach Gebühr bekanntes und gewürdigtes
Gedicht zu wiederholen; hier ist es:

> Auf einem Felsen steht ein Haus,
> Da gehn viel Leute ein und aus,
> Und in dem Haus, da steht ein Tisch,
> Mit grünem Tuch bezogen frisch.
> Der Fremde, dem dies wohlgefällt,
> Legt auf den Tisch sein vieles Geld,
> Und grade neben diesem Ort,
> Da sitzt ein Mann, der nimmt es fort,
> Das dauert, bis man nichts mehr hat,
> Erschießung findet draußen statt.

Macao besitzt etwa 16 öffentliche Spielhöllen und
nahezu die gleiche Zahl überaus malerisch über die kleine
Kolonie verteilter Forts, die alles in allem mit etwa
400 portugiesischen Soldaten besetzt sind, welche dazu
dienen, neugierigen Fremden den Eintritt mit aufge=

pflanztem Bajonett zu verwehren. Nur in eine dieser
geheimnisvollen Vesten gelang es mir einen flüchtigen
Blick zu nehmen, da die Besatzung gerade ihr Mittags=
schläfchen hielt. Ich sah hier einen Käfig mit einem in
Ketten liegenden chinesischen Piraten. Daß er ein solcher
war, erfuhr ich von ihm selber, indem ich ihm zunickte
und fragte: „Pirate?" Er nickte bejahend und rasselte
dabei derartig mit seinen Ketten, daß die Besatzung er=
wachte und mir zeigte, wo der Maurer das Loch ge=
lassen hatte.

Die Todesstrafe ist selbst für Piraten in Portugal
und in den portugiesischen Besitzungen abgeschafft.

Unter den von der hiesigen Regierung verpachteten
Lotterien befindet sich eine, die ich ihrer Originalität
wegen zu erwähnen nicht unterlassen darf. Zu bestimmten
Zeiten des Jahres finden, wie schon erwähnt, in China
Prüfungen der Studenten statt, die sich den dritten Grad
erwerben wollen. Der Lotteriepächter in Macao ver=
kauft nur Lose mit den Namen der verschiedenen Kan=
didaten einer bestimmten Gemeinde, und je nachdem der
betreffende Träger des Namens besteht oder durchfällt,
gewinnt oder verliert das Los. Die Lotterien bringen
der Regierung jährlich 240000 Mark ein.

Es wimmelt in Macao von barmherzigen Schwestern,
Brüdern, Pfaffen, auch an Eremiten männlichen und
weiblichen Geschlechtes ist kein Mangel, und von wohl=
thätigen Instituten ist alles vorhanden, bis auf das
Notwendigste, nämlich ein „Asyl für heruntergekommene
Hazardspieler", dieses fehlt.

Die Gesamteinnahmen der Regierung belaufen sich
auf 1290000 Mark, doch werden dieselben vom nächsten

Jahre an 240000 Mark jährlich mehr betragen, da der
bis jetzt für 153000 Mark jährlich verpachtete Opium=
verkauf vom Jahre 1893 an aufs neue für 390000 Mark
an den Meistbietenden vergeben worden ist.

Man sieht, die Portugiesen verstehen es, Geld zu
machen in Macao, denn es ist thatsächlich hier alles be=
steuert, die Dummheit und die Intelligenz, das Laster
und die Tugend, ersteres gerechter Weise höher, als letztere.
Wie lange diese Art der Verwaltung weiter gehen kann
und wird, wage ich nicht zu beurteilen.

Alles hat sein fin de siècle, wie Wippchen sagt,
und so wird es auch hier sein; denn selbst die loyalsten
Portugiesen — soweit sie nicht Regierungsbeamte sind
— sehnen sich bereits nach irgend einer anderen Herr=
schaft für Macao, sei es deutsche oder englische, franzö=
sische wird dankend abgelehnt. Sollte Macao einmal
unter den Hammer kommen, ich wüßte nicht, ob wir nicht
gut daran thäten, mitzubieten; denn nach den Aussagen
Sachverständiger soll noch etwas aus der Kolonie zu
machen sein.

Doch, dem sei, wie ihm wolle, Macao ist, das muß
ihm der größte Nörgler lassen, ein entzückendes Stückchen
Erde, es ist wunderbar lieblich gelegen, in wohlgeschützter
Meeresbucht, umgeben von malerischen Felseninseln, mit
einem Blick auf das offene Meer, und ein Plätzchen, ganz
dazu geeignet, erholungs= und ruhebedürstigen Europäern
als Sanatorium zu dienen.

Mir ist es ein solches gewesen, und mit Vergnügen
werde ich stets zurückdenken an die friedlichen, glücklichen
Tage, die ich hier verlebt, schreibend, träumend, das

Meer anbetend und in kühler Abendstunde auf einsamen
Wegen lustwandelnd.

Macao ist nicht der Platz für Menschen, die gewohnt
sind, von Begierde zu Genuß, vom „Tiffin" zum Diner
und von diesem Gott weiß wohin zu taumeln; aber für
mich, der ich mir genügen lassen kann an Blütenduft
und Meeresrauschen, an herrlicher Natur mit leiblicher
Verpflegung, für mich, der es als einen Hochgenuß em-
pfindet, nach monatelangem Toilettezwang in Tropenhitze
einmal wieder, ohne aufzufallen oder jemanden zu
kompromittieren, mit an den Seiten leicht geplatzten
Stiefeln — bekanntlich stets die bequemsten, die man
besitzt — und angezogen, wie es mir beliebt, einherzu-
gehen, für mich ist Macao zu einem zweiten Capri geworden, und als ich endlich nach Hongkong zurückkehrte,
um von hier meine Reise nach dem Norden Chinas fortzusetzen, fühlte ich mich wieder frisch genug zur Durchquerung jedes mir gerade in den Weg kommenden Erdteils.

Von Hongkong nach Schanghai, Tschifu und Tientsin.

Das Thermometer zeigt nachmittags noch gegen 30 Grad Celsius, und trotzdem sitze ich bei einem geeisten Glase Whisky und Soda, unter der von einem Chinesen über meinem Haupte hin- und hergezogenen Punka im Hongkong-Hotel ebenso glücklich und zufrieden vor meiner Zeitung, wie vielleicht Millionen deutscher Bierphilister vor ihrem Kruge, Schoppen oder Seidel in irgend einer Sommerfrische. Warum sollte ich auch unzufrieden und unglücklich sein? Ich habe alles, was ich wünsche, was ich für meine Person zum Glücklichsein brauche, und im Augenblick gerade nichts von dem, was ich gerne entbehre, kein Fieber, keine Schulden, kein Ungeziefer und nicht einmal klavierspielende oder singende Engländerinnen in der Nähe.

Hongkong gefällt mir vortrefflich, meine Landsleute und sonstigen Freunde erweisen mir gerade soviel Liebenswürdigkeiten, wie mein Magen ohne Protest ertragen kann, und wenn ich dennoch in einer der hier erschei nenden englischen Zeitungen auf eine Fahrgelegenheit nach Schanghai fahnde, so geschieht das, weil ich zufällig einmal weise genug sein möchte, aufzuhören, wo mir's am besten schmeckt.

Mit besonderem Interesse habe ich mich in allen Kolonien des Ostens in das Lesen der einheimischen Tagesblätter vertieft und dabei gefunden, daß die meisten derselben mit großem Geschick redigiert werden. Natürlich fehlt es nirgendwo an verschiedenen, sich auf das heftigste befehdenden Parteien, und ganz wie bei uns vergessen die Herren Redakteure nur zu häufig, daß der Kampf nicht seiner selbst willen geführt werden, sondern als Mittel zum Zweck dienen soll. Immerhin erfährt man aber, wo die Bewohner der betreffenden Kolonie der Schuh drückt, und daß er überall in der Welt irgendwo drückt, ist selbstverständlich.

Kein Reisender sollte versäumen, auch dem Anzeigenteil dieser Blätter seine Aufmerksamkeit zuzuwenden, man findet dort nicht selten die merkwürdigsten Anpreisungen, Angebote und Gesuche. Daß ein vielseitiger Europäer sich gleichzeitig als Juwelier, Uhrmacher und Zahnarzt oder als Masseur und Klavierstimmer einem hochgeehrten Publikum wieder in Erinnerung bringt, daran war ich bereits gewöhnt; als ich aber heute unter den „Shipping Notices" eine Gesellschaft ihre in den chinesischen Gewässern verkehrenden Dampfer mit „medicine free, all comfort and coffins (Särge) on board" anpreisen sah, glaubte ich es anfangs mit einem Streiche des Druckfehlerteufels zu thun zu haben. Trotzdem aber war es den Leuten völlig ernst mit ihren „coffins", denn wie ich später erfuhr, machen die chinesischen Passagiere das

Mitnehmen einer Anzahl von Särgen zur Bedingung.
Der Chinese klebt nicht an der Scholle, auf der er geboren ist, im Gegenteil, er zieht, so lange er lebt, viel
in seinem eigenen Lande umher und läßt sich ohne
Schwierigkeiten zum Auswandern bewegen, aber nach
dem Tode wünscht er da zu ruhen, wo er das Licht
der Welt erblickt hat, und seine Angehörigen bringen
oft die allergrößten Opfer, um ihm diesen seinen letzten
Wunsch zu erfüllen.

Mit den Leichen auf hoher See verstorbener Europäer wird in der Regel kurzer Prozeß gemacht, sie
werden, in Segeltuch eingenäht, mit Gewichten beschwert,
über Bord geworfen. Eine derartige Behandlung seines
Leichnams verbittet sich der Chinese, er will, falls der
Tod ihn im Laufe der Reise ereilt, in seine Heimat
zurückbefördert werden und hat es mit der ihm eigenen
Beharrlichkeit durchgesetzt, daß die meisten Rhedereien
mit ihm eine Ausnahme machen, und soweit sie nicht
selbst für den nötigen eisernen Bestand an Särgen
Sorge tragen, den einzelnen Gilden gestatten, dies zu
thun.

Der Fahrpreis für einen toten Chinesen beträgt das
Doppelte der Deckpassage eines lebenden, und daß das
nötige Geld selbst für den ärmsten während der Fahrt
sterbenden Mann aufgebracht wird, dafür sorgen stets
seine mitreisenden Landsleute. Auf keinem der zwischen
China und Amerika. fahrenden Dampfer fehlen heute die
nötigen Särge, dagegen ist mir keine einzige europäische
Linie bekannt, auf der die Söhne aus dem Reich der
Mitte das gleiche Entgegenkommen finden, trotzdem auf
sehr vielen Dampfern, u. a. auch auf denen des Nord-

deutschen Lloyd, Chinesen namentlich als Heizer be=
schäftigt werden. Stirbt einer von ihnen, so fliegt er
über Bord wie jeder andere, und nur ganz ausnahms=
weise läßt sich ein Kapitän dazu herbei, den allgemeinen
Bitten seiner bezopften Untergebenen nachgebend, zu
gestatten, den Toten in einer leeren Herings= oder Salz=
fleischtonne einzupökeln. Das wird ihm dann in China
hoch angerechnet, von den Gilden werden ihm Dank=
adressen überreicht, oder er wird mit einer kostbaren
seidenen Flagge beschenkt.

An Fahrgelegenheiten zwischen Hongkong und
Schanghai ist wahrlich kein Mangel, man hat die Wahl
zwischen den schwimmenden Palästen der europäischen
Postlinien und einer großen Anzahl von Fracht= und
Küstendampfern. Die Konkurrenz ist groß und die Fahr=
preise sind niedrig. Daß letzteres durchaus immer eine
Folge der Konkurrenz wäre, möchte ich nicht behaupten,
denn auf Strecken, auf denen noch weit mehr Dampfer
verkehren, als zwischen Hongkong und Schanghai, halten
sich die Fahrpreise auf einer geradezu unglaublichen
Höhe. So zahlt man z. B. auf den Dampfern des
Norddeutschen Lloyd — und der Lloyd ist eher billiger,
denn teurer, als beispielsweise die Messageries Maritimes
und die P. u. O. Linie — für die Strecke von Suez
nach Aden (1308 Seemeilen) 500 M., von Suez nach
Singapore (4971 Meilen) dagegen nur 1060 M.

Nun könnte man diesen auffallenden Preisunterschied
leicht damit begründen, daß alles im großen sich billiger
stellen müsse, als im kleinen, also auch die Seemeilen.
Dem widerspricht indessen folgende Thatsache. Löse ich
mir beim Norddeutschen Lloyd in Bremen einen Fahr=

schein über Colombo nach Singapore, so habe ich dafür
1350 M. zu zahlen, fahre ich dagegen erst bis Colombo,
so kostet mich das 1100 M. und von dort nach Singa=
pore 210 M., zusammen 1310 M. Meine Rechnung
stellt sich somit um 40 M. günstiger, wenn ich erst einen
Fahrschein Bremen=Colombo und dann einen solchen
Colombo=Singapore löse, als wenn ich mich direkt bis
Singapore einschreibe. Das ist zwar nicht viel, doch
immerhin ausreichend, um vier Flaschen Sekt mehr trinken
zu können, und jedenfalls genügend, um den Grundsatz,
daß geteilte Strecken sich verhältnismäßig teurer stellen
müßten, als ungeteilte, über den Haufen zu werfen.

Ich schwankte noch hin und her, welchem der in
den nächsten Tagen abgehenden Dampfer ich mich bis
Schanghai anvertrauen sollte, als ich durch den Eintritt
eines bereits leicht ergrauten Herrn mit knarrenden
Stiefeln an den Füßen in meinem Gedankengange gestört
wurde. Der Herr kam mir auf den ersten Blick bekannt
vor, aber es giebt wenige Menschen, die mir nicht be=
kannt vorkämen, und ich bin daher mit Begrüßungen
vorsichtig geworden.

Wenn ich im Zweifel bin, ob ich einem Menschen
schon begegnet bin oder nicht, so sehe ich ihn mir erst
von hinten an — meiner Ansicht nach ist nämlich der
Hinterkopf bei den meisten Männern weit charakteristischer,
als das Antlitz. Ich wartete daher, bis der Neu=
eingetretene sich umwandte.

Ja! Jetzt war mir's klar, den Schädel kannte ich,
er gehörte dem liebenswürdigen Obersten Elliston, dessen
Bekanntschaft ich im Verlaufe des Feldzuges der Eng=
länder gegen Manipur gemacht hatte.

„Halloh Colonel you here?"

„Ehlers, dear me, how are you? very glad to see you!"

Dann schüttelten wir uns die Hände, und ich bestellte bei einem an der Thür herumlungernden beinahe überlebensgroßen Chinesen einen gut geeisten Trunk.

Mein braver Oberst erzählte mir nun, er habe sechs Monate Urlaub genommen, einen pleasuretrip nach Australien gemacht und sei wieder auf der Heimreise nach Indien. Er schien sehr befriedigt von seiner Reise, meinte jedoch, nie eine faulere Gesellschaft von Farmern gesehen zu haben, als in Australien. Die einzigen Leute, die fleißig und sparsam wären, ihren Verhältnissen entsprechend lebten und daher gut fortkämen, seien die Deutschen.

Mit dem Austausch unserer beiderseitigen Erlebnisse vergingen einige Stunden im Handumdrehen. Gegen Abend unternahmen wir eine Spazierfahrt, während der ich meinen Begleiter fragte, mit welchem Dampfer er mir riete, nach Schanghai zu fahren.

Mit der Hand auf ein schon seit einigen Tagen im Hafen vor Anker liegendes weißgetünchtes Fahrzeug von riesigen Dimensionen, welches ich bisher für einen englischen Truppentransporter gehalten hatte, deutend, meinte er: „That's your ship". Wie ich überhaupt nur einen Moment schwanken könne, unter allen Umständen müsse ich mit der „Empreß of China" fahren, einem funkelnagelneuen Prachtdampfer der Canadian Pacific Railway Co., welcher nebst zwei Schwesterschiffen, der „Empreß of India" und „Empreß of Japan",

zwischen Hongkong und Vancouver fahre und zur Zeit
für das schönste Schiff, welches das Meer je getragen
habe, gelte.

Ich entschied mich also für die „Empreß of China",
erstens schon deswegen, weil sie nach dem Vorbilde der
den Verkehr mit China vermittelnden Norddeutschen
Lloyd-Dampfer weißgestrichen, und zweitens, weil sie neu
war. Am nächsten Morgen löste ich mir einen Fahrschein für den erstaunlich geringen Preis von kaum
100 M. bis Schanghai (870 Meilen), wozu man mir
auch noch freie Deckfahrt und Verpflegung für meinen
Diener bewilligte. Für dasselbe Geld hätte ich sogar
bis nach Nagasaki d. h. an 300 Meilen weiter mitfahren
können, was ich auch sicher gethan haben würde, hätte
Nagasaki nicht ohnehin für später in meinem Reiseplan
gestanden.   ·

Als ich eine Stunde vor der Abfahrt, begleitet von
einer Anzahl von Freunden, in der mir von der Firma
Melchers u. Co. freundlichst zur Verfügung gestellten
Dampfschaluppe an Bord gefahren war und zum ersten
Mal die Bretter betrat, welche die „Empreß of China"
und damit eine kleine in sich abgeschlossene Welt bedeuten, da bereute ich nicht, dem Rate meines Obersten
gefolgt zu sein, denn die „Empreß" war in der That
ein Schiff, welches seinem Namen Ehre machte und selbst
den übertriebensten Ansprüchen verwöhnter Kulturmenschen
vollauf genügen mußte. Speisesaal, Rauchsalon und
Lesezimmer waren mit mehr Geschmack als Pracht eingerichtet, und was mir besonders gefiel, die reichhaltige
Bibliothek enthielt, im Gegensatze zu den Bibliotheken
der meisten deutschen Schiffe, in denen man selten etwas

anderes, als Marlittsche, Wernersche und Hackländersche Romane findet, eine fast vollständige Sammlung aller neueren bedeutenden Reisewerke, namentlich solcher über die verschiedenen Länder des Ostens.

Ich selber hatte allen Grund, mich von vornherein an Bord wohl zu fühlen; denn auf Grund einer mir unbekannten Empfehlung hatte man mir eine auf Deck gelegene Abteilung zur Verfügung gestellt, die auf euro= päischen Dampfern jedenfalls als „Fürstensalon" be= zeichnet worden wäre, auf amerikanischen dagegen „Millionärskammer" genannt werden dürfte. Meine Wohnung bestand aus zwei entzückend möblierten Räu= men, einem Schlafzimmer mit großer, breiter, hölzerner Bettstelle, über die eine goldig schimmernde seidene Stepp= decke gebreitet war, geräumigem Kleiderspind, Sofa u. s. w. Ein türkischer Vorhang trennte das Schlafzimmer vom Wohnraum, in dem ich an einem prächtigen Schreib= tische arbeiten oder auf einer Ottomane faullenzen konnte. Unter diesen Umständen hätte ich für 870 Meilen wieder einmal ganz gut eine Frau brauchen können. Aber was nachher mit ihr anfangen? Nein! auf die Dauer ist es doch besser, man ist Junggeselle! Vorläufig hatte ich freilich keine Zeit, das Für und Wider des Ehestandes zu erwägen; so lange die Anker noch nicht gelichtet waren, hielten mich die Pflichten als Wirt an die Bar gebannt, denn wer an Bord kommt, seinen Freunden Lebewohl zu sagen, der hat nicht nur ein Recht auf einen Abschiedstrunk, sondern auch die Pflicht, einen solchen zu genehmigen.

Gegen 9 Uhr verließen uns unsere Gäste, die über 10 000 Pferdekräfte verfügende Maschine setzte sich lang=

sam in Bewegung, und stolz, wie ein riesenhafter weißer
Schwan die tiefblaue Flut durchfurchend, verließ die
„Empreß of China" den schönsten Hafen Ostasiens.
Nicht lange und wir wurden durch den Ton eines Gongs
zum Frühstück gerufen. Ich war als einer der ersten
im Speisesaal, um so meine nacheinander eintretenden
Mitreisenden in aller Ruhe, gewissermaßen en detail
mustern zu können.

Die Bedienungsmannschaft bestand aus etwa zwei
Dutzend unter der Fuchtel eines europäischen Ober=
Stewards stehenden Chinesen, die sich in ihren langen
hellblauen Gewändern, den Kopf mit einer schwarzen
von rotem Wollknauf gekrönten Seidenkappe bedeckt,
sauber und schmuck ausnahmen und mir, wenn sie nicht
eben Chinesen wären, jedenfalls in den Tropen weit
sympathischer erscheinen würden, als europäische Stewards,
die mich mit ihren durchgeschwitzten Hemden immer an
Schneemänner im Thauwetter erinnern und, sobald sie
sich unbeobachtet glauben, sich mit derselben Serviette,
mit der sie Teller und Gläser putzen, den Schweiß von
der Stirn zu wischen pflegen.

Der chinesische Hotelbedienstete oder Schiffssteward
ist nun freilich der unverschämteste Geselle, der mir
irgendwo vorgekommen ist. Nicht daß er in irgend einer
Weise aggressiv vorginge, freche Antworten gäbe, oder
direkt den Gehorsam verweigerte. Nein! er beschränkt
sich auf eine passive Unverschämtheit und zeigt in allem,
was er thut, daß er den Europäer verachtet, daß es sich
seiner Ansicht nach von Rechts wegen gehörte, wir
stünden an seiner Stelle, und er säße an der unsrigen.
Er bedient uns mit der gleichen Nonchalance, mit der

etwa der Berliner Kellner im Panoptikum einer aus=
gestellten Truppe von Feuerländern das Essen vor=
zusetzen pflegt. Friß Vogel, oder stirb. Er hat eine
ausgeprägte Begabung dafür, gegebene Befehle zu über=
hören, und eine wahre Leidenschaft, mit den Fingern in
die Gläser zu greifen, wenn er sie auf den Tisch stellt.

Überhaupt ist es lehrreich zu beobachten, wie der
Chinese den Tisch deckt. Während der Europäer, und
weit mehr noch der Inder, sich bemüht, diese Angelegen=
heit so geräuschlos wie möglich zu erledigen und jedes
Stück sorgsam ausgerichtet an seinen Platz zu legen,
vollführt der Chinese dabei einen Lärm, von dem man
sich kaum einen Begriff machen kann. Mit einigen
Dutzend Messern, Löffeln und Gabeln beladen, stellt sich
John Chinaman an das eine Ende der Tafel und
schleudert von dort aus, genau wie der gewandte Croupier
an der Spielbank in Monte Carlo den Gewinnern ihre
Geldstücke zuwirft, jedes einzelne Stück dahin, wo es
ungefähr liegen soll. Später geht er dann den Tisch
entlang und bringt oberflächlich einige Ordnung in das
Gewirr.

Bevor man sich an die Chinesenphysiognomie ge=
wöhnt hat, ist es schwer, einen der Kerle von dem
anderen zu unterscheiden. Man bittet sich also von dem
ersten besten ein Glas Wasser oder sonst etwas aus.
„My not belong your table!" lautet die Antwort, und
der Angeredete geht seiner Wege. Man wendet sich an
den zweiten und dritten, dieselbe Antwort, die gleiche
passive Unverschämtheit. Keinem der Hallunken fällt es
ein, den Mann, der uns zu bedienen hat, herbeizurufen,
und wenn ich es über mich gewonnen habe, meinen

6*

furor teutonicus zu unterdrücken und keinem der be=
zopften Gesellen Messer, Teller, Flaschen und andere
harte Gegenstände an den Kopf zu werfen, so ist daran
nur meine gute Erziehung schuld.

Eine vorzügliche und auch in Europa nachahmens=
werte Einrichtung habe ich auf den meisten Schiffen und
in den Gasthöfen, in denen Chinesen die Bedienung be=
sorgen, gefunden. Die einzelnen Gerichte auf den Speise=
karten sind nämlich numeriert.

Man kann ja schließlich nicht von einem Chinesen
verlangen, daß er eine Hammelkotelette mit Kartoffeln
à la maître d'hôtel im Kopfe behalten soll. Die ihm
genannten Zahlen 3 und 8 kann er sich aber merken
und in der Küche leise wiederholen. Zu verwundern ist
es nur, daß man eine solche Verkehrserleichterung nicht
schon längst bei uns eingeführt hat, namentlich auch auf
den Weinkarten. Nur zu häufig bekommt man eine
andere Marke, als die, welche man bestellt hat.

Also nur Mut, meine Herren Wirte, die Sache
wird schon populär werden!

Herr Du meine Güte! Was können doch einzelne
Menschen schon um 9 Uhr in der Frühe alles in sich
aufnehmen! Mir gegenüber saßen zwei Amerikaner,
teils männlichen, teils weiblichen Geschlechts. Wollte
ich sämtliche Gerichte aufzählen, die er verschlang, so
müßte ich das ganze Menu — pardon, die ganze
„Einfuhrliste" — des betreffenden Magens abschreiben;
ich will mich daher darauf beschränken, die Speisen zu
nennen, die „sie" für notwendig erachtete, um für den
Kampf ums Dasein bis 2 Uhr nachmittags gerüstet
zu sein.

Den Grund legte sie mit einem Teller „porridge", d. h. Hafergrütze, der einen Gardeküraffier mindestens zwei Tage kampffähig erhalten haben würde; gebackener Schinken und drei Spiegeleier folgten, dann kam ein Beefsteak mit Kartoffeln und — nicht genug an dem — auch noch eine gute Portion Irish Stew. Alles das wurde mit zwei Tassen Thee hinuntergespült, und den Schluß bildeten geröstetes Brot mit Fruchtgelee, Bananen, Mangos und Apfelsinen.

Wenngleich ich ähnliche Leistungen schon mehrfach an Bord anderer Schiffe zu bewundern Gelegenheit hatte, so bin ich doch immer noch nicht blasiert genug, um nicht stets von neuem Nase und Mund aufzusperren, wenn ich so etwas sehe. In meine Bewunderung mischt sich dann nicht selten eine nicht unbeträchtliche Dosis Neid, und die Bewunderung schlägt in solchem Falle zu= weilen in Ärger um; denn ich kriege es beim besten Willen kaum fertig, in so früher Stunde ein paar Eier und etwas kaltes Fleisch zu mir zu nehmen, trotzdem ich überzeugt bin, daß die Engländer und Amerikaner ihre Ankertaunerven größtenteils dem Umstande verdanken, daß sie nur mit gut geheizter Maschine an die Arbeit gehen.

Meine gefräßige Amerikanerin, der meine Bewunde= rung ihrer Leistungsfähigkeit ebenso wenig entgangen zu sein schien, wie meine eigene Enthaltsamkeit, lächelte mit= leidig zu mir herüber und meinte schließlich in ermuti= gendem Tone: „You should take a square meal in the morning, as we always do in America", wobei sie das „America" nach Sitte ihrer Landsleute wie „Amörrika" aussprach.

Wie die meisten Amerikaner, denen man es anmerkt,
daß sie solche sind, war mir auch Miß X., die — so
erzählte sie mir — mit ihrem Onkel einen trip round
the world mache, anfangs im höchsten Grade unsym=
pathisch. Wir freundeten uns indessen bald derartig an,
daß ich ihr schon am folgenden Tage den Schabernack
spielte, ihr eine lebende Katze heimlicher Weise ins Bett
zu legen.

Der echte rechte Amerikaner — ich spreche jetzt von
dem männlichen Teil der Bevölkerung der Vereinigten
Staaten —, der Yankee, wie ich ihm auf meinen Reisen
in Asien und Amerika begegnet bin, ist meist nach euro=
päischen Begriffen ein Rüpel allerersten Ranges, ein
rücksichtsloser Patron und dabei auf sein Amerrika in
einer Weise eingebildet, als seien wir in Europa in
Bezug auf Civilisation und Komfort die reinen Waisen=
knaben gegen seine Landsleute. Er flözt sich auf Sofas
und Stühlen herum, hält einem seine Füße unter die
Nase, wenn man irgendwo am Tische sitzt und liest, kaut
Tabak und spuckt, wenn's darauf ankommt, seinen Mit=
reisenden mit tötlicher Sicherheit einen Apfel vom Kopf.
Für gewöhnlich ist's ihm aber gleichgiltig, wohin er
spuckt, ob auf Deck, auf den Tisch des Speisesaals oder
an den Plafond des Rauchzimmers.

Mir fällt dabei eine reizende Geschichte ein, die mir
ein Engländer an Bord erzählte. Ein Amerikaner hatte,
während der Engländer in einer Zeitung las, zwischen
Arm und Zeitung des Betreffenden hindurch von seinem
Sitze aus ins Meer gespuckt. Als der Engländer ihn
darauf, fast zur Salzsäule erstarrt, angesehen, hatte er
ihn mit den Worten: „Do'nt be afraid. I am a good

shot" (Seien Sie unbesorgt, ich bin ein guter Schütze)
zu beruhigen versucht.

Der Engländer verhält sich eine Weile ruhig,
räuspert sich dann und spuckt dem Amerikaner auf den
Stiefel, sich mit den Worten: „I beg your pardon,
I am a bad shot" (Bitte um Verzeihung, ich bin ein
schlechter Schütze) verneigend.

Das ist so die richtige Art, Amerikaner zu be=
handeln und zu erziehen. Ich selber habe wiederholt
die Erfahrung gemacht, daß man diese Klasse Leute gar
nicht rauh genug anfassen kann.

Als mir einmal in der Türkei ein Amerikaner im
Gedränge der Landung gar zu rücksichtslos vorging,
brauchte ich ihm bloß zuzurufen: „You are not in
Amörrica, you are here in a civilized country"
(Sie sind hier nicht in Amerika, sondern in einem
civilisierten Lande), um ihn sofort nicht nur ganz klein=
laut zu machen, sondern ihn sogar zu veranlassen, sich
mir später vorzustellen. Das Merkwürdigste aber ist,
daß alle anderen Amerikaner mich fortan mit aus=
nehmender Liebenswürdigkeit behandelten.

Die Sprache der Amerikaner   wenn man ein
Mundausspülen mit Worten überhaupt eine Sprache
nennen kann — geht dem an gutes Englisch gewöhnten
Europäer gewaltig auf die Nerven. Man weiß nie,
ob jemand spricht oder seekrank ist, und selbst die mit
allen körperlichen Reizen ausgestatteten jungen Ameri=
kanerinnen sprechen, falls sie nicht ihre Erziehung in
Europa genossen haben, nicht selten genau so, als hätten
sie einen Priem Kautabak im Munde. Ich kann mir

nur denken, daß sie sich diese Sprachweise von ihren
tabakkauenden Vätern angeeignet haben: wie die Alten
gesungen, so zwitschern die Jungen. Häufig aber ist
auch die abscheuliche Angewohnheit des Kauens von
Gummi (des sogenannten Chewing gum's) schuld. Ich
kenne eine Menge Amerikanerinnen und auch Amerikaner,
die den ganzen Tag ihr Chewing gum im Munde
haben und sich darauf abkauen wie ein Pferd auf
seiner Kandare. Daß es neben den vielen unangenehmen
Yankees auch in Amerika Leute giebt, die als Muster
von guter Erziehung, Artigkeit und Liebenswürdigkeit
gelten können, leugne ich keineswegs; denn ich zähle
selbst eine Anzahl unter meinen Freunden, aber diesen
merkt man eben nicht an, daß sie Amerikaner sind.

Eine der für mich am wenigsten reizvollen Erscheinungen unter den Söhnen der neuen Welt ist der
amerikanische Missionar, namentlich der aus China in
seine Heimat zurückkehrende. Er hat sich gewöhnt, unter
den Chinesen mit einer Anmaßung aufzutreten, wie
sie eben nur seinesgleichen eigen ist, und pflegt nun
an Bord des betreffenden Dampfers, auf dem er fährt,
zu versuchen, das Geschäft mit ungeschwächten Kräften
fortzusetzen. Jeden Mitreisenden betrachtet er gewissermaßen als ein Schaf seiner Herde und wer sich gegen
die ihm aufgezwungene Rolle des Schafes auflehnt, wer
wie ich — im Gegensatz zu ihm — das Wasser nur
äußerlich anwendet und für die Anfeuchtung seines
Innern wohlschmeckendere und begeisterndere Flüssigkeiten
vorzieht, Sonntags bei den Sing- und Betübungen durch
Abwesenheit glänzt und unterdessen vielleicht sogar mit
irgend einem andern Sünder heimlich in der Kabine eine

Partie Ekarté spielt, den möchte er am liebsten über Bord werfen.

Das Schlimmste aber an dem amerikanischen Heiden= bekehrer sind seine Kinder, deren er fast ausnahmslos eine ganze Rotte besitzt.

„Vater werden ist nicht schwer"

singt unser unübertrefflicher Wilhelm Busch, und trotzdem ich Junggeselle bin, glaube ich behaupten zu dürfen, daß er recht hat. Bei uns wenigstens habe ich noch nicht davon gehört, daß man jemandem das Vaterwerden als ein besonderes Verdienst anrechnete. Bei dem amerika= nischen Missionar ist das anders, bei ihm ist ein Er= eignis dieser Art nicht nur ein Verdienst an sich, sondern auch noch mit einem solchen verknüpft. Jede neue Vaterschaft vermehrt seine Einnahmen, denn er erhält von seiner Missionsgesellschaft neben einer sogenannten Zuchtprämie für jeden neuen Weltbürger auch noch für jeden derselben eine feste jährliche Zulage.

Missionarskinder sind der Schrecken aller zwischen China und Amerika verkehrenden Reisenden, und man kann annehmen, daß je schöner und eleganter das be= treffende Schiff ist, sich um so mehr amerikanische Missionare mit ihren Sprößlingen an Bord befinden. Die Leute haben auf allen englischen und amerikanischen Linien eine bedeutende Preisermäßigung und fahren nie anders als erster Klasse. Wie nun des Haarkünstlers Kinder durchaus nicht immer die bestgescheitelten, so sind auch die des Missionars nicht immer die wohlerzogensten. Im Gegenteil, sie sind von China her daran gewöhnt, nicht nur im Hause ihrer Eltern, sondern auch auf allen angrenzenden Liegenschaften uneingeschränkt zu schalten

und zu walten, und so ist es kein Wunder, daß sie an
Bord desgleichen thun. Ohne Einspruch ihrer ehren=
werten Eltern richten sie sofort Rauch= und Lesezimmer
als Kinderstube ein, überall stolpert man dann über Blei=
soldaten, Wagen und Schaukelpferde, oder zerschmettert
durch einen unbedachten Tritt eine Arche Noah, daß die
verschiedenen Tierpaare wie Kraut und Rüben durch=
einander fliegen — in allen Fällen ist Kindergeschrei das
Ende vom Liede. Wie mögen die herrlichen Räume der
„Empreß of China" aussehen, nachdem Hunderte, vielleicht Tausende ungezogener Missionsrangen in ihnen
ihr Wesen getrieben haben? so fragte ich mich, als ich
in Schanghai das Schiff verließ.

Sechs Monate später sollte ich mich in Japan mit
eigenen Augen davon überzeugen. Die noch vor kurzem
so stolze „Empreß" sah aus wie eine Maskerabenkaiserin,
die sich ihre einstmals kostbaren Gewänder aus irgend
einer Theatergarderobe des seligen Berliner Mühlen=
dammes geliehen hat.

Zum Glück befanden sich außer Missionarsfamilien=
mitgliedern auch noch einige wenige andere Menschen an
Bord, denen ich mit Freuden ein Asyl in meinem ge=
räumigen Wohnzimmer gewährte. Hier saßen wir plau=
dernd, rauchend oder Karten spielend, und kamen nur
auf Deck, wenn die Kinder unter Aufsicht der Mütter,
oder auch ohne dieselben, im Speisesaal ihre Atzung er=
hielten, oder spät abends, wenn unsere Plagegeister in
ihren Kabinen verstaut waren.

Am zweiten Tage fuhren wir durch den Formosa=
Kanal, ein zur Zeit der Taifune nicht ungefährliches
Fahrwasser, in dem einige Wochen später der große Passa=

gier=Dampfer „Bokhara" der Peninsular und Oriental
Co. mit Mann und Maus zu Grunde gehen sollte.

Formosa ist eine herrliche fruchtbare Insel von etwa
der halben Größe Ceylons. Längst hätte hier die schwarz=
weiß=rote Flagge wehen können, wenn Deutschland nicht
thöricht genug gewesen wäre, dies ihm zur Zeit des
letzten französisch=chinesischen Krieges 1884—85 von den
Chinesen auf dem Präsentierteller angebotene Eiland abzu=
lehnen. Heute würden wir uns wohl nicht weiter nötigen
lassen und den fetten Bissen mit bestem Danke einstecken,
aber „was man von der Minute ausgeschlagen, bringt
keine Ewigkeit zurück", oder doch nur ausnahmsweise.

Hoffen wir also auf die Ausnahme: denn Formosa
ist des Schweißes der Edelsten wert, und zu diesen rechne
ich auch uns.

Wie den Lesern meines Werkes „Im Sattel durch
Indo=China" bekannt ist, hatte ich nach Beendigung der
Tonking=Expedition meinen braven Fritz, seinem Wunsche
entsprechend, in seine geliebte Heimat Burma entlassen.
An seine Stelle war eine 13jährige lebende Bronzefigur
aus Mauritius getreten, ein bildhübscher, aufgeweckter
Junge mit den schönsten Augen von der Welt, sanftge=
welltem Haar von der Schwärze des Rabengefieders
und perlmutterglänzenden Zähnen. Ich hatte ihn an
Bord eines Dampfers getroffen, wo er bei einigen seiner
Landsleute die Stelle eines Kindermädchens versah und
schnell der erklärte Liebling aller Fahrgäste und der ge=
samten Mannschaft geworden war. Wie er mir sagte,
befand er sich auf der Rückreise in seine Heimat, nachdem
er in Saigon, der Hauptstadt Cochin=Chinas, vergebens
versucht hatte, irgend eine Stellung zu finden. Ohne

Zögern erklärte er sich bereit, in meinen Dienst zu treten. Er sprach französisch, Tamil und Hinduftani. Als ich ihn fragte, ob er Christ sei, antwortete er:

„Non Monsieur, je ne suis pas chrétien, je suis protestant."

Ich setzte ihm daraufhin auseinander, daß er sich als Protestant auch mit mehr oder weniger Berechtigung Christ nennen dürfe, er meinte jedoch, das habe er früher ebenfalls geglaubt, als er aber kürzlich in einem französischen Missionshospital gewesen sei, habe ihm einer der Priester bedeutet, nur die Katholiken seien Christen, als Protestant sei er dagegen nicht besser als ein Hindu und müsse nach seinem Tode in der Hölle braten.

Der kleine Kerl war ganz außer sich vor Freude, als ich ihm die Versicherung gab, daß er vorläufig sehr viel mehr Anwartschaft auf den Himmel habe, als jener gewissenlose Pfaffe, der ihm mit der Hölle gedroht.

Shokra, so nannte ich meine schwarze Perle, erfüllte nicht nur alle meinerseits in ihn gesetzten Hoffnungen, sondern übertraf dieselben nach jeder Richtung. Er war fleißig, gehorsam, ehrlich, in liebevoller Weise um mein Wohl besorgt und — was man bei unseren schwarzen Menschenbrüdern so selten findet — in seiner ganzen Gesinnung und Denkungsart auch nach europäischen Begriffen ein „perfect gentleman". Nie zuvor habe ich einen Menschen mit so vortrefflichem Herzen, mit so viel Anstands= und Taktgefühl gefunden, wie meinen Shokra, und unumwunden gebe ich zu, daß er, ohne eine Ahnung davon zu haben, in mancher Hinsicht einen geradezu veredelnden Einfluß auf mich gehabt hat. Auch während wir an Formosa vorüberfuhren, hatte ich wieder einmal

Gelegenheit, seine überraschende Feinfühligkeit zu be=
wundern. Ich hatte ihn neben eines andern Herrn
Diener stehend getroffen, und da ich aus den Gesichts=
zügen des letzteren nicht recht auf seine Heimat schließen
konnte, Shokra gefragt, woher sein Genosse stamme.

„Daher, wo wir vor acht Tagen gewesen sind",
lautete die Antwort. Der Junge konnte also nur aus
Macao sein.

„Aber warum sagst Du denn nicht Macao?" fragte
ich weiter.

„Weil", meinte Shokra errötend, „ich glaube, es
könne ihm unangenehm sein, zu bemerken, daß wir über
ihn sprechen."

Geradezu rührend war Shokras Anspruchslosigkeit,
er war mit allem zufrieden, vor Freude aber strahlte
sein Antlitz, wenn ich ihm hie und da eine Flasche Limo=
nade, die er für sein Leben gern trank, verabfolgen ließ.
Bei einer solchen Gelegenheit meinte er zu mir gewandt:

„Wenn ich einmal sehr reich werde, so will ich
jeden zweiten Tag eine Flasche Limonade trinken."

Wer sich nach diesen Proben näher für meinen kleinen
Diener interessieren sollte, den verweise ich auf unsere ge=
meinsamen Erlebnisse im Reiche der weißen Elefanten,
die im zweiten Bande meines Werkes „Im Sattel durch
Indo=China" geschildert sind.

Am dritten Tage näherten wir uns der chinesischen
Küste, kamen an einer Reihe unbewohnter Felseninseln
vorüber, und die vielen uns am Nachmittage begegnen=
den Dampfer ließen erkennen, daß wir uns nicht mehr
weit von der Mündung des Yang=tse=kiang befanden,
eines der größten Wasserläufe unseres Planeten, an dem

oder genau genommen an dessen Nebenfluß Hwang-poo
Schanghai gelegen ist. Kurz nach Mitternacht hatten
wir die Flußmündung hinter uns und bald darauf rasselte
vor der Stadt Woosung, deren weißgetünchte Lehmbe=
festigungen hell durch die Nacht leuchteten, der Anker in
die Tiefe. Die vor Woosung gelegene, von den Kapitänen
aller größeren Schiffe gefürchtete und verwünschte Schlamm=
barre, auf der sich schon unzählige Fahrzeuge festgefahren
haben, ließ es den Kommandanten der tiefgeladenen
„Empreß" geraten erscheinen, auch am folgenden Morgen
nicht weiter stromauf zu dampfen, sondern uns mit einer
kleinen Dampfschaluppe nach Schanghai befördern zu
lassen.

Als ich das Fallreep hinunterstieg, schien unter den
Missionskindern gerade eine heftige Fehde entbrannt zu
sein; denn auf Deck herrschte ein Geschrei, als seien
200000 Teufel losgelassen. Das erste Fahrzeug, welches
wir passierten, war Seiner Majestät Schiff „Alexandrine",
auf der, da gerade die achte Stunde schlug, die deutsche
Kriegsflagge gehißt wurde.

Etwa eine Stunde später, nachdem wir zuvor an
einer Seidenweberei, einer Brauerei, einer Papiermühle
und sieben chinesischen Kriegsschiffen vorbeigedampft waren,
grüßte uns die gleiche Flagge von den Zinnen des im=
posantesten Gebäudes Schanghais, des kaiserlich deutschen
Generalkonsulates.

Wie mir das wohl that, hier endlich einmal wieder
mein Vaterland nach außen hin würdig repräsentiert zu
sehen, nachdem ich kurz zuvor in Bangkok vor Scham
am liebsten hätte in ein Mauseloch kriechen mögen! Wie
mir das Herz aufging beim Anblick dieses stattlichen

Palastes, angesichts dessen alle meine Mitreisenden bewundernd ausriefen: „Oh look at that splendid building, look at the German Consulate", das kann nur der mir nachempfinden, der die Welt gesehen hat und weiß, wie kümmerlich es im allgemeinen um unsere Konsulatsgebäude bestellt ist.

Den Engländern ist es natürlich recht peinlich, wenn die „damned Germans" ihnen irgendwo, wenn auch nur äußerlich, den Rang ablaufen; sie sind es so gewohnt, uns überall das Aschenbrödel spielen zu sehen, daß sie schier vor Ärger bersten, wenn dieses Aschenbrödel einmal den Mut hat, in demjenigen Gewande zu erscheinen, welches ihm von Rechts wegen zukommt. Spaßig ist es, zu sehen, wie die Engländer in fast allen ihren neueren Reisebeschreibungen das augenfälligste Gebäude Schanghais, das deutsche Generalkonsulat, mit Stillschweigen übergehen, selbst da, wo sie jede elende Baracke anführen; gewiß der beste Beweis dafür, daß wir allen Grund haben, uns etwas auf dieses Bauwerk einzubilden.

Daß wir in Schanghai äußerlich so, wie es der Fall ist, vertreten sind, das verdankt Deutschland nicht in letzter Linie einer Dame, und zwar der Gattin des ehemaligen dortigen Generalkonsuls, des heutigen deutschen Vertreters in Bogota, des Ministerresidenten Lührsen.

Noch mehr Frauen von dem Geiste, der Liebenswürdigkeit und dem Repräsentationstalent einer Frau Lührsen und einer Baronin von Heyking in unserem Konsular- und Diplomatenkorps, und man kann, was unser Auftreten nach außen hin anlangt, sagen: „Lieb Vaterland, magst ruhig sein."

Baronin von Heyking steht seit wenigen Wochen

ihrem Gatten, dem kaiserlich deutschen Generalkonsul in
Kairo, zur Seite, und ich bin überzeugt, daß ihr Salon,
genau wie er es in Kalkutta war, binnen kurzem der
Mittelpunkt der vornehmen und eleganten Welt sein
wird, wie sich's eben für den Salon der Gattin eines
Diplomaten gehört. Ist es nicht aber geradezu unerhört,
daß Deutschland an einem Platze wie Kairo, wo neuer=
dings im Winter die creme de la crème der alten und
neuen Welt zusammenströmt, wo die höchsten Würden=
träger aus aller Herren Ländern sich ein Rendezvous
geben und die Generalkonsuln der einzelnen Großmächte
repräsentieren müssen, sie mögen wollen oder nicht, daß
an einem solchen Platze Deutschland nicht einmal ein
eigenes Gebäude besitzt und jeder neu dorthin versetzte
Generalkonsul monatelang nach einer passenden Wohnung
Umschau halten muß, um sich doch schließlich mit einer
seinen berechtigten Wünschen wenig entsprechenden zu be=
gnügen, oder aber ein Haus zu nehmen, dessen Miets=
preis zu den vom Reich bewilligten Repräsentations=
geldern in gar keinem Verhältnis steht!

Unser Generalkonsulat in Schanghai liegt neben
dem hübschen japanischen Konsulat hart am Flusse in
der sogenannten amerikanischen Konzession. An diese
schließen sich, dem Laufe des Flusses aufwärts folgend,
die englische und die französische Niederlassung. Un=
streitig am besten gehalten ist die englische, und der
erste Eindruck, den der hier landende Fremde von der
Europäerstadt mit ihren massiven mehrstöckigen Bank=,
Geschäfts=, Wohngebäuden und Klubs empfängt, ist
überraschend günstig. Das Leben, welches sich auf der
sich zwischen den Häusern und dem Fluß hinziehenden

Schanghai.

breiten, baumbepflanzten Straße, dem sogenannten
„Bund", abspielt, ist ebenso lebhaft wie fesselnd, und
mehr als irgendwo anders sieht man hier: „Orient und
Occident sind nicht mehr zu trennen". Zwischen chine=
sischen Kulis, die an Bambusstangen oder Palmrippen
ihre schweren Lasten keuchend schleppen, geht der Euro=
päer seiner Wege, und neben der eleganten englischen
Viktoria, neben der japanischen Jinrickschaw behauptet
unbeirrt gleich der Sänfte und dem Tragstuhl eines der
kuriosesten Möbel zur Menschenbeförderung, der chinesische
Schubkarren, seinen Platz, ein großer einräbriger, von
einem Kuli geschobener Karren mit schmalen Sitzbrettern
an jeder Seite. Werden gleichzeitig zwei Personen be=
fördert, so hat der Schieber verhältnismäßig leichte
Arbeit. Anders aber ist es, wenn nur die eine Seite
seiner Karre belastet ist, und er seine ganze Kraft und
Aufmerksamkeit einsetzen muß, um sein Gefährt im Gleich=
gewicht zu halten. Wenn irgend möglich, sucht er in
diesem Falle das letztere dadurch herzustellen, daß er
irgendwo am Wege einen Stein aufhebt, oder aber er
packt, wenn er gerade einen mit Schätzen reich beladenen,
vom Markt heimkehrenden Chinesen zu befördern hat,
die lebende Fracht auf die eine, die tote auf die andere
Seite, das Gewicht möglichst gleichmäßig auf beide Sitze
verteilend. Hierbei geht er oft mit solcher Wichtigkeit
und Sorgsamkeit zu Werke, als habe er die Reiter für
den Grand Prix oder das Derby=Rennen einzuwägen.

Trotzdem etwa ein Dutzend Jinrickschawkulis sich
um die Ehre stritten, mich über das Pflaster Schanghais
zu rollen, verließ ich mich auf meine eigenen Beine, um
zum Konsulate zu gelangen. Der Weg dahin führt

durch einen sorgsam gepflegten öffentlichen Garten. Im
Konsulate, in dem sich zugleich die deutsche Post befindet
— wie in den Haupthafenplätzen der Türkei hat Deutschland auch in denen Chinas, nämlich in Schanghai,
Tschifu und Tientsin eigene Postanstalten — traf ich in
dem Vizekonsul Herrn von Loehr einen lieben alten Bekannten und erfuhr von ihm, daß der Generalkonsul
Dr. Stübel zur Zeit als Gast unseres Gesandten Herrn
von Brandt in Tschifu weile, und daß letzterer höchst
wahrscheinlich schon in den nächsten Tagen eine mehr-
wöchige Erholungsreise antreten würde. Diese Erholungsreise unseres Gesandten paßte mir durchaus nich`
in mein Programm. Peking ohne Herrn von Brandt
war für mich weniger, als Rom ohne Papst, außerdem
bedurfte ich für meine weiteren Reisen in jeder Hinsicht
des Rates des gediegensten Kenners chinesischer Verhältnisse.

Mein Entschluß war schnell gefaßt. Auf nach Tschifu
mit dem nächsten Dampfer! Am nächsten Morgen sollte
derselbe abfahren. Thut nichts, vierundzwanzig Stunden
Schanghai genügten mir in diesem Falle, das sog. Paris
des Ostens war mir überhaupt viel zu civilisiert, und
außerdem schienen mir die 33 Grad, bis zu denen das
Quecksilber im Celsius-Thermometer allmählich hinauf-
geklettert war, nichts weniger als geeignet, den Reiz
des Aufenthaltes am Lande zu erhöhen. Ein Fahrschein
war bald gelöst, mein Gepäck wurde anstatt ins Hotel,
sofort an Bord der „Wuchang", so hieß der Dampfer,
der mich nach Tschifu bringen sollte, befördert, und,
aller Sorgen ledig, konnte ich den Rest des Tages einer
oberflächlichen Besichtigung der Stadt und dem Vergnügen widmen.

Ich setzte mich in eine Jinrickschaw, und vorwärts ging's. Der chinesische Kuli fragt nur in den seltensten Fällen, wohin man zu fahren beabsichtigt, und wenn man's ihm sagt, so kann man sicher sein, daß er ganz wo anders hinrennt. Sobald man Platz genommen hat, sauft er mit seinem leichten zweirädrigen Gefährt wie ein Besessener aufs Geratewohl los und läuft so lange gerade aus, bis man ihm mit Hilfe des Stockes oder Schirmes zu verstehen giebt, rechts oder links ein= zubiegen. Nachdem wir die englische und französische Konzession hinter uns hatten, ging's an der Rennbahn vorbei nach der Hauptpromenade, auf der sich in den Abendstunden die vornehme Welt zu Wagen und zu Pferde einzufinden pflegt, nicht nur Europäer, sondern auch Chinesen, die sich den Luxus eines Fuhrwerks ge= statten können. Auf dem Rückwege wurde noch der Hauptgeschäftsstraße Schanghais, der „Nankingroad", in der man wie in der Leipzigerstraße Berlins eigent= lich alles für Geld haben kann, was man zum Leben gebraucht, die nötige Aufmerksamkeit gewidmet und später dem alten Schanghai, der von schlammigen Wassergräben und Wällen umgebenen, 125 000 Einwohner zählenden Chinesenstadt, ein kurzer Besuch abgestattet. Dieselbe unterscheidet sich von Canton in erster Linie durch größere Unsauberkeit, was mich überraschte, da ich erwartet hatte, hier, wo der Chinese seit etwa 40 Jahren be= ständig eine europäische Musterkolonie — so nennen selbstbewußt die 4000 in Schanghai ansässigen Europäer, unter denen sich 320 Deutsche befinden, ihren Stadtteil — vor Augen hat, wo sich ihm täglich Gelegenheit bietet, die Vorzüge breiter Straßen und luftiger Häuser,

7*

die Vorteile von Kanalisations= und Beleuchtungs=An=
lagen zu erkennen, wenigstens nach der einen oder
anderen Richtung hin den Einfluß abendländischer Kultur
zu gewahren. Nichts von alledem! Angesichts euro=
päischer Reinlichkeit lebt der Chinese weiter in einem
Schmutze, in dem sich selbst das anspruchsvollste Schwein
wohl fühlen muß. Unterhält man sich mit irgend
jemandem über diese Thatsache, so hört man fast immer
dieselben Worte: „Ja, der Chinese ist eben zu konservativ,
um irgend etwas von uns anzunehmen."

Gewiß ist er konservativ, der Durchschnittsmensch
ist eben auf der ganzen Welt konservativ, und wäre
uns nicht der Fortschritt von einigen wenigen erleuchteten
Geistern gewissermaßen wider unseren Willen aufge=
zwungen worden, wir säßen noch heute nächtlicher Weile,
gleich unseren Vorfahren vor tausend Jahren beim
Kienspahn anstatt beim elektrischen Lichte oder der Gas=
flamme.

Wir brauchen wahrlich nicht erst nach China zu
gehen, um die Erfahrung zu machen, daß es Menschen
giebt, die sich in engen Schmutzlöchern wohler fühlen,
als in geräumigen, allen sanitären Anforderungen ge=
nügenden Räumen. Ich selber habe in dieser Hinsicht
seiner Zeit auf meinem Gute in Pommern recht lehr=
reiche Erfahrungen gemacht, als ich den Volksbeglücker
spielen wollte und einen Teil der meiner Ansicht nach
geradezu menschenunwürdigen Tagelöhnerhäuser, die ge=
nau genommen nichts anderes waren, als elende, von
Misthaufen umgebene Lehmhütten, durch schöne Back=
steinbauten mit großen Fenstern, gedielten Fußböden und
schmucken Blumengärtchen vor der Thür ersetzte. Glauben

Sie, daß die Leute mir dankbar dafür waren? Ganz
und gar nicht. Nicht nur, daß sie aus diesen Löchern
ungern in die neuen Behausungen übersiedelten, nein!
neu angeworbene Leute gaben durchweg den alten
finsteren und muffigen Kästen den Vorzug, weil sie dort
ihren Unrat einfach zur Thüre oder zum Fenster hinaus-
werfen konnten, wohingegen bei den neuen Häusern
solches nur nach einer Seite geschehen durfte, da sich
vorn der Garten befand.

Die neben jedem Hause gelegenen Bedürfnisanstalten
wurden sehr bald in Hühnerställe umgewandelt und die
Gerüste einer von mir für die Dorfjugend errichteten
Turnschule nach kürzester Zeit abgehauen und als Feuerholz verbrannt, da die Leute der Ansicht waren, es sei
unnötig, ihre Kinder zu Seiltänzern abzurichten.

Kann man sich nach diesem den Chinesen gegenüber aufs hohe Pferd setzen?

An aufgeklärten, im Grunde ihres Herzens fort-
schrittlich gesinnten Chinesen fehlt es in China nicht.
Der gebildete Chinese verfolgt alle neueren Erfindungen
mit dem größten Interesse, und wenn man in Europa
dennoch gelegentlich von Erlassen hört, denen zufolge
irgend ein Vizekönig die Einfuhr europäischer Maschinen
verbietet, so ist damit keineswegs gesagt, daß der Betreffende ein unaufgeklärter Mann sei. Man hat in
China höheren Ortes eine heillose Angst vor dem Gespenst der sozialen Frage und weiß, daß dasselbe in
Europa gleichzeitig mit der Einführung maschineller Be-
triebe, mit dem Dampf und der Elektrizität seinen Einzug gehalten hat.

Dies ist der Hauptgrund, warum u. a. der Bahnbau, trotzdem sich die wenigen vorhandenen Bahnen ausgezeichnet rentieren, so außerordentlich langsam vorschreitet.

Den Rest des Nachmittags verbrachte ich der herrschenden Hitze wegen so bekolletiert wie möglich auf der Veranda des Konsulates, aß abends mit Herrn von Loehr im Englischen Klub und begab mich gegen Mitternacht an Bord mit dem angenehmen Gefühl, an einem Tage soviel wie möglich gesehen zu haben. Welche Bedeutung Schanghai für den Handel besitzt, erhellt am besten aus nachstehenden Zahlen.

Im Jahre 1891 belief sich der Wert der eingeführten Waren auf 124 710 142 Taels (zu 4 M.), wovon 47 374 027 Taels auf Waren entfallen, die aus anderen chinesischen Häfen eingeführt wurden, der Wert der Ausfuhr auf 40 833 720 Taels.

Deutschland ist an dem Handel, besonders am Einfuhrgeschäft, stark beteiligt. Ich nenne unter den in Schanghai ansässigen großen deutschen Firmen nur die Namen Siemssen u. Co., Melchers u. Co., Schellhaß u. Co., Arnhold, Karberg u. Co. und Carlowitz u. Co.

In der Frühe verließen wir den Hafen und dampften auf den schmutzigbraunen Fluten des Yang=tse=kiang dem Meere zu. Ein kühler Nordostwind blies uns hier entgegen, und mit Wonne hüllte ich mich gegen Abend nach der qualvollen Hitze der letzten Wochen wieder einmal in meine Wolldecke. Mein Dampfer war klein, aber sauber und ich an Bord der einzige Passagier. Unsere Ladung bestand aus englischen Baumwollstoffen, indischen Garnen, Stückgütern, Reis und Weizen.

Nach angenehmer, ruhiger Fahrt erwachte ich am

Morgen des dritten Tages, nachdem wir Schanghai verlassen hatten, in der gut geschützten, von kahlen Bergen eingeschlossenen Hasenbucht von Tschifu, und das erste, worauf mein Blick fiel, war meine neben uns ankernde alte Freundin, die „Leipzig", auf der ich, als Gast des Admirals Deinhard oder der Offiziersmesse in Ostafrika so manche frohe Stunde verlebt, so manchen Becher geleert hatte.

Tschifu ist ein kleiner, aber wichtiger Handelsplatz mit lebhaftem Dampfer= und Dschunkenverkehr. Der Hasen wird zur Zeit von den Chinesen mit bedeutendem Kostenaufwand befestigt.

Die auf einer Anhöhe freundlich gelegene, im übrigen recht uninteressante Stadt wird von den Europäern der übrigen Küstenorte sowie Pekings und Koreas ihres kühlen Klimas wegen in den Sommermonaten vielfach als Badeort benutzt, ein Umstand, dem Tschifu einige recht gute, von Europäern und Amerikanern gehaltene Gasthäuser, unter anderen auch das einem Deutschen ge= hörende, sich bei den Badegästen besonderer Gunst er= freuende Beach=Hotel verdankt. Der Wert der jährlich eingeführten Waren wurde mir auf gegen 13 Millionen Taels angegeben.

Eines der höchst gelegenen Gebäude Tschifus ist das= jenige unseres Konsulates, und sobald ich vor ihm an freistehendem Maste die deutsche Flagge emporsteigen sah, ließ ich mich an Land setzen, um unserem Konsul Herrn Dr. Schrameier meinen Besuch zu machen. Zu meiner Freude vernahm ich, daß Herr von Brandt noch in Tschifu weile, daß ich aber auch gerade zur rechten Zeit gekommen sei, da die „Alexandrine" jede Stunde erwartet

würde, um Seine Exzellenz nach einem andern Küsten=
platze zu entführen. Dr. Schrameier empfahl mir, mich
unverweilt beim Gesandten melden zu lassen. Meine
Einwendung, daß ich doch unmöglich Seine Exzellenz zu
so früher Stunde stören könne, wurde nicht gelten ge=
lassen, da Herr von Brandt ein Frühaufsteher und sicher
schon seit einigen Stunden bei der Arbeit sei.

Wenige Minuten später stand ich in dem Salon
eines Hotels dem anerkannt größten Kenner Chinas gegen=
über, einem Manne, der über dreißig Jahre seines Lebens
der Förderung deutscher Interessen im fernen Osten ge=
widmet und so unendlich viel zur Hebung des deutschen
Handels gethan hat. Man pflegt sich von Leuten, von
denen man oft gehört oder mit denen man in Brief=
wechsel gestanden hat, meist irgend ein Bild zu machen,
und das erste Gefühl bei einer persönlichen Begegnung
ist dann nicht selten das der Enttäuschung darüber, daß
dieses Bild ein durchaus falsches war. Anders ging es
mir mit Herrn von Brandt. Genau so, wie er mir ent=
gegenkam, hatte ich ihn mir gedacht, jeder Zoll ein Grand=
seigneur, dabei liebenswürdig, mitteilsam und hilfsbereit.
Er ist unstreitig ein schöner Mann, dessen silberweißes
Haupt= und Barthaar einen reizvollen Gegensatz zu seiner
körperlichen Frische und Elastizität bilden.

Da war nichts von jener infamen zugeknöpften Geh=
rockshöflichkeit, die im allgemeinen der von seiner Würde
und Unentbehrlichkeit durchdrungene deutsche Beamte
Leuten gegenüber zur Schau trägt, denen er zum ersten
Male gegenübertritt, nichts von jener Furcht, vielleicht
zu liebenswürdig sein zu können, durch die sich leider
nur zu häufig Leute, denen es gelungen ist, auf der

Laubfroschleiter des Beamtentums die höchste Sprosse
zu erklimmen, so lächerlich machen. Frank und frei, wie
ich es von englischen Beamten gewohnt war, d. h. als
Mensch dem Menschen, als Gentleman dem Gentleman,
kam mir unser Gesandter entgegen. Wir wurden schnell
dahin einig, daß es unter den obwaltenden Umständen
für mich das Beste sei, mit demselben Dampfer, mit dem
ich gekommen, nach Tientsin weiterzufahren, daselbst
einige Tage zu bleiben, dann nach Peking zu reisen und
die Zeit der Abwesenheit des Herrn von Brandt zu einem
Ausfluge von dort aus in die Mongolei zu benutzen.

Während ich mich an den herrlichen blauen Trauben,
an Pflaumen, Pfirsichen und Birnen, die vor mir auf
dem Tische standen und sämtlich in der Umgegend
von Tschifu gewachsen waren, gütlich that, schrieb mein
liebenswürdiger Wirt mit einer erstaunlichen Geschwindigkeit etwa ein halbes Dutzend Empfehlungsbriefe an verschiedene Menschen in Tientsin und Peking, um mir dieselben dann mit den Worten einzuhändigen: „So, hier
haben Sie alles, was Sie brauchen. Ich bin überzeugt,
Land und Leute werden Sie außerordentlich interessieren.
— Sie wundern sich über unsere köstlichen Früchte? Na,
kommen Sie nur später zu mir nach Peking, und Sie
werden sehen, daß wir dort, was Essen und Trinken
anlangt, nicht nur nicht hinter Europa zurückstehen,
sondern sogar manches vor dem Abendlande voraus
haben. Glückliche Reise und hoffentlich auf fröhliches
Wiedersehen."

Mit herzlichem Dank verabschiedete ich mich, begab
mich mit Sack und Pack wieder an Bord meines zum
Glück noch mit dem Laden von Tabak und Bohnenkuchen

(Rückstände einer durch Pressen ihres Öls beraubten
Bohnenart, die als Düngemittel Verwendung finden und
einen bedeutenden Ausfuhrartikel aus den Häfen Tschifu
mit 1892 60000 Tonnen und Newchang 156000 Tonnen
bilden), beschäftigten Dampfers zurück, um eine halbe
Stunde später wieder auf den Wogen des Gelben Meeres
zu schaukeln.

Als Kuriosum erzählte mir unser Kapitän, daß sein
Koch in Tschifu 400 Hühnereier für einen Dollar er=
standen habe. Da lohnt es sich für die Hühner ja kaum
noch, Eier zu legen!

Gegen 5 Uhr am folgenden Morgen meldete mir
Shokra, daß wir an der Mündung des Pei=ho ange=
langt seien. Ich fuhr schleunigst in meine Kleider und
kam noch zeitig genug auf Deck, um die imposanten Be=
festigungen, die den Wasserweg nach Peking gegebenen
Falles zu sperren die Aufgabe haben, in Augenschein zu
nehmen. Im übrigen war die Landschaft flach. Baum=
und strauchlos erinnerten die teilweise schilfbewachsenen
Flußufer und die zu beiden Seiten gelegenen trostlosen
Ortschaften mit ihren würfelförmigen, schmucklosen, grauen
Lehmhütten lebhaft an den unteren Lauf des Nils, mit
dessen schlammigen Fluten auch diejenigen des Pei=ho
eine für das Auge wenig erfreuliche Ähnlichkeit auf=
wiesen.

Immerhin, so langweilig die Landschaft auch sonst
erscheinen mochte, im Lichte der Morgensonne war das
sich unsern Blicken darbietende Bild, der Fluß mit seinen
eigenartig gebauten, bunt bemalten Dschunken, deren
große weiße Baumwollsegel der Wind blähte, dennoch
keineswegs ohne Reize. Vor dem Städtchen Taku, in

dessen Nachbarschaft neben riesigen Pyramiden von aus dem Meereswasser gewonnenem Salz auch solche von chinesischen Steinkohlen, die in großen Mengen ausgeführt werden, aufgestapelt sind, werfen wir Anker, um einen Teil unserer Ladung zu löschen; denn gleich dem Yang-tse-kiang hat auch der Pei-ho seine Barre und zwar eine solche, daß nur Schiffe von nicht über 11 Fuß Tiefgang dieselbe passieren können. Aber auch aus anderen Gründen ist der Pei-ho bei den Dampferkapitänen in hohem Grade unbeliebt. Er bahnt sich nämlich in so launischen Schlangenlinien seinen Weg zum Meere, daß es nur selten einem Dampfer gelingt, Tientsin zu erreichen, ohne vorher einigemale an dem schlammigen Ufer festzufahren, ja womöglich mitten in ein Reisfeld oder einen Gemüsegarten hineinzurennen.

Alles das erzählte mir mein unterhaltender Kapitän, während wir, die Morgenbrise einatmend, auf der Kommandobrücke sitzend, unsere Limonade schlürften; da

"Welch' tiefes Summen, welch' ein heller Ton
Zieht mit Gewalt das Glas von meinem Munde?"

das klang ja vom Ufer herüber genau wie das Pusten und Pfeifen einer Lokomotive! Anfangs traute ich meinen Ohren nicht, als aber der Kapitän, dem meine Überraschung nicht entgangen war, mir die Versicherung gab, daß zwischen Taku und Tientsin eine Eisenbahn, eine veritable Eisenbahn existiere, mit der ich, wenn es mir Vergnügen mache und ich die Mehrkosten nicht scheue, in etwas mehr als einer Stunde nach Tientsin gelangen könne, derweil sein Schiff vielleicht noch nicht in der sechsfachen Zeit dort sein würde, war ich nicht länger über das, was ich zu thun hatte, im Zweifel. "Mag

es kosten, was es wolle, ich fahre über Land, und sei
es auch nur, um das Gefühl zu haben, auf einer chinesi=
schen Eisenbahn gefahren zu sein. Haben Sie eine
Ahnung, wann der nächste Zug geht?"

„Ich glaube gegen 10 Uhr, immerhin haben Sie
Zeit genug, zu packen, und in aller Ruhe zuerst bei uns
zu frühstücken."

In dem Boote eines chinesischen Zollbeamten fuhr
ich später an Land, und der Wagen desselben freund=
lichen Herrn brachte mich und Shokra zum Bahnhof.
Hier wimmelte es von chinesischen Würdenträgern aller
Grade, Zivil= und Militärbeamten, die mit einem Ge=
folge zahlloser Diener nach Tientsin reisten, um, wie man
mir sagte, daselbst den Beisetzungsfeierlichkeiten für die
verstorbene Gattin des Vize=Königs der Provinz Pechili,
Li=Hung=Changs, des sogenannten Bismarck Chinas,
beizuwohnen.

Die meisten dieser Herrschaften mußten wohl noch
nie zuvor einen schwarzen Menschen gesehen haben; denn
Shokra bildete sofort den Mittelpunkt allseitigen Inter=
esses und wurde wie ein Kalb mit sieben Beinen ange=
staunt, bis das Zeichen der Abfahrt ertönte. Der Zug
bestand aus acht Wagen mit Abteilungen erster, zweiter
und dritter Klasse, die der zweiten, dritten und vierten
bei uns entsprechen. Als Bedienungsmannschaft sah ich
ausschließlich Chinesen. Bahnwärter und Schaffner
trugen weite, in hohen schwarzseidenen Schaftstiefeln
steckende Hosen, schwarze, nach Art unserer Husarenattilas
mit roten Schnüren besetzte Jacken und Strohhüte. Ein
Fahrschein erster Klasse für mich und ein solcher zweiter
Klasse für Shokra kosteten zusammen etwa 3 Mark.

Sämtliche Abteile waren überfüllt, sodaß ich den meinen mit sieben Mandarinen teilen mußte, die entweder nach europäischer Art oder mit untergeschlagenen Beinen auf den Bänken saßen, aus Pfeifen mit erbsengroßen Metallköpfen rauchten und eine äußerst lebhafte Unterhaltung führten.

Die Gegend, die unser Schienenstrang durchschnitt, war flach wie ein Plättbrett, der schwere, schlammige Boden aber fruchtbar gleich dem Delta des Nils, wie das Auge des Landwirtes an dem jungen Grün der Reisfelder, sowie an den Stoppeln der Hirse, Bohnen und sonstigen abgeernteten Früchte, zwischen denen schneeig weiße Ibisse und andere Stelzvögel reichliche Nachlese hielten, leicht erkennen konnte. Hie und da gewahrte man eine Gruppe elender Lehmhütten, einige Obstbäume, große mit Matten oder Lehm eingedeckte Haufen frisch gewonnenen Salzes oder Grabhügel in Form von Maulwurfshaufen, manche bis zu zwanzig Fuß Höhe.

Vereinzelt sah man auch hölzerne, oberflächlich mit Lehm beworfene Särge auf den Feldern stehen, ein nichts weniger als ästhetischer Anblick, an den man sich aber, wie an so manches andere Unästhetische im Reiche der Mitte mit der Zeit gewöhnt.

Nach etwa anderthalbstündiger Fahrt war Tientsin oder vielmehr die der Stadt gegenüber am anderen Flußufer gelegene Bahnstation erreicht. Mittels Fährboots setzten wir über den Pei-ho und fanden uns dann am Kai zwischen großen Haufen aller möglichen Kisten, Ballen, Säcke und Fässer, umringt von einer Schar zudringlicher Zinrickschaw-Kulis.

Da ich von Herrn von Brandt ein Empfehlungsschreiben an den einflußreichsten Mann der europäischen

Niederlassung, den kaiserlichen Seezoll-Kommissar Herrn
Detring, von seinen Freunden der „König von Tientsin"
genannt, erhalten hatte, wandte ich mich an einen der
Zollwächter und ließ mich zu dem nur wenige Schritte
entfernt gelegenen Bureau des Herrn Detring führen.

Es dürfte hier vielleicht am Platze sein, einige Worte
über eine der vorzüglichsten Einrichtungen des Landes,
über den ausschließlich von Europäern und Amerikanern
überwachten Seezolldienst einzuschalten. In dem zwischen
den Engländern und Chinesen geschlossenen Frieden von
Nanking (1842) hatten sich letztere dazu verstanden, dem
fremden Verkehr verschiedene ihrer Häfen zu öffnen. Die
vertragsmäßig festgesetzten Zölle wurden anfänglich von
chinesischen Beamten einkassiert, wobei aber so viele Unter-
schleife und Diebstähle vorkamen, daß man sich, wie Lord
Elgin sagt, „um der Unregelmäßigkeit des Betruges zu
steuern", auf Anraten der Engländer in der Mitte der
fünfziger Jahre dazu verstand, ein fremdes Inspektorat
einzusetzen. Als die Chinesen sahen, daß sich von da ab
die Zolleinnahmen in ganz unerwarteter Weise beständig
vermehrten, entschlossen sie sich, die Beaufsichtigung des
Seezolldienstes ganz und gar fremden Händen anzuver-
trauen. Seit der Zeit haben Hunderte von Angehörigen
der verschiedensten Nationen den Chinesen als Zöllner
gedient. Der ganze Verwaltungsapparat, an dessen
Spitze seit dem Jahre 1863 ein Engländer Sir Robert
Hart steht, arbeitet tadellos, und die chinesische Regierung
ist weise genug, sich jeglicher Einmischung in die Verwaltung zu enthalten.

Deutschland ist im Seezolldienst zur Zeit mit gegen
20 höheren und etwa der vierfachen Anzahl Subaltern-

Beamten vertreten. Unstreitig ist Herr Detring der her=
vorragendste unter ihnen, er ist der persönliche Freund
des Vize=Königs Li=Hung=Chang und nicht selten dessen
Berater in auswärtigen Angelegenheiten. In dem letzten
französisch=chinesischen Kriege hat Herr Detring eine be=
deutende politische Rolle gespielt, und die Art und Weise,
wie er als chinesischer Beamter die Interessen des Landes,
dem er dient, wahrgenommen hat, ist ihm — meiner
Ansicht nach sehr mit Unrecht — in Deutschland, wo
man ein sich in die Längeziehen der Feindseligkeiten nicht
ungern gesehen hätte, vielfach verdacht worden. Um so
höher aber weiß Li=Hung=Tschang den Mann zu schätzen,
der in der Zeit der schweren Not sich als ein eifriger
Freund der Chinesen bewährt hat.

Herr Detring empfing mich auf das herzlichste und
stellte mir für die Dauer meines Aufenthalts in Tientsin
einen Teil seines von ausgedehnten Gartenanlagen um=
gebenen Hauses zur Verfügung.

Nachmittags unternahmen wir in einem Viererzuge
meines Wirtes eine Fahrt durch das gesondert von der
Chinesenstadt gelegene Europäerviertel, welches mir mit
seinen hübschen Villen und schmucken Gärten weit besser
gefiel, als dasjenige Schanghais, und statteten dann dem
etwa eine halbe Stunde außerhalb der Stadt gelegenen
Rennplatz einen Besuch ab. Eine Anzahl tadellos im
Sattel sitzender chinesischer Mafus (Reitknechte) galoppierte
hier die aus der Mongolei stammenden Pferde ihrer
Herren. Wagen auf Wagen rollte heran, und bald war
ein ansehnlicher Teil der Kolonie, wie das allabendlich
der Fall zu sein pflegt, auf der Tribüne versammelt.
Mit einer Fahrt nach der Rennbahn ist aber auch das

Programm der Ausflüge erschöpft; denn die Umgegend
Tientsins ist nicht nur aller Reize bar, sondern die weni=
gen vorhandenen Fahrwege sind höchstens für chinesische
Karren, nicht aber für empfindliche Federwagen passierbar.

Die europäische „Konzession" besteht aus den ge=
sondert nebeneinander liegenden englischen und französi=
schen Niederlassungen. Jede derselben hat ihre eigene
Kommunalverwaltung, gewiß nicht zum Vorteil der fran=
zösischen, bei der es wahrscheinlich sauberer aussehen
würde, wenn sie sich unter den englischen Besen stellte.
So aber heißt es: „Jeder kehre vor seiner Thür", und
die Kehrseite scheint bei den Franzosen nur recht mäßig
entwickelt zu sein. Außer Acht lassen darf man freilich
nicht, daß in der englischen Konzession keinem Chinesen
gestattet ist, sich niederzulassen, während in der französi=
schen mehr Chinesen als Franzosen wohnen.

Am nächsten Tage erhielt ich von Herrn Lo=Feng=
Loh, dem Sekretär der Admiralität und des Vicekönigs
Li=Hung=Tschang, ein Schreiben, daß Se. Excellenz, mit
lebhaftem Interesse für meine Reisen durch Indien und
Indo=China erfüllt, mich zu empfangen wünsche. Erfreut
über die Aussicht, einen der größten Staatsmänner unseres
Jahrhunderts kennen zu lernen, den hervorragendsten
Mann Chinas, den Vernichter der Taiping= und später
der Nienpei=Rebellen, den genialen Förderer anderer
Wissenschaften im Reiche der Mitte, dem China seine
Kriegs= und Handelsflotte, seine Militär= und Marine=
schulen, seine Eisenbahnen und Telegraphen verdankt,
begab ich mich ohne Verzug zu Herrn Lo=Feng=Loh,
um nach Rücksprache mit ihm den Zeitpunkt der Audienz
auf den folgenden Nachmittag 5 Uhr festzusetzen.

Staats-Sänfte in Tientsin.

„Ich fürchte," so sagte mir der liebenswürdige, die englische Sprache vertrefflich beherrschende Sekretär, „Sie werden den Vicekönig morgen nicht in seiner ganzen Frische sehen. Wie Sie gehört haben werden, ist die Gattin Seiner Excellenz, Lady Li, vor wenigen Wochen gestorben, die Beisetzung der Leiche soll in wenigen Tagen stattfinden, und der Vicekönig hat daher jetzt täglich so zahlreiche Abordnungen und hochgestellte Würdenträger, die ihr Beileid bezeugen, zu empfangen, daß ich kaum begreife, wie er das aushält." Eine halbe Stunde vor der für die Audienz festgesetzten Zeit verließ ich in einer von vier uniformierten Kulis getragenen Sänfte, von einem berittenen Mandarinen mit blauem Knopfe (4. Grad) geführt und einem solchen mit Glasknopf (5. Rang) gefolgt, die Wohnung meines Gastfreundes.

Unser kleiner Zug bewegte sich vorerst durch die europäische „Concession."

Zur Wahrnehmung des Überganges von dieser in die Chinesenstadt braucht man weder Augen zu haben, um zu sehen, noch Ohren, um zu hören, die Geruchs= nerven genügen vollauf. Welch ein Gemisch von Düften aller Art, von Knoblauch, Menschenschweiß, ranzigem Fett, getrockneten und verfaulten Fischen, Alkohol, Opium, süßlichem Tabak „und sonst noch was, was man nicht sagen mag"! „Nachbarin, euer Fläschchen", stößt man unwillkürlich hervor, aber keine hülfsbereite Nachbarin naht uns, wir sind allein in einem Gewühl von halb= nackten Menschen, räudigen Hunden und Ungeziefer. Sänften, Jinrikschaws, Schubkarren mit ganz ungeheuren Lasten, Wasserträger, Hausierer, Soldaten zu Fuß und im Sattel schieben und drängen sich in den engen, durch

einen Regenguß und gleichzeitiges Austreten des Pei=Ho
aus seinen Ufern zoll=, ja, sogar stellenweise fußhoch
unter Wasser stehenden Straßen und Gassen. Alle
Augenblicke stockt der Verkehr, irgendwo hat sich ein Knäuel
von Trägern und Fahrzeugen gebildet, zu dessen Ent=
wirrung es geraumer Zeit bedarf, sodaß, obwohl man
überall bemüht ist, meinem Zuge (nicht meinetwegen, son=
dern der mich begleitenden Mandarinen halber) Platz
zu machen, wir dennoch nicht ohne etwa eine viertel=
stündige Verspätung unser Ziel, das Yamen des Vice=
königs, erreichen. Es ist dies ein mit hoher Mauer
umgebenes Gewirr zahlloser einstöckiger Steingebäude mit
schweren geschweiften schwarzen Ziegeldächern, das mit
seinen Höfen und Verbindungsgängen gewissermaßen eine
kleine Stadt für sich bildet. Dem Eingangsthor gegen=
über befindet sich die in China vor wenigen größeren
Gebäuden fehlende, freistehende, gegen 5 Meter lange und
3 Meter hohe „song shoe" d. h. Wind= und Wasser=
mauer zur Abhaltung böser Einflüsse und Geister.

In einem der Höfe wird meine Sänfte niedergesetzt, die
beiden Mandarinen schwingen sich vom Pferde und einer
übergiebt dem uns empfangenden Diener meine 8 Zoll
lange und 4 Zoll breite blutrote Visitenkarte, die meinen
Namen mit Tusche in gemalten chinesischen Schriftzeichen
trägt. Der Diener, von meinem Kommen anscheinend
bereits unterrichtet, geleitet mich sofort durch verschiedene
Gänge in ein kleines Zimmer, wo ich von Herrn Lo=Feng=
Loh in voller Uniform, die Pfauenfeder am Hut (chine=
sische Kriegsauszeichnung) in Empfang genommen, bewill=
kommnet und mit Thee bewirtet wurde.

Wenige Minuten später erscheint ein Beamter und

teilt mir mit, der Vicekönig erwarte mich. Geführt von Lo=Feng=Loh durchschreite ich wiederum verschiedene Höfe, Hallen und Korridore, um schließlich an der Schwelle eines gewissermaßen lediglich aus vier Thüren gebildeten Raumes angehalten zu werden. Erst im Augenblicke, da Se. Excellenz durch die uns gegenüberliegende Thür eintritt, giebt man auch mir den Weg frei, sodaß ich dem gewaltigen Manne Chinas in der Mitte des Raumes begegne.

Li=Hung=Tschang, eine trotz seiner 70 Jahre, und etwas gebückten Haltung zweifellos imponierende Er= scheinung, mit wenig geschlitzten Augen, grauem herab= hängendem Schnurr= und Knebelbart und gleichfarbigem Zopfe, angethan mit einem wattierten dunkelblauseidenen Mantel, das Haupt bedeckt mit der bekannten schwarz= seidenen chinesischen, mit rotem Knopf verzierten Mütze, reichte mir in europäischer Weise die Rechte, um nach Beendigung einiger Verbeugungen und kräftigen Hand= schüttelns ohne weiteres einen meiner Orden — selbst= verständlich war ich in großer Gala erschienen — zu er= greifen und mich durch Lo=Feng=Loh fragen zu lassen, wieviel derselbe koste. Auf irgend eine Überraschung dieser Art von Seiten des Vicekönigs, der es liebt, durch die wunderbarsten Fragen seine Gäste in Verlegenheit zu setzen, hatte mich Herr Detring schon vorbereitet, und ich hatte mir vorgenommen, mich durch nichts aus der Fassung bringen zu lassen.

„Zwei Jahre Arbeit und Entbehrung", ließ ich prompt zurückmelden, worauf Se. Excellenz herzlich lachte und einige Worte an Lo=Feng=Loh richtete.

„His Excellency says, you are very clever",

8*

meinte letzterer, während wir, Li=Hung=Tschang folgend, in das Empfangszimmer traten, einen unscheinbaren schmalen Raum, in dessen Mitte ein langer, mit roter Wolldecke behangener Tisch steht. Der Vicekönig ließ sich am oberen Ende desselben nieder, mich als seinen Gast einladend, nach chinesischer Sitte zu seiner Linken Platz zu nehmen, während Lo=Feng=Loh, als Dolmetscher, den Stuhl zu seiner Rechten erhielt.

Als Einleitung zu weiterer Unterhaltung hatte ich nun ein vollkommenes Verhör über mich ergehen zu lassen, mußte erzählen, wie alt ich sei, von wo ich komme, wo ich das Licht der Welt erblickt habe, ob ich im Auftrage der deutschen Regierung reise, um neue Kolonieen zu er= werben, und anderes mehr. Inzwischen wurden Thee und Cigaretten gebracht. Von letzteren ließ sich der Vicekönig eine anzünden, um sie jedoch nach wenigen Zügen mit einer langen chinesischen Pfeife zu vertauschen, die in bereits angerauchtem Zustande von einem Diener herbeigebracht wurde.

Empfänge im Namen, selbst diejenigen fremder Di= plomaten, pflegen in China stets bei offenen Thüren stattzufinden. Hausgesinde und Beamte stehen lauschend umher, sodaß, zur nicht gelinden Verzweiflung der euro= päischen Vertreter, Abmachungen und Verhandlungen niemals Geheimnisse bleiben.

Während Se. Excellenz sich mit der Pfeife beschäf= tigte, hatte ich Muße, mich in dem uns beherbergenden Raume ein wenig umzusehen. Die Einrichtung ist über= aus einfach, um nicht zu sagen dürftig. Von der Decke herab hängt eine billige Lampe, die Einförmigkeit der Wände wird durch verschiedene Bilder und Landkarten unterbrochen. Über dem Sitze des Hausherrn sind mehrere Photographieen aufgehängt, darunter solche unseres Kaisers und Moltkes, letztere mit einer Widmung von der Hand des großen Feldmarschalls. Im Laufe der Unterhaltung erfuhr ich, daß der Vicekönig dem Grafen Moltke sein Bild zu dessen 90. Geburtstage geschickt und dafür besagtes Portrait des Grafen als Gegengabe erhalten habe. Dasselbe sei, zu seinem großen Schmerz, fast gleichzeitig mit der telegraphischen Meldung von dem Tode des von ihm bewunderten und verehrten Mannes eingetroffen. Nachdem ich auf einer Wandkarte meinen Reiseweg hatte zeigen und eingehend über meinen Zusammenstoß mit chinesischen Truppen am oberen Laufe des Mekong hatte berichten müssen, fragte mich Se. Excellenz, wie es mir möglich gewesen sei, ohne Dolmetscher überall durchzukommen, und namentlich, wie es mir gelungen sei, stets Nahrungsmittel zu erhalten. Dann mußte ich insbesondere von Burma erzählen, welche Erzeugnisse das Land ein= und ausführe, ob ich die Jade=Minen oberhalb Bhamoo besucht habe, wie die Bevölkerung mit der englischen Regierung zufrieden sei, ob viele Räuber im Lande ihr Wesen trieben und ob sich unter ihnen Chinesen befänden.

Ich erzählte, mit welch wunderbarem Geschick die Engländer es verstanden hätten, sich in kürzester Zeit die Sympathie der Bewohner des neu annektierten Ober=Burmas zu gewinnen, wie sie in wenigen Jahren Wege, Eisenbahnen und Telegraphenlinien erbaut und die Dakoits (Räuber), einerlei ob Burmesen oder Chinesen, durch rückhaltlose Thätigkeit des Henkers nahezu unterdrückt hätten.

Das Gespräch wendete sich dann meinem Marsche
durch die Shanstaaten nach Tonking zu.

„Was sagen die Tonkinesen zu der französischen
Herrschaft?"

Ich antwortete, ich hätte keine Gelegenheit gehabt,
zu bemerken, daß die Bevölkerung Tonkings unzufrieden sei.

Ob ich mit Mandarinen daselbst gesprochen?

„Jawohl!"

Was diese über die Franzosen gesagt?

Ich entgegnete, sie schienen sich mit der Lage der
Dinge bereits ausgesöhnt zu haben, worauf mir der
Vicekönig einen Blick zuwarf, der aus dem Chinesischen
ins Deutsche übertragen etwa bedeuten mußte: „Da
kennst du Buchholzens aber schlecht."

Bevor ich meine Fahrt zu Li-Hung-Tschang an-
getreten hatte, war mir allseitig prophezeit worden, ich
würde während der Unterredung von dem alten Herrn
gründlich ausgepumpt werden, ohne auch nur das Geringste von ihm zu erfahren. Das schreckte mich jedoch
nicht ab, mein Heil zu versuchen und die Frage zu stellen:

„Gedenkt die chinesische Regierung irgendwelche
Maßregeln zu ergreifen, den unausgesetzten Einfällen
chinesischer Räuberbanden in burmesisches Gebiet oder
in Tonking zu steuern?"

Der Vicekönig lächelte und sagte: „Was gehen uns
Burma und Tonking an? Jedes Land mag sehen, wie
es sich selber seiner Räuber erwehre." — „Aber", er-
laubte ich mir, „nach meiner persönlichen Erfahrung sind
in Tonking ein großer Teil der Räuber chinesische Soldaten, die von ihren Vorgesetzten statt des ihnen zu-

stehenden Soldes einige Wochen Urlaub erhalten, um sich auf Kosten der Franzosen in Tonking selber bezahlt zu machen."

Se. Excellenz antwortete diesmal nicht mit einem Lächeln, sondern mit schallendem Gelächter und fragte, das Thema verlassend, ob ich den König von Siam gesehen.

Als ich bejahte und von der zahlreichen Nachkommenschaft Sr. Majestät erzählt hatte, fragte Li=Hung=Tschang: „Haben sie dem König nicht gesagt, daß Monogamie besser sei als Polygamie?"

Ich verneinte.

„Warum nicht?"

„Weil ich mich erstens nicht dazu berufen fühlte, Sr. Majestät meine Meinung zu sagen, und dann auch für meine Person gegen die Vielweiberei des Königs von Siam nichts einzuwenden habe."

Schmunzelnd meinte der alte Herr, ob die Deutschen auch in Polygamie lebten?

„Nein, die meisten Deutschen sind froh genug, die Schneiderrechnung einer einzigen Frau bezahlen zu können."

Ob ich, der ich gegen die Vielweiberei des Königs von Siam nichts einwende, nicht mehrere Frauen habe? — „Nein." — Ob ich wenigstens einige Concubinen besitze? — „Auch das nicht." — „Warum nicht?"

Der Vicekönig war inzwischen in allerbeste Laune geraten. Der Thee hatte einer Flasche Heidsieck Monopole weichen müssen, die lange chinesische Pfeife war mindestens zum sechsten Mal gefüllt worden.

Auf eine Frage Sr. Excellenz, ob ich den Kaiser

und Bismarck gesehen, antwortete ich, daß ich sowohl
von Sr. Majestät als vom Fürsten während meiner
letzten Anwesenheit in Deutschland empfangen worden
sei und außerdem das Glück gehabt habe, Sr. Majestät
während dessen Studienzeit in Bonn nahe zu stehen.

Ich mußte dem Vicekönig dann endlose Fragen in
Bezug auf den Kaiser, die kaiserliche Familie, die sechs
Prinzen und den Fürsten Bismarck beantworten.

Schließlich meinte er: „Ehemals nannte man mich
den Bismarck von China. Heute bin ich mehr als das,
denn ich bin noch im Amte und der Fürst ist es nicht mehr.
Aber er bleibt trotzdem ein großer Mann."

Ich wurde nunmehr gefragt, ob ich einen Posten
im Staate bekleide, und verneinte.

„Warum", fragte mich darauf Li-Hung-Tschang,
„giebt dir der Kaiser keinen einträglichen Posten, wenn
er dich kennt?"

„Weil", lautete die Antwort, „ich es vorziehe, unabhängig zu sein."

Ob ich mich etwa nicht für fähig und klug genug
halte, einen Staatsposten auszufüllen?

„Es giebt wenige Menschen," erwiderte ich, „die
sich nicht klug genug dünken, einen Posten zu bekleiden,
aber noch viel weniger, die weise genug sind, auf einen
solchen zu verzichten, und zu den letzteren gehöre ich."

In diesem Falle müsse ich wohl reich sein, was ich
bejahte.

Wieviel Geld ich denn habe?

Ich sagte, ich hätte Geld wie Heu, was den for-
schenden Geist meines Wirtes zu beruhigen schien, denn,
plötzlich auf ein anderes Thema überspringend, stellte er

die Frage, ob ich auf meinen Reisen vielen Missionaren
begegnet, und was meine Ansicht über deren Thätigkeit sei.

Ich führte in längerer Rede aus, daß ich die Thätigkeit der Missionen schätze und würdige, wo sie sich —
wie beispielsweise in Ostafrika in den französischen Mis-
sionsanstalten — in der Hauptsache darauf richte, vollkommen unzivilisierte Menschen durch Erziehung zur
Arbeit zu brauchbaren Mitgliedern der menschlichen Gesellschaft heranzubilden, gewissermaßen den Affen zum
Menschen zu erziehen; daß ich hingegen im allgemeinen
wenig Sympathie für diejenigen Missionen hege, die es
sich zur Aufgabe gestellt hätten, in Ländern mit alter
Kultur eine bestehende Religion durch das Christentum
zu verdrängen.

Der Vizekönig schien durchaus meiner Meinung zu
sein. „Meine Landsleute", so etwa äußerte er sich, „sind
fast durchweg entweder Anhänger des Buddha, des Kon-
fuzius oder des Mohamed. Wir sind vollkommen im
stande, ohne jede fremde Hülfe für unser Seelenheil zu
sorgen. Was wir aber brauchen können, sind Leute, die
nach unserm leiblichen Wohle sehen; denn in Bezug auf
Heilkunde seid ihr uns über. Wenn die Missionen daher
möglichst viel Ärzte schicken, so sind sie uns bestens willkommen, da wir von ihnen gar manches lernen können.
Eure Religion aber paßt nicht für uns. Wir sind dazu
erzogen, an den unsern Vorfahren errichteten Altären zu
opfern, wir züchten uns oder adoptieren eine männliche
Nachkommenschaft, damit unsere Söhne später für uns
thun, was wir am Altar für unsere Väter gethan. Auf
dieser Grundlage baut sich bei uns das ganze Familienleben auf, und eben diese Grundlage, diesen unsern Ahnen-

kultus bekämpfen Eure Missionare. Damit scheiden sich unsere Wege."

Wir hatten inzwischen wiederum die Gläser geleert, Li-Hung-Tschang hatte eine Pfeife nach der andern geraucht und mehrfach seine Mütze à la Bellachini über das geleerte Sektglas gestülpt, als wolle er es „ohne jeglichem Apparate" verschwinden lassen.

Schließlich fragte er, ob ich ihn oder Bismarck für älter halte.

Als ich einen Augenblick nachsann, sagte er: „Bismarck ist sieben Jahre älter als ich."

Die Frage, wie lange ich glaube, daß er noch leben würde, beantwortete ich dahin, daß, wenn es nach meinem und seiner sonstigen Verehrer Wunsche gehe, nicht nur sein Name, sondern er selbst unsterblich sein würde, worauf er, sich dankend gegen mich verneigend, ein volles Glas ergriff, um mit mir und Lo-Feng-Loh auf das Wohl Sr. Majestät des deutschen Kaisers zu trinken.

Wir hatten kaum die Gläser zur Hälfte ausgetrunken, als er absetzend hinzufügte: „Und auf Bismarcks Wohl!"

Damit hatte die Audienz ihr Ende erreicht. Se. Excellenz erhob sich, begleitete mich durch verschiedene Räume bis an einen innern Hof, lud mich ein, der feierlichen Beisetzung seiner verstorbenen Gattin beizuwohnen, trug mir Grüße an seinen Freund, unsern Gesandten Herrn v. Brandt in Peking, auf und überreichte mir schließlich mit dem Wunsche, ich möge so viel wie möglich von China sehen, sein Bild mit eigenhändiger Widmung. Herr Lo-Feng-Loh geleitete mich zu meiner Sänfte, und eine halbe Stunde später befand ich mich wieder unter dem gastlichen Dache des Herrn Detring.

Mit Lo=Feng=Loh, der mich zu der Audienz führte, aber habe ich später noch mehrfach Gelegenheit gehabt, mich eingehend zu unterhalten, und ich zögere keinen Augenblick, ihn für den liebenswürdigsten, gebildetsten und vorurteilsfreiesten Chinesen zu erklären, den ich kennen gelernt habe. Er ist längere Zeit Gesandtschaftssekretär — irre ich nicht — in London gewesen, kennt Deutschland und Frankreich und ist vertraut mit den besten litterarischen Werken dieser Länder. Aber obwohl er Goethe und Shakespeare gelesen hat, erklärte er, es ginge in Bezug auf Adel und Schönheit der Sprache nichts über die chinesischen Klassiker.

Als ich ihn fragte, in welcher Hauptstadt Europas er am liebsten längere Zeit wohnen würde, meinte er: „I should like to live in London or Berlin, but with occasional visits to Paris.“

Man sieht, Herr Lo=Feng=Loh weiß zu leben. Ja, er ist sogar ein raffinierter Genußmensch, wie aus Folgendem erhellt:

Eines schönen Tages empfing mich mein interessanter Freund in dem Arbeitszimmer seiner Wohnung. Als ich in einem Winkel desselben einen Apparat in Form und Größe einer Nähmaschine stehen sah, erkundigte ich mich nach dem Zweck desselben.

„Oh“, meinte Lo=Feng=Loh, „das ist mein Phonograph. Ich habe die schönsten Stellen unserer Klassiker in denselben hinein gesprochen und lasse mich nun allabendlich mit Hilfe einer den Phonographen in Bewegung setzenden elektrischen Batterie durch die Worte meiner Lieblingsdichter einschläfern. Nebenbei dient er auch zur Erziehung meiner Jungen. Ich spreche die Lektion hinein und der Phonograph spricht sie dann den Kindern so lange vor, bis sie dieselbe auswendig gelernt haben. Man spart auf diese Weise viel Zeit und Ärger."

Was sagen Sie zu dem Fortschritt im Lande des Zopfes?

Begreiflicherweise würde es mich im höchsten Grade interessiert haben, dem Begräbnis der Gattin des Vize=königs, Lady Li, beizuwohnen, leider aber wurde der Zeitpunkt desselben mehrfach verschoben, einmal schlechten Wetters halber, ein zweites Mal, weil die Geomanter, die in China eine große Rolle spielen und um jeden Quark befragt werden, ausgetüftelt hatten, daß die Stellung der Gestirne an dem vom Vize=König bestimmten Tage sich nicht mit der Stellung derselben zu der Stunde der Geburt seines ältesten Sohnes verein= baren ließe. Die Feier wurde daher wiederum und zwar auf weitere 14 Tage hinausgeschoben und fand erst statt, als ich bereits in der Mongolei war.

Lo=Feng=Loh teilte mir mit, daß gegen 20 000 Menschen sich an dem Zuge beteiligen würden und daß dem Sarge, der aus dem versteinerten Holze eines in der Provinz Szechuan gefundenen Baumes gefertigt sei und 12 000 Mark gekostet habe, unzählige Geschenke in Gestalt von papierenen Häusern, Bäumen, Geräten, Gold und Silberbarren, lebensgroßen Pferden, Kamelen und sonstigen Tieren vorangetragen würden, die sämtlich nach der Feier verbrannt würden, um auf diese Weise im Jenseits in den Besitz der Verstorbenen zu gelangen. Die Leiche sollte vorläufig in einem eigens zu diesem

Zwecke errichteten Gebäude, für welches der Vize-König 60000 Mark verausgabt habe, untergebracht, später aber in die Heimat der Verewigten übergeführt werden. Als ich Lo-Feng-Loh mein Erstaunen über die ungeheuren Kosten, die eine solche Beisetzung verursache, aussprach, erzählte er mir, daß die Kaiserin Witwe sich zur Aufnahme ihrer eigenen Überreste neuerdings ein Mausoleum erbaut habe, welches ihr auf mindestens 20 Millionen Mark zu stehen komme.

Meine Frage, ob er den Kaiser gesehen habe, beantwortete Lo-Feng-Loh dahin, der Zeitpunkt, daß sich eine Audienz für ihn lohne, sei noch nicht gekommen; denn um zu Seiner Majestät zu gelangen, habe er solch unglaubliche Summen für Bestechungen und Geschenke, vom obersten Hofbeamten herunter bis zum Thürhüter, zu opfern, daß er sich dazu nur dann entschließen könne, wenn er sichere Aussicht habe, durch Beförderung zu einem höheren Posten wieder auf seine Kosten zu kommen.

„Und wieviel hat man zur Erlangung einer Audienz ungefähr aufzuwenden?"

„Das richtet sich ganz nach dem Range des Betreffenden. Zwanzigtausend Mark wäre das Mindeste, womit ich rechnen müßte, den Vize-König dagegen würde man sicher um 160000 Mark erleichtern!"

„Aber das muß ja Sr. Exzellenz jährlich Unsummen kosten!"

„Keinen Heller, denn er ist schlau genug, selbst dann nicht nach Peking zu gehen, wenn er dazu aufgefordert wird, er versteht es, sein Geld besser anzulegen. Was soll er auch in Peking, da er längst den höchsten Rang besitzt und irgendwelche Vorteile, die in einem Verhältnis

zu den zu opfernden 160000 Mark ständen, nicht zu er=
warten hat?"

Gleich am Tage meiner Ankunft hatte ich im Hause
des Herrn Detring die Bekanntschaft eines ebenso liebens=
würdigen wie unterhaltenden Landsmannes gemacht, und
zwar in der Person des Hauptinstrukteurs der von Li=
Hung=Tschang gegründeten Militärschule, des Herrn Major
Richter. Ausgezeichnet unterrichtet über chinesische Ver=
hältnisse, von lebhaftem Interesse für Land und Leute
beseelt, mit einem unverwüstlichen Humor ausgestattet,
konnte ich mir wahrscheinlich keinen besseren Führer durch
Tientsin wünschen, als den braven Major, der sich mir
in kameradschaftlicher Weise sofort zur Verfügung stellte.
Weit seltener, als man annehmen sollte, begegnet man
im Auslande Europäern, die, wie Major Richter das
gethan, Sitten und Gebräuche des Volkes, unter dem
sie leben, zu ihrem Studium gemacht haben, so daß
Leute, auf deren Angaben man sich wirklich verlassen
kann, zu den Ausnahmen zählen. Ich kenne eine große
Anzahl von Europäern in China, die von den Chinesen
nicht mehr wissen, als daß sie schmutzig sind, übel riechen,
einen Zopf tragen und betrügen, wo sie nur können.
Die wenigsten geben sich Mühe, zu versuchen, den Chinesen
kennen zu lernen und in sein inneres Wesen einzudringen.
Allerdings will ich gern zugeben, daß die Aufgabe un=
gemein schwierig ist, und daß es vielleicht keinem Euro=
päer gelingt, sie zu seiner vollen Befriedigung zu lösen.

Die Saiten der Seelenharfe des Chinesen sind eben
auf einen ganz anderen Kammerton gestimmt, als die
der unsrigen, ein Akkord in seinen Ohren ist in denen
des Europäers eine Dissonanz, und umgekehrt. Der

Bantuneger steht uns unendlich viel näher, als der Chinese, er lacht, wo wir lachen, und weint, wo wir weinen, wohingegen der Chinese mit dem vergnügtesten Gesichte von der Welt uns den Tod seiner Eltern mit= teilt oder von irgend einem anderen Unglück berichtet.

Das Urteil Shokras über die Söhne des himmlischen Reiches lautete schon nach wenigen Tagen: „Les Chinois sont mauvais, ils n'ont pas de sentiment", und er trifft damit meiner Empfindung nach den Nagel auf den Kopf. Die Menschen haben kein Herz, kein Gefühl, und wenn sie solches haben, so machen sie keinen Gebrauch da= von. Die vielen anderen guten Eigenschaften, die sie nach Aussage ihrer europäischen Freunde besitzen sollen, von denen ich indessen nicht allzu viel bemerkt habe, dürften kaum hinreichen, den Mangel an Gefühl aufzuwiegen. Möglich, daß ich milder urteilen würde, wenn ich jahre= lang in China gelebt hätte, da das aber nicht der Fall ist, so kann ich nur sagen, daß ich bei keinem Volke der Erde so wenig Menschen getroffen habe, die mir sym= pathisch waren, wie bei den Chinesen.

Unter Major Richters Führung besichtigte ich so= wohl die Militärschule als auch das Arsenal. Beide Institute liegen am jenseitigen Ufer des Flusses und sind in kurzer Zeit im Boot zu erreichen. In der Militär= schule werden 150 Zöglinge auf Kosten des Staates nicht nur ausgebildet, sondern auch beköstigt und gekleidet. Deutsche Unteroffiziere erteilen unter Leitung des Majors den Unterricht, und zwar in den niederen Klassen mit Hilfe eines Dolmetschers, in den höheren aber, in denen die Schüler genügend Deutsch verstehen, in ihrer eigenen Landessprache. Der chinesische Direktor der Schule, Herr

Yin-Chang, der jahrelang als Offizier in einem öster-
reichischen Infanterie-Regiment gestanden hat und mich
bestens willkommen hieß, spricht das Deutsche wie ein
Wiener. Sämtliche Räume der Anstalt machten einen
überraschend sauberen Eindruck, und man konnte sich sehr
wohl in eine deutsche Kaserne zurückversetzt denken, auch
wenn auf den Höfen keine Mannesscheiben mit den bekannten lebensgroßen ultramarinblauen Figuren preußi-
scher Infanteristen umhergestanden hätten. Das Arsenal,
welches mit seinen verschiedenen Schwarz- und Braun-
pulver-, seinen Schießbaumwoll-, Patronen- und Ge-
schoßfabriken, seiner Maschinengießerei und Kesselschmiede
einen Flächenraum von zwei englischen Quadratmeilen
einnimmt, beschäftigt gegen 1800 Arbeiter. Während ein
Deutscher den Pulverfabriken, die zu den größten Anlagen ihrer Art gehören, vorsteht, teilen sich zwei Engländer in die Leitung der Maschinenwerkstätten. Sämtliche Fabriken — dieselben liegen der großen Explosions-
gefahr halber weit auseinander — werden von einer
Zentralstelle mit Kraft versehen. Ein Kanal verbindet
die Anlagen mit dem Flusse, und Schienenstränge ver-
mitteln den Verkehr zwischen den einzelnen Fabriken und
der Ladestelle.

Major Richter rühmte die Chinesen als geschickte,
ruhige Arbeiter und hob besonders hervor, daß Unglücks-
fälle überaus selten vorkämen. Der Lohn der Leute
schwankt je nach ihrer Tüchtigkeit und der Laune ihrer
chinesischen Vorgesetzten zwischen 4 und 40 Dollars für
den Monat. Mag das, was hier geschaffen wird, auch
hinter den Leistungen europäischer Anlagen gleicher Art
zurückstehen, mag das Ergebnis der Pulvermühlen auch

in den Augen des Fachmannes als minderwertig gelten,
gleichviel, jeder unparteiische Besucher wird zugeben
müssen, daß das Arsenal von Tientsin sich sehen lassen
kann, und daß Li-Hung-Tschang ein volles Recht hat,
stolz zu sein auf die Anstalt, die er ins Leben gerufen
hat, in der Erkenntnis, daß — wenigstens was die
Verteidigungsmittel Chinas anbetrifft — mit dem alten
Zopfe gebrochen werden muß.

Die gegen eine Million Einwohner zählende Chinesenstadt wurde mit verschiedenen Besuchen bedacht und nie
wurde ich, trotz aller widerwärtigen Anblicke und Düfte,
müde, hier das Volksleben zu beobachten. Die Straßen
sind breiter, als in Kanton, und da Steine in der
Pei-ho-Ebene zu den Seltenheiten gehören, nicht gepflastert,
dagegen stellenweise chaussiert. Ungeachtet dessen ist der
Schmutz namentlich bei Regenwetter entsetzlich. An Stelle
der langen von den Häusern herabhängenden Firmenschilder, die wir von Kanton her kennen, sieht man hier
die auch bei uns üblichen von den Mauern abstehenden
Schilder, auch macht sich ein Schuhmacher durch einen
herausgehängten goldenen Stiefel, ein Brillenschleifer
durch eine Riesenbrille bemerkbar.

Herrscht im Süden Chinas Weiß in der Kleidung
der Männer vor, so sieht man im Norden mehr blaue
und braune Gewänder, und dunkler, wie die Gewandung,
ist auch die Hautfarbe der hiesigen Bevölkerung. Physisch
den Südchinesen weit überlegen, ist der wettergebräunte,
hochgewachsene, muskulös gebaute Bewohner Nordchinas
ein Urbild von Kraft und Gesundheit. Unter den
Frauen sieht man nicht selten solche mit natürlich roten
Pausbäckchen, wie man sie einladender selbst im Schweizer

Hochgebirge nicht zu Gesicht bekommt. Sonst freilich hat die Chinesin wenig Verführerisches an sich, und ihre zusammengekleisterte Haartracht in Gestalt einer kopflosen Ente, eines Henkeltopfes oder einer zweiflügligen Schiffsschraube thun ein übriges, dem Europäer Zurückhaltung aufzuerlegen und der Chinesin ein „noli mo tangere" zu ersparen.

Verkrüppelte Füße sind in Nordchina weniger häufig, als im Süden, da die Mandschuren und Mongolen, die ihre Füße wachsen lassen, wie es Gott gefällt, hier einen beträchtlichen Teil der Bevölkerung ausmachen. In zwei Dingen aber gleichen sich die Chinesen von einem Ende des Riesenreiches bis zum anderen, sie alle tragen den Zopf und sind ausnahmslos leidenschaftliche Spieler. Allerorten auf den Straßen sieht man Leute vor den Garküchen stehen und gegen Kupfermünzen in einem Spiel mit Stäbchen, die nach Art unserer Dominosteine gezeichnet sind, ihr Glück versuchen. Ist Fortuna ihnen hold, so erhalten sie für einen Kupfercasch eine ganze Mahlzeit. Um dieses wonnige Gefühl auszukosten, riskieren sie oft das Dreifache von dem, was die ganze Mahlzeit wert ist, und ziehen vielleicht, nachdem sie ihre Tageseinnahmen verspielt, mit knurrendem Magen von dannen.

Neben der Töpferei und Thouformerei steht die Teppichknüpferei in Tientsin in hoher Blüte. Aus Kamelsgarn geknüpft, geschmackvoll in Farbe und Zeichnung, dabei erstaunlich billig und nahezu unverwüstlich, erfreuen sich die Teppiche bei den Europäern im Lande gleicher Beliebtheit wie bei den wohlhabenden Chinesen.

Als ein trauriges Wahrzeichen ragen aus dem Ge=
wirre einstöckiger Häuser die Mauerreste einer im Jahre
1870 vom Pöbel niedergebrannten französischen katho=
lischen Kirche empor. Eine große Anzahl Missionare,
barmherziger Schwestern und Brüder wurden bei dieser
Gelegenheit niedergemetzelt, da sich im Volke das Gerücht
verbreitet hatte, die Missionare töteten Chinesenkinder,
um aus deren Augen, Lebern und Herzen eine Medizin
zu bereiten, ein Glaube, der übrigens auch heute noch
vielfach verbreitet ist, und zwar nicht ganz ohne Schuld
der Missionare selbst. Um in den von ihnen errichteten
Findel= und Waisenhäusern eine absolute Kontrolle über
alle Kinder zu haben und die Eltern oder andere Per=
sonen, die an den Kindern ein Interesse haben, zur Auf=
gabe ihrer Rechte zu bewegen, zahlen sie denselben viel=
fach hierfür kleine Summen Geldes. Auf diese Weise
öffnen sie bei den Chinesen, die sich eben nicht denken
können, daß jemand lediglich aus Menschenfreundlichkeit
derartige Opfer bringt, sondern fest überzeugt sind, daß
es sich für die Missionare dabei um ein gutes Geschäft
handelt, den unglaublichsten Verdächtigungen Thor und
Thür. Die chinesische Regierung, der die Missionare
ein Dorn im Auge sind, da sie sich in alle möglichen
Dinge hineinmischen, die sie nichts angehen, thut herzlich
wenig, um das Volk über seinen Irrtum aufzuklären,
und so werden wohl, so lange es noch Missionen in
China giebt, die Berichte über Ausschreitungen der Be=
völkerung gegen die Missionare und Zerstörung von
Missionsgebäuden an der Tagesordnung bleiben.

Rrrr! Ein ander Bild! Tientsin bei Nacht!
Soeben hat die neunte Stunde geschlagen. Der

9*

Himmel ist bewölkt, kein Mond, kein Stern zu seh'n!
Nach einem trefflichen Mahle haben der Major und ich
je eine Jinrickschaw bestiegen und fliegen nun, von leicht=
füßigen Chinesen gezogen, dahin. So lange unser Weg
durch die englische Konzession fährt, fahren wir wie auf
Asphaltpflaster; plötzlich giebt es einen Ruck, der unsere
sämtlichen Knochen durch einander schüttelt, und wir
befinden uns in der Chinesenstadt. Unsere Kulis rennen
weiter, als säße ihnen der Teufel im Nacken; durch dick
und dünn geht's, nämlich abwechselnd durch dicken und
dünnen Schmutz, durch Wasser= und Schlammlöcher,
über Balken, Hundekadaver und ähnliche, teils geruch=
lose, teils übelriechende Hindernisse. Kein Drohen, kein
Schmeicheln hilft, die Kulis kennen kein Erbarmen mit
unseren gemarterten Gliedmaßen, keine andere Gangart,
als einen wahnsinnigen Trab. Versucht man sie in
ihrem Tempo zu mäßigen, so stehen sie still; denn Schritt
gehen sie, wenn sie nicht durch unüberwindliche Hinder=
nisse dazu gezwungen werden, nur vor einem leeren
Gefährt. Das ist einmal so Komment und nichts daran
zu ändern.

Zu unserem Glück wurde ihren Renngelüsten im
Innern der Stadt bald ein Ziel gesetzt. Ich hatte ge=
glaubt, wie in Kanton, so trete auch in anderen Groß=
städten Chinas mit Sonnenuntergang eine gewisse Ruhe
an Stelle des jeder Beschreibung spottenden Tagesge=
wühls, in Tientsin sollte ich eines anderen belehrt werden.
Waren auch viele der Kaufläden und Werkstätten bereits
geschlossen, so sah man doch in ebenso vielen die Hand=
werker noch bei der Arbeit, überall drängte sich das
Volk vor blendend erleuchteten, im Innern mit reichen

Vergoldungen geschmückten Magazinen, in den von
qualmenden Petroleumlampen matt erhellten Garküchen
brodelten in den Töpfen dampfende Suppen und in den
Pfannen prasselte und zischte das Fett wie in den hol=
ländischen Waffelbuden auf den Jahrmärkten daheim.
In endloser Reihe folgten sich die Jinrickschaws und
bildeten förmlich „Queue" gleich den Wagen „Unter den
Linden" an einem Subskriptionsballabend im königlichen
Opernhause. In vielen derselben saßen geputzte Däm=
chen, wahrscheinlich auf dem Wege zu einem Theekränz=
chen oder einer Theatervorstellung. An einzelnen Stellen,
an denen die Straßen mit Hilfe von Teppichen, Lam=
pions u. s. w. für den vizeköniglichen Leichenzug in eine
Art von via triumphalis umgewandelt worden waren,
hatten sich nahezu undurchdringliche Menschenknäuel ge=
bildet, so daß wir vielfach gezwungen wurden, diese
Hindernisse durch Einbiegen in irgend eine Nebengasse
zu umgehen. Einzelne dieser Gäßchen waren so eng,
daß, falls wir das Unglück hatten, in denselben anderen
Fuhrwerken zu begegnen, entweder diese oder wir um=
kehren mußten, um einander vorüber zu lassen.

Wir mochten etwa eine Stunde zwischen Umwerfen
und Nichtumwerfen geschwebt haben, als wir in einer
fast totfinsteren Gasse vor einer elenden Spelunke hielten.

„Absitzen!" kommandierte der Major, und im nächsten
Augenblicke stand ich bis über die Knöchel im Straßenkot.

„Haben Sie einen Schnaps bei sich?" fragte mein
liebenswürdiger Begleiter. „Nein! Wie sollte ich dazu
kommen?"

„Nehmen Sie und stärken Sie sich, wir sind hier
vor einem chinesischen · Badehause, und wenn ich Sie

nicht gehörig vorbereite, fallen Sie mir vielleicht in Ohn=
macht", damit reichte mir der Major ein Fläschchen, aus
dem ich, in tiefer Entrüstung darüber, daß er mir so
schlechte Nerven zutraue, einen ebenso tiefen Trunk that.

Ein vorausgesandter Diener war zur Stelle und
führte uns nun in das Innere des Baues. Anfangs
war ich wie mit Blindheit geschlagen; denn ich sah nichts
als eine Dampfwolke und einige rotglühende Punkte, die
ich als ebenso viele schwälende Lämpchen erkannte. All=
mählich, wie in einem Zaubertheater, schien der Nebel
zu zerfließen, und eines der widerlichsten Bilder, eine
Orgie von Menschenfleisch entrollte sich vor meinen Blicken.
Ich glaubte mich in die Hölle versetzt, so lebhaft erinnerte
mich das, was ich sah, an die Darstellungen, die ich
von den Schrecknissen derselben an den Wänden buddhisti=
scher Tempel gesehen hatte. Denn vor mir in einem
riesenhaften, von unten geheizten, gemauerten Kessel, bis
zum Rande gefüllt mit dampfendem Wasser, drängten
sich, wie die Karpfen am Sylvestertage in den Zobern
der Fischhändler, einige Dutzend fratzenschneidender und
spektakelnder Chinesen, während wohl an die hundert
anderer nackter Gestalten in dem übrigen halbdunklen
Teil des Raumes umherstanden, lagen und kauerten,
wartend, bis an sie die Reihe käme, in den Hexenkessel
zu steigen. Himmel, war das ein Dunst, eine Atmo=
sphäre! Genau so wie in der Schweineschlächterei des
Herrn Armour in Chicago, und zwar in derjenigen Ab=
teilung, in der die soeben abgestochenen Tiere noch
blutend, zappelnd und quietschend, bei lebendigem Leibe
in kochendes Wasser getaucht werden, damit sich her=
nach ihre Borsten leichter abschaben lassen, derselbe

Dampf, der gleiche Geruch und beinahe das nämliche Quietschen.

„Haben Sie genug?" fragte mich der Major, nachdem ich einige Minuten sprachlos in das Chaos von Menschenleibern gestarrt hatte.

„Genug?" stieß ich hervor, „zu viel für heute und genug für alle Zeiten. Haben Sie noch einen Schnaps? — Tausend Dank? Gott segne Sie für den guten Gedanken, das Fläschchen mitzunehmen. Prosit."

Wir standen wieder im Schmutze vor der Thür, aber die enge finstere Gasse erschien mir wie ein Paradies gegenüber dem Raume, den wir soeben verlassen hatten.

Einer Opiumhöhle galt unser nächster Besuch. Mit den Opiumhöhlen wird vielfach ein grober Unfug getrieben, insofern, als dieselben von Leuten, die einen Blick hineingethan haben oder auch nicht, der Welt in den grellsten Farben als die Brutstätten aller Laster und Scheußlichkeiten geschildert werden. Thatsächlich ist eine Opiumhöhle ein weit weniger gefährliches Institut, als eine Schnapskneipe. Denn der Schnaps reißt den umnebelten Menschen nur zu häufig zu Gewaltthätigkeiten hin, dieweil das Opium ihn apathisch macht. Der übermäßige Genuß beider ist natürlich ebenso wenig zu verteidigen, wie zu empfehlen, auch möchte ich nicht behaupten, daß der Anblick einer Opiumkneipe ein erhebender sei. Aber besonders schauerlich ist er auch nicht. Die Leute liegen da, teils rauchend, teils träumend, immer aber scheinbar hochgradig befriedigt, und erscheinen um keinen Grad widerwärtiger, als ihre übrigen schmutzigen Landsleute. Im Vergleich zu einem Haufen sinnlos betrunkener europäischer Vagabunden sind sie die wahren Engel.

Immerhin ist ein solches Lokal kein Wiener Café, und da ein längeres Verweilen dem an Opiumrauch nicht gewöhnten Menschen wohl schwerlich gut bekommen würde, macht man so schnell als möglich die Thüre wieder von außen zu. „Was haben Sie nun noch auf dem Programm?" fragte ich den Major, als wir wieder Platz in unserem Wägelchen genommen hatten.

„Ich werde die Ehre haben, Ihnen als letzte Nummer für heute eine Spezialität unserer Stadt vorzuführen, ein Theehaus, in welchem Knaben die Stelle der sonst üblichen Mädchen vertreten und sing-song boys anstatt der sing-song girls ihre Stimmen erschallen lassen."

Bald darauf stolperten wir über die Schwelle eines äußerlich ansehnlichen, im Innern aber nichts weniger als einladenden Gebäudes in einen Hof und tasteten an der Mauer entlang, dem Schimmer eines Lichtes folgend, weiter, um schließlich in ein leidlich sauberes Zimmer zu gelangen. Große gemeinschaftliche Gastzimmer giebt es in Lokalen dieser Art in China nicht. Der Chinese liebt, so wenig er sonst die Öffentlichkeit scheut, bei Bewirtung seiner Freunde die Abgeschlossenheit.

Auf unser Händeklatschen eilte der Wirt herbei, um nach unserem Begehr zu fragen, und kaum hatten wir's uns bequem gemacht, so erschienen zwei Knaben im Alter von 12—14 Jahren, sauber gekleidet, wohlgenährt und berufsmäßig heiter dreinschauend. Ihre Aufgabe ist es, die Gäste durch Gesang und allerlei Scherze zu unterhalten, und zwar werden sie nicht nur innerhalb, sondern

auch außerhalb des Hauses beschäftigt, um in den Häusern
reicher Chinesen letztere selbst oder deren Gäste zu er=
heitern. Für Jungen mit besonders schöner Stimme
oder für solche, die sich besonderer Beliebtheit erfreuen,
werden oft für einen Abend Summen von 40 Doll. und
mehr bezahlt. Von ihren Eltern für etwa 200 bis
300 Doll. auf 4, 5 oder mehr Jahre verkauft, werden
sie von ihren Herren ausgebildet, verpflegt und gekleidet,
haben jedoch das von ihnen verdiente Geld abzuliefern,
so daß so ein Junge, wenn er nach Wunsch einschlägt,
für seinen Besitzer zu einer wahren Goldgrube werden
kann.

Da weder der Major noch ich irgendwelches Ver=
ständnis für die stimmlichen und sonstigen Reize unserer
Sänger bekundeten, zogen sich dieselben bald in der
bekannten Stimmung verkannter Künstler zurück, wir be=
glichen unsere Rechnung, und um einen Schatz neuer Er=
fahrungen reicher fuhren wir heim zur Europäerstadt.

Wer heute nach China kommt in der Erwartung
und Hoffnung, daselbst für verhältnismäßig geringe
Summen alte Bronzen, Cloisonnees und Porzellane zu
erstehen, der wird sich bald eines besseren belehrt sehen,
denn die Preise für wirklich alte und gute Sachen sind
in den letzten Jahren derartig in die Höhe gegangen,
daß man, um irgendwie größere Ankäufe zu machen,
entweder sehr reich oder sehr leichtsinnig sein muß. Die
Zeiten, in denen man die kostbarsten aus den Palästen
oder Tempeln gestohlenen Schätze für ein Ei und Butter=
brot erstehen konnte, sind vorüber, der Wettbewerb der
Käufer ist zu groß geworden, und die Zahl der letzteren
ist namentlich dadurch so bedeutend gewachsen, daß die

vornehmen Chinesen, angesteckt von den Europäern, eben=
falls von der Sammelwut ergriffen worden sind. Die
schönsten Sachen, die auf legitime Weise in den Besitz
von Europäern übergegangen sind, dürfte Herr v. Brandt
im Laufe langer Jahre, die er im Lande zubrachte, er=
standen haben. Ein großer Teil derselben bildet heute
eine Hauptzierde des Berliner Kunstgewerbemuseums, ein
anderer schmückt das Haus des leider inzwischen in den
Ruhestand getretenen Gesandten in Wiesbaden, der Rest
ist nach Amerika gewandert.

Der nach Nordchina sich verirrende Globetrotter,
der meist kauft, um zu kaufen und „etwas mitzubringen“,
kann sicher sein, dort genau so, wenn nicht noch gröber,
übers Ohr gehauen zu werden als in allen anderen
Ländern des Ostens. Schund ist es, was er heimbringt,
es sei denn, er sei weise genug gewesen, einen Kenner
für sich kaufen zu lassen.

In Tientsin befindet sich eine Sammlung chinesischer
Porzellane, die eines Weltrufs genießt. Der glückliche
Besitzer ist der russische Theehändler Startseff, ein viel=
facher Millionär und unternehmender Kaufmann, der
u. a. der chinesischen Regierung den Vorschlag gemacht
hat, auf seine eigenen Kosten eine Eisenbahn durch die
mongolische Wüste nach Kiachta zu bauen, falls man
ihm für eine Reihe von — ich glaube 20 — Jahren,
nach deren Ablauf die Bahn an den Staat fallen solle,
das Monopol für dieselbe gebe. Leider weilte Herr
Startseff zur Zeit meiner Anwesenheit in Tientsin auf
einer von ihm erst kürzlich gekauften Insel in der Nähe
von Wladiwostock, aber sein Vertreter, dem ich in Be=
gleitung Major Richters an einem Sonntag Vormittag

meine Aufwartung machte, erklärte sich mit Freuden bereit,
uns die berühmte Sammlung zu zeigen.

Die ganze Angelegenheit war bis auf das der
Besichtigung folgende Frühstück eine arge Enttäuschung
für mich. Ich hatte ein großes Museum erwartet und
fand statt dessen zwei bewohnte Zimmer, in denen an
den Wänden entlang, sowie auf Tischen und Gestellen
einige hundert Vasen umherstanden, Vasen, von denen
ich vielleicht, wenn es hätte sein müssen, einige ohne
Sträuben als Geschenk angenommen hätte, aber keine
einzige, für die ich damals auch nur eine irgendwie
nennenswerte Summe gezahlt haben würde. Da war
nichts, was in Bezug auf Form und Zeichnung den
Erzeugnissen der Porzellanmanufakturen von Berlin,
Dresden und Sèvres auch nur das Wasser gereicht hätte.

Mein Führer gab mir ein kleines, etwa drei Zoll
hohes blutrotes Töpfchen in die Hand und fragte mich,
wie mir dasselbe gefiele.

„Recht hübsch", sagte ich, trotzdem ich keine fünfzig
Pfennig dafür gezahlt haben würde. Und dabei kostete
das Ding, wie man mir später verriet, 4000 M.

Ich hielt damals den Mann, der diesen horrenden
Preis dafür angelegt hatte, für verrückt, und wenn ich
trotzdem später für eine chinesische Vase, wenn auch nicht
dieselbe Summe, so doch die Hälfte zahlte, so ist das
eben der beste Beweis dafür, wie leicht sich der Geschmack
des Menschen veredeln läßt, oder wie leicht Verrücktheit
ansteckt.

Wer mir an besagtem Vormittag gesagt haben
würde, ich würde in einer Sitzung eine Flasche Wobla
austrinken, bei dem würde ich auch auf eine leichte

Gehirnerweichung geschlossen haben, und dennoch hätte der Betreffende Recht behalten.

Haben Sie jemals einen Russen Kaviar essen und Wodka trinken sehen? Er ißt das eine wie Grütze und trinkt das andere wie Milch, das sah ich bei dem der Besichtigung folgenden Frühstück, und Sie glauben nicht, wie ansteckend das wirkt. Es schmeckt auch vorzüglich und bekommt besser, als man denken sollte. Eine ganz weise Maßregel unseres Wirtes war es gewiß, nach aufgehobener Tafel unseren Wagen anstatt vor dem Haupteingange, an einer Seitenthür vorfahren zu lassen; denn wenn ich die beiden Zimmer, in denen die Sammlung aufgestellt ist, hätte durchqueren müssen, ich weiß nicht, ob nicht doch hinterher für einige hunderttausend Mark Scherben am Boden gelegen hätten. Und so etwas ist peinlich, vor allem wenn der Besitzer der zerbrochenen Gegenstände nicht einmal zugegen ist.

Schon in Tientsin erfuhr ich, daß ich von meinem ursprünglichen Plan, über Peking nach der Mongolei und von dort durch die Mandschurei nach Korea zu gelangen, würde Abstand nehmen müssen, da Überschwemmungen das Reisen in der Mandschurei für die nächsten zwei Monate unmöglich machten. Ich entschloß mich somit, mich mit einem Ausflug in die Mongolei zu begnügen und machte mich marschfertig. Größerer Vorbereitungen bedurfte es hierzu nicht, hatte ich doch alles, was man zu einer Expedition gebraucht und sollte nicht einmal alles gebrauchen, was ich hatte. So riet man mir u. a. entschieden ab, ein Zelt mitzunehmen, da ich entweder in den am Wege liegenden Gasthöfen oder später in den Zelten der Mongolen nächtigen könne.

Zum Aufstellen eines Zeltes sei bis an die Grenze der Mongolei kein Platz, da alles Land bestellt sei; fände sich trotzdem ein solcher, so würde mir der Eigentümer das Aufstellen verbieten, und würde er es ausnahmsweise gestatten, so könne ich sicher sein, Tag und Nacht von neugierigen Menschen belästigt zu werden und keine ruhige Stunde zu haben. Das Zelt wurde demnach zurückgelassen.

Die durch einen Sturmwind den Fluten des Roten Flusses zugeführten Beine meines Feldtisches wurden mit Hilfe eines begabten chinesischen Tischlers durch neue ersetzt, und Shokra ließ ich, wie ein gegen Nässe zu schützendes Postpacket, von oben bis unten in Öltuch einnähen, so daß er mit Mantel, Hosen und Mütze aus dem gleichen wasserdichten Stoff aussah, wie eine riesenhafte Altarkerze.

Als zweiter Diener und Dolmetscher war mit 20 Dollar monatlich ein Chinese angeworben, der mir von vornherein wenig Vertrauen einflößte, nach eingezogenen Erkundigungen aber eine Seele von Mensch sein sollte.

Von den beiden mir nach Peking offenstehenden Wegen, dem über Land und dem zu Wasser bis Tungchau, einer kleinen, 140 Kilometer oberhalb Tientsin am Pei-ho gelegenen Stadt, von der man noch einige 30 Kilometer landeinwärts bis zur Hauptstadt zurückzulegen hat, wählte ich den letzteren, da der weit aus seinen Ufern getretene Fluß den Landweg größtenteils unter Wasser gesetzt hatte. Ein Boot war für die auf vier Tage berechnete Reise für den Preis von neun Dollar bald gemietet, und somit blieb meine einzige

Sorge, mich nach einem Ersatz für Nadscha umzusehen; denn in Peking, so sagte man mir, sei es schlechterdings unmöglich, ein Pferd zu kaufen oder zu mieten. Der brave Major zeigte sich auch in diesem Falle als Retter in der Not und als Gemütsmensch. Er hatte unter seinen Pferden einen Braunen, kräftig von Bau, mit ruhigen Bewegungen, trockenen Beinen und gesunden Hufen, kurz, ein Tier, wie für mich geschaffen. Für dieses Prachtexemplar von Pferd, einschließlich seiner vier erst vor wenigen Tagen aufgelegten Hufeisen, forderte der Besitzer den höchst verdächtigen Preis von 15 Dollar gleich etwa 40 M. nach damaligem Kurs, so daß ich mich nicht der Frage enthalten konnte:

„Und welche Fehler hat die Bestie? Ist sie blind, taubstumm, epileptisch, blödsinnig oder tobsüchtig?"

„Nichts von alledem, sie ist zwar kein Kind mehr, aber wie Sie mir selber sagen, sehen Sie bei einem Reisepferd mehr auf gesetztes Wesen und Lebenserfahrung, als auf Jugend und Anmut. Übrigens können Sie sich das Tier ja einmal ansehen."

Es war am Abend vor meiner Abreise, wir saßen behaglich bei Herrn Detring beisammen, und ich hatte keine Lust, der 15 Dollar-Kracke wegen meine auf die Dämmerstunde des nächsten Morgens festgesetzte Abreise zu verschieben; auch war es mir weit angenehmer, dem Major die Garantie für die Fehlerfreiheit des Braunen zu überlassen. Außerdem waren 15 Dollar ja kein Königreich.

„Abgemacht, Major, die Bestie ist verkauft. Bitte, schicken Sie sie mir nebst ihrem Mafu (der Kerl sollte monatlich ebenso viel an Gehalt bekommen, wie das ganze Pferd kostete) nach Tungchau, auf daß ich stolz im Sattel meinen Einzug in Peking halten kann."

Damit war ich wieder einmal Pferdebesitzer, und als ich mich eine Stunde später als solcher im Bette dehnte, gab es keinen zufriedeneren Menschen unter dem Monde, als mich.

Von Tientsin nach Peking.

Master! — Master! — Master want tea or coffee?"
Mit diesen prosaischen Worten riß mich beim ersten
Hahnenschrei ein Diener des Herrn Detring aus
einem der schönsten Träume, die ich je geträumt, einem
Traume, in dem ich eine tabellose Flugmaschine erfunden
hatte, die mich wie einen Vogel durch die Lüfte trug.
Ich war gerade dabei, in einem prächtigen Saale über
einer nach Tausenden zählenden Menschenmenge um
einen Kronleuchter zu kreisen, da kam der verflixte Chinese mit seinem „tea or coffee", und ich liege am Boden.
Schnell sammelte ich meine Knochen zusammen, sprang
aus dem Bette, bestellte Thee, und erfrischte mich in einem kalten Bade, um dann den Rest meiner Habselig-
keiten in eine Handtasche zu packen. Shotra, sein neuer
chinesischer Kollege, sowie das Gepäck waren am Abende
zuvor verladen worden, um alles zu meiner Aufnahme
herzurichten und mich am Morgen einige Meilen weiter
stromauf oberhalb der Chinesenstadt zu erwarten.

Die Sonne war noch nicht am Horizonte erschienen,

da rollte ich bereits in einer Jinrickschaw durch die
Straßen der Chinesenstadt. Hier wimmelte trotz der
frühen Stunde alles durcheinander, wie in einem Ameisenhaufen, endlose Reihen von Kulis, mit ganz gewaltigen
Lasten von Gemüsen, Hühnern, Enten und anderen Markt-
waren zogen in abgekürztem Trabtempo des Weges,
während andere mit schweren Karren, schiebend und
ziehend, schweißtriefend vorüberkeuchten. Die Chinesen
sind unter einander eine höchst verträgliche Gesellschaft,
und trotzdem eigentlich immer einer dem anderen im
Wege steht, stauen und zerteilen sich die Menschenmassen
meist ohne das in Europa bei gleichen Anlässen übliche
wüste Geschrei und Geschimpfe.

Nach etwa einer Stunde hielt mein Gefährt an
einer Schiffsbrücke, und mein Kuli gab mir zu verstehen,
daß dies die Stelle sei, an der mein Boot meiner harren
solle. Letzteres aus den nach Tausenden zählenden, teils
zu beiden Seiten der Brücke ankernden, teils sich durcheinander drängenden und Durchlaß begehrenden Fahrzeugen herauszufinden, schien fast ein Ding der Unmöglichkeit. Ich kletterte wieder in mein Wägelchen zurück,
stellte mich auf den Sitz und suchte mich über den Köpfen
der hin- und herwogenden Menschenmassen mit Hilfe
eines an einem Stock befestigten Taschentuches bemerkbar zu machen, zugleich nach allen Seiten hin aufmerksam auslugend, ob von irgend einem der Boote vielleicht
ein Gegenzeichen erfolgte. Wohl an die zehn Minuten
mochte ich so gewedelt haben und war nahe daran, wieder
umzukehren, um an einer anderen Stelle des Flusses
mein Heil zu versuchen, als plötzlich wie auf Kommando
die mich umtosenden Menschenmassen durch irgend ein

Ereignis zum Stillstand gebracht wurden und alle nach
der gleichen Richtung stierten. Im selben Augenblick
erkenne ich zu meiner freudigen Überraschung in dem Gegen=
stande der allgemeinen Teilnahme meinen kleinen Shokra,
der oben auf dem Bambusdache eines Bootes herumspringt,
eine von mir in Kanton gekaufte chinesische Flagge, die auf
gelber Seide einen himmelblauen Drachen trägt, hin=
und herschwingend.

Heureka! Aber wie nun an Bord gelangen und
und wie vor allen Dingen meinem Boote den Vorrang
bei der Durchfahrt durch die nur zeitweise geöffnete
Brücke sichern? Wollte ich den Ereignissen ruhig ihren
Lauf lassen, so hätte ich mich für mindestens einige Stun=
den mit Geduld wappnen müssen. Da kam ich auf
einen genialen Einfall. In meiner Reisetasche befand
sich das Bild des Vizekönigs, welches mir derselbe wenige
Tage zuvor zum Geschenk gemacht hatte. Schnell holte
ich dasselbe hervor, drängte mich durch bis zu den
Brückenwärtern, zeigte ihnen das Bild Li=Hung=Tschangs
mit dessen eigenhändiger Unterschrift und deutete auf das
Boot, auf dessen Verdeck Shokra noch immer zum Gau=
dium der Menge seinen Tanz aufführte. Man verstand
mich, das Bild wirkte Wunder wie die Zauberformel
„Sesam thue dich auf!" Die Brücke wurde geöffnet,
und wenige Minuten später saß ich wohlbehalten in
meinem Boot. Den Jinrickschawkuli hatte ich schon vor
Antritt der Fahrt mit den ihm zukommenden 60 Pfennigen
abgelohnt. Um jedoch meinen chinesischen Diener zu
prüfen und zu sehen, was für einen Edelstein ich an ihm
besäße, fragte ich ihn, wieviel ich dem Manne wohl zu
zahlen habe. „Only one dollar Sir", antwortete ohne

Besinnen „die Seele von Mensch", und ich wußte für die Zukunft, woran ich war.

Shokra aber konnte sich über die Art und Weise, wie sein Genosse mich zu übervorteilen suchte, nicht so= bald beruhigen, und noch lange nachdem wir die Brücke und die letzten Häuser der Stadt hinter uns hatten, hörte ich ihn dem unverschämten Gesellen die Leviten lesen.

„You very bad boy, you big thief, all Chinamen bad, all Chinamen steal masters money", so hörte ich den kleinen Mann auf seinen bezopften Kameraden in dem drolligen Pidgin=Englisch, in dem sie sich ver= ständigten, einreden, und es wunderte mich nur, daß der wie mit Keulen zusammengeschlagene Chinese, der den Knirps von Shokra mit steifem Arm so lange über Bord hätte halten können, bis er verhungerte, sich alles das ruhig gefallen ließ.

Mein Boot war 35 Fuß lang und gegen 9 Fuß breit. In der Mitte befand sich eine mit Bambusflecht= werk eingedeckte Kabine, die zu meiner Beherbergung bestimmt war, dahinter Schlafkammer der Diener und Küche. Der mir zur Verfügung stehende, gegen Wind und Wetter schützende Raum war zwar ein recht be= schränkter, doch hinreichend groß, um Bett, Tisch und Stuhl aufzustellen, und das genügte mir. Anfangs kamen wir, da die vier Leute, welche die Bemannung des Bootes ausmachten, dasselbe mit langen Stangen stromauf stoßen mußten, nur äußerst langsam vorwärts, gegen Mittag setzte jedoch etwas Brise ein, sodaß wir vielfach vom Segel Gebrauch machen konnten.

Besonders günstige und ungünstige Winde giebt es für diese Fahrt eigentlich nicht. Jeder Wind, er mag

10*

blasen, woher er will, ist für die eine halbe Stunde günstig, für die nächste ungünstig, denn der Peiho fließt in so launenhaften Windungen dahin, daß man die Sonne bald hinten, bald vorn, bald steuerbord, bald backbord stehen hat und ein vor uns fahrendes Schiff uns zuweilen schnurstracks entgegenzukommen scheint.

Muß das Segel eingeholt werden, so wird entweder gerudert oder zwei bis drei der Schiffer springen über Bord und tauen, wo das Gelände dies gestattet, das Fahrzeug am Ufer entlang, sonst aber waten sie oft bis an den Hals im Wasser, eine saure Arbeit, bei der ich sie indessen nie habe den Humor verlieren sehen.

Meine vier Schiffer waren ihren Gesichtszügen nach mordsgarstige, sonst aber wohlgebaute, vierschrötige, von der Sonne braun, ja nahezu braunschwarz gebrannte Gesellen. Ihre ganze Gewandung bestand, so lange es Tag war, aus dem um den Kopf gewundenen Zopf, vermittelst dessen ein halbgeöffneter Fächer aus Ölpapier zum Schutze des Gesichts gegen die Sonnenstrahlen fest= gehalten wurde. Erst gegen Abend entschloß man sich dazu, diese mehr als notdürftige Toilette um einige Baumwolllappen zu ergänzen, nicht etwa um da, wo wir gerade vor Anker gingen, der Bevölkerung gegen= über den Anstand zu wahren oder sich gegen Kälte zu schützen, sondern lediglich um den dann millionenweise auftretenden Moskitos ein Paroli zu biegen.

War die Fahrt auch in keiner Weise mit derjenigen auf dem Jhelam in Kaschmir zu vergleichen, so bot sie doch der Reize mehr, als ich erwartet hatte. Da gab es zwar weder romantische noch liebliche, sondern höchstens einmal stimmungsvolle Bilder, die ganze Landschaft, die

aus den braungrauen Fluten aufragenden Dorfschaften,
Deiche und Grabhügel boten in ihren Einzelheiten nichts,
was Herz und Sinn hätte erfreuen können, und ich
glaube gern, daß die meisten Menschen sich an meiner
Stelle sträflich gelangweilt hätten, aber für mich war es
allein schon ein Genuß, in einem mir unbekannten Lande
einem von mir lang ersehnten Ziele zuzustreben und die
Lebensweise von Leuten zu beobachten, mit denen ich
bisher nur in oberflächliche, nicht aber in wirklich nahe
Berührung gekommen war.

Um gerecht zu sein, muß ich meinen Bootsleuten
— so widerwärtig mir jeder einzelne von ihnen war —
das Zeugnis ausstellen, daß sie, was Arbeitsleistung
und gleichzeitige Anspruchslosigkeit anbetrifft, meine un=
begrenzte Bewunderung wachriefen. Vom Grauen des
Morgens bis zum finsteren Abend wurde gearbeitet, als
gälte es eine Million, Tungchau zu einer bestimmten
Stunde zu erreichen, und trieben die Moskitos es gar
zu schlimm, so wurde selbst über Nacht beim Monden=
schein das Segeln, Rudern oder Ziehen fortgesetzt. Nur
einmal am Tage hielten wir für kurze Zeit an einer
der vielen am Ufer liegenden Ortschaften an, um für
wenige Cash Lebensmittel oder ein Bündel der als
Feuerungsmaterial dienenden Stengel der Kauleanhirse
einzukaufen, vielleicht auch um im Glücksspiel zu ver=
suchen, eine ganze Mahlzeit oder einige Eier zu gewinnen.

Ich selber ließ mich bei einer dieser Gelegenheiten
in das Geheimnis des Spiels mit den dominoartig ge=
zeichneten Stäbchen, welches meine Leute Chen=tung=sa
nannten, einweihen. Die Chancen für den Spieler sind
ganz hervorragend ungünstig. Denn man gewinnt nur,

wenn sich auf den drei gezogenen Stäbchen drei gleiche
Zahlen finden und der Rest zusammen gezählt eine
Summe von über dreizehn ergiebt.

Wie gewöhnlich, wenn es nicht viel zu gewinnen
giebt, hatte ich ein beispielloses Glück und zog fünf mal
hinter einander einen Treffer zum größten Gaudium
meiner Leute, aber zum unverhohlenen Mißvergnügen
des betreffenden Händlers, der mir, als ich zum sechsten
Male mein Heil versuchen wollte, den Becher entzog,
mich einen „fan-kwei" (fremden Teufel) nannte und er=
klärte, nicht mehr mitspielen zu wollen.

Was hatte ich aber auch für Kostbarkeiten gewonnen,
Eier, die etwa einen Monat lang in gelöschtem Kalt,
Salz und Holzasche gelegen hatten und nun in einer
schwärzlichen Gallertmasse ein blutrotes Dotter bargen, in
Rizinusöl gebackene, mit gehacktem Fleisch gefüllte Mehl=
fladen und einen „Matau" genannten Kuchen, der fol=
gende Entstehungsgeschichte hat. Bohnenmehl, Salz und
Öl werden zu einer teigartigen Masse zusammengerührt,
diese wird in Tücher gepreßt und so lange mit Schlägeln
bearbeitet und gewalkt, bis sie dünn und zähe ist wie
ein lederner Fensterputzlappen, um endlich zusammenge=
faltet zu werden, wie ein aus der Wäsche kommendes
Schnupftuch, und der Matau ist fertig. Da ich mich
für keines der gewonnenen Gerichte zu begeistern ver=
mochte, schenkte ich alles meinen Bootsleuten. Den Matau
sah ich sie sein schneiden wie Sauerkraut und mit Essig
angerührt verspeisen.

Hunderte und Aberhunderte von Fahrzeugen belebten
den Fluß, meist größere Lastboote, die Tributreis der
verschiedenen Provinzen nach Peking brachten oder mit

Fellen, Hörnern, Knochen, Kamelwolle u. ſ. w. beladen
ſtromab fuhren. Mehrfach begegneten wir auch präch=
tigen, ihrer Bauart nach an die Arche des Noah er=
innernden, mit Flaggen und Wimpeln luſtig geſchmückten
Mandarinenbooten, deren ſich chineſiſche Würdenträger
zwiſchen Peking und Tientſin bedienen. Viele der größeren
Fahrzeuge waren nicht nur hinten, ſondern auch vorn
mit einem Steuerruder verſehen, um das mit dem Strome
fahrende Schiff beſſer in der Gewalt zu haben und bei
ſcharfen Windungen vor dem Aufrennen zu bewahren.

Am zweiten Tage war der Waſſerſtand des Fluſſes
bedeutend niedriger, die Fluten, welche die Ebene geſtern
noch meilenweit überſchwemmt hielten, hatten ſich ver=
laufen, man erkannte auf den Feldern Hirſe, Buchweizen,
Bohnen, Kohl, Rüben, Zwiebeln und ſah den Bauer
mit ſeiner von zwei Pferden gezogenen eiſernen Pflug=
ſchar den ſchlammigen Boden durchfurchen. Die Pferde
werden nicht wie bei uns von dem Pflüger mit der
Leine gelenkt, ſondern von einem zweiten Manne am
Kopfe geführt. Im Gegenſatze zu Süd=China ſieht man
ebenſo wenig auf den Flußfahrzeugen wie auf den Fel=
dern weibliche Arbeiter, überhaupt tritt die Frau hier
verhältnismäßig wenig an die Öffentlichkeit.

Die zu beiden Seiten des Fluſſes liegenden Dorf=
ſchaften haben nichts Einladendes; da iſt nichts, was
auch nur im geringſten auf einen Schönheitsſinn der
Bewohner ſchließen ließe. Jedes Schmuckes bar, ſtehen
die elenden Lehmhäuschen wirr durcheinander, alles iſt
Grau in Grau, und die vielfach auf den Feldern herum=
liegenden, durch die letzte Flut ihrer ſchützenden Lehm=
decken beraubten Särge ſind auch nicht gerade geeignet.

das Bild zu einem freundlicheren zu gestalten. Nachts bei Mondenschein war der Anblick sogar recht unheimlich, und nervöse Gemüter konnten sich ohne viel Phantasie vorstellen, wie Sarg auf Sarg sich öffnete und deren Insassen mit schleppenden Gebeinen einen Totentanz auf= führten.

Die größte Unannehmlichkeit bestand für mich in der ununterbrochenen Kocherei hinter meiner Kabine. Das Feuer ging während der ganzen Fahrt nicht aus; denn wenn nicht geschmort und gebraten wurde, mußte doch stets das Wasser im Kessel brodeln, um zu jeder Zeit Thee bereiten zu können, den der Chinese Tag und Nacht in ungemessenen Mengen zu sich nimmt. Wo Feuer ist, da ist auch Rauch. Letzterer drang nicht selten in meine Behausung, und wenn auch mein chinesischer Diener mich mit den Worten zu trösten versuchte: „when smoky come, moskito go“, so hatte ich dennoch wenig Freude von der Sache und zog es vor, den Moskitos ins Freie zu folgen.

Essen gestanden haderte ich nicht mit dem Schicksal, als wir am Morgen des vierten Tages schon in aller Frühe vor Tungchau lagen, und die fleißigen Leute, denen ich diese schnelle Fahrt zu verdanken hatte, fanden keinen Grund, sich über ein zu kärglich bemessenes Trink= geld meinerseits zu beklagen.

An der Landestelle lagen die Boote zu Hunderten nebeneinander, wie die Heringe, emsig wurde gelöscht und geladen. Trotzdem die Stadt mit Peking durch einen Kanal verbunden ist, müssen die Boote bereits in Tungchau löschen, weil dieser Kanal sonderbarerweise nicht mit dem Peiho in Verbindung steht. Auch sonst

ist er eine aller praktischen Vernunft Hohn sprechende
Anlage, denn da man ihn nicht durch Schleusen, sondern
vermittels Wehre in fünf Abschnitte geteilt hat, müssen
alle Waren nicht weniger als fünfmal umgeladen werden,
wodurch der Transport nicht nur wesentlich verlangsamt,
sondern auch außerordentlich verteuert wird.

Fragt man, warum an Stelle der Wehre nicht
Schleusen gebaut worden seien, so erhält man dafür
ebensowenig eine Erklärung, wie auf die Frage, warum
z. B. die Achsen der chinesischen Karren acht Zoll zu
beiden Seiten über die Radnaben hinausragen, so daß
zwei aneinander vorüberfahrende Karren sechzehn Zoll
Raum mehr gebrauchen, als wenn die überstehenden
Enden nicht vorhanden wären. So praktisch der Chinese
in vielen Dingen unleugbar ist, so unpraktisch ist er in
anderen, was zur Genüge aus der Art erhellt, wie er
sich kleidet. Da sind in erster Linie die Stiefel, die aus
Filz, Seide und Papier gefertigt, dem Eindringen der
Feuchtigkeit möglichst geringen Widerstand entgegensetzen.
Dabei ist ihre Form so, daß die meisten Chinesen an
eingewachsenen Nägeln und Hühneraugen leiden, ein
Grund, warum die chinesischen Hühneraugenoperateure
sich eines so bedeutenden Rufes im ganzen Osten erfreuen. Was die Bekleidung des übrigen Körpers anlangt, so sollte man annehmen, daß wenigstens die Bewohner Nordchinas, wo für den dritten Teil des Jahres
eine sibirische Kälte herrscht und Schafe im Überfluß vorhanden sind, weise genug wären, im Winter Wolle zu
wählen. Statt dessen aber kleiden sie sich fast ausschließlich in Baumwolle und ziehen, je tiefer das Quecksilber
im Thermometer sinkt, um so mehr Röcke und Hosen an,

oft an die zehn Lagen übereinander, so daß sie sich kaum
vom Fleck rühren können und im Querschnitte einer
Zwiebel ähnlicher sehen müssen, als einem menschlichen
Wesen. Mit zunehmender Wärme wird dann allmählich
Schicht auf Schicht entfernt, bis endlich an einem wirklich
heißen Tage auch die letzte Hülle fällt und dann — viel=
leicht — ein Bad genommen wird. Erwähnt sei noch,
daß sich in keinem chinesischen Kleidungsstück Taschen be=
finden.

Auch die chinesische Haartracht macht ihrem Erfinder
wenig Ehre. Nirgendwo in den Tropen habe ich die
Glut der Sonne so empfunden, wie in China, und dessen
ungeachtet rasieren sich die Leute den größten Teil des
Schädels kahl und flechten sich den verbleibenden Rest
in einen Zopf, der nicht den geringsten praktischen Wert
hat, überall im Wege ist und schon manchen Chinesen,
der mit demselben einem Schwungrade zu nahe gekom=
men ist, um seinen Skalp gebracht hat.

Während meine Gepäckstücke an Land geschafft wurden,
hielt ich Umschau am Ufer. Da standen in langen Reihen
schwerfällige, zweirädrige, mit blauem Baumwolldach
versehene Karren, bespannt mit Pferden, Ponies, Maul=
tieren und Eseln, nicht selten mit allen vier zugleich.
Reittiere waren dagegen mit Ausnahme eines auf drei
Beinen stehenden Gaules nicht vorhanden, und ich dankte
gerade meinem Schöpfer, daß ich mein eigenes Roß be=
saß und nicht auf diesen elenden Schinder angewiesen
war, als der Chinese, der das Tier am Halfter führte,
auf mich zuschreitet, aus dem Ärmel seiner schmutzigen
Jacke einen Brief hervorholt und mir denselben überreicht.

„Otto E. Ehlers, Esq. Tungchau.“

Kein Zweifel, der Brief ist für mich. Ich erbreche ihn und lese:

„Lieber Herr Ehlers! Anbei Ihr Brauner. Viel Vergnügen und beste Grüße. Ihr Richter."

Das Schlimmste ahnend, fragte ich den Chinesen, ob er ein Pferd für mich aus Tientsin gebracht habe. Ja wohl, meinte er und machte eine nicht mißzuver= stehende Handbewegung nach der Richtung, wo der dünn= beinige Braune mit gesenktem Haupte bastand, wie auf den Schlachtenbildern der verwundete Schwadronsgaul vor der Leiche des Trompeters. Als ich nun den Schinder in der Nähe betrachtete, sah ich dasselbe, was ich schon von weitem erkannt hatte, nämlich daß er toblahm war. Das half nun nichts; als jedoch der Mafu anfing, sein Pferd als „very good pony number one" zu preisen, da hätte ich ihm mit Wonne sein schmieriges Genick um= drehen mögen. Ich unterließ das aber für den Augen= blick, da ich den Mann vorläufig noch dazu brauchte, sich nach einem andern Reittier für mich umzusehen; denn mich einer Karre anvertrauen und in ihr in die Haupt= stadt des himmlischen Reiches einziehen! Nimmermehr!

Niedergeschlagen setzte ich mich auf einen der zu Dutzenden am Ufer stehenden Särge, die von Tientsin angelangt waren und mit ihrem Inhalte in eine der nördlichen Provinzen übergeführt werden sollten, um über das Vergängliche alles Irdischen nachzudenken. Aus dem Sitzen wurde nach und nach ein Liegen, und dabei mußte wohl einer der lose in meinen Taschen steckenden Dollars zur Erde gefallen sein, denn ich sah, wie mein chinesischer Diener plötzlich einen solchen neben meinem Sarge vom Boden hob und verschwinden ließ.

Als ich ihn barob forschend ansah, meinte er mit
der ihm eigenen Unverfrorenheit: „Dollar belong me,
never belong Master!"

Was war da zu machen? Daß es nicht sein
Dollar war, bezweifelte ich keinen Augenblick, auf der
anderen Seite konnte ich aber auch nicht beweisen, daß
er mir gehörte.

„Sein, oder nicht sein, das war hier die Frage",
und da ich an dem Unglücksmorgen bereits mit einem
Pferde überrascht worden war, welches nur 3 Beine
hatte, statt deren 4, entschloß ich mich ausnahmsweise
5 gerade sein zu lassen und über den Dollar zur Tages=
ordnung überzugehen.

Mittlerweile war denn auch mein Mafu mit einem
Eselchen und dessen Treiber erschienen, mein Gepäck,
welches bequem auf einer Karre hätte untergebracht
werden können, mit viel Geschick von meinem Chinesen
auf zwei Gefährte verteilt, nur damit der Hallunke auf
diese Weise von zwei Treibern den Maklerlohn einstecken
konnte, den der chinesische Diener nicht nur von allem be=
zieht, was er für seinen Herrn kauft, mietet u. s. w., sondern
auch von dem, was der Herr selber ersteht oder bestellt.

Dieser von den Europäern mit dem englischen
Worte „squeeze" bezeichnete, in ganz China übliche und
von allen Dienern erhobene Tribut ist in mancher Hin=
sicht nichts anderes, als der Marktgroschen unserer Dienst=
boten, in anderer dagegen eine sehr viel weiter gehende
Steuer. Kein Chinese, sei er Händler, Handwerker,
Wäscher, Barbier oder was sonst immer, wird überhaupt
dem Herrn gemeldet, falls er sich nicht von vornherein
verpflichtet, den Dienern des Hauses einen bestimmten

Prozentsatz seines Verdienstes abzugeben. Bringt man irgend eine Ware mit nach Hause, so forscht der Diener so lange, bis er herausgefunden hat, von welchem Händler sie stammt und holt sich von diesem seinen Anteil. Je mehr man daher kauft, um so lieber ist es dem Diener, und je teurer man etwas bezahlt, um so größer sein Vorteil. Es kann daher nicht weiter wunder nehmen, wenn ein gewissenloser Diener versucht, seinen Herrn zu veranlassen, nicht nur möglichst viel zu kaufen, sondern das Viele auch noch möglichst teuer zu bezahlen. Dies der Grund, warum mein Diener z. B. für den Jinrickschawkuli in Tientsin anstatt der demselben laut Tarif zustehenden 60 Pfg. einen Dollar verlangte.

Die lange in China lebenden Europäer, die merk= würdigerweise mit der Zeit beinahe blind gegen die schlechten Eigenschaften der Chinesen werden und von dem chinesischen „Boy" behaupten, daß er der beste Diener auf Erden sei, pflegen sich meist mit dem „squeeze" ausgesöhnt zu haben und die Tributerhebung ihrer Diener ganz in der Ordnung zu finden. Ich für meine Person bin nicht lange genug im Lande gewesen, um selbst ein halber Chinese zu werden und kann wohl sagen, daß mir das „Squeezen", gegen das ich natür= lich vergebens, wenn auch mit aller Kraft anzukämpfen versucht habe, den Aufenthalt und das Reisen im Reiche der Mitte nicht wenig verleidet hat.

Roß und Maju sandte ich mit einer Dankadresse an den Major nach Tientsin zurück, schwang mich dann auf meinen Esel und zuckelte, die Diener mit den Gepäck= karren ihrem Schicksal überlassend, von dannen. Die Straßen in Tungchau sowie die Fahrstraße nach Peking

sind gepflastert, aber ich wollte, sie wären es nicht; denn
ein solches Pflaster, wie ich es hier kennen lernte, ist
nicht nur schlimmer, als gar keines, sondern geradezu
lebensgefährlich, für Tiere mehr noch, als für Menschen.
Ursprünglich muß die aus großen behauenen Stein=
quadern bestehende Pflasterung allerdings tadellos ge=
wesen sein. Doch lang, lang ist's her, und heute gleicht
sie mit ihren klaffenden Lücken, verwitterten und aus=
gefahrenen, schief und krumm zu einander stehenden
Blöcken einem Gebiß mit teils fehlenden, teils hohlen
und im übrigen gelockerten Zähnen.

Kein Wunder, daß sie unter diesen Umständen be=
ständig durch festgefahrene Karren versperrt ist und daß
der zur Reise nach der Hauptstadt eines Fuhrwerks sich
bedienende Reisende oft längere Zeit gebraucht, um aus
Tungchau heraus, als um von dort nach Peking zu ge=
langen. Eine Tortur ist eine solche Fahrt unter allen
Umständen; denn nach dem Urteile sachverständiger
Richter ist die chinesische Karre eines der größten Folter=
werkzeuge, die Menschengeist je erfunden hat. Ich selber
kann mir sehr wohl vorstellen, daß ein mehrtägiges
Hin= und Hergeschüttele in diesem einachsigen, federlosen
Fuhrwerk selbst einen Heilsarmeeapostel rasend machen
könnte, auch dann, wenn die Wege eben wären, wie ein
Billardtisch. Die Radfelgen sind nämlich nicht durch
geschlossene Reisen, sondern durch acht von einander ge=
trennt befestigte Eisenstäbe zusammengehalten, deren
Nagelköpfe etwa die Größe eines durchgeschnittenen
Hühnereies haben, so daß man sogar auf Asphalt=
pflaster das Gefühl haben muß, als fahre man über
einen Knüppeldamm.

Zum Glück zeigte sich mein Esel allen Anforderungen
gewachsen; mit der gleichen Seelenruhe versank er bis
an die Gurte im Straßenkot, wie er über einen meterhohen Felsblock kletterte und im nächsten Augenblick
einen klaffenden Spalt übersprang. Dennoch atmete ich
erleichtert auf, als wir die Stadtmauern hinter uns
hatten und bald darauf, nachdem die Palichiao oder
Palikao, zu deutsch Acht Li-Brücke (1 Li etwa 700 Meter)
erreicht war, die große Steinstraße verließen, um linker
Hand einbiegend, von nun an querfeldein zu reiten.
An der Brücke fand im Jahre 1860 ein blutiges Gefecht
zwischen chinesischen und französischen Truppen statt, nach
dem der französische General Montauban den Titel
eines Grafen von Palikao erhielt.

Zwischen 12 bis 15 Fuß hoher Hirse und haus-
hohem Mais, zwischen Buchweizen- und Rizinusfeldern
bald auf Grabenrändern entlang, bald auf schmalen,
die einzelnen Äcker begrenzenden Dämmen, gelegentlich
auch auf breiterem Feldwege, dem Laufe des Kanals
folgend, zogen wir langsam bei glühender Hitze dahin.
Lange Züge von Eseln begegneten uns, die Mehl und
Getreide in kreuzweise lose über einander gelegten Säcken
trugen. Schubkarren, vorn an Seilen von Kulis oder
Eseln gezogen und hinten von einem Manne gesteuert,
mit Lasten von ganz erstaunlichem Umfange wurden auf
Feldwegen zu irgend welchen abgelegenen Gehöften ge-
karrt. Reisende zu Pferde und Maultier, in Sänften
oder zu Fuß, mit und ohne Gefolge eilten vorüber, ohne
von mir die geringste Notiz zu nehmen, und wo immer
wir in die Nähe eines Dorfes kamen, lauerten Scharen
von Bettlern am Wege, mit kreischender Stimme Almosen

heischend und die ihnen zugeworfenen Kupfermünzen
ohne ein Zeichen des Dankes in Empfang nehmend.

Ein wahres Labsal für das von Staub und Sonnen=
licht geblendete Auge bilden in dieser eintönigen Land=
schaft zahlreiche verstreut liegende, sauber gehaltene
schattige Eypressenhaine, vor denen vielfach überlebens=
große, in Stein gehauene Menschen= oder Tierfiguren
Wache halten. Es sind die Gräber von Großen des
Reiches, und wer chinesische Schriftzeichen zu entziffern
vermag, dem werden wohl die mit Inschriften bedeckten,
von riesenhaften steinernen Schildkröten getragenen Stein=
tafeln verraten, wer hier die letzte Ruhestatt gefunden hat.

Gewiß ist es eine eigentümliche Erscheinung, daß
der Chinese, der so gut wie gar keinen Sinn hat für
die Umgebung der Stätte, auf der er sein Dasein ver=
bringt, ganz besonderen Wert darauf legt, daß seine
Gebeine dermaleinst an einem möglichst schön gelegenen
Punkte beigesetzt werden, daß die Gipfel herrlicher Bäume
über seinem Haupte rauschen und Blumen die Stelle be=
zeichnen, die seine irdische Hülle birgt. Weniges wohl
dürfte den Reisenden in China angenehmer berühren,
als die Liebe und Sorgfalt, die der Chinese den Gräbern
seiner Vorfahren widmet.

Drei Stunden sind wir bereits unterwegs, die Leb=
haftigkeit des Verkehrs, die häufiger auftretenden Gräber=
haine und andere Anzeichen deuten darauf hin, daß wir
uns unweit Pekings, der Stadt der Städte, befinden, und
dennoch ist von einer solchen noch keine Spur zu ent=
decken. Weiter und weiter geht's. Von Zeit zu Zeit
hebe ich mich im Sattel und recke den Hals, als wollte
ich einer Giraffe Konkurrenz machen. Umsonst! kein

Turm, keine Mauer, ja nicht einmal eine die Nähe der Großstadt verratende Rauchschicht.

Ein sonderbares Nest dieses Peking! eine Kaiserstadt, zu der keine einzige regelrechte Straße führt und von der man nichts sieht, trotzdem man sich dicht vor ihren Thoren befindet! Nach wenigen Minuten sperre ich Mund und Nase auf, denn wie durch ein Zauberwort dem Boden entstiegen, liegt unmittelbar vor mir eine viele Meilen sich erstreckende, an die 40 Fuß hohe wohl= erhaltene Mauer, die Mauer von Peking mit ihren mächtigen Ecktürmen und Bastionen. Wir sind am Ziel! Gott sei Dank. Nur ein kurzer Ritt noch und ich soll unter dem gastlichen Dache der deutschen Gesandt= schaft Gelegenheit finden, mich in einem Bade zu er= frischen und meine staubgefüllte Kehle mit einem kühlen Trunke zu befeuchten. So wenigstens dachte ich und wurde durch das Freudengeschrei meines bis dahin laut= losen, in der Gegend zweifellos wohlbewanderten Esels in dieser Ansicht wesentlich bestärkt. Ich hatte eben ver= gessen, daß er ein Esel war. Eine schier endlose Weile mußte ich noch auf staubiger, heißer Straße entlang ziehen, bis ich das Tung=pien=men, das Thor der öst= lichen Bequemlichkeit, erreichte, um dann, nachdem ich dasselbe durchritten hatte, anstatt des erwarteten Treibens der Großstadt nichts anderes vor mir zu haben, als eine neue aus Sanddünen anfragende Mauer, eine un= absehbare Staubwüste und linker Hand hinter einem Wassergraben einige elende, von Schmutz und Unrat umgebene Häuser — die größte Enttäuschung, die ich je erlebt habe.

Man konnte sich aber auch nichts Traurigeres,

Öberes und Gottvergesseneres denken, als diese von
riesenhaften Mauern umgebene Wüste, und während
ich nun eingehüllt in eine von den Hufen meines Grau=
tieres aufgewirbelte Staubwolke, von meinem ohne
Unterbrechung lärmenden Treiber gefolgt, an der Innen=
seite der Mauer entlang hungernd und durstend dahin=
zog, da wünschte ich, nie auf den Gedanken gekommen
zu sein, der Hauptstadt des himmlischen Reiches einen
Besuch abzustatten. Durch das Thor der erhabenen
Gelehrsamkeit gelangte ich nach heißem Bemühen aus
diesem ödesten Stadtteile in die sogenannte Tartarenstadt.
Hier herrschte ein Leben und Treiben, ein Drängen und
Wogen, wie es fesselnder freilich nicht gedacht werden
konnte, und als ich bald darauf vor unserem Gesandt=
schaftsgebäude vom Esel stieg, durch die sich öffnenden
Thorflügel in einen schattigen Garten blickte und im
Hintergrunde desselben einen chinesischen Diener mit
einer großen Flasche gewahrte, da war alles Ungemach
der Reise vergessen. Mit dem Vorsatze „Mag kommen,
was will, ich halte still", überschritt ich die Schwelle des
Thores, um wenige Minuten später in ein kühles, be=
haglich eingerichtetes Gemach geführt zu werden, welches
Herr von Brandt zu meiner Aufnahme bestimmt hatte.

Peking! — Wenn ich von mir selber auf andere
schließen darf, so stellt sich der Durchschnittseuropäer die
Hauptstadt des größten Reiches der Erde als etwas
ganz Außerordentliches vor, und wahrlich, er wird sich
in dieser Erwartung nicht getäuscht sehen; denn Peking
ist in der That das Außerordentlichste, was sich denken
läßt. Nur liegt das Außerordentliche in einer ganz
anderen Richtung, als man vermutet. Nach allem, was

uns unsere Phantasie vorgegaukelt und gewissenlose Schriftsteller, die nie in Peking waren, uns vorgeschwindelt haben, müssen wir erwarten, die unerhörtesten Herrlichkeiten zu schauen, goldene Dächer, Türme aus kostbarem Porzellan, Tempel aus Bronze, in denen riesenhafte, edelsteinüberladene „Pagoden"*) stumpfsinnig mit den Köpfen nicken, Paläste, wie sie in solcher Pracht unser Auge nirgendwo zuvor gesehen hat, dazu in den Straßen Millionen von Menschen, angethan mit den köstlichsten Seidengewändern in allen Farben des Spektrums.

Was finden wir statt dessen? Einen Düngerhaufen, allerdings das Großartigste von einem Düngerhaufen, was es auf der Welt giebt, einen Düngerhaufen, welcher von einer 33½ Kilometer langen, 40 Fuß hohen und oben noch 36 Fuß breiten Mauer, deren Baukosten heute etwa 65 Millionen Mark betragen würden, umgeben ist und auf dem gegen 600 000 Schmutzfinken den Kampf ums Dasein kämpfen. Und welch einen Kampf! Fürwahr, wer Peking nicht gesehen hat, kann gar keinen Anspruch darauf machen, zu wissen, was das Wort „Schmutz" bedeutet, er ahnt nicht, bis zu welchem Grade von Ferkelei und Verkommenheit der Mensch, oder vielmehr der Chinese, es bringen und mit welcher Zähigkeit der Kampf ums Dasein gekämpft werden, beziehungsweise auf welche Kampfesweise der Mensch verfallen kann. Je länger man in Peking weilt, um so mehr wundert man sich darüber, wie es möglich ist, daß auf

---

*) Figuren, die wir in Deutschland mit diesem Namen bezeichnen, sind in China unbekannt und wahrscheinlich von einem Meißener Porzellanformer erfunden.

diefem Mifthaufen auch nur ein einziger Menfch acht
Tage lang leben kann, ohne vom Fieber, der Peft und der
Cholera ergriffen oder von Ungeziefer verzehrt zu werden.

Vergebliche Mühe wäre es für mich, den Verfuch
machen zu wollen, dem Lefer diefer Zeilen auch nur an=
nähernd mit der Feder zu fchildern, was ich mit eigenen
Augen gefehen und mit eigener Nafe gerochen habe.
Ohnmächtig ftehe ich hier einer Aufgabe gegenüber, zu
deren Löfung, glaube ich, felbft eine ganze Kompagnie
Emile Zolas fich umfonft die Federn ftumpf fchreiben
würde.

Laffen wir daher Schmutz Schmutz fein und laufchen,
was uns die Gefchichte über diefen altehrwürdigen
Düngerhaufen zu berichten hat. Danach foll derfelbe
nämlich fchon 1121 v. Chr. vorhanden gewefen fein und
im 5. Jahrhundert v. Chr. dem Herrfcher eines kleinen
unabhängigen Staates, „Yen" genannt, als Refidenz
gedient haben. Mehrfach zerftört und wieder aufgebaut,
wurde die Stadt 936 nach Chr. von den Kitan=Tartaren
zur Hauptftadt erkoren und als folche 1125 von den die
Kitan=Tartaren vertreibenden Kin=Tartaren beibehalten.

Als letztere im Jahre 1215 von den Mongolen
unter Dfchingis Khan befiegt wurden, fank die damals
Yenking genannte Stadt zu einem Provinzialftädtchen
herab, aber nur, um von dem Enkel Dfchingis Khans,
dem Kaifer Kublai Khan, wiederum zur Hauptftadt er=
hoben zu werden.

Die 1368 des Thrones fich bemächtigende Ming=
Dynaftie wählte zur Abwechfelung Nanking als Refidenz,
bis der dritte Ming=Kaifer Yung Lo 1409 die alte
Hauptftadt wieder zu Ehren brachte. Seit jener Zeit

Tö-Ho-Tien.

Kaiserliche Stadt in Peking.

führt sie, im Gegensatze zu dem südlicher gelegenen Nan=
king, den Namen „Peking", d. h. die nördliche Haupt=
stadt, und ist auch Sitz der Regierung geblieben, als
1644 die Mandschuren als Begründer der heutigen
Dynastie hier ihren Einzug hielten.

Die Mandschuren teilten die Stadt in zwei Teile.
In der nördlichen Hälfte wurden die Mandschuren,
Mongolen und diejenigen Chinesen, die sich den Mand=
schuren im Kriege angeschlossen hatten, angesiedelt, die
südliche Hälfte erhielten die Chinesen zugewiesen. In
ersterer, der sogenannten Tartarenstadt, liegt, durch eine
Mauer von dem übrigen Stadtteil abgegrenzt, die kaiser=
liche Stadt und in deren Mitte, wiederum von Gräben
und Mauern umschlossen, befinden sich die Palastbauten,
die vielleicht eher dem Bilde, welches wir uns von ihnen
machen, entsprechen dürften, als das übrige Peking.
Aus eigener Anschauung kann ich leider über dieselben
nichts berichten, da Fremden der Zutritt unter keinen
Umständen gestattet wird. In früheren Jahren bot sich
von der sogenannten Marmorbrücke die Möglichkeit,
wenigstens einen Teil der Gartenanlagen zu überblicken,
aber auch diese ist letzthin dem fremden Teufel ver=
schlossen worden, so daß man sich heute damit begnügen
muß, aus der Ferne einen Blick auf die mit goldgelb
glasierten Thonziegeln bedeckten Dächer der Palastbauten
und die auf einem künstlichen, etwa 100 Fuß hohen
Hügel gelegenen Pavillons und Tempel zu werfen.
Der Hügel, welcher den chinesischen Namen „Mei=shan"
d. h. Kohlenhügel führt und aus Kohlen aufgeschüttet
worden sein soll, die im Falle einer Belagerung als
Brennmaterial bestimmt sind, war im Jahre 1644, als

die Mandschuren die Stadt eroberten, der Schauplatz
einer der erschütterndsten Begebenheiten, welche nicht nur
die chinesische Geschichte, sondern die Weltgeschichte über=
haupt zu verzeichnen hat.   Hier erhängte sich an einem
Baume, der heute verdorrt und in Ketten geschlagen da=
steht, der letzte Kaiser der Ming=Dynastie, Tsung=cheng,
nachdem seine Gemahlin sich selbst das Leben genommen
und er seine Tochter mit eigener Hand getötet hatte, damit
sie nicht lebend in die Hände seiner Feinde fallen solle.

Herr von Brand, der, zwei Jahre nach der Thron=
besteigung des jetzigen Kaisers Kwang=hsü im Jahre 1890
nebst den übrigen Gesandten und später nochmals allein
von Seiner Majestät empfangen wurde, schreibt in seiner
interessanten Broschüre: „Im Lande des Zopfes" über
den Empfang u. a.: „Die kaiserlichen Gärten schienen,
so weit man sie sehen konnte, vortrefflich gehalten zu
sein und erinnerten mit ihren großen Rasenplätzen, Wasser=
flächen und stattlichen Bäumen an einen englischen Park.
Einen eigentümlichen Eindruck machte es, daß der Weg
von einem kleinen Gebäude, in dem die chinesischen Mi=
nister die fremden Diplomaten empfingen, nach der eigent=
lichen Audienzhalle an dem Schienenstrang einer kleinen
Decauvilleschen Eisenbahn entlang führte, auf dem der
Kaiser in einem freilich nur von Eunuchen geschobenen
Salonwagen in seinen Gärten herumzufahren liebt. Der
Empfang zeichnete sich durch Abwesenheit alles dessen
aus, was man als orientalische Pracht zu bezeichnen
pflegt, und es würde selbst auf einer kleinen deutschen
Bühne mißfällig bemerkt werden, wenn Turandots Vater
keine glänzendere Umgebung hätte."

Die Eunuchen, von denen Seine Majestät vorschrifts=

mäßig an die 3000 besitzen soll, während er thatsächlich heute nur über zwei Drittel dieser Zahl verfügt, spielen im Palaste eine bedeutende Rolle und gelangen nicht selten zu hohen Würden. Nicht nur die ganze im Innern des Palastes beschäftigte Dienerschaft besteht aus Eunuchen, sondern auch die für das Seelenheil der Gemahlinnen und Beischläferinnen des Kaisers, deren es fünf verschiedene Grade giebt, bestellten Lamapriester, 18 an der Zahl, gehören der gleichen Zunft an. Ebenso treten in dem unter dem Namen Tung=lo=yuan bekannten Palasttheater, in welchem allmonatlich einmal gespielt wird, ausschließlich Eunuchen auf.

Für die erforderliche Ergänzung des Bestandes dieser Leute haben die Prinzen von Geblüt, sowie die Nachkommen der acht Mandschuchefs, welche an der Aufrichtung der heutigen Dynastie mitgearbeitet haben, insofern zu sorgen, als sie jedes fünfte Jahr einen ausgewachsenen, zum Diener oder einer anderen häuslichen Beschäftigung angelernten Eunuchen gegen eine Entschädigung von 250 Taels = 1000 Mark im Palaste abliefern müssen. Da jedoch hierdurch der Bedarf nicht annähernd gedeckt wird, ergänzt man den Bestand durch anderweitig aufgekaufte Leute und solche, die sich freiwillig zum Dienst melden. Die kaiserlichen Prinzen und Prinzessinnen sind zur Haltung von je 30 Eunuchen, Prinzen niederen Grades zur Haltung von 20 bis herab zu 4 Eunuchen berechtigt. Die Nachkommen der oben erwähnten Mandschuchefs dürfen bis zu 20 dieser Leute halten, haben aber auf der anderen Seite, wenn sie ihren Rang nicht verlieren wollen, die Verpflichtung zur Haltung einer festgesetzten Mindestzahl.

Mit meinem beschränkten Unterthanenverstand hatte ich, bevor ich nach Peking kam, angenommen, daß man das Recht, sich „Eunuche" zu nennen, nur in frühester Jugend erwerben könne. Durch einen hohen chinesischen Würdenträger wurde ich indessen dahin belehrt, daß nicht wenige dieser Leute sich erst im höheren Mannesalter, ja selbst als Familienväter zu ihrem Berufe vorbereiten ließen. Die Stellen sind verhältnismäßig gut bezahlt, und die Eunuchen haben als kaiserliche Bediente vor allen Dingen ihr regelmäßiges Einkommen. Nur wer gesehen hat, wie der Chinese um sein tägliches Brot zu kämpfen hat, nur der wird verstehen, daß er in der Verzweiflung zu einer derartigen ultima ratio getrieben werden kann, um sich und seine Familie vor dem Verhungern zu schützen. Derselben Quelle, aus der ich meinen Wissensdurst, die Eunuchenwirtschaft betreffend, gestillt, verdanke ich auch folgende interessante Mitteilung über den schriftlichen Verkehr hoher chinesischer Beamten.

Bekanntlich ist die Schrift der Chinesen keine Buchstaben-, sondern eine Zeichenschrift, d. h. jedes Wort wird durch ein bestimmtes Schriftzeichen wiedergegeben. Hieraus erhält zur Genüge, welch ein leichtes Spiel unsere A=B=C=Schützen haben im Vergleich zu ihren chinesischen Kameraden, die wir wohl am passendsten als „Zeichenstifte" bezeichnen.

Hat der A=B=C=Schütze seine 25 Buchstaben kunstgerecht malen gelernt, so kann er sich sofort hinsetzen und Schriftsteller werden. Anders liegt die Sache beim chinesischen Schüler, der seinem bezopften Köpfchen mindestens einige Hundert verschiedener Schriftzeichen, von denen jedes einzelne schwieriger zu erlernen ist, als unfer ganzes Alphabet, einprägen muß, um auch nur das Allernotdürftigste lesen und schreiben zu können. Will er als halbwegs gebildeter Mensch gelten, so muß er schon über etwa tausend Zeichen verfügen, und zu dem Rufe eines großen Gelehrten ist die Kenntnis von nahezu 10 000 Zeichen unerläßlich.

Während es nun bei uns Gott sei Dank als ein verdienstliches Werk gilt, sich im schriftlichen Verkehr möglichster Kürze und Klarheit zu befleißigen und namentlich sich so auszudrücken, daß man ohne Mühe verstanden wird, würde ein gebildeter Chinese ein nach diesen Grundsätzen abgefaßtes, an ihn gerichtetes Schreiben als eine Beleidigung auffassen. Je schwierigere Schriftzeichen ein solches Schreiben enthält, je länger der Empfänger tifteln und nachsinnen muß, um den Sinn der Zeichen zu erraten, um so geehrter fühlt er sich. Macht ihm doch der Schreiber damit, daß er die am wenigsten bekannten Zeichen wählt, indirekt das Kompliment, daß er ihn, den Empfänger, für fähig halte, dieselben zu verstehen.

Ich glaube, selbst der Laie wird hiernach einsehen, daß es leichter ist, ein halbes Dutzend europäischer Sprachen zu erlernen, als die Schriftsprache der Chinesen, und daß das Dasein eines Dolmetscheleven, deren es z. B. drei an unserer Gesandtschaft giebt, die vom Staate ein Jahresgehalt von 6000 Mark beziehen, keine Sinekure ist. Einer der Herren, der mit der besten Absicht, die Schriftsprache zu erlernen, nach China gekommen war, um später in den Konsulatsdienst einzutreten, erklärte nach etwa einjährigem Studium Herrn von Brandt frank und frei, daß er keine Lust habe, weiterzustudieren und sich sein Leben mit einer Arbeit zu verbittern, der er sich nicht gewachsen fühle. Nebenbei mochte der betreffende Herr auch noch folgendermaßen kalkuliert haben: Lerne ich Chinesisch, so ist es zweifellos, daß ich den größten Teil meines Lebens auf einem unserer chinesischen Konsulatsposten werde zubringen müssen. Da ich aber China hasse, so lerne ich lieber die Landessprache nicht und vergrößere damit für mich die Möglichkeit, über kurz oder lang in ein Land versetzt zu werden, welches mir sympathischer ist.

Ein in sich abgeschlossenes Europäerviertel giebt es in Peking nicht. Die gesamte europäische Kolonie besteht, da fremden Kaufleuten nicht gestattet ist, sich in der Hauptstadt niederzulassen, aus den Mitgliedern der Gesandtschaften, den Beamten des Zolldienstes und einer Anzahl von Missionaren, alles in allem etwa 200 Köpfen. Die Gesandtschaften und, wenn ich nicht irre, auch die Gebäude der Missionen liegen sämtlich in der Tartarenstadt, und zwar mitten im dicksten Schmutze. Ein Schritt vor die Thür, und man versinkt bei trockenem Wetter bis über die Knie im Staube, bei nassem im Schlamme, so daß es nicht selten geradezu unmöglich ist, einem quer über der Straße wohnenden Nachbar zu Fuße einen Besuch abzustatten, es sei denn, man ließe sich, wie Herr von Brandt das zu thun pflegte, von seinem Diener mit Hilfe herbeigeschleppter Steine und Planken jedes Mal eine Brücke bauen.

Die Gesandtschaften bilden mit den sie umgebenden Gärten in dieser Schmutzwüste wahre Oasen, und wenn man hier auf einer schattigen Veranda sitzend, hinausblickt auf wohlgepflegte Anlagen und grünbelaubte

Bäume, sich in den graublauen Rauch einer Havanna einhüllt und in aller Behaglichkeit seinen Mokka schlürft, so vergißt man gar leicht, daß ringsum, nur durch eine die Gesandtschaftsanlage einschließende hohe Mauer von uns geschieden, eine halbe Million Menschen sich im Schmutze siehlt.

Jede Gesandtschaft bildet in sich ein geschlossenes Ganzes, insofern als sich innerhalb der Umwallung auch die Wohnungen des gesamten Gesandtschaftspersonals, der Sekretäre, Dolmetscher und Dolmetscheleven befinden. Im Innern der Thore finden wir meist eine der Anzahl der in der betreffenden Gesandtschaft wohnenden Personen entsprechende Menge von Holzkästen mit darübergehefteten Visitenkarten der einzelnen Besitzer. Macht man auf einer Gesandtschaft Besuch, so ist man nie in Verlegenheit, wie viele Karten man abzugeben hat, man legt seine Karte in jedes einzelne Kästchen, und damit basta! Angenehm ist es auch, dank dieser Einrichtung wenigstens zu erfahren, wie die Leute heißen, denen man seinen Besuch macht, was in Europa keineswegs immer gelingt.

Ein Blick auf die Kartenkästchen im Thorwege der deutschen Gesandtschaft genügte mir, um zu wissen, wen ich hier kennen lernen sollte, nämlich Baron Speck von Sternburg, Baron von der Golz, Dr. Grünwald, Dr. Forcke, von Barchnin und den Regierungsbaumeister Hildebrand.

Wenn ich sage, ich hätte den Namen „Baron Speck von Sternburg" gelesen, so entspricht das freilich nicht ganz der Wahrheit, denn auf der Karte des betreffenden Herrn, nebenbei bemerkt ersten Sekretärs der Gesandtschaft, standen die Worte: Le Baron Speck de Stern-

burg", und ich kann nicht gerade behaupten, daß mich
dieſe Franzöſierung des Namens ſonderlich angemutet hätte.

Ich bin weit davon entfernt, mich im beſonderen
über den Baron Speck de Sternburg luſtig machen zu
wollen, zumal der Herr von Sternburg bei meiner An=
kunft in Peking mir in der liebenswürdigſten Weiſe ent=
gegengekommen iſt und mir ſogar für den folgenden Tag
ein von ihm vortrefflich zugerittenes mongoliſches Pferd=
chen geliehen hat. Ich nähre mich überhaupt nicht an
fremder Leute Buſen, um hinterher als Schlange aufzu=
treten, aber ich bringe es doch nicht fertig, mir dieſe
günſtige Gelegenheit entgehen zu laſſen, eine Unſitte zu
geißeln, die meiner Anſicht nach längſt von höherer Stelle
aus hätte bekämpft werden müſſen. Ich meine das Führen
franzöſiſcher Namenskarten von Seiten der berufenſten
Vertreter des Deutſchtums, unſerer Diplomaten.

Daß die franzöſiſche Sprache die anerkannte Um=
gangsſprache der Diplomatie iſt, dagegen wird kein ver=
nünftiger Menſch etwas einzuwenden haben; denn es iſt
nicht zu verlangen, daß ſich auf jeder Geſandtſchaft Dol=
metſcher befinden, die in der Lage ſind, in allen euro=
päiſchen Sprachen einlaufende Noten zu überſetzen. Da
hat man ſich aus Billigkeitsrückſichten und zwecks Er=
leichterung des Verkehrs eben auf eine Mittelſprache ge=
einigt, und dieſe Mittelſprache iſt das Franzöſiſche, auch
für den mündlichen Verkehr. Iſt es aber deswegen not=
wendig, daß der deutſche Diplomat ſich ſo weit herabläßt,
ſein Adelsprädikat, falls er eines beſitzt, ins Franzöſiſche
zu übertragen, ſich ſtatt „von" — „de", ſtatt Freiherr
Baron und ſtatt Graf — Comte zu nennen. Oder
glaubt er etwa, daß die Geſellſchaft, in der er verkehrt,

ungebildet genug sei, nicht zu wissen, welcher Rang dem Träger der betreffenden Titel gebührt. In diesem Falle wähle man lieber von zwei Geschmacklosigkeiten die kleinere und thue der Welt durch eine auf der Karte angebrachte fünf=, sieben= oder neunzackige Krone kund und zu wissen, wo man hingehört.

Wäre ich mit dem urdeutschen Namen Speck und gleichzeitig mit dem Prädikat „von" auf die Welt ge= kommen, ich würde mich eher in Stücke hauen lassen, als mein von durch das französische de ersetzen.

Die Herren von der Diplomatie werden mir vielleicht sagen: „Das ist nun mal bei uns so Sitte, die an= deren machen es gerade so."

Daß dem so ist, ja daß die anderen es häufig noch schlimmer treiben, weiß ich sehr wohl, gab doch der russische General und Gouverneur des Ussuri in Ost= sibirien bei mir eine Karte ab, auf der zu lesen stand: „Le Général d'Ountreberguère", trotzdem der Mann auf den guten deutschen Namen Unterberger getauft war.

Warum aber die Thorheiten anderer Leute mitmachen, wenn man ohne Schaden den Vernünftigen spielen kann? Warum uns nicht auch hierin ein Beispiel an unseren lieben Vettern jenseits des Kanals nehmen, unter denen Träger alter Namen, die ihre Adelsprädikate ins Fran= zösische übersetzen, weil solches in Diplomatenkreisen „so Sitte" ist, jedenfalls zu den Ausnahmen gehören. Mir ist kein einziger Lord, Earl oder Sir bekannt, der diese Mode mitgemacht hätte, und ich habe nie davon gehört, daß ein Sir Robert the Devil Baronet sich Karten als „Le Baron Robert le Devil" hätte drucken lassen.

Es existiert ein Erlaß, demzufolge die Herren unseres

diplomatischen Korps den Dienst zu verlassen haben, wenn
sie sich mit Ausländerinnen verheiraten wollen. Ein
solcher Erlaß, so hart er auch erscheinen mag, hat un=
streitig seine Berechtigung. Man wünscht, daß das Haus
des Gesandten oder Botschafters ein in jeder Beziehung
deutsches sei, daß heimatlichen Sitten daselbst gehuldigt
werde und auch die Frau dazu beitrage, das Deutsch=
tum unter dem Dache der Gesandtschaft zu vertreten.
Wer weiß, wie leicht die Frau dem Manne den Pantoffel
in den Nacken setzt — und alle Eheleute wissen das, wo=
hingegen ich als unparteiischer Beobachter nur nach dem
urteilen kann, was ich gesehen habe — wer gleich mir
gesehen hat, wie in den Häusern deutscher Männer, in
denen eine Engländerin das Szepter führte, der ganze
Haushalt nach englischem Muster zugeschnitten war, kein
Wort deutsch gesprochen wurde, und die Kinder keinen
deutschen Laut kannten, der wird nur wünschen, daß der
oben erwähnte Erlaß womöglich auch auf unsere Berufs=
konsuln ausgedehnt werden möchte. Gleichzeitig gebe ich
die Hoffnung nicht auf, daß von maßgebender Stelle in
nicht zu ferner Zeit der Verhunzung guter deutscher Namen
gesteuert und den deutschen Vertretern untersagt werde,
das ihnen oder ihren Vorfahren verliehene Adelsprädikat
zu französieren.

Da ich nun einmal beim Thema bin, möchte ich
auch gleichzeitig den Norddeutschen Lloyd ins Gebet
nehmen. Ich schreibe diese Zeilen nämlich an Bord des
Lloyddampfers „Salier", der mich über den indischen
Ozean nach Australien trägt. Trotzdem der „Salier"
schon ein alter Herr von 39 Sommern ist, bin ich auf
ihm, wie auf allen Dampfern der Gesellschaft, ganz vor=

trefflich aufgehoben, ungleich besser verpflegt, als auf den
meisten, und aufmerksamer bedient, als auf sämtlichen
englischen und französischen Schiffen, und wenn ich ihm
dessenungeachtet einen Tadel nicht ersparen kann, so hat
das seinen Grund darin, daß er hier und da etwas zu
sehr verengländert, z. B. auf seinen Speisezetteln.

Ich gehöre durchaus nicht zur Klasse der Speise-
zettelverdeutschungssexe, mir klingt eine Sauce à la Diable
und Sauce à la Tartare viel appetitlicher, als eine Teufels-
und Tartarentunke, und meinen lieben Jugendfreund den
Suppenkasper kann ich mir als „Brühenkasper" absolut
nicht vorstellen. Aber ich protestiere dagegen, daß man
an Bord eines deutschen Dampfers — wir haben noch
dazu z. B. nur deutsche Fahrgäste in der 1. Klasse, und
obendrein erscheint jeder Speisezettel in deutscher und
englischer Sprache — beständig die Hauptmahlzeit, auch
auf den deutschen Ausgaben, als „Dinner" und das
zweite Frühstück als „Lunch" bezeichnet, und daß man
von mir verlangt, daß ich tea anstatt Thee trinken, oat-
meal anstatt Hafergrütze und bacon oder pork anstatt
Speck u. s. w. essen soll. Warum nicht das olle ehrliche
Schwein beim rechten Namen nennen?

Nationalenglische Gerichte wie Irish Stew, Plum-
pudding und Walsh Rarebit zu verdeutschen, wäre abgeschmackt, noch abgeschmackter ist es indessen, bekannte
deutsche Gerichte unter englischer Flagge segeln zu lassen.

Doch zurück nach Peking. Jim und Mops, zwei
wohlgemästete chinesische Diener und Faktota des Herrn
von Brandt, deren Wohlwollen ich in einem Schreiben
ihres Gebieters angelegentlichst empfohlen worden war,
hatten sich meiner in der Gesandtschaft in wahrhaft väter-

licher Weise aufgenommen und mich mit Hilfe eines sub=
stanziellen Frühstücks, Whisky und Apollinaris, bald
wieder soweit befestigt, daß ich mit Herrn von Sternburg
einen Ritt zu einem außerhalb der Stadt gelegenen Tempel
und gegen Abend einen Spaziergang auf einem Teil der
Stadtmauer unternehmen konnte.

Die übrigen Mitglieder der Gesandtschaft befanden
sich in einem etwa 40 Kilometer entfernt in den Bergen
gelegenen, für die Sommermonate gemieteten Tempel,
um dort der Hitze und dem Staube der Hauptstadt zu
entgehen. Da ich erfuhr, daß zwei der Herren sich
bereit erklärt hätten, mich in die Mongolei zu begleiten,
und ich mir außerdem von meinem Aufenthalte in Peking
mehr Genuß und Vorteil versprach, wenn unser Ge=
sandter dort Hof hielt, entschloß ich mich, schon am
nächsten Tage meine Reisegefährten im Tempel zu be=
suchen, um womöglich von dort den Marsch in die
Mongolei anzutreten. Meine Gepäckkarren kamen erst
nach Dunkelwerden angewackelt, Shokra infolge des
entsetzlichen Gerüttels und Geschüttels gequetscht und
geschunden und obendrein, da er auf einer besonders
holperigen Stelle zweimal aus dem Karren heraus=
geflogen war, mit verstauchtem Fußgelenk, so daß ich
leider auf seine Begleitung verzichten und ihn ins Hospital
schicken mußte.

Ich war somit einzig und allein auf „die Seele
von Mensch" angewiesen, hoffte jedoch unter den Dienern
der deutschen Tempelherren Ersatz für Shokra zu finden.

Mein Gepäck, zu dessen Beförderung mein Chinese
zwei Karren für erforderlich erachtet hatte, wurde am
folgenden Morgen auf ein einziges Maultier geladen,

ich schwang mich auf das mir von Herrn von Stern=
burg zur Verfügung gestellte Pferd und die Seele von
Mensch ließ ich, durchaus gegen ihren Geschmack und,
wie ich später hörte, auch gegen allen Brauch, zu Fuße
mit dem Maultier folgen. Ein berittener Masu begleitete
mich und diente mir als Führer. Wir hatten, da unsere
Gesandtschaft im Südosten der Tartarenstadt liegt und
wir die Stadt durch ein im Nordwesten gelegenes Thor
verlassen sollten, dieselbe in der Diagonale zu durch=
reiten, so daß ich wenigstens einen oberflächlichen Ein=
druck von dem hier in den Frühstunden herrschenden
Leben und Treiben erhielt.

So eng wie die Straßen der meisten anderen chine=
sischen Städte, so breit sind sie in Peking, wie die Stadt
denn auch in anderer Hinsicht weit weniger den Eindruck
einer solchen als den eines riesenhaften Dorfes macht.
Eigentlich könnte man sagen, jede Straße in Peking be=
stehe aus drei zu einander parallel laufenden Straßen,
deren mittlere die beiden anderen um einige Fuß über=
ragt und somit bei Regenwetter die größte Garantie für
verhältnismäßige Trockenheit bietet. Gleichviel aber,
welche der drei Straßen man wählt, man kann sicher
sein, nach wenigen Minuten durch festgefahrene Karren,
im Wege liegende Steine oder andere Hindernisse ge=
zwungen zu werden, sie zu verlassen und eine steile
Böschung hinab oder hinaufzuklimmen, um in ein anderes
Geleise zu gelangen.

Die beiden seitlichen Wegedrittel sind das Unglaub=
lichste, was ich jemals von Wegen irgendwo in der Welt
gesehen habe. Nicht nur bilden sie die Ablagerungs=
stätte für den gesamten Auswurf der angrenzenden

Häuser, sondern der flüssige Unrat aus denselben fließt hier in Löchern, Gruben und Pfützen zusammen, so daß man auf Schritt und Tritt Gefahr läuft, in einen solchen Behälter hineinzufallen, von dem Gestank, den diese Bazillenbrutstätten verbreiten, gar nicht zu reden. Umkommen läßt der Chinese übrigens die sich in dieser Weise ansammelnde Jauche natürlich nicht, nur verwendet er sie in Peking nicht wie sonstwo als Düngemittel, sondern zum weitaus größten Teile — man höre und schaudere — zur Sprengung der Straßen. Beständig sieht man an regenfreien Tagen Kulis mit langen Stangen, an deren Enden sich hölzerne Kübel befinden, die widerliche Flüssigkeit ausschöpfen und in hohem Bogen über die ganze Straßenbreite verteilen. Ich glaube, die Herren der Berliner Sanitätspolizei würden bei diesem Anblick Hände und Füße über dem Kopfe zusammenschlagen, von Krämpfen befallen werden, wenn nicht gar auf Augenblicke vergessen, ob der Polizeipräsident Wirklicher Geheimer Rat oder nur Geheimrat ist. Kurzum die Folgen, die ein Besuch dieser Herren in Peking nach sich ziehen könnte, sind unberechenbar, und sie thun daher besser daran, ihre chinesischen Kollegen nach Berlin kommen zu lassen, um dieselben darüber zu belehren, wie Straßenpflaster, Rinnstein, Kanalisation, Sprengwagen und Kehrmaschine aussehen, und ihnen zu zeigen, was 'ne Harke ist.

Wozu es eigentlich in Peking Hunde giebt, ist mir schleierhaft. Anderswo leben diese Tiere von dem, was die Menschen verschmähen, in China aber verschmäht kein Mensch etwas, was nicht einem andern begehrenswert erschiene. Die Knochen, die von des Reichen Tisch

fallen, werden aus dem Unrat zuſammengeleſen, auf den
Märkten feilgeboten und an die Armen verkauft, von
dieſen abgenagt, auf die Straßen geworfen, um noch=
mals geſammelt, an noch Ärmere verſchachert und noch=
mals benagt zu werden.

Daß unter dieſen Umſtänden das Leben der Hunde
ein wahres Hundeleben iſt und daß die verkümmerten,
zum Skelett abgemagerten räudigen Beſtien ausſehen,
wie vorübergehend wieder lebendig gewordene Kadaver,
iſt nicht zu verwundern. Man würde aus der Bemit=
leidung dieſer armen Tiere denn auch garnicht heraus=
kommen, wenn es nicht neben dem ihrigen noch ſo un=
endlich viel menſchliches Elend in Peking gäbe.

Mich ſchaudert heute noch, wenn ich daran denke,
was ich allein an dieſem einen Morgen an Bettlern zu
Geſichte bekam. An allen Ecken und Enden ſah man
die abſchreckendſten Geſtalten umherſtehen, am Boden
hocken oder neben den Hunden, von denen man nie wußte,
ob ſie noch am Leben oder bereits ſeit mehreren Tagen
krepiert waren, im Schmutze liegen. Schorfbedeckt, mit
Weichſelzöpfen behaftet, in denen es von Ungezieſer
wimmelte, blind, lahm und von allen erdenklichen Ge=
brechen heimgeſucht, ſtreckten mir Leute mit und ohne
Naſen, Ohren und ſonſtige Extremitäten, die Hände oder
ſchlecht vernarbte Arm= und Beinſtümpfe entgegen. Un=
beſchreibliche Lumpen hingen an ihren ſchlotternden
Gliedern herunter, Lumpen, wie man ſie eben nur in
China zu ſehen bekommt, wo nichts, thatſächlich nichts
zu ſchlecht iſt, um nicht noch einen Liebhaber zu finden.
Man hätte glauben können, daß hier ein nationaler
Kongreß von Krüppeln, Mißgeburten und Ausſätzigen

12*

tage, und daß die Bettlergilden des ganzen chinesischen
Reiches ihre abschreckendsten Mitglieder als würdigste
Vertreter nach der Hauptstadt entsandt hätten.

In der Nähe eines Thores erregten einige Dutzend
abgehärmte Gestalten, die so verhungert aussahen, daß
man erwarten konnte, sie würden im nächsten Augenblicke
über ihren lieben Nächsten herfallen, solcherweise mein
Mitleid, daß ich den Mafu fortschickte, um für einen
Dollar Cash zu holen. Sobald er mit den auf Schnüren
gezogenen etwa 1200 durchlöcherten Kupfermünzen zurück=
kam, ließ ich dieselben unter die jammernde Schar ver=
teilen und erwartete nun, die ganze Gesellschaft so schnell
ihre Beine sie tragen konnten, zur nächsten besten Gar=
küche stürzen zu sehen. Da sie hingegen die Münzen,
mit denen jeder einzelne sich mehrere Tage vortrefflich
hätte ernähren können, in Empfang nahmen, ohne sich
vom Flecke zu rühren und das Geschäft des Bettelns
unentwegt fortsetzten, schien es mir mit dem Hunger der
Leute nicht gar so schlimm zu stehen, wie es den An=
schein hatte. Ich erfuhr denn auch später, daß die
Bettelei vollkommen gewerbsmäßig betrieben wird, daß
sämtliche Bettler einer Gilde angehören und vielfach
für die Tasche größerer Betteleiunternehmer arbeiten, von
denen sie begreiflicherweise um so höher geschätzt werden,
je verkommener sie aussehen und je mehr Grind, Schorf,
Ungeziefer und Gebrechen sie aufzuweisen haben. Nicht
selten sollen sie in der Jugend von solchen Unternehmern
aufgekauft oder geraubt und darauf geblendet, ver=
stümmelt oder sonstwie für ihren Beruf rasch als Schau=
nuck vorbereitet werden. Ich selber bin nicht Zeuge solch
schauderhafter Vorgänge gewesen und kann daher nur

Das berichten, was mir von verschiedenen Seiten mitgeteilt worden ist, wobei ich bemerke, daß ich für meine
Person die Wahrheit dieser Mitteilungen nicht in Zweifel
ziehe und mir von Ärzten u. a. bestätigt worden ist, daß
unstreitig ein großer Prozentsatz der Blinden ihres Augen-
lichtes von Menschenhand beraubt ist.

In einer Nummer des „Schanghai Mercury" fand
ich eines Tages einen Artikel unter der Überschrift:
„Making artificial wild men in China", dem zufolge
die Kinderräuber ein Mittel besitzen, nach dessen Genuß
ihre Opfer stumpfsinnig werden und die Sprache verlieren. Nach jahrelanger Einkerkerung im stockfinstern Ge-
lasse und teilweiser Verstümmelung werden sie dann als
Sehenswürdigkeiten auf den Straßen gezeigt. Andere
werden als kleine Kinder in weitbauchige Thongefäße gesetzt, deren Öffnung gerade weit genug ist, den Körper
durchzulassen. Während der Kopf aus dem Topfe, in dem
sich unten ein kleines Loch befindet, um die Reinigung
zu ermöglichen, hervorragt, wächst der Körper des unglücklichen Wesens, welches regelmäßig gefüttert wird,
ähnlich, wie ein Einsiedlerkrebs in seine Muschel, spiral-
förmig in den Topf hinein, um nach Jahr und Tag
den ganzen Raum desselben auszufüllen und, wo sich
das ungestraft thun läßt, als Mann im Topfe, oder aber,
nachdem der Topf zerschlagen ist, als hochinteressante
Mißgeburt ausgestellt zu werden. Am unmenschlichsten
von allem ist jedoch die Art und Weise der Herrichtung
des wilden Mannes. Dem betreffenden Opfer wird die
Haut in kleinen Stücken vom Körper gerissen und durch
einen gleichzeitig einem Hunde oder einem anderen Tiere
entnommenen Hautsetzen ersetzt. Wie sich denken läßt,

greift eine solche Prozedur den Körper des Geschundenen
außerordentlich an und kann infolge dessen nur sehr
langsam von statten gehen. Ja, es kann Jahre lang
dauern, bis der ganze Körper mit Tierhaut richtig ver=
wachsen und damit der wilde Mann fertiggestellt ist.

Die chinesische Zeitung „Hupao" berichtete über
einen dieser unglücklichen, in der Provinz Kiangse zur
Ausstellung gelangten Tiermenschen Folgendes:

„Sein ganzer Körper war bewachsen mit einem
Mosaik von Hundefellstückchen. Er konnte aufrecht stehen,
(andere werden so verstümmelt, daß sie sich nur auf
allen Vieren vorwärts bewegen können,) unartikulierte
Laute von sich geben, sitzen und eine Verbeugung à la
Chinoise machen. Ungeheure Menschenmengen strömten
herbei, um nach Zahlung einiger Cash dieses Wunder
anzustaunen, so daß der Mandarin des Distriktes sich
zum Einschreiten genötigt sah. Er ließ den wilden
Mann zu sich ins Yamen bringen, wo sein tierischer
Anblick gleichzeitig Entsetzen und Heiterkeit hervorrief.
„Bist du ein menschliches Wesen?" fragte der Mandarin.
Der wilde Mann nickte bejahend. „Kannst du schreiben?"
Erneutes Nicken, worauf man ihm einen Pinsel und
Tusche reichte. Als er sich unfähig zeigte, den Pinsel
zu halten, streute man Asche auf den Boden, in die er,
niederkauernd, mit der Hand fünf chinesische Schriftzeichen
malte, aus denen man ersah, daß er aus Schantung
stammte. Weitere Verhöre entrollten ein entsetzliches Bild
von den furchtbaren Leiden, die er erduldet hatte seit
dem Tage, an welchem er in die Hände seines Peinigers
gefallen war, von seiner Gefangenschaft und den Qualen
der Hautverpflanzung."

Das Scheusal, welches ihn zum wilden Manne hergerichtet hatte, erklärte im Verhör, daß die Operation ungemein schwierig sei und daß er trotz langjähriger Praxis nur etwa mit jedem fünften Patienten Erfolg habe, da die meisten seiner Opfer stürben, bevor er sein Werk vollendet. — Der Mann wurde geköpft und die Sache war erledigt. Wer weiß, ob er sich nicht heute noch des Besitzes seines Kopfes zu erfreuen hätte, wenn er weise genug gewesen wäre, seinen Gewinn mit einer einflußreichen Persönlichkeit zu teilen!

Über einen anderen Fall wird berichtet, wonach ein Mönch in Ningpo einen geraubten Knaben nach jahrelanger Gefangenhaltung in einer finsteren Zelle und ausschließlichem Füttern mit Zucker und Schmalz unter gleichzeitiger Gewöhnung an eine bestimmte Haltung als Buddha öffentlich habe sehen lassen, wobei er ein hübsches Stück Geld verdient haben soll. Als die Schaustellung nicht mehr zog, entschloß sich der Mönch, sein Opfer durch Verbrennen aus der Welt zu schaffen. Bevor er indessen dieses Vorhaben ausführen konnte, schöpfte man Verdacht gegen ihn; er wurde verfolgt, doch gelang es ihm, sich dem Arme der Gerechtigkeit durch schleunige Flucht zu entziehen, so daß das erbitterte Volk seine Wut nur an dem Tempel, in dem er gehaust, auslassen konnte und denselben dem Erdboden gleich machte.

Vorstehende Beispiele, denke ich, werden genügen, dem Leser einen Begriff davon beizubringen, was von einzelnen chinesischen Scheusalen, lediglich in gewinnsüchtiger Absicht, in Bezug auf Menschenquälerei geleistet werden kann.

Doch lassen wir, indem wir nach fast einstündigem

Marſche durch die Stadt endlich zum Thore hinausreiten,
mit dieſem auch alle trüben Betrachtungen hinter uns.
Vor unſern Augen dehnt ſich eine weite Ebene, im Weſten
liegen die Berge, die unſer heutiges Reiſeziel bilden, ge=
badet im Sonnenglanz grüßen blühende Felder und über
uns wölbt ſich ein lichtblauer Himmel mit vereinzelten
Haufen ſilberweiß ſchimmernder Lämmerwölkchen. Die
Luſt iſt ſo rein und würzig, wirkt ſo belebend auf die
Nerven, daß man glauben könnte, in Peking anſtatt eines
Miſthaufens eine einzige große Dzoufabrik zurückgelaſſen
zu haben. Unwillkürlich gedachte ich eines jener herrlichen
pommerſchen Herbſtmorgen, an denen ich hinauszureiten
pflegte, um mich an dem erſten Ergebniſſe meiner Kar=
toffelernte zu weiden. Man weidet ſich Jahr für Jahr
an demſelben, da man mit den beſten Stücken den An=
fang macht, um ſeinen Nachbarn gegenüber nachher mit
der Zahl der auf den Morgen geernteten Scheffel renom=
mieren zu können, was, genau genommen, gar keinen
Zweck hat, da doch ein jeder glaubt, allein die Wahrheit
zu ſagen, und vom Nachbar annimmt, er ſlunkere, ent=
weder um ſeine Kollegen zu ärgern oder die Jämmerlich=
keit ſeiner eigenen Ernte zu bemänteln.

Von Stoppel zu Stoppel haben dann Millionen
winziger Spinnen ihre Fäden gezogen, an denen die
Tropfen des Morgentaues im Sonnenlicht glitzern,
ſo daß es ausſieht, als ſei über das ganze Feld ein
rieſenhafter, diamantenbeſäter Brautſchleier gebreitet.
Dem aufgewühlten Kartoffelacker entſteigt ein köſtlich
friſcher Erdgeruch, in langen Reihen nebeneinander
liegen Haufen der geſammelten Frucht, und der Inſpektor
meldet gewohnheitsmäßig, noch nie eine ſo reiche Ernte

wie heuer erlebt zu haben. Auf dem Heimwege harrt
meiner ein neuer Genuß. Kein Lüftchen regt sich, und
über dem Dorfe lagert daher eine feine Schicht weißlichen
Rauches. Meine Leute brennen nur Torf, und der
Rauch des Torfes hat es mir angethan mit seinem Dufte
schon in frühester Kindheit. Torfgeruch ist für mich der
Inbegriff häuslicher Glückseligkeit und Behaglichkeit; er
umfängt mich wie ein poetischer Zauber, und ich glaube,
hätte ich Dichter werden wollen, ich hätte mir nicht nach
Schillerschem Vorbilde faulende Äpfel, sondern glimmende
Torfsoden in die Schublade meines Schreibtisches gelegt,
freilich erst nach Bezahlung meiner Feuerversicherungs=
police. Sollte ich je in der Fremde irgendwo Torf=
geruch spüren, ich würde von tiefem Heimweh ergriffen
werden und möglicherweise sogar Thränen vergießen,
wie als Knabe beim Lesen Stormscher Novellen. — An
der Thüre des Herrenhauses, oder wie man in Pommern
lieber sagt, des „Schlosses", empfängt mich mein alter
braver Diener Wendorf mit vorwurfsvoller Miene, da
ich mich zum Frühstück verspätet, zu dem Fräulein Timm,
die Wirtschafterin — Emma heißt sie mit Vornamen,
und kein Junggeselle kann sich eine bessere Pflegerin
wünschen — wieder einmal eines meiner Leibgerichte
bereitet hat.

Ja, ja! auch Pommern kann reizend sein, wenn es
nur will!

So ganz war ich mit meinen Gedanken bei der
heimatlichen Kartoffelernte, daß ich mein mongolisches
Pferdchen für meine schneidige ostpreußische Stute „Grille"
hielt, die mich so sicher über manche Rennbahn und
über das schwierigste Parforcejagdgelände getragen hat,

und ihm, einer Art Zwangsbewegung folgend, die
Hilfen zu einem Linksgalopp gab. Ich erwachte erſt
aus meinen Träumen, als mein kleiner Mongole nach
allen Regeln der Kunſt anſprang und bald wie ein
Pfeil mit mir dahin flog. Mit gleichem Erfolge ver=
ſuchte ich ſpäter einen Rechtsgalopp und konnte nicht
umhin, Herrn von Sternburg, der das Tierchen zu=
geritten, im ſtillen zu dem Ergebnis ſeiner Erziehungs=
kunſt zu beglückwünſchen.

Auf ſchmalen, oft herzlich ſchlechten Wegen zwiſchen
Mais, Buchweizen und Hirſe und vereinzelten Reisfeldern
ging es in ſcharfem Tempo, bis ein niedriger, ſteiler
Bergrücken, den wir zu überſchreiten hatten, uns zum
Abſitzen und Führen der Pferde veranlaßte. An einem
links vom Wege ſich erhebenden Abhange feſſelten
koloſſale, terraſſenförmig übereinander liegende Stein=
mauern meine Aufmerkſamkeit. Es ſah aus, als habe
man hier den Anfang mit einem Turmbau nach baby=
loniſchem Muſter gemacht, doch hörte ich ſpäter Folgendes
über den Urſprung dieſes mächtigen Bauwerks.

Kriegsgefangene aus Yunnan ſollen in Peking von
uneinnehmbaren Befeſtigungen ihrer Heimat erzählt haben,
worauf man ſie veranlaßte, ſolche zu bauen, um ihnen
dann den Beweis zu liefern, daß es für die kaiſerlichen
Truppen uneinnehmbare Befeſtigungen ſchlechterdings
nicht gebe. Relata refero!

Sobald wir die Steigung überwunden hatten, ging
es wieder durch wohlbebaute flache Landſchaft mit zer=
ſtreut liegenden Dörfern. Auf den Feldern ſah man die
Leute hier und da mit dem Schneiden der Hirſe be=
ſchäftigt, oder mit Hilfe von Steinwalzen, die von kleinen

Eseln im Kreise herumgezogen werden, die geschnittene
Frucht ausdreschen. In den Straßen der Dörfer wim=
melte es von Schweinen, Hunden und Kindern. Die
ersten stoben bei meinem Erscheinen grunzend ausein=
ander, die zweiten verfolgten mich kläffend durchs ganze
Dorf, und die Kinder schrieen aus Leibeskräften „san
kwei“ (fremder Teufel) hinter mir her.

Nach im ganzen fünfstündigem Ritt hielten wir vor
dem Thore von Ta=chiao=sse, dem Tempel des Erwachens,
der Sommerresidenz der deutschen Gesandtschaft. Unter
Führung eines mir entgegenkommenden Dieners durch=
schritt ich einen weiten Vorhof und gelangte von dort
durch ein zweites Thor über Treppen und Terrassen zu
dem inneren Hofe des Tempels, in dem die sonst als
Pilgergelasse dienenden Wohnungen der einzelnen Herren
der Gesandtschaft liegen. Dort wurde ich von dem
ersten Dragoman, Baron von der Goltz, der es bisher, wie
ich mit aufrichtiger Freude feststellen konnte, verschmäht
hat, sich „Le Baron de la Goltz“ zu nennen, in liebens=
würdigster Weise willkommen geheißen, in seiner kühlen
Behausung mit Speise und Trank bewirtet und später
mit den übrigen Tempelbewohnern bekannt gemacht.

Man kann sich kaum ein lauschigeres, idyllischeres
Plätzchen denken, als diese schattigen, wohlerhaltenen,
an bewaldeter Berglehne liegenden, von der übrigen
Welt durch hohe Mauern abgeschlossenen Anlagen mit
ihren uralten Bäumen, Wandelgängen, Höfen und Hallen,
Wasserbecken und Fischteichen. Und für all diese Herr=
lichkeit zahlt die Gesandtschaft jährlich nicht mehr als
600 M. Miete. Unter solchen Umständen ist es kein
Wunder, daß nicht nur alle Gesandtschaften, sondern auch

einzelne in Peking lebende Familien für die Sommer=
monate ihren Tempel beziehen, um fern von dem Staube
und Getriebe der Hauptstadt hier ein beschauliches Dasein
zu führen, durch Feld und Wald zu streifen, sich zu er=
holen von den gesellschaftlichen Strapazen des letzten
Winters und sich für eine neue Kampagne zu stärken.
Gegen Abend kamen noch einige Herren von den Tem=
peln der russischen und amerikanischen Gesandtschaft
herübergeritten, und bis spät in die Nacht hinein klangen
in einer zum Refektorium umgewandelten offenen Tempel=
halle, hinter der ein Wasserfall mit den Kronen präch=
tiger Laubbäume um die Wette rauscht, Becher und
Gläser aneinander.

Als ich gegen 7 Uhr am nächsten Morgen mein an
Einfachheit einer Gefängniszelle nichts nachgebendes
Schlafgemach verließ, um mich nach einer Tasse Kaffee
umzusehen, lag im Tempel des Erwachens noch alles
im tiefsten Schlummer, selbst mein Boy, den der gestrige
Spaziergang nicht wenig angegriffen zu haben schien,
schnarchte wie ein Bär, so daß ich es für das Beste
hielt, mich wieder niederzulegen. Erst gegen neun Uhr
wurde es langsam auf den Gängen lebendig, und bald
hörte ich in dem nur durch eine dünne Wand von mir
getrennten Nebengelaß eine Stimme, die ich als die des
Herrn von der Goltz erkannte. Nachdem derselbe irgend
jemanden aus dem Schlafe gerüttelt hatte, vernahm ich
die Worte: „Na, mich soll nur verlangen, wie unserem
verehrten Allerweltsreisenden heute zu Mute ist. Heiliger
Nepomuk, hat der Kerl einen Durst und ein Sitzfleisch!“

„So“, meinte noch halbschlafend der andere, „hat er
wirklich so viel getrunken, mir ist das gar nicht aufgefallen.“

„Enorm viel, Sie haben keine Ahnung, welche Quantitäten Whisky und Soda er schon nachmittags bei mir genossen hat, der Mann muß eine pöbelhafte Gesundheit haben, wenn er überhaupt zum Vorschein kommen kann."

„Sie meinen doch nicht etwa mich?" rief ich lachend, „ich habe mich bereits vor zwei Stunden nach Ihrem Befinden erkundigen wollen, meine Herren, fand Sie aber sämtlich schlafend, wie Dornröschen, und da ich mir von einem Kusse keinen durchschlagenden Erfolg versprach, ließ ich Sie ruhig liegen." Im selben Augenblicke war ich auch schon aus dem Bette und begrüßte meine etwas verdutzt dreinschauenden Nachbarn im Nebenzimmer, beruhigte Herrn von der Goltz über meinen Zustand, und bald saßen wir alle beisammen in bester Laune am Frühstückstisch.

Mit Herrn Dr. Grunwald und Herrn Regierungsbaumeister Hildebrand, die sich mir auf dem Ausfluge in die Mongolei anschließen wollten, hatte ich am vergangenen Abend alle Einzelheiten besprochen. Boten waren unverweilt nach Peking gesandt worden, den erforderlichen Proviant und andere Ausrüstungsgegenstände zu besorgen, Maultiere für das Gepäck und uns selber bestellt und die Stunde des Aufbruchs auf den kommenden Morgen festgesetzt worden.

Mein Boy, „die Seele von Mensch", wurde von mehreren Herren als ein notorischer Taugenichts, mit dem andere Reisende schon üble Erfahrungen gemacht hatten, erkannt und erhielt daher seine Entlassung, zumal die beiden Diener meiner Begleiter als ausreichend für unsere Bedürfnisse erachtet wurden.

Auf Maultiers Rücken in die Mongolei.

Da ich in jeder Hinsicht reisefertig war, benutzte ich das köstliche Herbstwetter, um unter Führung des Herrn v. d. Goltz einen längeren Spaziergang in die Umgebung des Tempels zu machen und dabei einem auf der Höhe einer steil abfallenden Klippe hausenden Eremiten einen Besuch abzustatten. Ein schmaler Felspfad führt in Zickzacklinie zu diesem hoch romantisch gelegenen Plätzchen, auf dem ein 83 jähriger Ennuch in stiller Zurückgezogenheit den Rest seiner Tage verbringt, um wohl nur selten von Fremden in seiner Einsamkeit gestört zu werden. Der greise Herr, der sich noch einer verhältnismäßigen Rüstigkeit erfreut und mich lebhaft an Chamissos Waschfrau erinnerte, empfing uns auf das gastlichste, nötigte uns, auf einem kleinen Altan Platz zu nehmen, von dem man einen wahrhaft großartigen Blick in die Tiefe sowie auf die weite Ebene genießt, und bewirtete uns mit Thee, um uns dann in seine Behausung zu führen, in der es so sauber aussah, wie bei einer alten Jungfer. Selbst der schnurrende Kater fehlte nicht.

Da ich gern Näheres über die Vergangenheit unseres Wirtes erfahren hätte, bat ich meinen Begleiter, in meinem Namen verschiedene Fragen an ihn zu richten. Herr v. d. Goltz bezeichnete indessen dieselben als zu verfänglich, und so verabschiedeten wir uns von dem freundlichen Alten nach Hinterlegung eines Dollars, ohne daß ich meinen Forscherdrang befriedigt hätte. Auf dem Rückwege pflückte ich eine Anzahl Blumen, die dem europäischen Edelweiß in Form und Farbe gleichen, aber etwa die doppelte Größe desselben erreichen und sich durch größere Weichheit des Sammets ihrer Blätter auszeichnen. Auf den Steppen der Mongolei fand ich später noch mehrmals Gelegenheit, mich an ihrem Anblick zu erfreuen und ganze Sträuße dieser silberweißen Floratöchter zu sammeln.

Am Abend wurde zeitig zu Bette gegangen, denn schon mit Morgengrauen sollte der Abmarsch unserer Karawane stattfinden. Ich wagte zwar meine Zweifel darüber zu äußern, daß alles zur festgesetzten Stunde bereit sein würde, man beruhigte mich jedoch und empfahl mir, nicht zu vergessen, daß ich mich weder in Afrika noch in Italien befände, und erklärte Pünktlichkeit für eine der größten Tugenden der beiden zu unserer Begleitung bestimmten chinesischen Diener, denen man vertrauensvoll alle Vorbereitungen überlassen habe. Um fünf Uhr würde, dessen könne ich mich versichert halten, der Aufbruch erfolgen. So hatte ich mich denn mit dem Gefühl unbegrenzter, den beiden pünktlichen Dienern pränumerando gezollter Hochachtung zu Bette begeben.

Kurz nach 4 Uhr war ich auf den Beinen und wanderte fröstelnd in den Tempelanlagen umher, von

einem Hofe zum andern, vom Refektorium zu den Ställen.
Es wurde halb fünf — fünf — keines der bestellten
Maultiere, kein Diener, kein Herr ließ sich blicken. Schließ=
lich wurde mir die Zeit lang, und ich schlug Lärm. Zu=
erst fuhren die Herren aus den Betten, von ihnen heraus=
getrommelt erschienen schlaftrunken die unübertrefflichen
Boys, um sich schimpfend auf die Suche nach Maultier=
treibern zu machen und sich erst nach sechs Uhr zurück=
zumelden. Anstatt der ausbedungenen acht Maultiere
standen wiederum eine Stunde später deren sechs und
zwei Esel bereit, gegen welch letztere ich energisch pro=
testierte, da ich in Ostafrika hinreichende Erfahrung mit
den Grautieren gesammelt hatte, um zu wissen, daß
Monsieur Langohr mit seinem nächtlicher Weile voll=
führten Geschrei den Reisenden um mindestens fünfzig
Prozent seines wohlverdienten Schlafes zu bringen pflegte.
Erst als erklärt wurde, daß die chinesischen Esel nicht
schreien, wenn ihnen Steine an die Schwänze gebunden
werden, und daß zwei weitere Maultiere weder für Geld
noch gute Worte zu haben seien, entschloß ich mich zur
Zurücknahme meines Protestes, und das Satteln und
Packen nahm seinen Anfang. Zwei Maultiere wurden
für Dr. Grunwald und mich gesattelt, vier bekamen
unser Gepäck zu tragen, und der Rest, die zwei Esel,
war für die Gottlosen, nämlich die beiden Diener. Herr
Hildebrand hatte sich in den Sattel seines eigenen Ponys
geschwungen. So zogen wir trotz aller Verspätung in
vortrefflicher Stimmung zum Tempelthore hinaus.

Am Fuße der Berge entlang, durch wohlbebaute
Felder, vorüber an einigen von hohen Steinmauern um=
gebenen Prinzengräbern führte der Weg, bis wir kurz

nach zehn Uhr in eine weite trostlose Steinwüste gelangten,
in der sich unsere Maultiere und Esel zwar ganz gut
zurechtfanden, Herrn Hildebrands Pony hingegen alle
Augenblicke auf der Nase lag. In weiter Ferne wurde
auf den Höhen einer von Osten nach Westen sich hinziehenden Bergkette ein Teil der berühmten chinesischen
Mauer sichtbar. Mehrfach begegneten wir großen, nach
Peking zur Schlachtbank getriebenen Herden weißer,
schwarzköpfiger Schafe oder schwarzer, langhaariger Zie-
gen, sowie langen Karawanen schwerbeladener Maultiere,
welche Kohlen oder Äpfel in die Hauptstadt brachten.

Die Strahlen der Mittagssonne brannten in dieser
baum- und strauchlosen Wüste so unbarmherzig auf uns
hernieder, daß wir freudig gegen 1 Uhr das Dorf Kon-
mi-son begrüßten. Vor dem Hause eines Krämers
machten wir Halt, ließen absatteln und erhielten die Erlaubnis, uns im Laden niederzulassen, um daselbst ein
von unseren Dienern schnell bereitetes Frühstück einzunehmen. Die ganze Einrichtung des Ladens unterschied
sich wenig von derjenigen unserer deutschen Krämerläden;
es fehlten weder Thonbank, Dütenpapier und Bindfaden-
rolle, noch der mit den Dienstmädchen schäkernde Schwere-
nöter von Lehrling. Nachdem wir unter den Augen
der allem Anscheine nach vollzählig erschienenen Bevölkerung unser Mahl beendet und noch eine Weile gerastet
hatten, wurde die Reise fortgesetzt, und zwar von nun
ab für mehrere Stunden in dem steinigen Bette eines
ausgetrockneten Baches, in dem wir bergan zu klettern
hatten, bis wir nach dreistündigem, zwischen Kalk- und
Granitfelsen hindurchführendem Marsche eine Paßhöhe
überschritten. Es war nahezu dunkel, als wir nach

steilem Abstiege und nach Zurücklegung von im ganzen gegen 55 Kilometer in dem Dorfe Masu=Hsien hielten, in dem programmmäßig Nachtquartier bezogen werden sollte. Wir hatten jedoch die Rechnung ohne den Wirt gemacht, insofern, als sich ein solcher im Dorfe überhaupt nicht vorfand, so daß wir ohne schützendes Dach auf offener Landstraße hätten biwakieren können, wenn sich nicht ein freundlicher Bauersmann unserer erbarmt und uns gegen Bezahlung eines Dollars eine Schlafstätte zur Verfügung gestellt hätte. Die gesamte Familie des Mannes benahm sich uns gegenüber in einer Weise ent= gegenkommend, wie ich es als fremder Teufel von Chi= nesen nie erwartet hätte, so daß wir uns bald im Kreise unserer Gastfreunde recht behaglich fühlten. Sobald unser Nachtmahl aufgetragen wurde, war es freilich mit der Gemütlichkeit vorbei; denn die zu dieser Schaustellung aus der Nachbarschaft herbeigeströmten Neugierigen füllten die Atmosphäre derartig mit Knoblauch= und anderen Düften, daß selbst, nachdem ich die Korona hatte auf= fordern lassen, drei Schritte zurückzutreten, die köstlichsten Gerichte jeden Reiz für mich verloren und ich meine Zu= flucht zu Bier und Pfeife nahm.

Für die Nacht hatte ich mich auf geschlossene Attacken leichten und schweren Ungeziefers gefaßt gemacht, aber für das Gros der Heerscharen schien „Stachel in Ruh" geblasen zu sein, denn es blieb bei einem unbedeutenden Vorpostengefecht, bei dem sich mein persisches Insekten= pulver wieder einmal so gut bewährte, daß ich bis zum frühen Morgen ungestört der Ruhe pflegen konnte, zu= mal auch die Esel — ich weiß nicht, ob infolge oder trotz ihrer Schwanzbeschwerung — keinen Laut von sich gaben. Mit meiner Prophezeiung, daß wir wiederum, anstatt wie festgesetzt, um 5 erst um 7 Uhr Wasu Hsien verlassen würden, sollte ich gleichfalls Lügen gestraft werden, denn wir befanden uns wirklich schon um 6¾ auf dem Marsche, und zwar bei einer Temperatur von nur 10° C., so daß unsere chinesischen Diener und Maultiertreiber drei Jacken über einander gezogen hatten, die mit zunehmender Wärme nach und nach wieder abgestreift wurden.

Auf der Höhe eines Passes sahen wir gegen 300 prächtige Maultiere, die mit je drei Zentnern in Körben verpackter Äpfel beladen waren, von denen wir uns für eine Handvoll Cash mehrere Dutzend erstanden. Die Treiber gaben an, aus einer Ortschaft Shoe=tan zu kommen, in deren Umgebung sich ausgedehnte Obstpflanzungen befänden. Vom Paßübergange aus sahen wir, daß in früheren Jahren alle umliegenden Höhen mit Befestigungen versehen waren, von denen die einzige hier im Bette eines Flusses durchs Gebirge führende Straße völlig beherrscht wurde. Auch die bald darauf passierte kleine Ortschaft Tschen=Pien=Tschong war mit einer Mauer umgeben, in der mindestens zehnmal so viel Steine steckten, wie in sämtlichen Häusern, zu deren Schutz sie errichtet war. Auf der breiten, die Ortschaft der Länge nach durchschneidenden, mit Felsblöcken gepflasterten Straße kam uns ein Haufen Leidtragender mit weißen nach Art einer phrygischen Mütze geknoteten Kopftüchern entgegen. Die Nasenlöcher hatten sich die Leute, wahrscheinlich weil der Verstorbene etwas haut gout angenommen hatte, mit weit vorstehenden Papierpfropfen verstopft. Die Trachten der Gebirgsbewohner unterscheiden sich auch

13*

hier von denen der Bewohner des Flachlandes. Die
Männer tragen weite Schafspelze und auf dem Kopfe
blaue Turbane oder Filzkappen, die Frauen fast durch=
weg rote Hosen.

Nach abermaligem Kreuzen des Flußbettes, in dem
Arbeiter mit Sammeln von Kalksteinen für die an beiden
Ufern liegenden Kalköfen beschäftigt waren, und nachdem
wir das Dorf Tschen=Ling=Tschoug hinter uns gelassen
hatten, ging es wieder bergauf. Ich war der Karawane
vorangeeilt, da ich aus den mitgenommenen Karten er=
sehen hatte, daß wir nicht weit von der großen Mauer
entfernt sein konnten. Mein Maultier, welches nichts
weniger als ehrgeizig zu sein schien, hatte ich zurückge=
lassen und kletterte, mit einem Stocke bewaffnet, so schnell
meine vorzüglichen Lungen es gestatteten, über Stock und
Stein aufwärts.

Warum ich es so eilig hatte, wußte ich selber nicht,
denn Mauern hatte ich ja schließlich genug im Leben
gesehen, dicke und dünne, hohe und niedere, hundert= und
tausendjährige, überall in der Welt. Aber mit unwider=
stehlicher Macht zog es mich vorwärts. Keuchend und
schweißbedeckt hielt ich endlich kurz nach Mittag auf einer
Höhe von gegen 2500 Fuß, und vor mir lag — eine
Mauer wie andere mehr, etwa 20 Fuß hoch und 12 Fuß
dick, mit gewölbtem Thore, über dem ein halbverfallener
Turm aus Ziegelsteinen aufragt. Auf den Überresten
einer Steintreppe gelang es mir an der Mauer hinauf=
zuklettern, und als ich dann von der vom Steppenwind
umheulten Turmruine Umschau hielt, hinunterblickte in
die weite Ebene und rechts und links in nebelgraue
Fernen sich verlierend auf Bergeshöhen wie in Felsen=

schluchten, so weit das Auge reichte, dieselbe Mauer sah, die gleichen Türme, da wußte ich, daß ich vor einem Wunder ohnegleichen stand. Was sind alle Leistungen des Altertums und unseres Jahrhunderts im Vergleich zu diesem Riesenwerk, was die ägyptischen Pyramiden, der Gotthardtunnel, der Kanal von Suez gegenüber dieser Mauer, die zum Schutze Chinas gegen die Mongolenhorden auf eines Kaisers Wink entstand und an die 1000 deutsche Meilen lang ist?

Nur eine Mauer! Ja wohl nur eine Mauer und eine solche obendrein, in die unsere modernen Geschosse jederzeit mühelos Bresche legen könnten. Eine Mauer jedoch, die lang genug ist, Bremen mit New-York zu verbinden, eine Mauer, an deren Bau Millionen Menschen mitgewirkt, ist nicht ein Riesenwerk allein, nein, solch ein Bauwerk ist auch der Ausdruck dessen, welcher großartigen Leistung eine Nation fähig ist, wenn sie geeint dasselbe Ziel verfolgt. Ich kann mir denken, daß jemand vor den Pyramiden steht und sagt, er habe sich dieselben großartiger gedacht. Von der Großartigkeit des Anblickes, den die chinesische Mauer von jenem Punkte bietet, an dem ich zu jener Stunde stand, kann sich meiner Überzeugung nach das Hirn des Menschen schlechterdings keine Vorstellung machen. Auf dem Rückwege nach Peking habe ich die Mauer von anderen Stellen, z. B. auch bei Nankau gesehen, aber wenngleich der dortige Teil des Mauerwerks für den besterhaltenen gilt, so ist sie mir doch nirgendwo in so majestätischer Größe erschienen, wie hier, wo man sie nach Osten wie nach Westen viele, viele Meilen weit mit den Blicken verfolgen kann, fast in schnurgerader Richtung, ungeachtet aller Hindernisse über Berg und Thal sich hinziehend, endlos -- endlos. Und dabei ist sie nicht etwa ein in der Eile roh gefügter Bau, sondern an der Außenseite mit Kalksteinplatten so sauber verblendet, daß keine Katze daran in die Höhe klettern könnte, während für die innere Wand kleinere Steine und gebrannte Ziegel Verwendung fanden. Aus letzterem Material sind auch die in Rufweite von einander gelegenen Wachttürme, sowie die zu denselben führenden Treppen hergestellt.

Diese sogenannte „innere" Mauer soll zuerst im 7. Jahrhundert aufgeführt und unter der Ming Dynastie, wahrscheinlich Ende des 14. oder Anfang des 15. Jahrhunderts, erneuert worden sein. Einen Teil der äußeren Mauer werden wir einige Tage später bei der chinesisch-mongolischen Grenzstadt Kalgan zu Gesicht bekommen, und etwas weiter nördlich die Trümmer des ältesten dieser Bollwerke gegen die Mongolen, als dessen Erbauer der Kaiser Tsi-shih-kwang-li, der im 3. Jahrhundert v. Chr. regierte, genannt wird.

Wenn, trotzdem ungezählte Reisende sich von dem Vorhandensein dieses mächtigsten aller von Menschenhand errichteten Bauwerke überzeugt haben, dennoch ein Stribent vor einigen Jahren allen Ernstes in einem europäischen Blatte die Behauptung aufstellen konnte, die chinesische Mauer habe nie existirt, gehöre ebenso in das Bereich der Fabel, wie etwa die Arche Noahs oder Aladins Wunderlampe, und sei nur eine Versinnbildlichung der Abgeschlossenheit des chinesischen Volkes, und wenn Dutzende ernst zu nehmender Blätter diese Notiz blindlings abdruckten, so weiß man nicht, was man mehr bewundern soll, die Unverfrorenheit des Aufstellers jener Behauptung oder die Leichtfertigkeit, mit der die Presse dieselbe weiterverbreitete.

Die Mauer ist da, ihre Trümmer werden noch nach Jahrtausenden davon zeugen, was menschlicher Fleiß und menschliche Geduld vermögen, und die übrige Welt wird gut daran thun, eine Nation, welche dieses Riesenwerk vollbracht hat, nicht zu unterschätzen. Ein Volk, bei dem noch heute ein Kaiserwort genügt, an jährlich durch die Hofgeomanten von neuem festzusetzenden Tagen von einem Ende des 400 Millionenreiches zum andern den Sommerhut an Stelle der Wintermütze treten zu lassen, und umgekehrt, ist eine Macht, mit der man wohl oder übel rechnen muß — auch dann, wenn ein kleinerer Nachbar sich ihm zeitweise kriegerisch überlegen gezeigt hat — falls man nicht eines Tages mit Schrecken gewahr werden will, daß man die Kraft des chinesischen Riesen verkannt hat.

Nach und nach war auch die übrige Gesellschaft herangekommen, und als ich nun dem Rufe meiner Gefährten folgend, meinen lustigen Posten verließ, um an der Innenseite der Mauer im warmen Sonnenschein das auf unseren Reisedecken ausgebreitete Frühstück einzunehmen, da war ich keinen Augenblick im Zweifel darüber, daß ich meine Mauerbegeisterung mit einem tüchtigen Schnupfen würde bezahlen müssen. Aber der Blick, den ich genossen hatte, war mit keiner Erkältung zu teuer erkauft, und außerdem standen mir als wirksame Kampfmittel für den Abend ungezählte steife Grogs zur Verfügung; drum „weg mit den Grillen und Sorgen, Brüder, es lacht ja der Morgen uns in der Jugend so schön", und aneinander klangen unsere mit deutschem

Rebensaft gefüllten Gläser hier oben auf einsamer Höhe
im Reiche der Mitte.

Nach kurzer Rast erfolgte der Abstieg an der Nord=
seite. Unten am Fuße des Berges hatte ein fliegender
Händler seine Schätze ausgebreitet, unter denen ich neben
chinesischen Brillen, Scheren, Rasirmessern und allerhand
rostüberzogenem Gerümpel als einziges Erzeugnis euro=
päischer Industrie Anilinfarben von Fr. Bayer u. Co.,
Elberfeld, entdeckte. Ich kaufte dem Manne eine Flasche
— wahrscheinlich mit Herrn Bayers Anilin — rosenrot
gefärbter Flüssigkeit ab, die ich für Haaröl hielt, aber
wohl mit Unrecht, denn mein Maultiertreiber, dem ich
sie mit der Bitte überreichte, mir sein Wohlwollen auch
ferner zu erhalten, leerte die geöffnete Flasche mit sicht=
lichem Wohlbehagen auf einen Zug.

Ein mehrstündiger langweiliger Marsch brachte uns
an ein befestigtes Dorf, dessen Bewohner emsig mit
Dreschen von Hirse beschäftigt waren. Sie bedienten
sich hierzu nicht einer Steinwalze, sondern hölzerner
Flegel. Außerhalb des Dorfes grasten zahlreiche Maul=
tiere und gesondert von diesen einige Dutzend zweihöck=
riger Kamele.

Mit Sonnenuntergang hielten wir unseren Einzug
in Huai=lai=hsien, einer kleineren Stadt, die nicht nur
durch eine zwölf Fuß dicke Mauer, sondern auch noch
durch verschiedene Forts auf den umliegenden Höhen
gegen feindliche Angriffe geschützt ist. Außerhalb der
Stadt befinden sich Überreste einer steinernen Brücke, einst
ein mächtiges Bauwerk, welches allem Anschein nach in
kriegerischen Zeitläuften zerstört wurde.

Die Hauptstraße Huai=lai=hsiens ist breit, gut ge=

pflastert und sogar an beiden Seiten mit erhöhten Bür=
gersteigen versehen, was ich bisher noch in keiner chine=
sischen Stadt beobachtet hatte. Die Bewohner des Städt=
chens scheinen in der Hauptsache von durchziehenden
Karawanen zu leben; jedes zweite Haus ist ein Kram=
laden, eine Garküche oder ein Gasthaus. Der fremde
Teufel muß sich aber wohl bei den hiesigen Wirten keiner
allzu großen Beliebtheit erfreuen, denn wo immer unsere
Diener Nachtquartier für uns begehrten, wurden sie
barsch abgewiesen, so daß wir uns glücklich schätzen
konnten, als wir nach langem Umherirren am äußersten
Ende der Stadt in einem von Maultiertreibern und
Karrenführern besuchten Kruge ein Unterkommen fanden.
Alle Wirtshäuser hier zu Lande, einerlei, ob klein oder
groß, gleichen einander in der Art ihrer Anlage. Durch
einen hohen Thorweg, vorüber an Küche und öffentlichem
Gastzimmer, gelangt man in einen Hof, der von zellen=
artig neben einander liegenden Schlafräumen umschlossen
ist. In jedem dieser Räume findet man neben dem so=
genannten „Kang", einem etwa meterhohen und 2 Meter
tiefen, die ganze Breite des Raumes einnehmenden Lehm=
ofen, der vom Zimmer aus geheizt wird, und dessen
Oberfläche den Gästen als Schlafstätte dient, meist noch
Tisch und Stuhl oder dreibeinige Holzschemel. Die
Fenster sind nicht mit Glasscheiben versehen, sondern mit
weißem Papier verklebt, in welches nicht selten müßige
Gaffer von außen mit den Fingern Löcher zu bohren
pflegen, um zu beobachten, was der fremde Teufel im
Innern treibt. Sobald man angekommen ist, wird das
Zimmer mit Besen oder Gänseflügeln ausgekehrt und
soviel Staub wie möglich aufgewirbelt, auch dann, wenn

man lange zuvor einen Boten mit der Weisung voraus=
gesandt hat, Quartier bereit zu halten. Es handelt sich
dabei weniger um eine Reinigung, als um einen Akt der
Höflichkeit gegen den Gast. Das Staubaufwirbeln muß
in seiner Gegenwart erfolgen, damit er selber sieht, welche
Scherereien man sich seinetwegen auferlegt.

Im Hofe pflegt es wie in einem Feldlager aus=
zusehen. Zu beiden Seiten stehen und liegen in buntem
Durcheinander Karren, Sänften, Maultierlasten, Sättel,
Kochgeschirre der Treiber und Diener. Esel, Maultiere
und Pferde, angebunden oder sich selbst überlassen, stehen
fressend, futterneidisch nach ihren Nachbarn schlagend
und beißend, dazwischen oder wälzen sich, dicke Staub=
wolken emporwirbelnd, am Boden. Sobald neue
Reisende ankommen und für sich selbst und ihre Tiere
Raum begehren, entsteht ein Getöse, daß einem Hören
und Sehen vergeht. Man glaubt jeden Augenblick,
Zeuge einer regelrechten Rauferei zwischen den bereits
anwesenden und den neu ankommenden Gästen sein zu
sollen; aber bald sieht man, daß es viel Geschrei und
keine Prügel giebt. Die Lasten, Karren und Tiere werden
näher zusammengerückt, und alles ist ein Herz und eine
Seele.

Waren wir erst einmal in einem Gasthofe unter=
gekommen, so konnten wir uns über schlechte Behand=
lung nicht beklagen. Im Gegenteil, unsere Wirte thaten
meist ihr möglichstes, um uns zufrieden zu stellen, sie
verklebten schadhaft gewordene Fenster mit neuem Papier
und sorgten nach Kräften dafür, daß wir nicht allzu
sehr von neugierigen Besuchern belästigt wurden. Von
irgend welcher Unterwürfigkeit, wie in anderen Ländern

Chinesisches Gasthaus.

des Ostens, war jedoch keine Rede. Weit mehr trug man uns gegenüber eine mitleidsvoll herablassende, plump=vertrauliche frère et cochon=Freundlichkeit zur Schau, wofür man sich obendrein noch tüchtig bezahlen ließ. Ungeachtet dessen, daß unsere Diener allerorten eine Küche mit Feuer, Wasser u. s. w. zu ihrer Ver= fügung vorfanden, hatten wir, falls wir sie nicht stunden= lang vorausgeschickt hatten, in der Regel sehr viel länger auf unsere Mahlzeit zu warten, als ich das von meinen Expeditionen in Afrika und Vorder= und Hinterindien, wo doch stets mitten in der Wildnis gekocht und zuvor außerdem Feuerholz und Wasser herbeigeholt werden mußte, gewohnt war. Der Hauptgrund dieser Ver= zögerung lag in dem Umstande, daß die Diener ihre Einkäufe an Fleisch, Geflügel und Gemüse immer erst an Ort und Stelle vornahmen und damit natürlich jedesmal viel Zeit vertrödelten. Daß die unmittelbar nach erfolgter Hinrichtung in unsere Töpfe wandernden Hühner und Enten an Zähigkeit nichts zu wünschen übrig ließen, war demnach nicht weiter zu verwundern. Unserem Verlangen, die Tiere einen bis zwei Tage zu= vor einzukaufen und zu töten, setzten die ausgezeichneten Herren Boys indessen den bekannten passiven chinesischen Widerstand entgegen.

Fanden sie einmal zufällig alles, was für unsere Küche gebraucht wurde, in einem Wirtshause vorrätig, so waren ihre Leistungen in Bezug auf Schnelligkeit der Zubereitung der Mahlzeiten wahrhaft verblüffend. Sie waren dann mit dem ersten Gerichte fertig, ehe wir uns gewaschen hatten. Auch sonst, d. h. beim Ein= und Auspacken der Lasten und dem Beladen der Maultiere

waren sie ungemein fix, zuverlässig und unverdrossen,
aber man muß nicht vergessen, daß sie während des
Marsches beständig im Sattel saßen und frisch ins
Quartier kamen, wohingegen ihre Kollegen in Afrika
und Indien alle Märsche womöglich noch schwer bepackt
zu Fuße zurücklegen müssen. Mir scheinen in Anbetracht
dessen die Leistungen dieser immer noch bewunderns-
werter, als die der chinesischen Diener. Und dann, wie
ungleich viel besser verkehrt sich's mit schwarzhäutigen
Menschen, als mit den Söhnen des Reiches der Mitte!
Für die ersteren ist man ein Halbgott, für letztere ein
Teufel, dem gedient wird, weil und so lange er Geld
hat. Auch unter den Indern und Afrikanern giebt es
Hallunken, die Leute haben jedoch durchweg angeborenen
Takt und obendrein eine Achtung vor der Person des
weißen Mannes, welche dem Chinesen größtenteils abgeht. Als ich zuerst Zeuge war, in welcher Weise unsere
Diener ihre Herren behandelten, welche Unverschämt-
heiten sie sich gegen dieselben herausnahmen, traute ich
meinen Augen und Ohren nicht: sie befahlen, anstatt sich
befehlen zu lassen, sie bestimmten die Stunde des Aufbruches, und wenn wir ihrer Ansicht nach einmal nicht
zeitig genug aufstanden, so zogen sie uns fast das Bett
unterm Leibe fort, um es einzupacken. Denn sie hatten
es, nachdem sie erfahren, daß ich mich über ihre ge-
rühmte Pünktlichkeit lustig gemacht, fortan in der Frühe
eiliger, als uns allen erwünscht war. Meine beiden
Begleiter, die scheinbar jede Hoffnung, ihre Diener zu
manierlichen Menschen zu erziehen, aufgegeben hatten,
faßten die ganze Sache humoristisch auf, und je frecher
sich die Boys benahmen, um so mehr amüsierte das ihre

Herren. Ich dankte meinem Schöpfer, daß ich den Schlingeln nichts zu befehlen hatte, und ich glaube, auch sie können sich dieserhalb glücklich preisen, denn viel Freude würden sie bei mir gewiß nicht erlebt haben. So sehr ich unter diesen Umständen meinen kleinen Shokra vermißte, so war ich doch andererseits froh darüber, daß er durch seinen Sturz aus dem Karren verhindert war, die Manieren seiner chinesischen Kollegen kennen zu lernen. Ich packte meine Sachen selber aus und ein, mied nach Möglichkeit jede Berührung mit den ungehobelten Gesellen und spielte die Rolle des stillen Beobachters zu allseitiger Befriedigung.

Auch durch zähes Geflügel und ohne alle Manieren aufgetragene Speisen ließ ich mir die Laune nicht verderben, denn es gab immerhin genug des Genießbaren, und an Wein, Bier und sonstigen Getränken hatten wir ausreichende Mengen mitgenommen. Bei einer täglichen Marschleistung von 50—70 Kilometern waren wir gegen Abend meist müde genug, um bald nach dem Essen unsere Lagerstätte aufzusuchen, wenn auch nicht immer mit gleich günstigem Erfolge.

Die Nacht in Huai-lai-hsien, die erste, die ich in einem regelrechten chinesischen Gasthause zubrachte, ist mir u. a. in wenig angenehmer Erinnerung geblieben. Ich hatte mit drei Gläsern Grog bei Herrn Morpheus ein Schlafbillet erster Klasse gelöst, aber einer der im Hofe angebundenen Esel, der einen Stein, anstatt am Schwanze hängend auf dem Herzen liegen haben mußte, machte dem gepreßten letzteren durch solch markdurchdringendes Schreien Luft, daß an Ruhe nicht zu denken war und ich vollauf Zeit fand, mir den Kopf darüber

zu zerbrechen, wie es möglich sei, daß wir, trotzdem vor
uns Hunderte schmutzstarrender Chinesen und Mongolen
ihre Glieder auf dem uns als Lager dienenden Kang
ausgestreckt hatten, von Ungeziefer gänzlich verschont
blieben. Ich konnte mir diese unerhörte Thatsache nur
damit erklären, daß sämtliche Flöhe und anderen streit=
baren Tierchen sich in dem Schafpelze des letzten vor
uns hier nächtigenden Mongolen zu behaglich gefühlt
hatten, um denselben je wieder zu verlassen. Gleich mir
mußten auch unsere Diener durch das Eselsgeschrei munter
gehalten worden sein, denn sie erschienen schon vor
4 Uhr mit dem Frühstück und warfen uns aus den
Betten heraus, um die Lasten fertig machen zu können.

Um die fünfte Stunde verließen wir unseren Gast=
hof und kamen so zeitig am Stadtthor an, daß dasselbe
noch nicht einmal geöffnet war. Da sich ungeachtet
unserer Rufe kein Thorwächter sehen ließ, versuchten wir
unser Heil ohne einen solchen. Nach Zurückschieben ver=
schiedener Riegel öffneten sich die beiden eisenbeschlagenen
Flügel, und die Bahn war frei. Außerhalb des Thores
begegnete uns ein Zug kohlen= und kalkbeladener zwei=
höckeriger Kamele, die lautlos in dem herrschenden Halb=
dunkel, Schattenbildern gleich, in langer Reihe, eines
dem andern folgend, des Weges zogen.

Wie viele Tausende dieser geduldigen prächtigen
Tiere sollten wir noch zu Gesicht bekommen, bevor wir
die Mauern Pekings wieder erreichten! Ich glaube
nicht zu hoch zu greifen, wenn ich annehme, daß in dem
Zeitraum von kaum zwei Wochen ihrer gegen 20 000
an uns vorüber gezogen sind; denn es war gerade die
Zeit des Aufbruches der großen durch die Mongolei

nach Rußland ziehenden Theekarawanen. Nie zuvor
habe ich eine Ahnung davon gehabt, wie schön ein
Kamel sein kann. Um sich an letzterem begeistern zu
können, muß man es beim Beginne der Karawanenzeit
in der Mongolei gesehen haben, wenn es nach sechs-
monatlicher Ruhe und guter Äsung in der mongolischen
Steppe mit fettstarrenden, aufrecht stehenden Höckern
und glänzendem Haare von neuem seinen weiten Marsch
nach der russischen Grenze antritt. Es ist dann unstreitig
ein für ein Kamel bildschönes Tier und mit seinem hoch-
beinigen, mißmutig blasiert dreinschauenden, süffisanten,
mottenzerfressenen gelbgrauen einhöckrigen Vetter gar
nicht an einem Tage zu nennen. Gedrungen gebaut,
mit tiefem Körper auf niederem Piedestal, schönem,
breitem, wolligem Kopf, aus dem uns ein Paar — ich
möchte sagen — seelenvolle Augen entgegenblicken, die
eine vornehme Ergebenheit in das Schicksal ausdrücken,
erscheint es als ein Urbild von Kraft und Geduld.
Unten an seinem Halse hängt eine lange, zottige Mähne,
dicke Haarwülste zieren die Oberschenkel der Vorderbeine, sein Fell hat eine große Ähnlichkeit mit demjenigen
des amerikanischen Büffels, dem es meist in der Farbe
gleicht.

　　Man möge mir diese Verherrlichung des mongolischen Kamels gütigst verzeihen, da mir jedoch nächst
der großen Mauer in China nichts einen so tiefen Eindruck gemacht hat, wie die schier endlosen, von Peking
durch die mongolische Wüste nach Urga oder Kiachta
ziehenden Kamelkarawanen, die erstere als tote, die
letzteren als lebendige Illustration des Wortes: „Beharrlichkeit führt zum Ziel" und kein lebendes Wesen

im Reiche der Mitte mir besser gefallen hat, als das
Kamel, so hielt ich es für meine Pflicht, diesem mir so
sympathisch gewordenen Vierfüßler auch die ihm ge=
bührende Würdigung zu teil werden zu lassen.

Das Kamel besitzt neben den besten Eigenschaften
des Chinesen, nämlich Ausdauer, Kraft und Anspruchs=
losigkeit, wenige seiner Fehler. Zu den letzteren gehört
in erster Linie die ihm angeborene Wasserscheu und der
hieraus sich ergebende durchdringende Geruch, der seine
Gesellschaft auf die Dauer zu einer wenig angenehmen
macht.

Die Bepackung der Kamele ist je nach der Be=
schaffenheit der zu befördernden Lasten sehr verschieden.
Haben sie Kohlen, Kalk oder andere in Säcke verpackte
Waren zu tragen, so dient eine den Höcker umschließende
und zwischen denselben durchlaufende Filzdecke in Form
einer 8 als Unterlage der kreuzweise lose übereinander
gelegten Säcke. Besteht die Last dagegen, wie beispiels=
weise beim Thee, aus Kisten, so werden diese zu beiden
Seiten der Höcker an einem gepolsterten Holzgerüst be=
festigt. Starke Tiere pflegen zwei Kisten zu 120 Pfund
an jeder Seite, schwächere eine an jeder Seite und eine
zwischen den Höckern zu tragen. Mit solchen Lasten
von 360—480 Pfund legt das Kamel täglich, oder besser
gesagt nächtlich — denn es marschiert vom Spätnach=
mittage bis zum Sonnenaufgang, um tagüber zu rasten
und zu grasen — an die 60 Kilometer zurück. Junge,
zweijährige Tiere, die ihre erste Reise machen, erhalten
nicht mehr als zwei Kisten zugeteilt. Die Genügsamkeit
des Kamels, sowohl was Fressen wie Saufen anlangt,
grenzt bekanntlich ans Fabelhafte.

Der Esel ist ja am Ende auch kein wählerischer Gourmet und nimmt faute de mieux mit Dachpappe, alten Handschuhen und Zeitungsmakulatur fürlieb, aber das Kamel ist ihm in dieser wie in mancher anderen Hinsicht über. Es frißt alles, was ihm vors Maul kommt, sucht, wenn ihm nichts davor kommen sollte, selbst die Wurzeln der Gräser und Sträucher aus der Erde heraus, verzehrt verdorrte Distelstrünke von Armesdicke, die der hungrigste Esel kaltlächelnd links liegen lassen würde, mit dem gleichen Wohlbehagen, wie wir etwa den ersten jungen Kopfsalat oder Stangenspargel verzehren, und wenn es nichts zu fressen hat, so lebt es — vom Hungern. In Bezug aufs Dursten leistet es gleichfalls ganz Außerordentliches, wenn auch nicht ganz das, was ihm der Wüstengeschichtenleser zutraut, der sich einzubilden pflegt, man könne ein Kamel selbst dann noch mit Erfolg gleich einer Biertonne anzapfen, wenn es einen Monat lang keinen Tropfen Wasser mehr über die Lippen gebracht hat.

Die Marschordnung der Kamele gleicht derjenigen der Gänse, d. h. sie marschieren, um mich des Ausdrucks eines evangelischen Missionars in Ostafrika, der über seine dortigen Träger berichtete, zu bedienen, „teils vor, teils hinter einander". Auf je 5—8 Kamele kommt ein Treiber, der das vorderste seiner Tiere an der Leine führt, während die übrigen wohl oder übel folgen müssen, da sie vermittels eines durch die Oberlippe gezogenen und lose an der Last des Vorgängers befestigten Strickes mit diesem verbunden sind. So grausam dieses Bindemittel erscheinen mag, so ist es doch notwendig, um die Tiere in Marsch zu halten; denn sobald eins

derselben sich unabhängig von seinem Vorderkamel fühlt,
zieht es das Grasen ausnahmslos dem Marschieren vor.
Bei plötzlichem Anziehen der einzelnen Tiere kommt es
nicht selten vor, daß dem ihnen folgenden Kamel der
Strick aus der Lippe herausgerissen und diese somit ge=
spalten wird. Der Wärter pflegt dann neuen Anker=
grund in der Kamelsnase zu suchen; ereilt auch sie ein
gleiches Schicksal, wie die Lippe, so ist es schwierig, den
Strick nochmals zu befestigen, und das Tier demnach
nahezu wertlos geworden.

Damit der Treiber jeder Zeit darüber unterrichtet
ist, ob er die seiner Aufsicht unterstellten Tiere auch alle
beisammen hat, trägt das Schlußtier seiner kleinen Schar
eine Kupfer= oder Eisenglocke um den Hals. Sobald
die Koppelung eines der Tiere sich löst und der Glocken=
ton schwächer wird oder gar verstummt, weiß der Mann
selbst in stockfinsterer Nacht, was sich ereignet hat.

Der Wert des auf Kamelsrücken nach Kiachta ge=
brachten Thees belief sich im Jahre 1891 auf 24 Mil=
lionen Mark, denen eine Einfuhr gemischter Waren aus
Rußland von nur sieben Millionen gegenübersteht. Der
Preis eines ausgewachsenen Lastkamels wurde mir auf
120 bis 240 M. angegeben.

Seit wir Huai=lai=hsien verlassen hatten, befanden
wir uns auf der großen Heerstraße, wie wir bald an
dem mit jeder Stunde an Lebhaftigkeit zunehmenden
Verkehr und den in kurzen Abständen von einander
liegenden ehemaligen Wachttürmen erkennen konnten.
An Stelle der unter melancholischem Geläute des Weges
ziehenden Kamele traten mit steigender Sonne kleinere
Trupps anderer Lasttiere, meilenlange Züge zweirädriger,

Sobnharren.

von Ochsen gezogener Karren mit Soda aus der Mongolei, sowie Esel mit Kohlen, mongolischen Ziegenfellen, Papier oder in Form von Ziegelsteinen gepreßtem Weizen, der zur Schamschu= (Branntwein=) Gewinnung Verwendung findet.

Auch ein mit zahlreichem Gefolge reisender, von einer Inspektionsreise nach Peking zurückkehrender Mandarin kam uns entgegen. Er war ein würdiger alter Herr und schien sich in seiner von zwei Maultieren getragenen Sänfte ungemein behaglich zu fühlen. Die Reittiere der ihn begleitenden Mannschaft, sowie sämtliche Gepäckkarren waren mit dreieckigen gelben Fähnchen versehen, als Zeichen, daß sie zum kaiserlichen Hofe gehören.

Das Pferd des Herrn Hildebrand, welches an so miserable Gebirgspfade, wie sie uns an den beiden letzten Tagen beschieden waren, nicht gewöhnt war, kündigte im Laufe des Vormittags seinem Herrn den Dienst und mußte in einer am Wege liegenden Dorfschaft gegen ein Maultier vertauscht werden.

Auf breiter, durch die nach Millionen zählenden, jährlich hier verkehrenden Lasttiere und Karren ausgetretener und ausgefahrener sandiger Straße ging es dann bei glühender Sonnenhitze weiter. Fast von Stunde zu Stunde kamen wir durch kleinere, durchweg stark befestigte und ehemals als Wellenbrecher gegen die Mongolenhorden dienende Städte, bis wir gegen fünf Uhr die in einem etwa 2000 Fuß hohen Kalkberge gelegene Kohlenmine Zarsamin erreichten. Hier wird von gegen 300, in zwei Schichten geteilten Arbeitern eine ausgezeichnete Fettkohle gefunden, die auf Eseln und

14*

Kamelen nach Peking gebracht wird. Die Mine, die
als nahezu unerschöpflich bezeichnet wird, würde sich bei
sachgemäßer Leitung und falls ein Schienenstrang sie
mit der Küste verbände, gewiß in großartiger Weise
rentieren, mehr freilich noch eine von Tientsin durch die
Mongolei nach Kiachta oder auch nur bis an die Grenze
der Mongolei, d. h. bis Kalgan gebaute Bahn selber.
Aber, wie schon erwähnt, fürchtet man durch eine solche
Anlage das Gespenst der sozialen Frage heraufzube=
schwören; Millionen von Menschen leben hier vom
Warentransport, und die Palastemnuchen, in deren
Händen sich der weitaus größte Teil der Kamelherden
befindet, werden ein übriges thun, jedes neu auftauchende
Bahnbauprojekt zu hintertreiben.

Nachdem wir den uns in freundlichster Weise ent=
gegenkommenden Minenarbeitern die Mittel verabfolgt
hatten, sich einen vergnügten Abend zu machen, trabten
wir in der schnellsten Gangart, auf die unsere Maultiere
sich einließen, weiter, denn der von uns zum Nacht=
quartier bestimmte Ort mußte zum mindesten noch zwei
Stunden weit entfernt sein. Ich will nicht leugnen, daß
wir alle nach nahezu zwölfstündigem Ritt vollauf genug
hatten und die unglaublichsten Stellungen im Sattel
einnahmen, nur um unseren durchgerüttelten Gliedern
etwas Erleichterung zu verschaffen.

Wir waren denn auch schließlich nicht eben un=
angenehm überrascht, als uns die vorausgesandten Diener
schon um 6 Uhr in einem Dorfe Namens Shing=Lung=
Ku die Meldung machten, sie hätten es für besser be=
funden, hier über Nacht zu bleiben, und somit alles zu
unserer Bequemlichkeit hergerichtet. Die Frage war

nun, ob wir den Dienern nachgeben oder darauf be=
stehen sollten, in der von uns bestimmten Ortschaft zu
nächtigen. In Anbetracht unserer gefolterten Gliedmaßen
und angesichts eines sauber gedeckten Tisches entschieden
wir uns jedoch einstimmig für ersteres, trösteten uns
damit, als nachgebender Teil der klügere zu sein und
priesen uns glücklich, eher, als wir erwartet hatten, zur
Ruhe zu kommen. Shing=Lung=Ku, deutsch „der untere
Blumengarten", ist ein elendes, am linken Ufer des zur
Zeit ausgetrockneten, unter Umständen jedoch recht gefähr=
lichen Huan=Ho gelegenes Dörfchen von wenigen Häu=
sern, unter denen das Gasthaus, ein ehemaliger Tempel,
die erste Stelle einnimmt und allen unseren, mit jedem
Tage geringer werdenden Anforderungen vollauf entsprach.

Das Aufstehen am folgenden Morgen wurde uns
um so schwerer, als eine fast winterliche Kälte herrschte,
die wir selbst in unseren Betten spürten. Dennoch setzten
wir uns, kurz nach 4 Uhr, bei hellem Mondenschein in
Marsch, die Diener, die noch mit Packen beschäftigt
waren, anweisend, uns zu folgen. Daß wir die breite
Heerstraße verfehlen könnten, schien uns ein Ding der
Unmöglichkeit, aber das Ungeheure geschah trotzdem, und
wir befanden uns, nachdem wir vorerst längere Zeit in
dem 5—600 Meter breiten, von Bergen eingeschlossenen
Flußbett entlang gestolpert und dann etwa eine Stunde
lang bergauf geklettert waren, zu unserer Überraschung
mit Tagesgrauen auf einem Pfade, dem man deutlich
ansah, daß er nur selten begangen wurde. Sobald wir
mit Hilfe des Kompasses festgestellt hatten, daß wir nicht
in falscher Richtung marschierten, zogen wir weiter und
trösteten uns damit, daß am Ende alle Wege gen Kalgan

führen mußten. Die Landschaft ringsum war gebirgig,
aber kahl, unfruchtbar und nur an wenigen Stellen
bebaut. Eine kleine Ansiedelung, die wir passierten, schien
völlig verlassen, denn trotz alles Rufens erschien niemand,
und nicht einmal ein Schwein, welches auf die Anwesen=
heit von Menschen hätte schließen lassen, ließ sich blicken.

Nach dreistündiger Wanderung stießen wir zu unsrer
Freude in einem Dorfe auf unsere Karawane, die hier,
nachdem es klar geworden war, daß wir uns verirrt
haben mußten, auf uns gewartet hatte, und befanden
uns damit wieder auf der Heerstraße. Ununterbrochen
in Sichtweite von einander lagen die uralten, teils ver=
fallenen, teils noch leidlich erhaltenen, von Mauerresten
umgebenen Wachttürme, auf denen in früheren Zeiten
durch Feuerzeichen das Nahen der gefürchteten Mongo=
len= und Tartarenhorden nach Peking gemeldet wurde,
worauf sich sämtliche Generale und Truppenführer in der
Hauptstadt zu versammeln hatten, um ihre Instruktionen
entgegenzunehmen. Die Sage geht, daß einst ein Kaiser
auf Wunsch seiner Geliebten das Feuerzeichen zu geben
befohlen habe, lediglich um der Dame seines Herzens
das Vergnügen zu machen, die Generale aus allen Him=
melsrichtungen herbeieilen zu sehen. Dem Rufe wurde
pünktlich Folge geleistet, und die Genarrten hatten für
den Spott nicht zu sorgen. Als jedoch nach Jahr und
Tag die Mongolen wirklich an der Grenze erschienen
und wiederum die Feuer entflammt wurden, konnte der
Kaiser auf die einstmals gefoppten Herren warten, bis
er schwarz wurde. Wie er sich dann, nachdem er schwarz
geworden, aus der Verlegenheit gezogen hat, darüber
schweigt die Geschichte, und mir ist es gleichgültig.

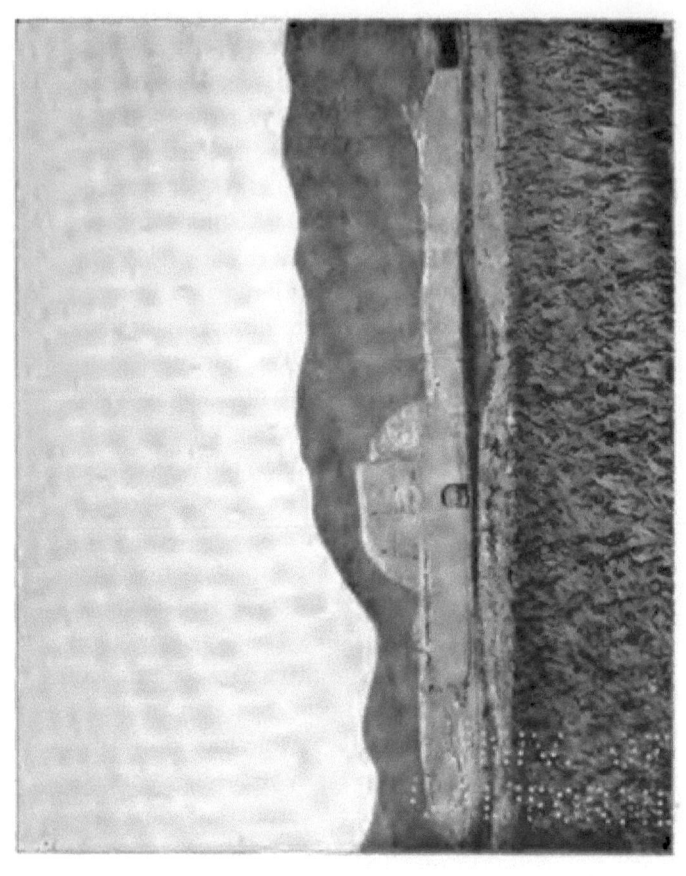

Wachtturm an der Straße zwischen Peking und Kalgan.

Nur ausnahmsweise gewahrten wir am Wege
Dörfer, die nicht befestigt waren. Hie und da kamen
die Bewohner herbei, um uns blaue, prächtige Wein=
trauben zum Kaufe anzubieten, wohingegen die Kinder
mit dem Rufe: „Jan kwei" vor uns Reißaus nahmen.
Auf den Äckern zu beiden Seiten des Weges sahen wir
vielfach neben oberflächlich mit Erde bedeckten Särgen
Grabdenkmäler in Gestalt vierkantiger, von Flammen
gekrönter Säulen und steinerne Tafeln auf dem Rücken
tragender Schildkröten, sowie hohe, freistehende Thore, so=
genannte pei-lo, letztere meist zur Erinnerung an Frauen
errichtet, die entweder freiwillig auf die Freuden der Ehe
verzichtet oder sich nach dem Hinscheiden ihrer Gatten
selbst den Tod gegeben haben.

Der Verkehr auf der Landstraße war ein vielleicht
noch lebhafterer, als tags zuvor; Tausende mongolischer
Fettschafe, Tiere mit schwarzen Köpfen, sowie von der
Steppe nach Peking auf den Markt gebrachte Koppeln
junger Pferde wurden an uns vorübergetrieben.

Die Treiber derselben, unverfälschte Mongolen mit
stark hervorstehenden Backenknochen, braungebrannte
Söhne der Steppe, deren jeder einzelne sich zum Flügel=
mann eines preußischen Garderegiments geeignet haben
würde, sind durchweg beritten, denn der Mongole ist so=
zusagen im Sattel geboren und verläßt denselben nur,
um im Zelte zu rasten, seine Mahlzeit einzunehmen oder
seine Andacht zu verrichten. Jeder Bewegung zu Fuß
ist er dermaßen abgeneigt, daß unser hochverehrter Herr
Generalpostmeister ihn, selbst wenn er ihm alle Schätze
des Himmels und der Erde böte, für den Beruf des
Briefträgers kaum zu begeistern vermöchte. Wo immer

man dem Mongolen begegnet, auf dem Rücken seines kleinen, aber kräftigen Rößleins, oder im Zelte sein Hammelfleisch verzehrend, er steht seinen Mann. Beim Reiten wie beim Essen und Ableiern seiner Gebete scheint er nur das Trabtempo zu kennen. Ohne seinem Pferdchen Rast zu gönnen, trabt er, in der Stunde gegen 20 Kilometer zurücklegend, dahin, bis er das sich gesteckte Ziel erreicht hat. Auf dem Rückwege nach Peking trafen wir mit einem grauköpfigen Lama (Mönch) zusammen, der, wie er uns erzählte, in sieben Tagen 800 Li gleich 560 Kilometer auf seinem Tierchen zurückgelegt hatte.

Der Mongole hat mich, so oft ich ihm begegnet bin, stets ebenso sympathisch berührt, wie mich der Chinese abgestoßen hat. Ob er wirklich so bieder ist, wie er erscheint, wage ich nach der kurzen Bekanntschaft mit ihm nicht zu entscheiden. Mir persönlich erschien er, namentlich im Vergleich zu dem verschlagenen Chinesen, als das Urbild der Bravheit, Ritterlichkeit und Gastlichkeit, alles Eigenschaften, die mich derart zu ihm hinzogen, daß selbst all sein Ungeziefer und seine körperliche Unsauberkeit nicht im stande waren, mir seine Gesellschaft dauernd zu verleiden.

Hohe Lederstiefel, ein kaftanartiges, linksseitig zugeknöpftes Gewand und eine an den Seiten hochgeschlagene Mütze aus Filz oder mit Lammfell gefütterter Seide, das ist die Tracht des Mongolen, einerlei, ob männlichen oder weiblichen Geschlechts. Am Gürtel führt er ein kurzes Messer und an des letzteren Scheide seitlich befestigt seine elfenbeinernen Eßstäbchen, daneben ein mit Schlagstahl versehenes ledernes Feuerzeugtäschchen und ein oft recht

kostbares Schnupftabakfläschchen aus Krystall, Achat,
Nephrit oder anderem edlen Gestein. An dem Stöpsel
des Fläschchens befindet sich ein Elfenbeinlöffelchen, auf
dem der Tabak zur Nase geführt wird.

Das Haar trägt der Mongole, soweit er nicht —
und das ist bei etwa 50 v. H. der Fall — Priester oder
Mönch- ist und als solcher dasselbe kurz scheren muß,
gleich dem Chinesen in einen Zopf geflochten. Bei den
Weibern ist der Zopf gleichfalls die Regel, nicht selten
findet man bei ihnen indessen auch mehrere, von hinten
nach vorn um den Kopf geschlungene Zöpfe und dazu
einen aus Silber, Korallen, echten Perlen und Türkisen
oder Malachit kunstvoll aufgebauten Kopfputz, sowie Ohr=
gehänge von beträchtlichem Werte.

Während wir für einige Minuten in der Nähe einer
Brücke rasteten, kam ein, seinem Äußern nach zu schließen,
in guten Verhältnissen lebender Lama, gefolgt von zwei
andern Reitern, herangetrabt. Wenige Schritte vor uns
machte er Halt, schwang sich aus dem Sattel und reichte
uns nach europäischer Art die Hand, desgleichen thaten
seine Begleiter, von denen der eine, der die Zügel der
Pferde übernahm, zweifellos ein Diener war. Über den
anderen, eine stattliche bartlose Erscheinung, die für einen
Mann zu weibische und für ein Weib zu männliche Züge
aufwies, zerbrachen wir uns vergebens die Köpfe. Sie
bewegte sich in ihren hohen Stiefeln mit r Schwer=
fälligkeit eines Kürassiers, hatte wie ein solcher im Sattel
gesessen und sich zur Erde geschwungen, benahm sich in
jeder Hinsicht männlich, und als sie mir die Rechte zum
Gruße darbot, taxierte ich diese auf Handschuhnummer
8½. Unser Lama, ein Hüne von über 6 Fuß Körper=

länge und in seinem prächtigen bordeauxrotseidenen, mit
Krimmer (dem zarten Fell ungeborener Lämmer) ge=
fütterten Kaftan eine hochimposante Persönlichkeit, be=
handelte auf der anderen Seite seinen Begleiter mit einer
solchen Galanterie, daß wir trotz alles männlichen Auf=
tretens derselben glauben mußten, daß er eine Begleiterin
sei, zumal auch eine Anzahl kostbarer Fingerringe und
ein die Pelzmütze zierender Behang aus emailliertem
Silber auf das weibliche Geschlecht der Person hin=
deuteten.

Da unsere Diener sich ebenso wenig wie wir mit
den Mongolen verständigen konnten, dazu gleich uns
über das Geschlecht der merkwürdigen Person geteilter
Meinung waren und sich auch sonst keine Möglichkeit
bot, des Rätsels Lösung erfolgreich näher zu treten,
mußten wir uns mit der allbekannten Regel trösten:
„Was man nicht deklinieren kann, das sieht man als
ein Neutrum an."

Unter abermaligem kräftigen Händeschütteln verab=
schiedeten wir uns von dem Lama und seinem undekli=
nierbaren Begleiter, um gleich darauf einem Reiter in
chinesischem Gewande mit Zopf und schwarzseidener Kappe
zu begegnen, dem wir ungeachtet seiner Verkleidung und
einer riesigen dunklen chinesischen Brille sofort den Euro=
päer ansahen. Man sollte annehmen, daß der Mann,
wahrscheinlich ein französischer Missionar, mit Freuden
die Gelegenheit ergriffen hätte, einige Worte mit uns zu
wechseln. Sei es nun, daß er bereits sehr verchinesiert
war, oder fürchtete, sein Ansehen bei den Chinesen zu
schädigen, wenn er mit Europäern spräche, Thatsache ist,
daß er ohne Gruß an uns vorüberritt und zwar allem

Shan-hua-fu.

Anschein nach in der festen Überzeugung, nicht erkannt worden zu sein.

Kurz vor der Stadt Shian-Hua-Fu kam uns ein in grüner Sänfte getragener hoher Militärmandarin ent= gegen, der, wie wir in Erfahrung brachten, die außer= halb der Stadtmauer in drei befestigten Lagern unterge= brachten Tartarentruppen besichtigt hatte. Die sein Ge= folge bildenden Soldaten machten mit ihren rotbeschwänzten spitzen Strohhüten, hellblauen Gewändern und rotlackierten Steinschloßflinten einen unstreitig theatralischen, aber nichts weniger als martialischen Eindruck. Über den Lagern flatterten Fahnen in allen Farben des Regenbogens, Fanfaren wurden geblasen und allerorten wurde nach der Schwierigkeit gedrillt und manövriert, bis der ge= fürchtete General außer Seh= und Hörweite war.

In Shian-Hua-Fu, der größten und bestbefestigten Stadt zwischen Peking und Kalgan, zogen wir gegen Mittag ein und fanden in einem verhältnismäßig groß= artigen Gasthause der ebenfalls von hoher Mauer um= gebenen Vorstadt, in welchem man an den Besuch euro= päischer Reisenden gewöhnt zu sein schien, zum ersten Male ohne Weiterungen freundlichen Empfang. Trotz= dem das Haus nahezu überfüllt war, räumte man uns das beste Fremdenzimmer zur Einnahme des Frühstücks ein, denn nach kurzer Rast sollte der Marsch nach Kal= gan fortgesetzt werden, welches wir noch vor Dunkelheit zu erreichen hofften.

Während unsere Diener mit Herrichtung des Mahles und der Tafel beschäftigt waren, setzte ich mich an einen der Tische des großen öffentlichen Gastzimmers, um es zwischen schmausenden Chinesen einmal mit einem dé-

jeuner à la chinoise zu versuchen, weniger weil ich mir
von den Gerichten irgend welchen Genuß versprach, als
um das Leben in einem Gasthause größeren Stiles kennen
zu lernen. Der Wirt, den ich durch Vorführung einiger
kleinen Taschenspielerkünste schon in dem uns angewiesenen
Zimmer für mich einzunehmen verstanden hatte, machte
mir in jovialer Weise die Honneurs und wurde nicht
müde, meinen bis auf die kleinsten Kleinigkeiten sich er-
streckenden Wissensdrang zu befriedigen. Derselbe Raum
diente gleichzeitig als Küche und Gaststube, so daß sämtliche Speisen vor den Augen der Gäste zubereitet wurden.
Lange, saubere Holztische, Bänke und Schemel standen
an den Wänden, und in einem Winkel neben dem Herde
saß mit Tusche, Pinsel und Papier bewaffnet, der Buchhalter. Die von den Gästen erteilten Befehle werden
von den Aufwärtern laut singend den Köchen übermittelt
und dann von diesen in gleicher Weise wiederholt. Be-
gleicht ein Gast seine Rechnung, so wird nicht nur der
gezahlte Betrag ausgesungen, sondern auch noch die
Thatsache, daß Herr Tsung oder Tsing so großmütig gewesen ist, ein so und so hohes Trinkgeld zu geben. Alle
diese Rezitative werden von dem Buchhalter, der auch
das Amt des Kassierers versieht, zu Papier gebracht.
Wie bei uns in den modernen Küchen steht der Feuerherd vollkommen frei und ist von allen Seiten zugänglich.
Anfangs glaubte ich daher, es hier mit unterirdischem
Rauchabzuge zu thun zu haben, denn obgleich es an
allen Ecken und Enden zischte und brodelte und intensiv
bläuliche Flammen aus verschiedenen Öffnungen des
Herdes hervorzüngelten, war von Rauch nicht das Geringste zu spüren. Ich ließ meinen Wirt alle Herdklappen

öffnen, um den Rauchkanal aufzufinden, konnte indessen keine Spur eines solchen entdecken, da thatsächlich keiner vorhanden war: denn die aus Zarsamin bezogene Kohle, für die, wie ich nebenbei erfuhr, hier 1 M. 50 Pf. für 100 Pfund chinesisch, = 62 Kilo, gezahlt wird, brennt nahezu rauchlos. Man braucht wahrlich weder Hausfrau, noch Kasserollenheld zu sein, um solch eine nordchinesische Herdanlage mit Interesse zu betrachten. In der Mitte brodelt beständig in einem Topfe von der Größe eines Asphaltkessels die unvermeidliche Hammelbrühe. Geht dieselbe auf die Neige, so wird mit Wasser und neuen Fleischvorräten nachgeholfen, bis der gewünschte Pegelstand wieder erreicht ist. Daß so ein Kessel jemals leer und dann gereinigt wird, möchte ich sehr bezweifeln, daß die Brühe aber dessen ungeachtet vortrefflich ist, davon habe ich mich zu wiederholten Malen überzeugt. Zum Schöpfen derselben bedient sich der Koch eines flachen siebartig durchlöcherten Löffels, den er mit größerer oder geringerer Geschwindigkeit handhabt, je nachdem der Gast die Suppe mit mehr oder weniger Fleischstückchen, oder auch nur solche, gewünscht hat. Unmittelbar über dem Suppenkessel hängt die Nudelpresse, ein unten durchlöcherter, mit Mehlteig gefüllter Holzcylinder. Mit Hilfe eines an einem Hebel befestigten Kolbens wird der Teig durch die Löcher gepreßt, und die so entstehenden Nudeln fallen direkt in die brodelnde Suppe, aus der sie, sobald sie gar sind, gleichfalls mit dem siebartigen Löffel herausgefischt werden.

Neben dem Herde, auf dem, wie sich denken läßt, auch noch außer Fleischbrühe und Nudeln, die allerdings die Hauptnahrung der hiesigen reisenden Bevölkerung

bilden, andere Gerichte bereitet werden, hat der Pasteten=
bäcker seinen Stand. Mit den Händen und einem Stöck=
chen von der Größe eines Trommelschlägers bearbeitet
er seinen Teig, füllt die pfannkuchenähnlichen Gebilde
seiner Kunst mit einer stark mit Zwiebeln und Knoblauch
gewürzten Fleischsarce, bestreicht den ihm reservierten
Teil des Herdes mit Schweinefett oder auch Ricinusöl,
ein kurzes Prasseln und Zischen, und das allgemein be=
liebte Gericht ist fertig. Der Bereiter desselben trommelt
mit seinem Stabe einen Wirbel auf der Rollplatte, um
den Aufwärter von der Erledigung seines Auftrages zu
benachrichtigen, oder auch, wenn er gerade beschäfti=
gungslos ist, die Gäste zu neuen Bestellungen zu er=
muntern.

Ich ließ mir eine Schale mit Fleischbrühe und
Nudeln, sowie eine der soeben beschriebenen Pasteten vor=
setzen und fand, da ich seit dem frühen Morgen nichts
genossen hatte, die Pasteten außerdem mit Schweinefett
und nicht mit Ricinusöl bereitet waren, sämtliche Gerichte
durchaus wohlschmeckend. Weniger gute Erfahrungen
machte ich im Laufe der Reise mit den gleichen Speisen
in anderen Gasthäusern. Immerhin läßt sich nicht leugnen,
daß im allgemeinen die chinesische Küche genügend ge=
nießbare Gerichte bietet, um reisenden Europäern den
Verzicht auf Mitnahme all und jeden Proviants sowie
eines eigenen Kochs zu ermöglichen. Ich spreche hier
selbstverständlich nicht von solchen Reisenden, die nur bei
Franz Pfordte in Hamburg, Delmonico in New=York
oder Bignon in Paris menschenwürdig ernährt zu werden
glauben, sondern von dem gewöhnlichen Durchschnitts=
menschen, dessen Geschmacksnerven selbst englische oder

amerikanische Kost eine Zeit lang ertragen können, ohne
in ihren Grundfesten erschüttert zu werden.

Nachdem ich meine chinesischen Tischgenossen auf
Drängen des Wirtes noch durch verschiedene kleine Zauber=
scherze ergötzt und ihnen zu ihrem größten Erstaunen un=
gezählte Dollars aus den Zöpfen und Nasen gezogen
hatte, begab ich mich zu meinen Kameraden zurück und
ließ unserem nach europäischer Art bereiteten Frühstück
gleichfalls alle Ehre angedeihen.

Um in beschleunigtem Tempo den Marsch nach Kal=
gan fortsetzen zu können, hatten wir beschlossen, für den
uns verbleibenden Rest des Weges frische Maultiere zu
mieten. Der Preis von zwei Dollar für jedes Tier, den
unser Wirt uns abverlangte, veranlaßte uns jedoch auf
diesen Luxus zu verzichten. Allen Reisenden, die von
Peking aus eine Expedition in die Mongolei oder sonst
wohin zu unternehmen beabsichtigen, kann nach den von
uns gemachten Erfahrungen gar nicht dringend genug
empfohlen werden, mit ihren Maultiertreibern von vorn=
herein ein Abkommen für die ganze Reise zu treffen und
sich unter keinen Umständen darauf zu verlassen, die
Tiere unterwegs wechseln zu können. Abgesehen davon,
daß Maultiere oft an einzelnen Orten überhaupt nicht
zu haben sind, pflegt der Chinese ausnahmslos aus der
Not seines Mitmenschen den denkbar größten Vorteil zu
ziehen und vor allem der Ansicht zu huldigen, daß der
Europäer nie genug geschröpft werden könne, was ihm
ja am Ende nicht weiter zu verdenken ist. Gleichzeitig
sei allen unsern Nachfolgern der Rat erteilt, ihre Märsche
stets so einzurichten, daß sie vor Einbruch der Dunkel=
heit ihr Quartier erreichen. Sie könnten sich sonst leicht

gezwungen sehen, auf der Straße zu kampieren, was in
China noch weit weniger ein Vergnügen ist, als in an=
deren Ländern.

Bei glühender Hitze verließen wir unser Gasthaus,
ritten zum Thore der Vorstadt hinaus und folgten dann
für über eine halbe Stunde der mächtigen, ursprüng=
lich etwa 20 Fuß über dem Erdboden sich erhebenden
Stadtmauer, die an verschiedenen Stellen wiederum um
etwa die gleiche Höhe von Verteidigungstürmen über=
ragt wird.

Die einstige Mauerhöhe ist im Laufe der Jahre
namentlich an der Westseite der Stadt durch Sandan=
wehungen wesentlich verringert worden, so daß die Schieß=
scharten an einzelnen Stellen nur noch wenige Fuß aus
dem Flugsande hervorragen.   Wie wir auf dem Rück=
wege sahen, umschließt die Mauer neben der eigentlichen
Stadt genügend Ackerland, um den Bewohnern im Falle
einer Belagerung ausreichende Lebensmittel zu bieten.

Bald hinter Shian=Hua=Fu gelangen wir in eine
trostlose Landschaft, spärlicher werden die Ortschaften, um
nach und nach ganz aufzuhören und einer Sand= und
Steinwüste Platz zu machen.   Bei jedem Schritte zolltief
im Sande versinkend, keuchen die Lasttiere weiter, wäh=
rend wir, unseren Reittieren die Arbeit erleichternd, neben
denselben einherschreiten.   Unser Beispiel wirkt indessen
keineswegs veredelnd auf die chinesischen Boys.   Mögen
ihre Eselchen selbst bis an die Knie im Sande waten
und jeden Augenblick unter ihrer Last zusammenzubrechen
drohen, den Fächer vor dem Gesichte haltend, mit bis
zum rechten Winkel hochgezogenen Beinen sitzen die mit=
leidlosen Gesellen da, den Aufforderungen ihrer Herren,

sich auch einmal etwas Bewegung zu machen, den ge=
wohnten passiven Widerstand entgegensetzend. Wieder
einmal konnten die faulen, unverschämten Kerle ihrem
Schöpfer danken, daß sie nicht unter meiner Fuchtel
standen.

So lebhaft mich bisher alle an uns vorbeiziehenden
Viehherden interessiert hatten, so sehr verwünschte ich die=
selben in der Wüste, wo sie — namentlich die Schafherden
— einen undurchdringlichen Staub aufwirbelten, der in
die feinsten Hautporen dringend, im Verein mit der
sengenden Sonnenglut eine äußerst schmerzhafte Empfin=
dung im Gesichte hervorrief. Trotzdem ich einen Tropen=
hut trug und mich obendrein eines Sonnenschirms be=
diente, bedeckten sich meine Lippen mit dicken Brand=
blasen und meine Nasenspitze leuchtete wie Karfunkel.
Ein Marsch unter solchen Umständen ist kein sogenannter
Genuß, und mehr oder weniger stumpfsinnig, ohne In=
teresse für die beständig sich folgenden Herden und Züge
von Ochsenkarren zieht man des Weges, jeden schatten=
spendenden Felsblock oder Baum zu einer kurzen Rast be=
nutzend.

Glücklicherweise bezog sich der Himmel im Laufe
des Nachmittags. Dicker und dicker ballten sich die
Wolken zusammen, und wenn die Luft auch fast unerträg=
lich drückend wurde, so war die Schwüle doch der blen=
denden Sonne vorzuziehen. Außerdem belebte die Hoff=
nung, jeden Augenblick einen erfrischenden Regen auf
uns herniederprasseln zu sehen, unsere erschlafften Nerven.
Wir sollten uns nicht getäuscht sehen, denn um die fünfte
Stunde entluden sich unter Blitzen und Donnern die über
unseren Köpfen hängenden Wolken und in wenigen

Minuten waren wir so naß, wie wir es nur irgend
wünschen konnten. Ein geradezu wonniges Gefühl war
es für uns, im tollsten Regen weiter zu marschieren,
nicht so für unsere Chinesen, die, sobald wir in die Nähe
einer am Wege stehenden Hütte kamen, ohne uns zu
fragen, in derselben Schutz suchten und durch nichts zu
bewegen waren, vor Aufhören des Regens den Marsch
fortzusetzen. Der Chinese leidet eben an angeborener
Wasserscheu, und selbst der schneidigste Sohn des himm=
lischen Reiches, der vielleicht kaltblütig einem Kugelregen
standhalten würde, ergreift vor einem Gewitterregen
ohne Ausnahme die Flucht, als säße ihm der Teufel im
Nacken.

Auf diese Weise verloren wir über eine Stunde, so
daß wir allen Ernstes die Frage in Erwägung zogen,
ob es nicht geratener sei, nunmehr im ersten besten am
Wege liegenden Orte zu nächtigen, anstatt erst nach Her=
einbrechen der Dunkelheit in Kalgan einzuziehen. Daß
der erstere Plan der weisere, darüber waren wir
einer Meinung, ebenso einstimmig entschieden wir uns
aber für den unweiseren, da es uns schwer wurde, auf
das programmmäßig vorgeschriebene Ziel zu verzichten.

Leidlich erfrischt setzten sich Menschen und Tiere nach
Aufhören des Regens wieder in Bewegung. An Stelle
der Schwüle war eine leichte Brise getreten. Der Sand
war genügend durchfeuchtet, um keinen Staub aufkommen
zu lassen, und auf den im Osten sich von neuem zu=
sammenballenden Wolken zauberte die sinkende Sonne
die wunderbarsten Farben hervor.

Etwa mit Sonnenuntergang kamen wir an einem
links am Wege liegenden Gasthause vorüber, aber wir

widerstanden den Überredungskünsten unserer Boys, die,
um sich gegen weitere Regenschauer zu schützen, über eine
Lage von acht teils wattierten Jacken auch noch ihre
Schafspelze gezogen hatten, und marschierten mit „Augen
rechts" weiter in der Hoffnung, in weniger als einer
Stunde in Kalgan zu sein.

Wir mochten etwas über die Hälfte dieser Strecke
zurückgelegt haben, da brach ein Gewitter los, als gälte
es die ganze mongolische Wüste innerhalb zehn Minuten
einen Fuß tief unter Wasser zu setzen. Im nu war die
Landstraße in einen Bach verwandelt, ein orkanartiger
Wind peitschte uns die Regentropfen mit solcher Gewalt
ins Gesicht, daß die Brandblasen meiner Lippen aufge=
schlagen wurden und meine Karfunkelnase schmerzte, als
läge sie auf dem Toilettentisch einer Dame und werde
mitleidslos als Nadelkissen benutzt. Der Sturm heulte
in der schauerlichsten Tonart; aber trotz aller Schmerzen
brüllte ich: „Vorwärts mit frischem Mut", worauf mein
Maultier, welches bis an den Bauch im Wasser watete
und mich entweder mißverstanden haben mußte oder
oppositionell aufgelegt war, kurz kehrt machte und dem
Sturmwinde seine partie honteuse zuwendend, wie an=
gewurzelt, den Kopf zwischen die Vorderbeine steckend,
stehen blieb.

Finsternis ringsum. Von meinen Kameraden oder
den Leuten der Karawane war weder etwas zu sehen
noch zu hören. Der Gedanke, vom Wege abgekommen
oder sonstwie von meinen Begleitern getrennt zu sein,
erhöhte das Unbehagliche der Situation noch um ein
Bedeutendes. Denn abgesehen davon, daß es für den
geübtesten Pfadfinder kein Leichtes ist, in rabenschwarzer

15*

Nacht das Thor einer ihm unbekannten Stadt zu finden,
hatte ich außerdem vom Chinesischen nicht viel mehr,
als das Wort Tschau=Tschau, d. h. „Essen" gelernt, so
daß sich mir die allerschönste Aussicht bot, mit meinem
widerspenstigen Maultiere ante portas nächtigen zu
müssen. Alle Aufforderungen zum Tanze erwiesen sich
der bockbeinig dastehenden Bestie gegenüber als völlig
erfolglos, sie rührte sich nicht vom Fleck, gleichgültig, ob
sie zum Vorwärts= oder Rückwärtsgehen ermuntert wurde.
Mein einziger Trost bestand in der Hoffnung, daß sich
die übrigen Tiere während des Sturmes ebenso verhalten
würden und sich demnach nicht weit von mir befänden.
Da alles Rufen von dem Getöse der entfesselten Elemente
übertönt wurde, wie das Quaken des Frosches vom
Brüllen des Löwen, entschloß ich mich, mein thörichtes
Maultier für kurze Zeit sich selber zu überlassen und auf
eigenen Beinen zu versuchen, Fühlung mit der Karawane
zu bekommen. Immer im tiefsten Wasser planschend, um
nicht aus dem Geleise zu kommen und mit meinem zu=
sammengefalteten Schirm umhertastend, gehe ich langsam
zurück. Mit einemmale entdecke ich trotz aller Finster=
nis zur Seite des Weges einen Gegenstand, der sich wie
ein heimatlicher Wegweiser ausnimmt. Neue Hoffnung
belebt mich, aber im nächsten Augenblick muß ich trotz
der fatalen Lage, in der ich mich befinde, über mich
selber lachen. Ein Wegweiser! Erstens war es mehr
als zweifelhaft, daß es ein solcher war, da wir bisher
auf ähnliche Verkehrserleichterungen nicht gestoßen waren,
und dann, was hätte mir, dem jedes chinesische Schrift=
zeichen ein unlösbares Rätsel ist, ein solcher nützen können,
selbst wenn ein sekundenlanger Blitz mir den Gefallen

gethan hätte, zu enthüllen, was die Nacht vorläufig mit
Angst und mit Grauen bedeckte! Und der Blitz that mir
den Gefallen, oder vielmehr er spielte mir den Schaber=
nack, und von magisch bläulichem Lichte umflossen er=
schien über mir nicht die Hand eines Wegweisers, sondern
ein mit Holzstäben vergittertes Kästchen und hinter dem
Gitter das vom Rumpfe getrennte Haupt eines Hinge=
richteten, welches hier nach Landessitte als Warnungs=
zeichen für Diebe, Räuber, Mörder und solche, die es
werden möchten, an einer Wegegabelung aufgestellt war.
Ich könnte nun mit mehr oder weniger Witz und viel
Behagen eine Schilderung liefern, die sich vortrefflich für
die Schreckenskammer der Reiselitteratur eignen würde,
könnte erzählen, wie mich der Kopf mit seinen leeren
Augenhöhlen angegrinst, wie mir das Blut in den Adern
gerann und das Mark in den Knochen erstarrte; wie die
Haare mir gleich den Borsten eines geärgerten Stachel=
schweines (Hystrix cristata) zu Berge stauben und ich
selber mit schlotternden Knieen mich an den Busen meines
Maultieres flüchtete, um am nächsten Morgen mit schnee=
weißem Haar zu erwachen. Ich thue das nicht! Ich
verzichte, wie schon so häufig, darauf, vom trockenen
Wege der Wahrheit abzuweichen, zumal ich den Wert
eines solchen gerade damals, als ich bis an die Hüfte
im Wasser planschte, besonders schätzen mußte.

Der Wahrheit gemäß berichte ich daher, daß mich
der Kopf weniger erschreckte, als interessierte, und daß
ich nur bedauerte, ihn nicht für den Weihnachtstisch des
Herrn Geheimrats Virchow mitnehmen zu können. Aber
erstens konnte ich mich in jener Stunde nicht gut mit
Schädelsammeln abgeben und hatte auch keine Lust, den

Kopf für die ganze Dauer unseres Marsches mitzu=
schleppen. So vertröstete ich mich denn auf den Rück=
weg, zumal ich hoffte, daß inzwischen der Zahn der Zeit,
der Schnabel des Raben, sowie die Freßwerkzeuge der
Ameise ihre Schuldigkeit thun und mir dadurch jedes
Reinigungswerk ersparen würden.

Ich habe in meinem Leben so viel kopflose Menschen
gesehen, daß jeder menschenlose Kopf mir nur als ein
Mittel zur Herstellung des Gleichgewichts einen gewissen
Eindruck macht. Übrigens wurde mir zum Glück weniger
Zeit gelassen, mich mit dem Haupte des Gerichteten zu
beschäftigen, als ich für denselben vom Leser dieser Zeilen
in Anspruch genommen habe. Denn in nächster Minute
tauchten neben mir schwarze Gestalten auf, Stimmen
wurden vernehmbar, und erleichterten Herzens sah ich
mich wieder mit der Karawane vereint. So schnell ich
konnte, watete ich zu meinem bei dem Herannahen seiner
Kameraden laut wiehernden Maultier zurück, schwang
mich in den Sattel, und da nunmehr eine Meinungs=
verschiedenheit zwischen uns beiden nicht mehr bestand,
ging es trotz Wassers, Regens und Windes dem er=
sehnten Ziele langsam, aber ohne weitere Fährlichkeiten
entgegen.

Nachdem ich auch diesesmal wieder der Versuchung
widerstanden habe, auf Kosten der Wahrheit meinen
Lesern eine Gänsehaut zu verschaffen, möchte ich die
günstige Gelegenheit nicht vorübergehen lassen, der An=
nahme entgegenzutreten, daß der Reiseschriftsteller kleinere
und größere Schnurren schlechterdings nicht entbehren
könne. Für den Reisenden, der Ohren hat, zu hören,
und Augen, zu sehen, der ungeachtet dessen, daß er sich

hier und da die Hände ein wenig beschmutzt, frisch
hineingreift ins volle Menschenleben, ist das Flunkern
ein ebenso überflüssiges Unternehmen, wie das Aus-
brüten von Euleneiern für den Athener, denn er erlebt,
ohne sich dazu zu drängen, soviel des Merkwürdigen,
Interessanten, Unerhörten, Schauerlichen und Komischen,
daß er schon ein gradezu gottbegnadeter Lügner à la
Münchhausen sein muß, um Besseres zu erfinden, als
das, was ihm das Leben bietet.

Ich gebe zu, daß, wie eine gewisse Begabung zum
Reisen, zum Beobachten und zum Schildern des Gesehenen und Erlebten, so auch ein gewisses Talent zum
Erleben selbst gehört. . . . Wer letzteres besitzt, der kann
nach einem abendlichen Spaziergange durch die Straßen
einer Großstadt Erlebnisse verzeichnen, von denen sich
der Philister in seinem Stumpfsinn nichts träumen läßt,
trotzdem er dieselben Dinge Tag für Tag erleben könnte,
wenn er sich nicht gewissermaßen mit einem Dow'schen
Panzer gegen Erlebnisse gewappnet hätte. Der gute Beobachter wird überall Vorgänge schildern können, die dem
Alltagsmenschen, der mit Scheuklappen durchs Leben
rennt, so lange entgangen sind, bis er mit der Nase
darauf gestoßen wird und dann thatsächlich nicht be-
greifen kann, daß er das alles nicht schon früher bemerkt hat. Betreten Leute dieses Kalibers den Reisepfad,
so erleben sie dabei vielleicht noch weniger, als bei einem
Spaziergange durch die Straßen der Großstadt, sie
müssen daher notgedrungen, wenn sie eine Reisebeschrei-
bung durchaus nicht für sich behalten können, um dieselbe nur einigermaßen lesbar zu machen, in Ermangelung
von Thatsachen zu Schnurren greifen und werden dem-

nach auch anderer Leute Reiseerlebnisse für erlogen halten.
Schreiben sie nicht, so erklären sie ihre schreibenden Kol=
legen sämtlich für Aufschneider und Märchenerzähler,
falls sie nicht so aufrichtig sind, wie ein viel in der Welt
herumgekommener Herr, dem ich während meiner letzten
Anwesenheit in Deutschland begegnete und der mir ganz
freimütig sagte: „Erst nach dem Lesen Ihres Buches
„An indischen Fürstenhöfen" ist mir's zum Bewußtsein
gekommen, wie unendlich viel des Interessanten auch ich
bei meiner Reise durch Indien erlebt habe."

Ich gestehe übrigens offen, daß ich es dem in seinen
vier Wänden in der Heimat hockenden Leser nicht ver=
üble, wenn er gelegentlich an meiner Wahrheitsliebe
zweifelt. Ich selber glaube manches von dem, was ich
geschildert, auch nur deshalb, weil ich es selbst erlebt
habe.

Doch genug davon. Folgen Sie unserer kleinen
Schar nach dieser kurzen Abschweifung gefälligst wieder
auf die fußtief unter Wasser stehende Landstraße und
begleiten uns auf unserm Einzuge durch das zum Glück
noch nicht geschlossene südliche Thor Kalgans.

Man hätte dasselbe sehr wohl anstatt für ein Thor
für eine über einen Gebirgsbach führende Brücke halten
können, so rauschte das Wasser unter unsern Vierfüßlern,
als wir mit dem wonnigen Gefühle, endlich geborgen
zu sein, hindurchritten. Dieses Gefühl sollte indessen
nicht lange standhalten. Wir hatten vergessen, daß wir
uns in China befanden und daß — die Landstraßen
mögen in noch so schauerlicher Verfassung sein — die
eigentliche Schwierigkeit des Vorwärtskommens erst mit
dem Betreten der Städte beginnt, deren Straßen schon

Stadtthor in Kalgan.

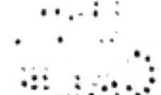

bei Tageslicht und trockener Witterung kaum passierbar,
bei Nacht und Regen indessen geradezu lebensgefährlich
sind. Jedes nicht an ähnliche Straßen gewöhnte Last=
und Reittier würde hier bei einer solchen Dunkelheit,
wie sie in jener Nacht herrschte, unfehlbar Hals und
Beine gebrochen haben. Wohl an die zwanzig Minuten
mochten wir, beständig von einem Wasserloch ins andere
rutschend, den chinesischen Straßenbau laut verwünschend,
vorwärts gestolpert sein, als es unseren Boys gelang,
einen mit einer Laterne bewaffneten Jungen aufzutreiben,
der gegen fürstliche Belohnung versprach, uns zu dem
nächstgelegenen Gasthause zu führen. Bald hielten wir
vor einem hohen, verschlossenen Holzthor, welches sich
nach langem Schreien und Pochen quietschend um einige
Zoll weit in den Angeln drehte.

> „Von fern her kommen wir gezogen und flehen um ein nächtlich
> Dach,
> Sei uns der Gastliche gewogen, der von dem Fremdling wehrt
> die Schmach.“

Mit diesen von Schiller seinem und der Götter Freund
Ibikus in den Mund gelegten und von unseren Boys
ins Chinesische übertragenen Worten wurde dem miß=
trauisch durch die Thürspalte schauenden bezopften Wirt
kund und zu wissen gethan, was wir begehrten.

Kaum hatte er jedoch mit Hilfe der Laterne einen
Blick auf uns geworfen, als er auch schon, ohne sich
auf irgend welche weiteren Verhandlungen einzulassen,
mit unterdrücktem Fluche das Thor wieder ins Schloß
warf, um uns in Sturm und Regen unserm Schicksal
zu überlassen. Ich glaube gern, daß wir, durchnäßt
und kotbeschmutzt, wie wir waren, einem europäischen

Hotelwirt gleichfalls keinen allzu vertrauenerweckenden
Eindruck gemacht haben würden, dennoch wurmte uns
diese schnöde Ablehnung gewaltig, und wenn der un=
gastliche Wirt uns weiße Teufel nannte, so hatten wir
für ihn Flüche in Bereitschaft, mit denen wir uns die
Hochachtung jedes preußischen Feldwebels oder Wacht=
meisters erworben hätten.

Als unserem Führer bedeutet wurde, uns den Weg
zu einem weniger europäerfeindlichen Gasthause zu weisen,
blies er — wahrscheinlich mit dem unverschämtesten Ge=
sichte, welches ein Berliner Schusterjunge aufsetzen kann
— uns seine Laterne vor der Nase aus und verschwand
im Dunkel der Nacht.

„Vorwärts mit frischem Mut" wurde von neuem
mit erzwungener Begeisterung angestimmt, und weiter
ging's über Berg und Thal des schauerlichen Straßen=
pflasters, bis wir an einen zweiten Gasthof gelangten,
um auch hier mit barschen Worten abgewiesen zu werden.

Bisher hatten wir uns in der sogenannten unteren
Stadt bewegt, aber in der oberen wohnen auch noch
Leute und zweifellos auch Wirte. Also auf zur oberen
Stadt! Wie wir den Weg zu derselben gefunden, weiß
ich nicht mehr, eine Gasse war so dunkel wie die andere,
und ich entsinne mich nur, daß wir uns schließlich auf
einer Straße von der Breite der Wilhelmstraße der
deutschen Reichshauptstadt befanden und von irgend einem
des Weges kommenden Chinesen zu einem „Hotel" geführt
wurden, dessen Thor so weit offen stand, daß wir ungehin=
dert eindringen konnten. Zwischen unseren Boys und
dem herbeigerufenen Wirt entspann sich eine endlose,
äußerst lebhafte Unterhaltung, in der viel von der deutschen

Gesandtschaft und Dollars die Rede war und deren Er=
gebnis darin bestand, daß wir durch einen schmutzigen
Gang über einen unter Wasser stehenden Hof, auf dem
unzählige Gefährte, Sänften und sonstiges Gerümpel die
Passage beengten, in zwei neben einer Mistgrube gelegene,
elende Kammern geleitet wurden, die uns unter den ob=
waltenden Umständen jedoch als der Inbegriff aller Be=
haglichkeit erschienen.

Schleunigst wurde das mit Öltuch gegen Nässe ge=
schützt gewesene Gepäck abgeladen, die triefenden Klei=
der abgestreift und durch trockene ersetzt, Bett und Tisch
aufgestellt, und bald darauf konnte ich, durch ein Glas
Portwein gestärkt und eine halbgefüllte Flasche vor mir,
in mein Tagebuch im Hinblick auf meine Umgebung die
Worte eintragen:

> „In dieser Armut, welche Fülle,
> In diesem Kerker, welche Seligkeit!"

Unsere Diener, denen sämtliche neun Kleiderschichten
durchnäßt worden waren, hatten sich ohne viele Umstände
an den trockenen Beständen ihrer Herren schadlos ge=
halten und entledigten sich nunmehr ihrer Aufgabe, für
unser leibliches Wohl zu sorgen, mit erstaunlicher Ge=
schwindigkeit und lobenswertem Geschick. Wir waren
noch keine Stunde im Quartier, da stand eine dampfende
Erbsensuppe vor uns, der vortreffliche Schweinekoteletts
mit Büchsenspargel folgten. Käse bildete den Nachtisch
und deutscher Schaumwein so lange das Getränk, bis
stärkere Stoffe an seine Stelle traten.

Daß wir, auf diese Weise vorbereitet, nach einem
Marsch von gegen 70 Kilometer und nach all des Tages

Mühen und Lasten wie die Götter schließen, läßt sich denken.

Bei klarem Himmel und lachender Sonne verließen wir am folgenden Morgen unsere bei Licht besehen wenig erfreuliche Behausung, um, während die Diener mit dem Trocknen unserer nassen Kleidungsstücke, Sättel u. s. w. vollauf zu thun hatten, uns die Stadt, in der wir so wenig gastlich empfangen worden waren, näher anzusehen.

Der chinesische Name der zwischen 70= und 80 000 Einwohner zählenden, 2400 Fuß über dem Meeres= spiegel gelegenen Stadt ist Chan=kia=kau. Die Mongolen nennen sie „Halga", d. h. Thor, weil die Stadt im Norden von der großen, die Grenze zwischen China und der Mongolei bildenden chinesischen Mauer begrenzt wird, und aus dem Worte Halga haben die Russen Kalgan gemacht. An drei Seiten von schroff abfallenden Bergen eingeschlossen, auf deren Höhen hie und da die Reste der vor über 2000 Jahren errichteten Mauer sicht= bar sind, an einem bald ausgetrockneten, bald schäumend seine Fluten dahinwälzenden Flüßchen liegend, macht Kalgan auf den aus der Ebene kommenden Fremden äußerlich einen keineswegs üblen Eindruck. Im Innern aber ist's fürchterlich, namentlich nach regnerischem Wetter, wenn sich allerorten schlammige Pfützen und kleine Teiche gebildet haben, so daß man weder zu Fuß, noch zu Pferde oder im Karren verkehren kann, ohne nach wenigen Minuten von oben bis unten mit Schlamm bespritzt zu sein. An einem solchen Tage erhält man überhaupt kein richtiges Bild von der Bedeutung Kalgans als Durch= gangspunkt aller zwischen Rußland und China ver= kehrenden Karawanen, denn die Kameltreiber hüten sich

in diesem Falle, ihre Tiere, die auf schlüpfrigen Wegen
ebenso unsicher sind, wie der Feuerländer auf dem
Parketboden, durch die Stadt zu treiben.   Dessenungeachtet bleibt der Verkehr immer noch lebhaft genug.
Die mit Soda beladenen Ochsenkarren folgen einander.
Maultiere kommen und gehen, und auf Schritt und Tritt
begegnet man aus den Steppen hereinreitenden Mongolen, zuweilen in prächtigen seidenen Mänteln, der
Regel nach aber in schmutzstarrenden, mottenzerfressenen,
übelduftenden Schafpelzen, im Sattel ihre Einkäufe besorgend.   In Kalgan ist alles zu haben, was des
Mongolen Herz erfreuen kann, Sättel und Sattelderken;
eiserne reichornamentierte und vergoldete Steigbügel,
Buddhabilder, Amulets, Gebetmühlen und Rosenkränze,
aus Messing gegossene Gefäße für den Haus- oder vielmehr Zeltaltar, Peitschen, Messer, eiserne Kochpfannen,
Eßstäbe, aus Holz geschnitzte Trinkschalen, Tabaksbeutel,
Pfeifen, Pelz- und Filzmützen in allen möglichen Aus-
stattungen, Filzdecken, Schnupftabaksflaschen von wenigen
Casch bis zu 100 Dollar das Stück kostend, Rasier-
messer, Kisten zum Aufheben von Kleidungsstücken,
Schmuckgegenstände für Weib und Kind, in Ziegelstein-
form gepreßte Theeabfälle, Tabak, Salz, Zwiebeln,
Schnittlauch und Hirse.

Damit ist aber auch der Wunschzettel des Mongolen so gut wie vollständig, die Steppe bietet ihm,
was er sonst zum Leben gebraucht, Fleisch, Butter,
Käse, Wasser und Luft und als Feuerungsmaterial getrockneten Kamelsmist.

In besonderer Blüte steht in Kalgan der Handel
mit Fellen und Pelzen, und wir versäumten es daher

nicht, einigen der größten Fellniederlagen unseren Besuch
abzustatten. Die hier mit diesem Handel sich befassenden
Leute sind durchweg Chinesen, die uns in freundlichster
Weise empfingen und mit unerschöpflicher Geduld ihre
Schätze vor uns ausbreiteten, natürlich in der Hoffnung,
uns selbst bei dieser Gelegenheit das Fell über die
Ohren ziehen zu können. Als richtige Geschäftsleute
begannen sie mit ihren Schundartikeln, mit geflickten
billigen Wolfs= und mongolischen Ziegenfellen, um erst
nach und nach ihre wertvolleren Bestände hervorzuholen
und den blauen und weißen Fuchs, den Zobel, den aus
den Himalayas stammenden Schneeleoparden, den sibi=
rischen langhaarigen Tiger, der den bengalischen Königs=
tiger tief in den Schatten stellt, und mancherlei andere
Kostbarkeiten vor uns auszubreiten.

Ich erstand ein tadelloses Wolfsfell für zwölf Mark,
prächtige Leopardenfelle wurden uns mit 36 Mark an=
geboten. Die wirklich guten und seltenen Sachen standen
hingegen so unverhältnismäßig hoch im Preise, daß
selbst die Überredungskunst der Händler uns nicht zum
Öffnen unserer Börsen bestimmen konnte.

Gegen Mittag fuhren wir gemeinsam in einem
Karren zu der außerhalb der Stadt auf einem Hügel
gelegenen amerikanischen Mission, um uns bei dem Leiter
derselben, Mr. Roberts, Rat wegen der besten und
lohnendsten Tour in die Mongolei zu holen.

Wir wurden auf das gastlichste empfangen und
dahin belehrt, daß ein mehrtägiger Ausflug hinreiche,
das Leben der Mongolen kennen zu lernen, da, sobald
man sich erst einmal in der eigentlichen Steppe befinde,

diese selbst auf Hunderte von Meilen ebenso wenig Ab=
wechslung böte, wie ihre Bewohner.

Herr Roberts war so liebenswürdig, uns zwei ver=
schiedene Marschrouten auszuarbeiten, uns mit den nötigen
Karten zu versehen und uns manchen wertvollen Wink
zu erteilen. Beim Abschiede stellte er uns seine 17 be=
zopften Zöglinge vor, klagte über den Mangel jeglichen
Verständnisses für seine Bestrebungen bei den Mongolen
und gestand offen, daß die seit nahezu 30 Jahren be=
stehende Mission bisher, was das Christianisierungswerk
anlangt, ganz miserable Geschäfte gemacht habe.

Sobald wir in unser Gasthaus zurückgekehrt waren,
wurde gefrühstückt, darauf gepackt und auf Mr. Roberts
Anraten unser Lager nach der außerhalb des Nordthores
gelegenen russischen Niederlassung verlegt. Ein fünf
Kilometer langer Ritt durch die Stadt brachte uns an
ein gut erhaltenes, in die große Mauer eingelassenes
Thor, vor dem selbst die sonst wie angeleimt im Sattel
klebenden Mongolen zum Zeichen der Unterwürfigkeit
gegen China vom Pferde zu steigen pflegen. Hindurch
reitend, gelangten wir in einen engen Gebirgspaß, zu
dessen beiden Seiten jeder Quadratfuß ebenen Bodens
bebaut ist. Nachdem wir eine lange Reihe chinesischer
Läden passiert, kommen wir in die russische Kolonie,
deren Häuser sich von denen der Chinesen, trotz derselben
Bauart, durch bunt bemalte Fensterläden, kleine, mit
Astern und Georginen bepflanzte Vorgärtchen und sauberen
hellfarbigen Anstrich vorteilhaft unterscheiden.

Als der gebildetste der hier stationierten, ausschließ=
lich mit Theehandel sich befassenden Russen war uns
von Mr. Roberts Herr Batueff, ein geborener Moskauer,

bezeichnet worden. Um den betreffenden Herrn nicht zu
dreien zu überfallen, wurde ich mit der Mission betraut,
denselben aufzusuchen und allerlei Erkundigungen, u. a.
auch wegen des empfehlenswertesten Gasthofes der
Niederlassung einzuziehen. Während meine Gefährten
daher bei der Karawane halten blieben, schickte ich mich
an, mich meines Auftrages zu entledigen. Herr Batneff,
den ich in seinem Garten traf, führte mich sofort ins
Haus und stellte mich seiner bildhübschen, gerade am
Theetisch beschäftigten Gattin vor. Ich redete meine
beiden Wirte erst in französischer, dann in deutscher und
schließlich in englischer Sprache an, umsonst! Das
Resultat blieb sich in allen drei Fällen gleich, man
verstand mich nicht, und da mein russischer Sprachschatz
mit dem einen Worte Wodka erschöpft worden wäre, ich
mit demselben indessen kaum allzu viel Ehre eingelegt
hätte, so verzichtete ich auf die Hebung dieses Schatzes,
lachte ebenfalls, lief dann zur Thür hinaus und rief
meine Kameraden zu Hilfe. Dieselben konnten zwar
nicht mehr Russisch, als ich, aber Dr. Grunwald sprach
das Chinesische nahezu fließend, wenn auch mit leichtem
vorpommerschen Accent, Herr Hildebrand kannte gleichfalls einige hundert Worte, und daß unsere beständig
mit den Söhnen des Landes verkehrenden Wirte deren
Idiom verstanden, war als sicher anzunehmen. Kaum
hatte ich denn auch beide Herren in aller Form eingeführt, so schwirrten die Tschings, Tschungs, Tschongs
nur so durch die Luft, derweil ich als stiller Teilhaber,
ohne eine Silbe zu verstehen, dabei saß, mir sehr thöricht
vorkam und mir Finger und Mund an dem siedend
heißen Thee verbrannte, den die reizende Frau Batneff

mit Hilfe ihres behaglich summenden Samowars bereitet
und mit bezauberndem Lächeln vor mich hingestellt hatte.
Daß meine Leser und Leserinnen zu mindestens 90 v. H.
wissen, was ein Samowar ist, nehme ich zwar als
wahrscheinlich an, bestreite aber deshalb den wenigen
Unwissenden keineswegs das Recht, von mir zu verlangen, ihnen zur Ausfüllung einer Lücke in ihrer Bildung behilflich zu sein.

Ein Samowar ist in erster Linie ein Gegenstand,
ohne den ein russisches Familienleben gerade so undenk-
bar ist, wie ein deutsches ohne Kaffeekanne. Er ist,
wenn blitzblank geputzt, der Stolz der russischen Hausfrau, und wenn in ihm das Wasser leise summt und ihm
zur Seite eine Flasche Rum steht, des strengen Hausherrn allerbester Freund. Seine Form ist die einer
hübsch geformten, weitbauchigen Vase, deren Hals weit
genug ist, einen der Vase entsprechend langen, etwa
2 Zoll starken Metallcylinder aufzunehmen. Letzterer
wird mit glühender Holzkohle versehen, in die mit Wasser
gefüllte Vase gesetzt, und nach wenigen Minuten ist
letzteres auf dem Siedepunkt angelangt, auf dem es sich
dann stundenlang hält, ohne daß die Hausfrau nötig
hätte, einer jeden Augenblick zu erlöschen oder anderen
Unfug anzurichten drohenden Spiritusflamme, einer
Vestalin gleich, ihre Aufmerksamkeit zu widmen. Das
kochende Wasser dient zur Bereitung des Thees, den der
Russe anders genießt, als alle übrigen Nationen, und
von dem er größere Mengen verbraucht, als selbst der
theesüchtigste Chinese. Ein kleiner irdener Topf wird
mit Theeblättern gefüllt, auf diese kochend heißes Wasser,
ohne welches bekanntlich ein genießbarer Thee auch sonst

nicht zu erzielen ist, geschüttet und der Topf auf einige
Minuten sich selber überlassen. Der dann fertige, äußerst
starke Aufguß hat die Farbe alten Portweins und wird
zu etwa vier Fünfteln mit Wasser verdünnt, auf Wunsch
mit Zucker und Milch versetzt und nicht aus Tassen,
sondern aus Gläsern getrunken. Das stärkere Geschlecht
pflegt auf Milch zu verzichten und einen nicht unbeträcht=
lichen Bruchteil des Wassers durch Rum oder Kognak
zu ersetzen. Welche Mengen dieses belebenden Getränkes
der Russe in einer Sitzung zu sich nehmen kann, spottet
jeder Beschreibung, für ihn ist das Theetrinken ein Be=
dürfnis, wie für uns etwa das tägliche Brot oder wie
der Tabak für den leidenschaftlichen Raucher, und ich
glaube, daß er sich eher von seiner Frau trennen würde,
als von seinem Samowar, es sei denn, er habe eine so
schöne liebenswürdige Gattin, wie Herr Batneff in
Kalgan.

Unser Wirt, der die mongolische Wüste zu ver=
schiedenen Malen durchquert hatte, konnte uns noch
manchen schätzbaren Rat erteilen. So empfahl er uns
u. a., einen Teil unserer mexikanischen Dollars in Silber=
rubel umzuwechseln, die von den Mongolen den Dollars
gleich geschätzt würden, trotzdem sie um $1/3$ weniger wert
seien. Da wir aus mannigfachen Gründen die uns
für die Nacht angebotene Gastfreundschaft ablehnten,
geleitete uns Herr Batneff zu einem unweit seines Hauses
gelegenen, von durchreisenden Russen viel besuchten
chinesischen Gasthause, uns der Gunst des Wirtes an=
gelegentlichst empfehlend.

Wir wurden zusammen in einem saalartigen, etwa
15 Fuß hohen Zimmer untergebracht, dessen Rang groß

genug war, einem Dutzend Gäste gleichzeitig als Schlaf=
stätte zu dienen, ein Umstand, der uns bewog, von vorn=
herein gegen Aufnahme etwaiger noch ankommender
Gäste zu protestieren. Zur Zeit des Theetransportes,
d. h. im Herbst und Winter, sind die Gasthäuser zwischen
Peking und Kalgan größtenteils überfüllt, und wir
konnten daher von Glück sagen, ein so gutes Unter=
kommen gefunden zu haben. In den übrigen Gast=
zimmern wie auf den Höfen herrschte ein reges, fesselndes
Leben und Treiben. Da wurde gezecht und geschmaust,
gepackt und geladen, Geld gezählt und gehandelt, wie
auf einem Jahrmarkt, Pferde und Maultiere wurden
zum Verkauf vorgeführt, ihre Mängel beschönigt und
ihre Vorzüge gepriesen. Handelsgeschäfte zwischen Chi=
nesen sind im allgemeinen mit dem denkbar geringsten
Geräusch verbunden, und hundert chinesische Händler
machen zusammen auch nicht annähernd den Lärm, den
zwei Berliner Fondsjobber zur Abwicklung des unbe=
deutendsten Geschäfts für unerläßlich erachten.

Den Aufschlag seines Rockärmels heruntergestreift,
ergreift der Verkäufer die Hand des Käufers, zeigt diesem
durch den Druck der Finger seine Forderung an, nimmt
in gleicher geheimnisvoller Weise dessen Gebot entgegen,
und so fort, bis man handelseins geworden ist, oder die
Hoffnung, es zu werden, aufgiebt.

In dem Hofe eines Nachbarhauses, in welches ich
mich nach der Rückkehr von einem Spaziergange verirrt
hatte, war ich Zeuge, wie ein Kamel, dessen untere Fuß=
fläche einen Riß bekommen hatte, in des Wortes ver=
wegenster Bedeutung frisch besohlt wurde. Mit Hilfe
von Bindfaden und Pfriemen wurde ihm ein Stück

16*

Leder direkt an die eigene Fußsohle genäht, um auf
diese Weise das Eindringen von Sand und Schmutz in
die Wunde nach Möglichkeit zu verhindern. Schmerz
schien das Tier dabei nicht zu empfinden, denn es ließ
sich in seiner Beschäftigung des Wiederkäuens nicht im
geringsten stören und blickte mit seinen schönen braunen
Augen um sich, als sei es an der Operation in keiner
Weise beteiligt.

Rund herum saßen eine Anzahl Chinesen, der
Thätigkeit des mongolischen Kamelschusters aufmerksam
zuschauend, Pfeife rauchend oder wenn ihre Hände sonst
nicht beschäftigt waren, in denselben beständig zwei
Kugeln aus Glas, Stein oder Metall um einander
kreisen lassend.

Durch dieses Kugelspiel, welches mit höchst fatalem
Geräusch verbunden ist, werden selbst die stärksten Nerven
des Europäers nicht selten auf eine harte Probe gestellt,
namentlich wenn es mit sogenannten Klingelkugeln —
eisernen Kugeln, in denen sich eine Feder befindet, die bei
jeder Drehung gegen die Kugelwand schlägt und ein
leises Tönen hervorruft · betrieben wird.

Geschmeidighalten und Stärkung der Hand= und
Fingermuskeln soll der Zweck der Übung sein. Jeden=
falls kann man sich kaum einen unangenehmeren Zimmer=
genossen vorstellen, als einen nach Knoblauch duftenden
und obendrein mit Klingelkugeln arbeitenden Chinesen.

Gegen Abend bekam ich einen heftigen Fieberanfall,
der mich frühzeitig ins Bett trieb.

Als wir um 4 Uhr in der Frühe geweckt wurden,
fühlte ich mich jedoch wieder wohl und kräftig, der
Himmel versprach uns einen schönen regenfreien Tag, und

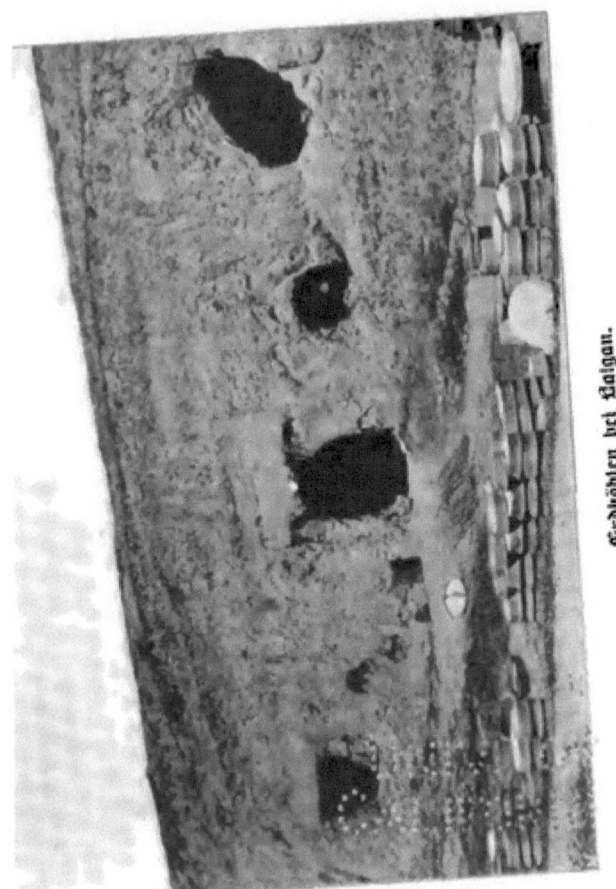

Erdhöhlen bei Kalgan.

das Einzige, was mir den Lebensgenuß beeinträchtigte, waren meine verbrannten Lippen und meine unter lebhafter Schmerzempfindung sich häutende Nase. Zu welchem Maße derartige Kleinigkeiten die Laune eines Menschen zu beeinflussen vermögen, kann nur der beurteilen, der selbst an sonnverbrannten Körperteilen gelitten hat. Mit der verbrannten Nase hätte ich mich schon abgefunden, aber die Lippen brauchte ich zum Sprechen und Lachen wie zum Essen und Trinken — zu küssen gab's in dieser Gegend nichts — und bei jeder einzelnen dieser Thätigkeiten wurden die kaum verharschten Wunden von neuem aufgerissen.

Bald hatten wir die freundliche Russenkolonie hinter uns. Auf schlechtem, steinigem Wege, dem zur Seite der in der Mongolei entspringende Baitsa-Ghool plätscherte, stiegen wir in enger, von schroffen Abhängen gebildeter Schlucht langsam bergan, bis wir nach einstündigem Marsch an eine armselige Chinesenansiedelung kamen, deren Bewohner Ackerbau und Töpferei betreiben und der Mehrzahl nach, Erdschwalben gleich, in steil abfallenden Lößwänden nisten. So wenig menschenwürdig diese Höhlen von außen erscheinen, so behaglich ist zum Teil ihr Inneres. Ich fand einige derselben, aus drei gewölbten Abteilungen bestehend, säuberlich gekalkt und mit Papierfenstern versehen. Gegenüber frei stehenden Häusern haben sie den Vorteil, sturmfest, wasserdicht, warm im Winter und kühl im Sommer zu sein. Ich für meine Person würde mein Leben jedenfalls lieber in einer solchen Erdhöhle verbringen, als in dem Keller eines Hauses in Europa.

Wir trafen auf der Dorfstraße gegen hundert mit

Ochsen bespannte Holzkarren, die Soba aus einer etwa 1200 Kilometer nördlich von Kalgan gelegenen Land= schaft namens Paitschi brachten und zur Zurücklegung der Strecke etwas über vierzig Tage benötigt hatten. Der Transport mit Ochsen=Karren ist, wie man hieraus ersieht, ein ungleich langsamerer, als derjenige mit Ka= melen. Der Ochse zieht indessen mehr, als das Kamel trägt, und da die Unterhaltungskosten der Zugtiere bei= spiellos gering sind, der Ochse außerdem an seinen Hufen gegen spitze Steine u. s. w. weniger empfindlich ist, als das Kamel an seinen Fußsohlen, so behauptet er neben diesem seinen Platz.

Die Holzkarren sind in ihrer Bauart so primitiv wie möglich und vergeblich sucht man an ihnen nach dem geringsten Eisenteil. Ganz von Holz gefugt, mit hölzernen, an den Rädern festsitzenden und sich mit diesen drehenden Achsen, auf denen der in der Mitte mit halb= mondförmig ausgeschnittenen Lagern versehene Kasten zur Aufnahme der Lasten ruht, mit Rädern, in denen die Stelle der Speichen durch drei starke Holzleisten ver= treten wird und deren Felgen häufiger ein Sechseck, als einen Ring bilden, ist es ein wahres Wunder, daß diese jämmerlichsten Gefährte, denen ich überhaupt auf meinen Reisen begegnet bin, nicht im Laufe eines jeden Tages= marsches mindestens zehmal zusammenbrechen.

Wenn der Fuhrpark Attilas, der an der Spitze der Hunnen, den Vorfahren der heutigen Mongolen, im 5. Jahrhundert seinen Siegeszug nach Westen antrat und ganz Europa in Angst und Schrecken versetzte, aus solchen Rumpelkästen zusammengesetzt war, so danke ich meinem Schöpfer auf den Knien dafür, daß er mich nicht 14 Jahr=

hunderte früher als Hunnen auf die Welt kommen und Reserveoffizier hat werden lassen, mit der Aussicht, mich im Kriegsfalle mit einer Trainkolonne herumzuärgern.

Etwas weiter bergauf gelangten wir an einen chinesischen Tempel und hielten daselbst eine Weile, bis unsere Diener und Maultiertreiber ihren Katau, d. h. eine tiefe Verbeugung gemacht und den Tempelboden mit der Stirn berührt, sowie einige Cash geopfert hatten. Sobald das Geld im Kasten klang, quittirte ein verlotterter Mönch dankend, indem er mit einem Holzklöppel gegen die Wandung eines topfförmigen Bronzegongs schlug.

Nach weiterem zweistündigem Klettern hatten wir die Piskalhöhe erreicht und standen damit etwa 5000 Fuß über dem Meeresspiegel am Rande der Steppe. Einem Trupp uns entgegenkommender Mongolen in gelben, blauen und roten Seidenmänteln, in der Hand eine kurze Knute und die Pfeife im Stiefelschaft, wurde ein fröhliches „mondo, mondo" (Guten Tag) zugerufen und von den also Begrüßten freundlich erwidert.

Dann erkletterten wir einen alten verfallenen Wachtturm und hielten nach allen Seiten Umschau. Hinter uns die chinesische Ebene, im Osten zu imposanten Höhen sich auftürmende Bergketten, vor uns in sanften Wellenlinien in weiter Ferne sich verlierend, der ruhigen Dünung des gewaltigen Ozeans vergleichbar, die Grassteppe der Mongolei, die Wüste Gobi.

Wir sahen uns durch dieses eigenartige Bild, welches gerade durch seine grandiose Einförmigkeit die Sinne gefangen nahm, vollauf belohnt für die Strapazen des Marsches, fühlten uns außerhalb Chinas und der chinesischen Mauer als Gäste eines Landes, dessen Be-

wohner als harmlos, kindlich und europäerfreundlich be=
kannt sind, und die — soweit sie nicht dem Priesterstande
angehören — im Gegensatz zu den ihnen verhaßten Chi=
nesen ein Herz und keine Rechenmaschine im Busen tragen.

Nachdem ich von dem rund um die Turmruine
wuchernden Edelweiß einen Strauß gepflückt und an dem
Stirnriemen meines Maultieres befestigt hatte, schwangen
wir uns wieder in die Sättel und tranken, den Fuß im
Bügel, die Hand am Zügel, das erste Glas in der
Mongolei auf das Wohl der sonnverbrannten Steppen=
söhne. Dann eine Weile an den Trümmern der hier
nur noch aus losen Steinhaufen bestehenden Mauer ent=
lang reitend, folgten wir in flottem Trabe unseren be=
reits vorausgeeilten Lasttieren über die baum= und strauch=
lose Grasfläche. Nach kurzer Rast in der Nähe einer
lagernden Sodakarawane, deren Leute in blauen ver=
räucherten Baumwollzelten auf Ziegenfellen um einen
großen eisernen Kochtopf hockten, oder Opium rauchend
am Boden lagen, ging es weiter. Die kühle, reine
Steppenluft wirkte belebend nicht nur auf uns, sondern
auch auf unsere Maultiere, die sich hier und da sogar
zu einem kleinen Galopp verleiten ließen und jungen
Fohlen gleich hinten ausschlugen. Riesige Schafherden,
rastende Kamele, querfeldein trabende Mongolen brachten
gelegentlich etwas Leben und Farbe in die Landschaft.

Erst nach dreistündigem Ritt kamen wir bei Schipartei
an ein aus elf Zelten bestehendes Mongolendorf oder
vielmehr Lager; denn die Mongolen sind ein Nomaden=
volk, welches nur ausnahmsweise feste Wohnsitze sein
eigen nennt, sonst aber mit seinen Schafen und Pferden
umherziehend den Wohnort wechselt, sobald das Inter=

Mongolische Jurte.

esse der Herden dies bedingt. Ist die Weide rings um das Lager abgegrast, so werden die Zelte abgebrochen, auf ein Kamel oder einen Ochsenkarren geladen und an einer anderen Stelle, in deren Nähe sich Wasser und Futter befindet, in kürzester Zeit wieder aufgestellt. Trotz dieses beständigen Wechsels des Wohnortes widmen die Mongolen dem Lagerbau weit mehr Sorgfalt, als die meisten anderen Nomadenvölker, so daß sie in ihren nicht aus Zeug, sondern aus dickem Filz bestehenden Zelten gegen Wind und Wetter vortrefflich geschützt sind.

Mein Eifer, möglichst schnell in das Innere der ersten mir in den Weg kommenden Filzbehausung zu gelangen, hätte mir um ein Haar ein zerrissenes Beinkleid, wenn nicht gar eine blutige Wade eingetragen. Kaum war ich nämlich etwa zwanzig Schritte von einer „Jurte", wie die Mongolenzelte allgemein von Fremden genannt werden, abgesessen, als wie aus der Pistole geschossen zwei braunschwarze langhaarige Hunde von der Größe ausgewachsener Neufundländer auf mich zustürzten und zweifellos ihre Zähne an mir versucht haben würden, wenn sie nicht von einem aus dem Zelt tretenden Weibe rechtzeitig zurückgerufen und angebunden worden wären.

Mit einem dankerfüllten mondo mondo reichte ich — aber erst, nachdem ich meinen Reitstock niedergelegt — der guten Frau die Hand, denn ich wußte, daß nach mongolischer Sitte das Mitbringen von Peitschen, Stöcken und anderen für Tiere, aber nicht Menschen bestimmten Prügelinstrumenten in eine Jurte als schwere Beleidigung gilt.

Ein Filzvorhang wurde zurückgeschlagen, und durch eine schmale, etwa 1½ Meter hohe Öffnung trat ich ins

Innere der Behausung, von zwei am Boden sitzenden Männern und einer jungen Frau ohne jegliche Scheu oder Unterwürfigkeit frank und frei bewillkommnet und zum Sitzen eingeladen.

Da unsere Unterhaltung mit dem Austausch des „mondo mondo" erschöpft war, vertrieb ich mir bis zur Ankunft meiner Kameraden die Zeit mit einer eingehenden Besichtigung meiner nächsten Umgebung.

Der in der Grundfläche $3\frac{1}{2}$ Meter im Durchmesser haltende Raum wurde von einem $1\frac{1}{2}$ Meter hohen kreisrunden Holzgitterwerk gebildet, auf dem das einem abgestumpften Kegel gleichende, bis zu $2\frac{1}{2}$ Meter sich erhebende gleichfalls hölzerne Dachgerüst ruhte. Das Ganze war außen mit dickem Filz bekleidet und fest mit Kamelshaarstricken verschnürt. Im Zentrum des Daches gewahrte ich einen schließbaren halbkreisförmigen Ausschnitt zum Abzuge des Rauches und Hereinlassen des Tageslichtes. Ein runder eiserner Vierfuß, auf dem eine große halbkugelförmige, gleichfalls eiserne Pfanne ruhte, in der zur Zeit ein aus Hirse und Hafermehl gemischter Brei bereitet wurde, stand in der Mitte. In anderen Jurten sah ich später zuweilen auch einen zylinderförmigen, 50 Zentimeter hohen und 45 Zentimeter weiten Lehmherd. Der Boden war mit Filzdecken belegt, und an der Zeltwand standen verschließbare Holzkisten, in denen Hausrat verwahrt wird.

Eine dieser Kisten wird in der Regel zugleich als Familienaltar benutzt und ist dann mit allen möglichen billigen Messinggeräten, Buddhabildnissen, Schalen u. s. w. besetzt. Runde Holzschachteln dienen zur Aufbewahrung der Sonntagsnachmittagsausgehpelzmützen, die nur bei Reisen

und festlichen Anlässen hervorgeholt werden. Alles in
allem macht das Innere einer Jurte einen recht behag=
lichen Eindruck, namentlich wenn die Familie nicht gerade
mit dem Kochen beschäftigt ist, denn der als Brenn=
material dienende Kamelmist, argol genannt, giebt, wenn
er nicht völlig getrocknet ist, einen schmerzhaft in die
Augen stechenden Rauch von sich.

Sobald Dr. Grunwald sich zu uns gesellt hatte,
wurde die Unterhaltung lebhafter, da unsere Mongolen
immerhin genügend Chinesisch verstanden, um über das
Woher und Wohin ihrer seltenen Gäste unterrichtet werden
zu können.

Wir wurden mit fetter Sahne und in feine Scheiben
geschnittenem Quarkkäse bewirtet, und nachdem inzwischen
der kurz vor dem Garwerden noch reichlich mit Schnitt=
lauch durchmengte lockere Mehlbrei fertig geworden war,
eingeladen, an der allgemeinen Mahlzeit teilzunehmen.
Von den benachbarten Jurten waren verschiedene Be=
sucher erschienen, und jeder holte nun aus seinem Busen
eine kleine „ei-iga“ genannte Holzschale hervor, füllte sie
mit Brei und führte diesen mit seinen, elfenbeinernen Eß=
stäbchen zum Munde. Auch wir erhielten jeder ein
Schälchen, sowie Eßstäbchen, kosteten und fanden das
Gericht nicht übel. Mittlerweile hatten sich mindestens
ein Dutzend Erwachsener und ein halbes Dutzend Kinder
in dem engen Raum zusammengedrängt. Alle waren
liebenswürdig und höflich und freuten sich sichtlich über
die in Gestalt von Taschenmessern, Halsketten, Ringen
und Medaillen mit dem Bildnisse unseres Kaisers ver=
teilten Geschenke.

Wir würden sicherlich noch länger bei den freund=

lichen Leuten geblieben sein, wäre nicht die Luft schließ=
lich für europäische Lungen ungenießbar geworden. Jeden=
falls konnten wir uns sehr wohl einen Begriff davon
machen, welche Atmosphäre in einer Jurte nächtlicherweile
herrschen muß, wenn selbst die Dachluke verschlossen ist
und neben der ganzen in ihre Pelze gehüllten Familie
auch noch verschiedene Gäste und etliche neugeborene,
gegen die Kälte zu schützende Lämmer, Kälber oder
Fohlen sich um das qualmende Argol=Feuer gelagert
haben. Ich stand infolge dessen von meinem Vorhaben,
während der ganzen Reise womöglich stets nach Landes=
sitte zu nächtigen, ab und pries mich glücklich, daß das
Schicksal es so fügte, daß wir allabendlich irgend ein
Unterkommen fanden, in dem wir uns ohne Mongolen
zu behelfen hatten.

Ließ der uns für die erste Nacht zur Verfügung
stehende, unweit der Zelte gelegene chinesische Gasthof
auch manches zu wünschen übrig, so hatten wir doch
unsern Schlafraum für uns allein und konnten in den=
selben nach Herzenslust frische Luft hereinlassen. Kaum
waren wir eingezogen, so erhielten wir Gesellschaft durch
eine auf dem Marsche nach Peking befindliche Schafherde
von über 4000 Stück. Die Tiere wurden vom Wirt
und Hirten, als sie das Hausthor passierten, gezählt, da
für jedes Haupt ein geringes Schlafgeld berechnet wird,
und dann neben unserer Kammer eingepfercht.

Gegen Abend zeigte das Thermometer auf 8 Grad
Celsius, in der Nacht wurde es kälter und kälter, so
daß wir eine Decke nach der andern hervorholten, um
trotzdem zu frieren wie die Schneider, und als wir kurz
nach 5 Uhr von unseren erbarmungslosen Boys vom

Kang heruntergetrieben wurden, fanden wir das vor der
Thüre stehende Waschwasser sogar mit einer dünnen Eis=
schicht bedeckt.

Mein Sinn für Reinlichkeit sank unter diesen Ver=
hältnissen ebenfalls beinahe auf Null; das Waschen wurde
lediglich markiert und die erstarrten Finger an der auf
dem Tische stehenden Kaffeekanne gewärmt.

Mit Sonnenaufgang setzten wir uns in Marsch.
Wie mit einer feinen Silberschicht bedeckt, erglänzte vor
uns die bereifte Steppe, und das von mir gepflückte
Edelweiß funkelte im Sonnenlicht, als sei es mit Dia=
mantstaub übersäet. Es war ein herrlicher Morgen,
aber die Luft war so kalt, daß wir, die Hände in den
Hosentaschen, im Geschwindschritt der italienischen Versa=
glieri dahinstürmten, unsere Last= und Reittiere weit
hinter uns lassend.

Kein Lüftchen regte sich, kerzengerade stieg der Rauch
aus den Jurten empor, deren Bewohner wahrscheinlich
ihren Morgenthee schlürften. Denn außerhalb der Zelte
ließ sich niemand blicken.

Nach und nach wurde durch der Sonne wärmenden
Strahl der Reif in glitzernden Tau verwandelt, die Luft
wurde wärmer, und je höher die Sonne stieg, um so
kürzer unser Marschtempo, bis gegen 8 Uhr die Maul=
tiere wieder bestiegen wurden.

Bald hielten wir vor einem großen Mongolendorf
mit einigen zwanzig Jurten, und da wir nicht weit da=
von eine Pferdeherde grasen sahen, gingen wir, uns
dieselbe näher anzusehen. Sie bestand aus mehreren
hundert Tieren, die durch berittene, ihre langen Peitschen
gleich Kavallerielanzen auf die Bügel stützende Wärter

zusammengehalten wurden. Als die Leute merkten, daß
wir uns für ihre Pflegebefohlenen interessierten, holten
sie mit ihren als Lasso benutzten Peitschen einige der besten
Tiere mitten aus der Herde heraus, um sie uns zur
Musterung vorzuführen. Der Durchschnittspreis drei-
und vierjähriger Pferde wurde uns auf 15 Doll. gleich
45 Mark angegeben; am höchsten im Preise stehen
Schimmel, denen chinesische Mandarine vor allen anderen
den Vorzug geben.

Das mongolische Pferd ist klein von Statur und
leicht gebaut, nur im Westen der Steppe, nahe der russischen Grenze, in Ili wird ein schwererer Schlag gezüchtet,
wohingegen die prächtigen Maultiere, die oft mit über
1000 Mark bezahlt werden, vorwiegend aus der Mandschurei stammen.

Die Pferde bleiben nur über Sommer zu großen
gemeinsamen Herden vereint auf der Weide. Mit dem
ersten Schneefall werden sie von ihren Eigentümern zu-
rückgeholt, um den Winter über mit Heu gefüttert zu
werden, welches von den Mongolen mit kurzen Sensen
geschnitten und in gleicher Weise wie bei uns bereitet,
d. h. gewendet, geharkt und in Schober gesetzt wird.

Auf irgend eine andere landwirtschaftliche Thätigkeit läßt sich jedoch der Mongole nicht ein, und wo
immer man in der Steppe ein Fleckchen bestellten Ackers
erblickt, kann man sicher sein, daß es irgend einem
chinesischen Eindringling gehört, denn der Mongole hält
es unter seiner Würde, auch nur die von ihm so hoch-
geschätzte Zwiebel oder seinen Schnittlauch selbst zu züchten.

In einer der von uns im Laufe des Tages besuchten Jurten erstand ich neben einem hübsch gearbeiteten

Feuerzeug, einer ei-iga, Messern und Eßstäbchen, ein
über einen Zentner wiegendes prächtiges Fettschwanz=
Schaf für den Preis von 7 Mark 50 Pf., wohingegen
ich erfolglos die höchsten Summen für ein kleines weißes,
mit tibetanischen Schriftzeichen bedecktes, baumwollenes
Fähnchen bot, welches den Leuten von einem Lama ge=
schenkt war und daher als eine Art Talisman betrachtet
zu werden schien.

Zu dem Schafkauf hatte mich weit weniger die
Sehnsucht nach einem Hammelkotelett, als der Wunsch
bewogen, mich mit eigenen Augen davon zu überzeugen,
ob die Mongolen wirklich so geschickte Schlächter seien,
wie man mir erzählt, und zweitens, in welcher Weise sie
das Fleisch zuzubereiten pflegen. War somit Wissens=
drang das Hauptmotiv, so wollten wir doch auf der
anderen Seite auch mit dem Nützlichen das Angenehme
verbinden, d. h. uns das Schlachten des Tieres und Zu=
bereiten seines Fleisches nicht nur ansehen, sondern uns
auch an dem Verzehren desselben beteiligen. Wir ent=
schlossen uns daher, das Tier mitzunehmen und erst im
nächsten Dorfe, wo uns unsere Diener zum Frühstück er=
warteten, schlachten zu lassen.

So einfach der Kauf war, so schwierig erwies sich
die Transportfrage. An Leuten, die das Schaf hätten
zu unserem Frühstücksplatze treiben können, war zwar
kein Mangel, aber es war zufällig kein Pferd in der
Nähe, und einem Mongolen zumuten, eine halbe Stunde
weit zu Fuß zu gehen — ebenso gut hätte man den
heiligen Vater· zu einem Menuett auffordern können.
Warten, bis eins der weitab weidenden Pferde einge=
fangen war, wollten wir nicht, und so nahm ich denn

mein Fettschaf zu mir aufs Maultier, legte es quer über
den Sattel und zog damit zum größten Vergnügen
unserer Wirte von dannen. So lange sich das Symbol
der Unschuld als solches benahm, ging die Sache vortrefflich, bald aber fiel es aus der Rolle und ließ seinen
Gefühlen in einer so ungenierten Weise freien Lauf, daß
ich mich genötigt sah, es schleunigst abzusetzen. Zum
Glück hatten wir nicht nur einen unserer Maultiertreiber,
sondern auch einen Strick bei uns, mit dem das Schaf
gefesselt werden konnte. Ich versprach daher dem ersteren
das Fell des dritten, wenn er dieses mit Hilfe des
zweiten hinter uns herführen wolle. Der Vorschlag
wurde angenommen, und ich war damit aller weiteren
Sorgen überhoben.

In Taotaimiao, einer kleinen Ortschaft, die durch
einige Dutzend sich um einen Tempel und die Wohnung
eines chinesischen Beamten gruppierender Jurten gebildet
wird, stießen wir zu unseren Leuten und luden uns mit
unserem Schafe bei einer der Mongolenfamilien zu Gaste.
Da der Hausherr in seiner Eigenschaft als Lama das
Gesetz „Du sollst nicht töten" zu befolgen hatte, rief er
zwei seiner Nachbarn herbei, lieferte diesen das ahnungs-
lose Opfertier ans Messer und die Schlächterei begann.

Das Schaf wurde auf den Rücken gelegt, und
während es von einem der Kerle fest gehalten wurde,
schlitzte der zweite ihm mit einem kurzen Messer dicht
unter dem Brustknochen den Leib auf, bahnte sich durch
die Eingeweide mit der Hand einen Weg zum Herzen
und riß dieses mit kurzem Ruck heraus. Der Tod trat
augenblicklich ein, und der ganze Vorgang nahm weniger
Zeit in Anspruch, als die Schilderung desselben; das

Tier war getötet, ohne daß ein Tropfen Blutes verloren
gegangen oder für den Zuschauer sichtbar geworden war.
Das Abhäuten ist das Werk eines Augenblicks, und die
unter dem Körper liegende Haut dient nunmehr als An=
richtetisch. Nachdem die Brust aufgetrennt, wird das in
derselben angesammelte Blut ausgeschöpft, um sofort in
die Pfanne einer benachbarten Familie zu wandern.
Leber, Lunge u. s. w. werden herausgenommen, und mit
einer jedem Anatomen zur Ehre gereichenden Sicherheit
mit wenigen Schnitten die Keulen vom Rumpfe getrennt.
In erstaunlich kurzer Zeit ist die ganze Schlächterei be=
endet, und die zerlegten Stücke liegen, ohne auch nur im
geringsten mit dem Erdboden in Berührung gekommen
oder sonstwie beschmutzt worden zu sein, neben einander
auf der ausgebreiteten Haut. Die Schlächter erhielten
die beiden Vorderkeulen, unsere Leute Kopf und Einge=
weide, und mit dem Rest zogen wir in die Jurte unseres
Lamas.

Ich bin nicht recht daraus klug geworden, ob letzterer
eigentlich Herr oder Gast des Hauses war, und in welcher
Beziehung die mit ihm dort hausenden älteren und
jüngeren Vertreterinnen der edlen Weiblichkeit zu ihm
standen. Da Keuschheit seines Lebens Regel sein soll,
wollen wir einmal annehmen, daß er sich entweder auf
einem Besuche bei Verwandten befand, oder gekommen
war, das schwächere Geschlecht durch Buddhas Wort zu
kräftigen und aufzurichten.

Was immer auch ihn hierher geführt haben mochte,
er schien weder ein Spielverderber noch ein Kostverächter
zu sein, und nachdem er das verbotene Geschäft des
Tötens von anderen hatte besorgen lassen, wandte er

jetzt dem nicht verbotenen des Kochens seine ungeteilte
Aufmerksamkeit zu.

Auf dem Boden kauernd, hatten wir rund um den
Herd Platz genommen und harrten, derweil uns der
Rauch des langsam schwälenden Argols die hellen
Thränen in die Augen trieb, der Dinge, die da kommen
sollten.

Die leere Pfanne war aufs Feuer gesetzt, erhitzt,
darauf mit Kamelsmist gereinigt und bevor sie mit Wasser
gefüllt, oberflächlich mit Fett bestrichen worden. Erst
nachdem das Wasser heiß — nicht kochend — geworden
war, wurde der ganze Rumpf des Schafes nebst zwei
Keulen hineingethan und ohne Salz oder andere Zu=
thaten gekocht. Alles saß mit lüsternen Blicken um den
brodelnden Kessel, wetzte das Messer und ein jeder holte
sein Holzschälchen aus dem Busen hervor.

Als das Fleisch gar war, wurde mit den Händen
und Messern ungeniert zugelangt, der Lama warf ein
kleines Fleischstückchen als Opfergabe ins Feuer, und
der Schmaus begann. Während der Inhalt des Kessels
weiter brodelte, ward ein Stück nach dem anderen her=
ausgeholt, erst, so lange es zu heiß war, in den Schoß
gelegt und dann in der gleichen Weise verzehrt, wie der
Berliner Droschkenkutscher seine Wurst zu essen pflegt,
d. h. das Fleisch wurde in die Linke genommen, in
Stücke geschnitten und zwischen Messer und Daumen der
Streifen zum Munde geführt. Selbstverständlich folgten
wir dem Beispiele der Mongolen, verbrannten uns da=
bei die Finger nach der Schwierigkeit und überließen
unserm Wirten gern den Löwenanteil des Mahles. Daß
diese, alles in allem sechs Personen, es fertig bringen

würden, den ganzen Inhalt des Topfes und dazu in kaum einer Viertelstunde zu bewältigen, hätte ich allerdings nicht für möglich gehalten. Heute aber glaube ich jedem, der mir erzählt, er habe in derselben Zeit einen Mongolen ein ganzes Schaf verzehren sehen, denn der Appetit dieser Epigonen Attilas und seiner Scharen, die, wie ich in der Schule gelernt, schon vor 1400 Jahren ihr Beefsteak unter dem Sattel mürbe zu reiten liebten, spottet jeder Beschreibung. Ich hörte später, daß sie im Hungern ebenso Großes wie im Fressen zu leisten vermögen. Wenn das der Wahrheit entspräche, so dürften sie das Zeug dazu haben, sämtliche bisher aufgetretenen Hungerkünstler aus dem Felde zu schlagen.

Als alles Fleisch von den Knochen genagt war, wurden diese aufgebrochen und das Mark herausgesogen, dann erst begann man mit dem Holzschälchen die Brühe auszuschöpfen und eine Schale nach der anderen zu schlürfen, bis man mit dem Kessel die Nagelprobe hätte machen können.

Was aus dem Fettschwanz geworden war, weiß ich nicht. Derselbe gilt als der beste Teil des Schafes und wird der Regel nach dem vornehmsten Gast gereicht oder einem in der Nähe wohnenden Ober-Lama gesandt, der ausnahmslos der Ansicht zu sein pflegt, daß das Beste für ihn gerade gut genug sei.

Während die übrige Gesellschaft sich schlafen legte, wurde der Kessel, ohne vorher irgendwie gesäubert zu werden, von einer der Frauen von neuem mit Wasser gefüllt, eine Handvoll Ziegelthee hinein gethan und dieser gekocht. Ich müßte lügen, wenn ich behaupten wollte, nie vorher ein wohlschmeckenderes Getränk zu mir

genommen zu haben, als die mir nach halbstündiger
Pause gereichte grünlich braune, fettäugige, alle Mund=
winkel wie Gerbsäure zusammenziehende Flüssigkeit. Der
Mongole aber schlürfte sie mit sichtlichem Wohlbehagen,
reinigte dann sein Holzschälchen mit der Zunge und
einem Zipfel seines Pelzes, auf dem er auch vorher be=
reits sein Messer gesäubert hatte, stopfte sich ein Pfeif=
chen mit chinesischem Tabak und gab dann seiner Um=
gebung durch lautes Rülpsen zu verstehen, daß es ihm
geschmeckt habe und seine Verdauungswerkzeuge an der
Arbeit seien.

Als ich verspürte, daß sich der Fieberbazillus wieder
in mir zu regen begann, naschte ich schnell einige Gramm
Chinin, ließ mir meine Schlafdecken holen und bereitete
mir neben dem Feuerherd eine warme Lagerstätte, wobei
ich beinahe den mit 81 winzigen Messingschälchen be=
setzten Hausaltar umgeworfen hätte. Diese Schälchen
werden zu Ehren Buddhas täglich aus einem besonderen
Kessel mit Wasser gefüllt, welches, nachdem Buddha genug
damit geehrt worden ist, nicht zu profanen Zwecken ver=
wendet, sondern wieder in den Kessel zurückgegossen wird.
Mit Dunkelwerden wird ein mit Butter gefülltes Opferlämp=
chen auf den Altar gesetzt und angezündet, wie denn
überhaupt der größte Teil des Daseins eines Mongolen
mit allen möglichen religiösen Verrichtungen ausgefüllt
wird. Den Rosenkranz zwischen den Fingern, murmelt
er beständig seine Gebete, beim Aufstehen und Schlafen=
gehen, im Zelt wie im Sattel. Begegnet man ihm auf
der Steppe, so ist er in neun Fällen von zehn auf der
Reise nach einem Tempel oder er kehrt von einer solchen
zurück. An besonders heiligen Plätzen steigt er vom

Pferde, um einen zu Ehren Buddhas aufgehäuften Stein=
haufen vergrößern zu helfen, was glücklicherweise auch
noch von praktischem Werte ist, da diese „cairn" ge=
nannten, oft mit einer geweihten weißen Flagge ge=
schmückten weithin sichtbaren Steinpyramiden, namentlich
im Winter, wenn fußhoher Schnee die Steppe bedeckt,
den Wüstenfahrern als Landmarken dienen.

Ebenso abergläubisch wie fromm, hat der Mongole
hunderterlei Dinge, die bald gethan, bald unterlassen
werden, Plätze, die zu bestimmten Zeiten besucht, und
andere, die gemieden werden müssen, kurz, der größte
Teil seiner Handlungen hat irgend einen religiösen Zweck
oder Beweggrund. Kein Volk auf unserem Planeten
wird dermaßen von seiner Religion beherrscht, keines
gleichzeitig so von seinen Priestern terrorisiert und aus=
gesogen, wie die Mongolen, und nirgendwo hat auf der
anderen Seite eine Glaubenslehre in gleichem Maße
verdummend auf ein Volk gewirkt, wie hier der tibeta=
nische Buddhismus, der mit seinem Lamawesen wie ein
Fluch auf dem Lande lastet, jede Entwicklung desselben
hemmt, jedem Fortschritt seiner Bewohner einen Riegel
vorschiebt. Trotzdem nach Schätzung des englischen
Missionars Reverend James Gilmour, dessen inter=
essantem Buch „Among the Mongols" ich diese An=
gaben entnehme, etwa drei Fünftel der Mongolen die
Schule besuchen, können höchstens 10 v. H. ihre Sprache
lesen und schreiben, und doch ist dieselbe, da sie eine
Buchstaben= und keine Zeichenschrift ist, verhältnismäßig
leicht zu erlernen. Der ausschließlich von den Lamas
erteilte Unterricht beschränkt sich eben auf die Religions=
lehre, und da alle heiligen Bücher in ihrem tibetanischen

Urtext gelesen werden müssen, einzig und allein auf das
Studium tibetanischer Schriftzeichen. Die Kinder lernen
dabei nicht etwa Tibetanisch, sondern lediglich die Zeichen
in Laute umsetzen, bei denen sie sich ebensowenig etwas
denken können, wie die meisten ihrer Lehrer. Mr. Gil=
mour schätzt die Anzahl der des Lesens ihrer eigenen
Sprache kundigen Lamas auf kaum 4 v. H., die Zahl
der Lamas selbst auf mehr als die Hälfte der gesamten
männlichen Bevölkerung.

Von ihren Eltern zum Lama bestimmt, werden die
Jungen zwischen dem 6. und 10. Jahre, nachdem ihnen
der Zopf abgeschnitten und der Schädel rasiert worden
ist, in ein rotes oder gelbes Gewand gesteckt, erhalten
ein paar Blätter eines tibetanischen Gebetbuchs in die
Hand gedrückt und werden dem nächsten Kloster über=
geben. Damit zum Lama geworden, können sie nicht,
gleich ihren Kollegen in Burma, den Pungis, jederzeit
ihr Mönchsgewand wieder an den Nagel hängen und
ins bürgerliche Leben zurückkehren, sondern sie haben
mit demselben auch für alle Zeiten die Verpflichtung
übernommen, sich so zu betragen, wie es einem ehr=
liebenden, rechtschaffenen Lama eignet und gebührt. Vor
allen Dingen sind sie zum Verzicht auf alle ehelichen
Freuden verdammt, und das dürfte ihnen, wenn sie von
Knaben zu Jünglingen und Männern herangewachsen
sind, zweifellos am peinlichsten sein. Man sagt, daß
nur sehr wenige der Versuchung widerstehen, vom Pfade
der Tugend abzuweichen, daß die meisten allen ein=
gegangenen Verpflichtungen zum Trotz ein Lotterleben
führen und daß in den Klöstern ausnahmslos das Laster
triumphiert.

Faul und gefräßig, saugen die Lamas die übrige Bevölkerung aus gleich Vampyren. Bei jeder Gelegenheit, im Glück und Unglück, bei Geburten und Sterbefällen, Erkrankungen und Genesungen von Mensch und Vieh, stets sind sie zur Stelle, um milde Gaben in Gestalt von Pferden, Rindern, Schafen oder barem Gelde in Empfang zu nehmen.

Mr. Gilmour schreibt: Ich habe einen Mann gekannt, der einst Tausende von Rindern und Schafen, große Herden von Pferden und Kamelen besaß und als einer der reichsten Leute der Steppe galt. Heute sitzt er verarmt in seiner Jurte, ohne ein einziges Schaf sein eigen zu nennen, bis über die Ohren verschuldet, ein gebrochener Greis. Krankheit war in seine Familie gekommen, dann der Tod, ein Kind nach dem andern war gestorben, bis ihm nur ein Sohn und eine Tochter geblieben waren. Um seine Kinder am Leben zu erhalten, hatte er keine Kosten gespart, in den Tempeln hatte er Gebete murmeln lassen, die Klöster mit reichen Gaben bedacht, und so waren Schafe, Rinder, Pferde und Kamele eines nach dem anderen in die Hände der Lamas gefallen.

Das ist einer von ungezählten Fällen. Die Kirche hat auch hier, wie man sieht, einen guten Magen und scheut keine Mittel, die Dummheit der Menschen auszunutzen. Wenn auch noch keine heiligen Röcke und blutenden Jungfrauen in der Mongolei zur Ausbeutung des Publikums erfunden sind, so ist man doch um great attractions für die einzelnen Tempel nicht verlegen, seien es nun Licht ausströmende Heiligenbilder oder gar lebende Buddhas, deren es eine ganze Anzahl in der

Mongolei giebt. Sie unterscheiden sich von gewöhnlichen Sterblichen dadurch, daß sie als Kinder mit den Redensarten ehemaliger Buddhas um sich werfen, alle möglichen Vorgänge aus dem Leben derselben erzählen und sich damit hinreichend als wiedergeborene Buddhas legitimieren.

Der ganze Schwindel wird von irgend einem gewissenlosen Lama mit vielem Geschick und der nötigen Reklame in Szene gesetzt. Scharen von Pilgern strömen zu dem Tempel, in dessen Mauern der lebende Buddha weilt, und dieser selbst wird von seinem Entdecker so lange ausgenutzt, bis er entweder aus der Rolle fällt, oder sich seinem Herrn gegenüber selber als Buddha aufspielt, sich damit als unbequem erweist und infolge dessen brevi manu aus der Welt geschafft wird.

Wer die heutigen Mongolen sieht, zur Hälfte eine Schar nichtsnutziger Priester, zur andern harmlose Gesellen, die sich von den Priestern gutmütig das Fell über die Ohren ziehen lassen und unter chinesischem Joche seufzen, ohne sich gegen dasselbe aufzulehnen, vermag kaum zu fassen, daß sie die Söhne desselben Volkes sind, welches unter Attila das römische Reich zu Fall gebracht und 700 Jahre später unter Dschinghis Khan ganz Asien unterjochte. Und doch sind sie äußerlich geblieben, wie sie uns aus jenen Zeiten geschildert werden, sie waren schon damals nomadisierende Hirten und lebten in den gleichen Zelten, genau in derselben Weise, wie wir sie heute kennen gelernt.

Wer weiß, ob ihnen nicht nur ein Führer fehlt, ob sie nicht unter einem Dschinghis auch heute wieder zum Schrecken Asiens werden und einen der ihrigen als Sohn

des Himmels auf den chinesischen Thron setzen könnten!
Oder sollte mit der Annahme der Lehre Buddahs, mit
der Errichtung von Tempeln und Klöstern, der Ein=
führung des Lamaismus ihre Kraft für immer gebrochen
sein?

China weiß jedenfalls, was es thut, wenn es dem
Lamawesen, durch welches über die Hälfte der wehr=
fähigen Männer des Landes entwaffnet wird, in der
Mongolei allen erdenklichen Vorschub leistet; denn die
Riesenmauer, die es einst an seiner Nordgrenze errichten
mußte, um sich gegen seine kriegerischen Nachbarn zu
schützen, ist ihm ein unvergängliches Erinnerungszeichen
an die einstige Macht der heute so friedfertigen Steppen=
söhne.

Erst gegen Ende des siebzehnten Jahrhunderts ist
es den Chinesen gelungen, sich zu Herren der Mongolei
zu machen und die mongolischen Fürsten unter die Bot=
mäßigkeit des Kaisers zu bringen. Man hat dieselben
zwar in ihren Stellungen belassen, aber ihre Macht in=
sofern empfindlich beschnitten, als man sie unter direkte
Aufsicht der Behörden in Peking gestellt und sie der
Freiheit beraubt hat, äußere Angelegenheiten selbständig
zu regeln.

Ihre politische Bedeutung ist heute gleich Null. Sie
sind thatsächlich nichts anderes, als erbliche Statthalter,
die vom Kaiser ihr Gehalt beziehen und verpflichtet
sind, sich in bestimmten Zwischenräumen am Hofe von
Peking zu melden, um dem Landesherrn Tribut in Ge=
stalt von Kamelen, Pferden u. s. w. zu Füßen zu legen,
wofür sie ihrerseits allerdings wieder mit reichlichen Ge=
schenken bedacht werden.

Die Verwaltung der Mongolei soll der chinesischen Regierung jährlich beträchtliche Summen kosten. So lange man sich aber damit die Mongolen zu Freunden hält und sie als solche mehr und mehr dem Waffen= handwerk entfremdet, dürfte das Geld nicht als schlechte Kapitalsanlage zu betrachten sein.

Übrigens dürfte die infolge des Lamawesens in stetigem Rückgang begriffene Bevölkerungsziffer der Mongolei heute zwei Millionen nicht übersteigen. —

Etwa eine Stunde mochte ich fiebernd neben dem Feuer gelegen haben, als eine der Damen unserer Jurte mich aufrüttelte und einen Topf frischgemolkener Kuh= milch vor mich hinsetzte.

Ich ließ mir meinen silbernen, nahezu $\frac{3}{4}$ Liter fassenden Reisebecher füllen und leerte denselben, ohne abzusetzen. Die Milch war vortrefflich, und ich entsinne mich nicht, je zuvor bessere getrunken zu haben. Man muß sie aber in ganz frischem Zustande genießen, denn sobald sie erst einige Zeit in dem Innern einer Jurte gestanden hat, schmeckt sie — wie das nicht anders zu erwarten ist — muffig und räucherig.

Auf meinen Wunsch holten die Frauen dann ihre verschiedenen Festgewänder und Schmuckgegenstände aus den Kästen hervor, seidene Stoffe, mit Metallfäden ge= stickte Pelzmützen, silberne Armbänder und kostbare Kopf= behänge, deren einer, wie die Besitzerin mir sagte, 300 Rubel gekostet hatte.

Nachdem wir Abschied genommen hatten, ritten wir zu einem in nächster Nachbarschaft liegenden Tempel, der sich in seinem Innern von den mir aus China be= kannten buddhistischen Tempeln nur dadurch unterschied, daß er in zwei Stockwerke geteilt war, deren oberer eine umlaufende Galerie bildete. Im übrigen die gleichen rotlackierten Säulen, vergoldeten Drachen, buntbemalten Holzfiguren und auf dem Altare die gleichen Geräte und schwelenden Räucherkerzen wie in China.

Ein mit schmierigem Mantel bekleideter Lama bearbeitete mit einem Klöppel abwechselnd eine Pauke und einen Gong, und jeden Augenblick erwartete ich ihn mit heiserer Stimme ausrufen zu hören: „Kommen sie herein, meine Herrschaften, in wenigen Minuten beginnt die große Fütterung" — so wenig andächtig stimmte mich die ganze Umgebung.

Als wir aufbrachen, warf der Gong- und Pauken= schläger sein Handwerkszeug beiseite und streckte uns die weitgeöffnete, ungewaschene Rechte mit der Impertinenz eines Gerichtsvollziehers entgegen. Leider hatten wir keine kleine Münze bei uns und mußten daher tiefer in die Tasche greifen, als uns lieb war, und jedenfalls auch tiefer, als unser Lama zu erwarten gewagt hatte. Er gab seine Dankbarkeit dadurch zu erkennen, daß er uns grinsend zu einem noch im Bau begriffenen kleinen Nebentempel führte, in dem ein achtarmiges, buntbemaltes Holzbild der brahminischen Gottheit Schiwa in Bezug auf Indezenz alles mir bisher im Innern eines Tempels Vorgekommene weit hinter sich läßt. Mit dem Versuch, uns bei dieser Gelegenheit nochmals anzuzapfen, hatte der silbersüchtige Tempelbruder kein Glück. Wir warfen noch einen flüchtigen Blick in die, finsteren Verließen gleichenden Wohnräume und die Küche des Lamas und setzten unsern Marsch fort.

Ein eisiger Nordostwind blies, mächtige Staub=

wolken vor sich hersegend, über die Steppe, meine Lippen
schmerzten, als würden sie mit Messern durchschnitten,
und unsere Maultiere, mit denen wir dem Winde direkt
entgegensteuerten, suchten demselben beständig ihr Hinter=
teil zuzuwenden, weigerten sich, vorwärts zu gehen und
trugen damit auch ihrerseits nach Kräften dazu bei, uns
den Marsch zu verleiden.

Eine Stunde mochten wir so gegen den Sturm an=
gekämpft haben, als wir zu unserer Überraschung mitten
in der Steppe an ein einstöckiges, nach europäischer Art
mit Glasfenstern versehenes Häuschen kamen. Welcher
Menschenfeind konnte nur auf den Gedanken gekommen
sein, sich hier in dieser Einöde niederzulassen? Wahr=
scheinlich war es die Wohnung eines englischen oder
amerikanischen Missionars, vielleicht auch die eines russi=
schen Theehändlers. Immerhin war es der Mühe wert, sich
den Einsiedelmann näher anzusehen und bei ihm für ein
Weilchen Schutz gegen den infamen Nordost zu suchen.
Sollte ein Grog dabei abfallen, um so besser!

Wir traten durch die nur angelehnte Hausthür in
einen schmalen, sauber tapezierten Korridor und machten
uns durch Räuspern, Husten, Scharren mit den Füßen
und ähnliche verlegene Geräusche bemerkbar. Nach einer
Weile erschien ein, wie wir an seinem kahlgeschorenen
Schädel erkannten, dem Lamastande angehörender Mon=
gole, den wir für einen dienstbaren Geist hielten,
bis Dr. Grunwald, der ihn in chinesischer Sprache ange=
redet hatte, uns über unseren Irrtum aufklärte. Nicht einen
Diener, sondern den Herrn des Hauses hatten wir vor
uns und keinen gewöhnlichen Lama, sondern einen Mann
von Rang und Würden, den Ober= oder Da Lama des

von uns kurz zuvor besuchten Tempels, den der Vater
unseres Wirtes auf seine Kosten hatte bauen lassen. Wir
wurden nun in ein hellgetünchtes Zimmer geführt, an
dessen Wänden verschiedene Bilder billigen deutschen Fabrikates hingen, ein Tisch und mehrere Stühle standen
umher, und nur der unterhalb der Fenster sich hinziehende,
mit Strohmatten belegte Kang erinnerte daran, daß wir
uns nicht in der guten Stube eines kleinen deutschen
Bauern befanden.

Wie der Mann dazu gekommen war, in der Bauart seiner Wohnung nicht nur von der seiner Landsleute
abzuweichen, sondern sich ein Haus in fast europäischem
Stile zu bauen, um das unsererseits zu ergründen, dazu
reichten weder Dr. Grunwalds, noch des Erbauers
chinesische Sprachkenntnisse aus. Des Hauses größter
Stolz war allem Anschein nach ein in einer Ecke stehender
eiserner Ofen; denn trotzdem der Kang genügend Wärme
ausströmte, daß auf demselben Eier hätten ausgebrütet
werden können, mußte ein junger als Diener beschäftigter
Lama auf seines Herrn Befehl uns zu Ehren Kamelsmist herbeibringen, um im Ofen ein Feuer zu entfachen.
Binnen wenigen Minuten war der Raum in eine Räucher-
kammer verwandelt, mit thränenden Augen und hustend
saßen wir da, aus purer Höflichkeit gegen unsern Wirt
dem Erstickungstode mutig ins Auge blickend. Wir hatten
sogar noch eine schier endlos lange Bewirtung mit Thee,
Sahne und Käse über uns ergehen zu lassen, bevor wir
uns, zur Hälfte geräuchert, verabschieden konnten.

Gegen 5 Uhr abends langten wir in Borochaimiao
an und wurden von unseren Dienern in eine jämmerliche,
eher einem Schweinestall, als einer menschlichen Schlaf-

stätte gleichende Lehmbude geführt. Als wir in derselben
eine Stunde später bei schauerlicher Kälte zitternd und
zähneklappernd ...ser Nachtmahl einnahmen, waren wir
alle drei darin einig, daß die Mongolei zwar ein hoch=
interessantes Land sei, daß es sich indessen kaum lohnte,
uns weiteren Strapazen auszusetzen, um schließlich doch
nichts anderes zu sehen, als immer die gleiche Steppe,
die gleichen Jurten, dieselben Kamele, Pferde, Rinder
und Schafe. Mr. Roberts hatte Recht gehabt, als er
uns voraussagte, daß wir an einem kurzen Ausflug voll=
auf genug haben würden. Vielleicht hätten wir uns
entschlossen, noch einige Tagereisen weiter nördlich zu
marschieren, wenn wir auf eine so sibirische Kälte, wie
sie hier bereits Mitte September herrschte, irgendwie ein=
gerichtet gewesen wären. So aber faßten wir einstimmig
den Entschluß, kehrt zu machen und auf einem andern
Wege, als dem, auf welchem wir gekommen, nach Kal=
gan zurückzukehren.

Mit der Morgendämmerung waren wir auf den
Beinen, um, bevor wir Borochaimiao verließen, noch den
Tempel des Ortes einer Besichtigung zu unterziehen.
Wir fanden in demselben eine verhältnismäßig großartige,
von einer Steinmauer eingeschlossene Anlage, durchschritten
ein Thor, welches zu beiden Seiten von zierlichen Türmen
in chinesischem Stile flankiert wird, durchquerten einen
Hof, in dem zwei überdachte, $1\frac{1}{2}$ Meter hohe Gebet=
mühlen aufgestellt sind, stiegen eine Steintreppe hinan
und gelangten in einen zweiten Hof, zu dessen Seiten
die Lamawohnungen, Küchenräume u. s. w. liegen und
in dessen Mitte ein kolossaler eiserner Topf zum Ver=
brennen alten Papiers die Hauptzierde bildet. Nachdem

wir wiederum etliche Stufen hinangestiegen waren, be=
fanden wir uns dem Eingange des eigentlichen Tempels
gegenüber. Die Thüren desselben waren geöffnet und im
Innern sahen wir einen halbwüchsigen Burschen damit
beschäftigt, mit Hilfe eines Wedels den Altar abzustäuben.
Wir traten ein und fanden in dem mit umlaufender
Gallerie versehenen Raum den üblichen Plunder an Altar=
geräten, Lärminstrumenten, Buddhabildern und Gebet=
mühlen. Die letzteren, cylinderförmige hölzerne oder
metallene, sich um aufrechtstehende Achsen drehende Be=
hälter, sind mit Papierrollen gefüllt, welche die Abschriften
buddhistischer Sprüche und Gebete enthalten. Wer zum
Beten zu faul ist oder meint, daß man des Guten nie=
mals genug thun könne, der geht in die Tempel und
setzt sämtliche Gebetmühlen in rotierende Bewegung. Jede
Umdrehung derselben gilt als gleichwertig mit dem Her=
sagen der im Innern aufbewahrten Gebete. Die Müh=
len sind in den verschiedensten Größen zu haben, von
der hühnereigroßen Handmühle, die im Zelt und auf
Reisen benutzt wird, bis zu solchen von mehreren Metern
Durchmesser. Sowohl in den Tempeln und Klöstern,
als auch im Privatbesitz befindliche Mühlen sieht man
nicht selten durch Wind oder auch Wasserkraft in Um=
drehung versetzt.

„Wenn's nichts nützt, schaden kann's auch nicht",
dachten wir und gaben jeder der Mühlen einen Stoß,
daß sie mindestens ein dutzend Mal um ihre Achsen
flogen. Das schien indessen dem staubaufwirbelnden
Jüngling gegen den Strich zu gehen, denn er fuhr uns
höchst ungeniert mit seinem Besen vor dem Gesichte herum
und wies in nicht mißzuverstehender Weise dahin, wo

der Zimmermann das Loch gelassen hatte. Meine Be=
gleiter fühlten sich durch dieses Gebahren des schlitz=
äugigen Knirpses in ihrer Ehre als Söhne des Abend=
landes verletzt und hätten nicht ungern den Jungen aus
seinem eigenen Tempel hinausgeworfen. Ich hatte jedoch
bei meinen Tempelfahrten genügend Erfahrungen ge=
sammelt, um zu wissen, daß man am besten thut, in
solchen Lagen klein beizugeben, und so traten wir denn
einen, durch die Langsamkeit, mit der er bewerkstelligt
wurde, durchaus ehrenvollen Rückzug an.

Als wir vor die, hinter uns laut krachend ins
Schloß fallende Thür traten, kamen einige Dutzend Lamas
gerade gähnend aus ihren Höhlen ans Tageslicht, um
sich zum Tempel zu begeben und ihre Morgenandacht
zu verrichten. Zu ihren teils roten, teils gelben Mänteln
trugen sie höchst wunderbare, gegen zwei Fuß hohe, aus
Kamelhaaren gefertigte gelbe Plüschmützen in der Form
der bekannten bairischen Raupenhelme. Die ganze Ge=
sellschaft machte, verschlafen wie sie war, in diesem Aufzuge
einen so komischen Eindruck, daß wir uns alle Mühe
geben mußten, den frommen Herren nicht direkt ins Ge=
sicht zu lachen. Beim Herannahen des Zuges wurde
der Tempel wieder geöffnet, aber nur der an der Spitze
marschierende Lama überschritt die Schwelle, um die
Thür hinter sich zu schließen, wohingegen seine Begleiter
außerhalb der Front aufmarschierten und Gebete plärrend
mit ihren vortrefflich gepolsterten Köpfen gegen die Thür
und die Tempelmauern stießen oder sich in die Knie
warfen und mit der Stirn auf den Boden schlugen.
Uns, die wir als Europäer doch gewiß in dieser Gegend
seltene Erscheinungen waren, schenkte man auch nicht die

geringste Aufmerksamkeit, sondern behandelte uns völlig
als Luft. Nach geraumer Zeit wurden die Tempelthüren
wieder geöffnet und sämtliche Lamas hereingelassen, um
drinnen auf Gongs, Pauken und Muscheln einen ohr=
betäubenden Lärm zu vollführen. Im höchsten Grade
befriedigt von dem Gesehenen bestiegen wir unsere vor
dem Thore harrenden Maultiere und trabten davon.

Bald kamen wir an eine sich nach nächtlichem
Marsche zur Ruhe begebende, aus gegen 300 Kamelen
bestehende Theekarawane. Ein Teil der Tiere war
bereits abgesattelt, während andere noch mit ihren Kisten
bepackt dastanden. Das Schiff der Wüste benimmt sich
bei derartigen Anlässen wie ein wohlerzogenes Kind.
Geduldig wartet es, bis der Augenblick der Erlösung
gekommen ist und sein Wärter es durch einen leichten
Ruck an der Nasenleine und gleichzeitiges so—so=Rufen
zum Niederlegen auffordert. Einen klagenden, gluckernden
Ton von sich gebend, läßt es sich erst auf die Border=,
dann auf die Hinterbeine nieder, bringt mit zwei weiteren
Bewegungen die untergeschlagenen Beine in eine bequeme
Lage und sitzt da wie eine ihrer Entbindung entgegen=
sehende Henne. Sobald ihm Last und Sattel abgenommen
sind, erhebt es sich wieder, schüttelt sich und fängt an zu
grasen.

Ich hatte das einhöckerige Kamel in Indien als
Reittier zur genüge kennen gelernt, bisher aber noch
keinen Versuch mit seinem zweihöckerigen Verwandten ge=
macht, so daß ich, die günstige Gelegenheit benutzend,
eines der Tiere bestieg. Ich fand, daß man selbst ohne
irgend welche Unterlage zwischen den beiden Höckern wie
in Abrahams Schoß sitzt, wenn das Kamel sich in

gutem Futterzustande befindet, auf einem abgemagerten
Tiere mit spitzem Rücken hingegen wie auf Messers
Schneide. Merkwürdig ist, daß viele Kamele eine derartige
Abneigung gegen Europäer haben, daß sie weder mit
Güte noch Gewalt zu bewegen sind, sich von ihnen be=
steigen zu lassen.

Wir hatten gehofft, den Wind heute im Rücken zu
haben, aber er hatte sich boshafter Weise mit uns ge=
dreht und anstatt des eisigen Südostwindes blies uns
nun ein nicht minder eisiger Nordost ins Gesicht.

Staubbedeckt und ermüdet zogen wir, herzlich froh
darüber, die Steppe hinter uns zu wissen, wieder in
Kalgan ein, und als wir kurze Zeit darauf vor dem
behaglich summenden Samowar der schönen Frau Batneii
saßen, sehnten wir uns durchaus nicht zu den Mongolen
und in ihre Jurten zurück. Fast gleichzeitig mit uns
war im Batneiischen Hause der mit seiner Familie über
Land von Moskau gekommene, für einen der chinesischen
Hafenplätze bestimmte Konsul Popoff angelangt. Mit
Frau und Kind hatte er die Reise durch die Steppe in
einer geräumigen Reisekalesche gemacht und die Strecke
von Kiachta bis Kalgan in zwölf Tagen zurückgelegt.
Rußland unterhält einen regelmäßigen Postverkehr zwischen
Peking und Kiachta und hat überall in der Mongolei
seine Vorspannstationen, deren Pferde auch den mit Re=
gierungspässen versehenen Reisenden gegen ein geringes
Entgelt zur Verfügung gestellt werden, wohingegen sie
für den Wagen selbst zu sorgen haben. Herr Popoff
meinte, daß, trotzdem er sich die mit seiner Ankunft in
Kalgan nahezu wertlos gewordene Kalesche in Kiachta
neu gekauft habe, ihn dennoch die Reise über Land

billiger zu stehen komme, als wenn er eine der Dampfer-
linien über Suez, Colombo, Singapore benutzt hätte.
Solch ein Reisewagen wird in der Regel von 6 Pferden
gezogen und zwar derart, daß die Tiere nicht im Ge-
schirr gehen, sondern jedes für sich von Mongolen geritten wird. In tollster Gangart geht es von einer
Station zur anderen. Die Reisenden essen und schlafen
in ihrem Gefährt, versehen sich auf den Stationen mit
heißem Thee und kochen daselbst, so gut es geht, während
des Pferdewechsels.

Für die Fahrt im Winter pflegt man den ganzen
Proviant an Fleischspeisen fertig zubereitet mitzunehmen.
Man läßt dieselben gefrieren, steckt sie in einen Sack und
taut sie nach Bedürfnis wieder auf. Gleich dem ge-
frorenen Fleisch auf den modernen Ozeandampfern halten
sich die Klopse, Frikandellen, Beefsteaks oder Koteletts
vorzüglich, so lange die Temperatur unter dem Gefrier-
punkt bleibt, und dessen ist man in der Mongolei während der Wintermonate ziemlich sicher.

Vor Herrn Battneßs Hause ging es recht lebhaft
zu, denn noch am selbigen Abend sollte eine große Thee-
Karawane die Reise nach Kiachta antreten. Die mit Papier
luftdicht verklebten Theekisten wurden gewogen, mit Matten
von feinem Holzspahngeflecht umwickelt und außerdem in
ein grobes, aus Rußland eingeführtes Gewebe aus Ochsen-
und Kuhschwanzhaaren eingenäht, um dann mit Stricken
umschnürt auf den Lastsätteln der Kamele befestigt zu
werden.

Den folgenden Vormittag verbrachten wir rastend,
Einkäufe besorgend und in den Bazaren umherschlendernd,

in Kalgan, welches uns bei trockener Witterung ungleich
besser gefiel, als bei unserem ersten Besuche.

Gleich den meisten chinesischen Städten erfreut sich
Kalgan des Besitzes eines Theaters oder vielmehr einer
offenen Bühne, auf der, wenn gerade eine Schauspieler=
truppe des Weges kommt, gespielt wird. Gelegentlich
dient diese Bühne auch zu Haupt= und Staatsaktionen,
wovon wir uns bald genug überzeugen sollten. Als wir
in die Nähe des auf freiem Platze gelegenen Gebäudes
kamen, fanden wir dasselbe von einer vielhundertköpfigen
Menschenmenge umdrängt und glaubten daher anfangs,
daß sich auf der Bühne, auf der an Tischen verschiedene
reichgekleidete Männer saßen, während andere kamen und
gingen, irgend eine Komödie abspiele. Bald erfuhren
wir jedoch, daß es sich hier um nichts weniger als ein
Lustspiel, sondern um eine höchst ernsthafte Angelegenheit
handelte, nämlich um eine militärische Prüfung, von deren
Ausfall die Beförderung einer Anzahl von Offizieren ab=
hing, und daß die Herren auf der Bühne keine Komödianten,
sondern Militärmandarine waren, die nicht mit sich spaßen
ließen. Wenn wir uns nun durch die Menge hindurch
etwas mehr in den Vordergrund drängen wollten, meinte
unser Gewährsmann, würden wir die zur Prüfung er=
schienenen Offiziere neben der Bühne stehen sehen.

Man warte nur noch auf den Präses der Prüfungs=
kommission, der jeden Augenblick erscheinen müsse. Wenige
Minuten später kommt denn auch richtig ein feister General,
den hellroten Knopf als Abzeichen seiner hohen Stellung
auf dem Bambushütchen, mit großem Gefolge angeritten.
Eine vor dem Theater aufmarschierte Musikbande bläst
auf Muscheln einen Tusch, und der also Angeblasene

klettert, von seinen dunkelrot, hell= und dunkelblau be=
knopften Kollegen ehrerbietigst begrüßt, auf die Bühne.

Kaum hat Se. Exzellenz Platz genommen, so wird
von Polizeisoldaten, die mit ihren Knuten rücksichtslos
Hiebe austeilen, der Platz vor der Bühne vom Publi=
kum gesäubert und sechs in blauseidene lange Gewänder
gekleidete Offiziere mit rotbeschwänzten Bambushüten,
den Köcher zur Seite, den Bogen in der Rechten, mar=
schieren heran. Auf 20 Schritte Entfernung wird eine
rechteckige, mannshohe Scheibe mit drei roten Zielpunkten
aufgestellt, und auf einen Wink des höchsten Mandarinen
nimmt das Schützenfest seinen Anfang.

Ein Offizier tritt vor, macht verschiedene genau
vorgeschriebene Griffe durch, stellt sich breitbeinig hin,
nimmt einen Pfeil aus dem Köcher, spannt den Bogen,
alles mit dem bekannten hörbaren preußischen Ruck,
legt an, zielt und schießt — vorbei. Damit ist die Prü=
fung für ihn erledigt, er steigt zur Bühne hinauf, läßt
sich vor seinen Richtern auf ein Knie nieder, diese machen
auf einer Papierrolle mit Pinsel und Tusche irgend eine
Notiz — ich nehme an, daß dieselbe „durchgerasselt"
bedeutet — und winken dem Knieenden, sich zu erheben,
worauf derselbe sich unter tiefen Verbeugungen zurück=
zieht. Sein Nachfolger ist vielleicht glücklicher und hat
erst beim zweiten oder dritten Pfeil einen Fehlschuß zu
verzeichnen, aber die meisten fehlen schon beim ersten
Schuß, und nur einem der, nach einander immer zu
sechsen gleichzeitig antretenden 30 Schützen glückt es,
mit seinen sämtlichen fünf Geschossen die Scheibe zu
durchbohren. Dem Schießen zu Fuß folgt ein solches
zu Pferde. Zu diesem Zwecke sind in einem gegen

200 Meter langen Schießgraben an verschiedenen Stellen
Sandsäcke als Zielobjekte aufgestellt. Vom Fleck aus
angalloppierend, haben die Schützen in vollster Karriere
den Bogen von der Schulter, den Pfeil aus dem Köcher
zu nehmen und zu schießen. Von sämtlichen Leuten traf
nur ein einziger, die Pfeile der übrigen fielen meist
mehrere Meter am Ziele vorbei in den Sand.

Nachdem die Prüfung der Offiziere beendet war,
wurde zu derjenigen solcher Mannschaften, die sich zur
Beförderung gemeldet hatten, geschritten. Auch sie schossen
miserabel, zeigten aber gleich den Offizieren gute Diszi=
plin und viel militärischen Chic. Das Auftreten der
Leute war über jedes Lob erhaben, und jeder einzelne
Mann machte den Eindruck eines geborenen Soldaten.

Als die Truppen aufbrachen, um in ihre Lager
zurückzumarschieren, verließen auch wir den Platz, früh=
stückten, beglichen unsere Gasthofsrechnung und sagten
Kalgan Lebewohl. An der Wegegabelung außerhalb
der Stadt fanden wir das Kästchen mit dem Kopfe des
Gerichteten noch unversehrt, den Kopf selbst dagegen in
einer solchen Verfassung, daß ich ihn selbst dann nicht
für den Geheimrat Virchow in die Reisetasche gesteckt
hätte, wenn letzterer mir dafür das Versprechen gegeben
hätte, fortan auf jede parlamentarische Thätigkeit zu
verzichten.

Mit Eintritt des Dunkelwerdens kamen wir nach
Sljan=Hua=Fu und erfuhren von dem Wirte unseres
früheren Gasthofes, daß man unter seinem Dache keinen
Platz für uns habe, da jeder Winkel besetzt sei. Wir
fanden statt dessen Unterkommen in einem erbärmlichen
Kruge, gingen aber, da unsere Maultiere mit dem Ge=

päck nicht vor 8 Uhr erwartet werden konnten, zu un=
serem alten Freunde zurück, um bei ihm im Gastzimmer,
so gut es ging, die Zeit totzuschlagen. Ich wurde hier
als Jünger Cagliostros mit einem Halloh begrüßt, als
sei ich der selige Bellachini in leibhaftiger Person. Ein=
mal als Zauberer bekannt rettete mich nichts vor meinem
Schicksal, bis zur Erschlaffung mußte ich meine Kunst=
stücke wiederholen, und wenn ich nicht völlig der Last
der an mich gestellten Ansprüche erlag, so war es nur
das Bewußtsein, nie zuvor vor einem so dankbaren
Publikum aufgetreten zu sein.

Jn den Zwischenpausen stärkte ich mich mit den
ebenfalls eingehend beschriebenen Fleischpasteten und trank
dazu einen „mekvilo" d. h. Rosentau genannten chine=
sischen Wein in ungemessenen Quantitäten.

Kein Wunder, daß ich tags darauf mit einem
regelrechten Rosentaukater erwachte und während des
ganzen Marsches pessimistisch dachte, wie ein Schopen=
hauer.

Auf uns bekannten Pfaden ging es in den nächsten
Tagen bis Huai=Lai=Hsien, denn erst von hier aus sollten
wir von unserer alten Reiseroute abbiegen, um weiter,
der großen Heerstraße folgend, durch den berühmten
Nankaupaß nach Peking zu ziehen. Jm Südthore von
Huai=Lai=Hsien fesselte wiederum ein vergitterter Holz=
kasten unsere Aufmerksamkeit. Derselbe barg indessen
nicht das Haupt eines Geköpften, sondern · ein Paar
Stiefel. Daß in denselben die Füße eines aus dem Ge=
fängnisse entflohenen und wieder eingefangenen Sträf=
lings steckten, war unwahrscheinlich, wenngleich man in
Bezug auf das Abhacken der verschiedensten Gliedmaßen

in China nicht gerade kleinlich zu sein pflegt. Auch als
Reklame für irgend einen in der Stadt wohnenden
Schuster schienen sie uns infolge ihres Alters, ihrer
Zerrissenheit und schiefgelaufenen Hacken nichts weniger
als geeignet. Was also hatte diese sonderbare Stiefel=
ausstellung zu bedeuten? Das Rätsel wurde uns durch
einen des Weges kommenden Chinesen gelöst, der uns
erzählte, es sei des Landes Sitte und Brauch, einem
auf längeren Urlaub oder sonstwie auf Reisen gehenden
besonders beliebten höheren Beamten beim Verlassen
seines Bezirkes die Stiefel auszuziehen, dieselben als
Pfand aufzuheben und dem Eigentümer bei seiner Heim=
kehr zurückzuerstatten. Die Sitte gefällt mir, doch glaube
ich, daß ich als höherer chinesischer Beamter Anstand
genug besitzen würde, bei einer öffentlichen Fußbekleidungs=
entziehung über tadellosen lochfreien Strümpfen ein Paar
wenn auch nicht gerade neuer, so doch mindestens prä=
sentabler Stiefel zu tragen. Noblesse oblige! oben=
drein wenn man die Stiefel später zurückerhält.

Hinter dem Dorfe Tscha=dau kamen wir zwei Tage
später wieder an einen Teil der inneren großen Mauer,
die hier, am Austritt des Nankaupasses, ganz vorzüglich
erhalten ist. Auf einem gegen 12 Meter hohen und
5,15 Meter dicken Steinwall erhebt sich eine mit Schieß=
scharten versehene 1,60 Meter starke Brustwehr. Das
Thor ist bequem zu erklettern, und der Blick von demselben
auf den zwischen schroffen Felsen sich durchwindenden
Paß mit seinem nie rastenden Verkehr, auf die nach
Osten und Westen in weiter Ferne sich verlierende riesen=
hafte Mauer und die auf jeder Höhe, jedem Felsen sicht=
baren Trümmer ehemaliger Befestigungswerke ist ein

Nankou-Paß.

in jeder Beziehung großartiger. Bis vor wenigen Jahren
war der Paß derartig mit Felsblöcken und Geröll an=
gefüllt, daß er von Reitern und Lasttieren nicht ohne
Gefahr benutzt werden konnte. Heute, nachdem er 1890
von der Regierung reguliert worden, ist er sogar für
chinesische Karren, aber auch nur für solche, fahrbar.
Kein anderes Gefährt würde den hier an seine Achsen
und Räder gestellten Anforderungen standzuhalten ver=
mögen, was ich hauptsächlich im Interesse der modern=
sten aller Weltreisenden, der Radfahrer, bemerke, für
die chinesische Landstraßen überhaupt wenig Verlockendes
haben dürften.

Kurze Zeit, nachdem wir die Mauer verlassen hatten,
kamen wir an dem Tempel Shih=so=ssu und an zwei
kleinen aus der Zeit der Ming=Dynastie (15. Jahrhundert)
stammenden, auf steilen Felsen stehenden Tempelchen vor=
über, passierten mehrere befestigte Ortschaften, u. a. das
wegen seines aus dem 14. Jahrhundert stammenden
Thorwegs erwähnenswerte Chu=yung=kuan. Das Thor,
ehemals der Unterbau einer Pagode, ist an sich weder
schön, noch zweckentsprechend, denn es ist so niedrig, daß
ein beladenes Kamel seine liebe Not hat, ohne anzu=
stoßen hindurch zu kommen. Ganz interessant sind da=
gegen verschiedene im Innern angebrachte, in Stein ge=
hauene Basreliss, Ereignisse aus dem Leben Buddhas
behandelnd, und eine in sechs verschiedenen Sprachen,
nämlich Sanskrit, Tibetanisch, Chinesisch, Mongolisch,
Uigur und Niuchih abgefaßte Inschrift. Sollten einige
meiner Leser ungebildet genug sein, nie zuvor etwas
von Uigur und Niuchih gehört zu haben, so mögen sie
sich entweder mit mir trösten und über diese gewiß sehr

unverständlichen Sprachen zur Tagesordnung oder aber
zum Orientalischen Seminar übergehen, wo ihr Wissens=
durst sicherlich mehr als gestillt wird.

Mit Nankau, einem selbstverständlich mit meterdicken
Mauern umschlossenen Städtchen, hatten wir das Ende
des Passes erreicht. Die Berge lagen hinter uns, und
vor uns dehnte sich, im Sonnenlichte flimmernd, die
weite Ebene des Peiho. In einem schmutzigen, aber
kühl gelegenen Gasthause nahmen wir das Frühstück ein
und verabschiedeten uns dann von Herrn Hildebrand,
der noch selbigen Tages in den Tempel des Erwachens
zurückzukehren beabsichtigte, während Dr. Grunwald und
ich vorerst den etwa 2 Stunden von Nankau entfernten
berühmten Minggräbern einen Besuch abstatten und von
dort nächsten Tages direkt nach Peking reiten wollten.

Schon an anderer Stelle habe ich erwähnt, welchen
Wert der Chinese darauf legt, nach seinem Tode in
würdiger Weise beigesetzt zu werden, mit welcher Liebe
und Hingebung, mit welchen Opfern jede Familie diesem
Wunsch der Dahingeschiedenen gerecht zu werden sucht
und für die Erhaltung der Gräber ihrer Vorfahren
Sorge zu tragen pflegt.

Viele Chinesen sorgen freilich bei Lebzeiten selber
für ihren Begräbnisplatz und verwenden für die Er=
richtung ihrer Mausoleen Summen, die meist in gar
keinem Verhältnis zu ihrem Haushaltungsbudget stehen.

Daß bei einem Volke, welches so hohe Ansprüche
an die Beschaffenheit der letzten Ruhestätte seiner Toten
stellt, die Gräber seiner Herrscher an Großartigkeit nichts
zu wünschen übrig lassen, daß ungezählte Millionen für
dieselben verschwendet werden, ist nicht weiter zu ver=

Ming-Gräber.

wundern, und so befinden sich denn in der Umgebung
von Nanking und Peking Kaisergräber, die als Denk=
mäler allerdings in Bezug auf Großartigkeit mit den
ägyptischen Pyramiden nicht zu vergleichen sind, als An=
lagen hingegen einzig in der Welt dastehen dürften.

Für die sehenswertesten aller dieser Gräberstätten
verstorbener Söhne des Himmels gelten die gegen 50 Kilo=
meter nördlich von der Kaiserstadt gelegenen Minggräber,
und schwerlich dürfte ein nach Peking kommender Euro=
päer es versäumen, den einschließlich eines Besuches des
Nankaupasses und der inneren großen Mauer drei bis
vier Tage in Anspruch nehmenden Ausflug dorthin zu
unternehmen.

Man reitet am zweckmäßigsten am ersten Tage bis
zu der Stadt Chang=ping=chau (etwa 40 Kilometer),
besucht am folgenden Morgen die Gräber, übernachtet
in Nankau, verwendet den nächsten Tag auf die große
Mauer, sowie einen Ritt nach einer der außerhalb der=
selben liegenden Ortschaften und kehrt auf dem Wege
Yang=Fang nach Peking zurück.

Den Ausflug in umgekehrter Reihenfolge zu machen
und, wie wir es thaten, von Nankau aus nach den
Gräbern zu reiten, ist nicht zu empfehlen. Die ganze
riesenhafte Anlage ist eben darauf zugeschnitten, den von
Süden kommenden Besucher durch allmählich gesteigerte,
fein berechnete landschaftliche und architektonische Wirkungen
in eine Stimmung frommen Schauderns zu versetzen.
Kommt man dagegen von Norden unvermittelt an das
eigentliche Grab, so fällt man gewissermaßen mit der
Thür ins Haus und hat, von dort den Gräberhain
verlassend und die wunderbare Kaiserstraße entlangziehend,

das Gefühl, eine Mahlzeit mit dem Kaffee zu beginnen und mit der Suppe aufzuhören.

Um dem Leser ein gleiches Gefühl des Unbehagens zu ersparen, will ich daher bei der Schilderung der Anlage den vorgeschriebenen Pfad wandeln.

Mit dem ersten Frührot verlassen wir Chang=ping=chau, um nach kaum viertelstündigem Ritt die einstmals trefflich gepflasterte, heute leider arg vernachlässigte Kaiser=straße zu betreten und wenige Minuten später vor dem anerkannt schönsten Peilo Chinas Halt zu machen, einem 90 Fuß weiten und 50 Fuß hohen Thorbogen aus solidem Marmor.

Hindurchschreitend gelangen wir über eine Steinbrücke an das Ta=hung=men oder rote Thor, und einige hundert Schritte weiter an einen offenen Pavillon, in dem auf dem Rücken einer 12 Fuß langen Steinschildkröte eine mit Inschriften bedeckte Tafel sich erhebt. In den vier Ecken stehen kandelaberartige Säulen, auf ihren Kapitälen wirkungsvoll gearbeitete Greifen tragend.

Der Blick von hier aus ist von so eigenartiger, die Sinne berückender Großartigkeit, daß selbst der blasierteste Weltenbummler hier wenige Augenblicke überwältigt da=stehen wird und zugeben muß, daß die chinesischen Gräber=architekten damaliger Zeit Künstler allerersten Ranges waren.

Vor uns liegt die breite, schnurgerade, durch die Ebene führende, zu beiden Seiten von Tier= und Menschen=figuren in mehr als doppelter Lebensgröße flankierte Kaiserstraße, und am Ende derselben, zehn Kilometer weiter nördlich, umrahmt von einem Kranze bläulich im Morgenlichte schimmernder Berge inmitten eines Haines

vierhundertjähriger Eichen und Cypressen das mit gelb=
glasierten Thonziegeln eingedeckte Mausoleum des großen
Kaisers Yung=lo. Ringsum reihen sich halbkreisförmig
die übrigen Gräber der Ming=Kaiser aneinander, mit
goldig glänzenden Dächern durch das dunkle Grün des
einsamen Haines hindurch leuchtend. Die Anlage ist
verfallen und verwildert und mehr vernachlässigt, als
sonst wohl die Gräber im Reiche der Mitte; das Ge=
schlecht, dem diese einst so mächtigen Herrscher entsprossen,
ist erloschen, der letzte Kaiser gab sich selbst den Tod,
als die Mandschuren das Land erobert hatten, und nie=
mand ist geblieben, Jahr für Jahr die ungeheuren Sum=
men zu opfern, die zur Erhaltung einer solchen Riesen=
schöpfung erforderlich wären.

Wir versuchen zwischen den in Abständen von etwa
20 Metern zu beiden Seiten Wache haltenden Tieren
hindurchzureiten, aber unsere Maultiere springen entsetzt
zur Seite und sind durch kein Mittel zu bewegen, an
den unheimlichen Steinfiguren vorüberzugehen, so daß
wir uns genötigt sehen, eine Strecke Weges zu Fuß
zurückzulegen.

Kauernde, sich einander mit glanzlosen Augen an=
stierende Löwen mit gelockten Mähnen machen den An=
fang; diesen folgt ein stehendes Löwenpaar, welches
von liegenden und aufrecht stehenden gehörnten Fabel=
tieren abgelöst wird. Zwischen vier Kamelen hindurch
gelangen wir zu den Elefanten, dann zu den Greifen
und Pferden. Damit hat die Reihe der aus massiven
Sandsteinblöcken herausgearbeiteten Tiere ihr Ende er=
reicht. Die Figuren von sechs Militär= und der gleichen
Anzahl Civilmandarinen in der Tracht des 15. Jahr=

hunderts bilden den Abschluß dieses Teiles der Gräber=
straße. Wieder im Sattel sitzend, passieren wir einen
dreifachen Thorbogen, um für eine Weile wegen zweier
in Trümmern liegender Brücken vom geraden Wege ab=
zuweichen und nach im ganzen etwa einstündigem Ritt
endlich in einem schattigen Hain herrlicher alter Bäume
vor dem Eingange der Grabstätte Yung=los zu halten.

Nach längerem Pochen wird ein hohes Holzthor
um einige Zoll geöffnet, das habgierige Gesicht eines
chinesischen Priesters erscheint in der Spalte, eine schmierige
Hand wird uns entgegengestreckt und in herrischer Weise
ein Eintrittsgeld in Höhe zweier Dollars von uns ge=
fordert. Ich war ob dieser Unverschämtheit empört, Dr.
Grunwald meinte indes, wir könnten von Glück sagen,
daß man uns nicht die dreifache Summe abverlange,
denn man wisse sehr wohl, daß ein Europäer, der 40
Kilometer weit von Peking gekommen sei, nicht einiger
lumpigen Dollars wegen so nahe am Ziel seiner Reise
wieder umkehre.

Wir zahlten also unseren Obolus und wurden in
einen mit Ziegelsteinen gepflasterten, mit uralten Eichen,
Fichten und Cypressen bestandenen Hof hineingelassen.
Von hier aus gelangten wir durch einen tempelartigen
Raum in einen zweiten Hof und weiter über eine breite,
mit reichen Ballustraden versehene Marmortreppe in eine
imposante, 70 Fuß lange und 30 Fuß tiefe Halle, deren
Dach von 24, je einen Meter im Durchschnitt messenden,
aus Burma stammenden Teaksäulen getragen wird.

Zu sehen war in dem gewaltigen Raume weiter
nichts, als ein mit Urnen und Räucherbecken besetzter
Opfertisch, ein Schrein mit einer den Namen des Kaisers

tragenden Holztafel und unter derselben am Boden
hockend — Herr und Frau Konsul Popoff mit einer
noch zur Hälfte gefüllten kolossalen Kuchenkiste, neben der
auch wir jetzt, wir mochten wollen oder nicht, uns nieder=
lassen mußten.

Fünf Tage altes und noch obendrein während dieser
Zeit auf dem Rücken eines Maultieres durcheinander
geschütteltes Backwerk ist selbst im Innern Chinas ein
minderwertiger Genuß. Aber was thut der Mensch nicht
alles, um seinen Mitmenschen eine Freude zu machen.
Wir widmeten uns denn auch unserer liebenswürdigen
Wirtin zu Liebe dem Kuchenessen mit einem Eifer, wie
zwei beurlaubte, von ihrem Onkel in eine Conditorei
geführte Kadetten, bis wir, genudelten Gänsen gleich,
non possumus sagten.

Frau Popoff, die jedoch gar zu gern mit ihrer
Kuchenkiste — nebenbei ein Geschenk der schönen Frau
Ballneff aufgeräumt hätte, war mit unseren Leistungen
durchaus nicht zufrieden. Kein Sträuben half, wir mußten,
bevor wir uns verabschiedeten, noch unsere sämtlichen
Taschen füllen und versprechen, den Inhalt derselben noch
im Laufe des Tages zu verzehren.

So ausgerüstet durchmaßen wir den Raum der
ganzen Länge nach und betraten eine parkähnliche An=
lage, an deren Ende ein von Schlingpflanzen über=
wuchertes, pavillonartiges Gebäude eine aufrechtstehende
Gedenktafel aus rosafarbenem Granit birgt. Unter dem
Gebäude hindurch führt ein heute verschütteter tunnel=
artiger Gang in das Innere eines prächtig bewaldeten,
gegen 150 Fuß hohen Hügels, der letzten Ruhestatt des
großen Kaisers.

Über eine Stunde weilten wir hier in tiefem Waldes=
schatten und wanderten dann zu unseren Maultieren zu=
rück, um den Inhalt unserer Taschen unter sie zu ver=
teilen und an den übrigen Gräbern vorbeireitend auf
Umwegen nach Chang=ping=chau' heimzukehren.

Ein siebenstündiger Ritt brachte uns tags darauf
wieder nach Peking, wo ich von unserem inzwischen zu=
rückgekehrten liebenswürdigen Gesandten, Herrn von
Brandt, und den übrigen Herren der Gesandtschaft auf
das herzlichste bewillkommnet wurde. Mit welcher Wonne
ich mich hier in das von dem braven Jim für mich be=
reitete, lang entbehrte Bad stürzte und mit welcher In=
brunst ich eine Stunde später in dem reizenden Speise=
saal meines Wirtes Gott dafür dankte, daß er neben
so vielen schlechten auch einige wirklich gute Köche ge=
schaffen hat, das werden mir diejenigen meiner Leser
voll und ganz nachempfinden können, die selber schon
einen Maultierritt in der mongolischen Steppe unter=
nommen haben. Ich fürchte freilich, ihrer viele sind es
nicht.

Peking, die Stadt der Städte.

Den vielen Reisenden, die behaupten, daß Peking so gut wie gar keine Sehenswürdigkeiten bietet, muß ich auf das entschiedenste widersprechen. Peking an sich allein ist schon eine Sehenswürdigkeit allererſten Ranges, und es giebt in ihren Mauern meiner Anſicht nach kaum etwas, was nicht der Mühe eines Beſuches lohnte, vorausgeſetzt, daß dieſer Beſuch nicht zu teuer erkauſt werden muß. Selbſt der unaufmerkſame Beobachter muß hier ſo viel des Neuen, Eigenartigen finden, daß er aus der Überraſchung — vielleicht auch, wenn er zartbeſaitet ist, aus dem Entſetztſein — gar nicht herauskommt. Ich habe Peking mit einem einzigen rieſenhaften Dünger- und Kehrichthaufen verglichen und verſtehe, daß es nicht jedermanns Sache ist, in einem ſolchen herumzuſtöbern. Wer aber einmal hineingeraten ist, der wird auch in ihm manche vor die Säue geworfene Perle finden, falls er nicht von Blindheit geſchlagen ist oder abſichtlich die Augen ſchließt.

Den Ausſpruch des Herrn von Brandt, man komme

mit Thränen in Peking an und verlasse es ebenso, möchte
ich trotz alledem nicht unterschreiben; denn so interessant
mir die Stadt der Städte erschien, so dankte ich sowohl
bei meiner Ankunft wie beim Scheiden dem Schicksal,
daß ich nicht zu längerer Gefangenschaft daselbst verur=
teilt war. Wenn ich nach achttägigem Aufenthalt von
Peking ohne die vorschriftsmäßigen Thränen Abschied
nahm, so mag es daran liegen, daß mir die Begabung,
mich dauernd als Mistkäfer wohlzufühlen, abgeht. Das
gastliche Haus meines liebenswürdigen Wirtes und die
zwar kleine, doch um so auserlesenere europäische Gesell=
schaft der Hauptstadt des Reiches der Mitte verließ ich
allerdings nicht ohne schmerzliches Bedauern, aber in
beiden vergißt man, daß man sich in Peking befindet.

Unser Gesandtschaftsgebäude kann in Bezug auf
Großartigkeit der Anlage einen Vergleich mit den meisten
übrigen dortigen Gesandtschaften nicht aushalten. Es
ist ein einstöckiger, ziegelgedeckter Steinbau, der einem mit
Familie gesegneten Gesandten schwerlich genügend Raum
bieten dürfte, solcherweise Gastfreundschaft zu üben, wie
sich das nun einmal in Peking, wo nur ein recht minder=
wertiger Gasthof existiert, in den Gesandtschaften nicht
gut vermeiden läßt. Herr von Brandt war, so lange
er auf seinem Posten waltete, Junggeselle und konnte
sich als solcher über Mangel an Raum ebenso wenig
beklagen, wie seine zahlreichen, Peking besuchenden Lands=
leute und Freunde genügend Worte des Dankes für die
ihnen unter seinem Dache erwiesene Gastlichkeit finden
können.

Dem Äußeren nach unansehnlich, stellte unsere Ge=
sandtschaft, was die innere Ausschmückung anbelangt,

dank dem Geschmack, Dekorationstalent und Kunstsinn des Herrn v. Brandt, alle Nebenbuhler tief in den Schatten. Mit Recht galt sie als eine Sehenswürdigkeit Pekings, ein Museum chinesischen Kunstgewerbes aus den ältesten Zeiten bis auf den heutigen Tag.

Hier fanden sich neben farbenprächtigen Geweben, Stickereien und Teppichen die herrlichsten Bronzen, alte und moderne Cloisonnées, Porzellane aus allen Jahrhunderten, Emaillearbeiten, Elfenbeinschnitzereien und tausenderlei interessante Kuriositäten.

Ich entsinne mich nicht, je in einem kostbareren und gleichzeitig behaglicher eingerichteten Speisesaal Tafelfreuden erlebt zu haben, als in dem unserer Gesandtschaft in Peking, dessen dunkle Wände von oben bis unten mit den schönsten alten blauweißen chinesischen Porzellanen bedeckt waren. Vielleicht würde mir der Saal trotz aller seiner seltenen Teller, Schüsseln und Vasen dennoch nicht in gleicher Erinnerung geblieben sein, hätten sich nicht die aufgetragenen Speisen und Getränke ausnahmslos ihrer Umgebung würdig gezeigt, und wäre nicht der Herr des Hauses zugleich der denkbar liebenswürdigste Wirt gewesen. Auch Zim und Mops, die beiden Leibdiener des Herrn v. Brandt, und zwei der wenigen mir sympathisch gewordenen Chinesen trugen in ihren hechtgrauen Gewändern, die feisten, kugelrunden Köpfe mit trichterförmigen, rotbebuschten Bambushüten bedeckt, durch die Ruhe und Gewandtheit, mit der sie ihres Dienstes walteten, nicht unwesentlich zur Erhöhung des Behaglichkeitsgefühles bei.

Über alles darf der nach Peking verbannte Europäer klagen, nur nicht über einen Mangel an gastronomischen

19*

Genüssen. Jahr aus, Jahr ein steht ihm an Lebens=
mitteln eine solche Auswahl zur Verfügung, wie nur
in irgend einer Großstadt des Abendlandes.

Da der vornehme Chinese selbst ein notorischer
Feinschmecker ist, so kommt das den Europäern insofern
zu gute, als man ihretwegen allein wohl kaum weder
der Zucht guten Schlachtviehs und seiner Gemüse, noch
dem Transport frischer See= und Flußfische und Austern
die erforderliche Sorgfalt und Aufmerksamkeit widmen
würde.

Aus dem Norden der Mongolei kommen im Winter
— die Temperatur sinkt dann in Peking bis auf —20 Gr.
C., während sie im Sommer zuweilen eine Höhe von
+ 36 Gr. erreicht — ganze Kamelskarawanen mit ge=
frorenem Wild, vor allem Hirsche und Rehe, daneben
Schweine, Wildenten, Fasanen, Rebhühner, Wachteln
u. a. m. Auch der Sterlet wird in gleichem Aggregat=
zustande von den Ufern des Amur hereingebracht und
gilt auf den Tafeln der Chinesen wie der Europäer als
ein hervorragender Leckerbissen.

An gutem Obst ist zu keiner Jahreszeit Mangel, und
die chinesischen Weintrauben, Pfirsiche, Pflaumen und
Aprikosen können mit den feinsten französischen Früchten
wetteifern.

Einen ungemein vorteilhaften Eindruck hat die
Pekingente bei mir hinterlassen. Nie sah die Vogelwelt
ihresgleichen. Sie ist das schmackhafteste Tier unter
dem Federvieh und verbindet mit der Zartheit des
Fleisches einer Ente fast die Größe einer Gans. Ich
bin überzeugt, die Leser werden es für eine Ente halten,
wenn ich ihnen erzähle, daß eine solche nicht nur bei einem

Diner von 8 Gedecken in der Gesandtschaft als Braten
ausreiche, sondern auch am folgenden Tage beim Früh=
stück — und sie haben recht, aber auch ich — Herr
v. Brandt ist mein Zeuge, daß es eine Ente war und
keine Gans.

Unserem neuernannten Landwirtschaftsminister — ich
meine natürlich den allerneuesten — empfehle ich an=
gelegentlichst die Verpflanzung der Pekingente nach
Deutschland. Auch die Enten geschlagener Völker sind
unter solchen Umständen nicht zu verachten, selbst dann
nicht, wenn es ihnen wie den chinesischen nicht gelingen
sollte, trotz ihrer Größe, nach dem Vorbilde ihrer kapi=
tolinischen Gänsen die Hauptstadt des Reiches der Mitte
vor den Japanern zu retten.

An reich besetzter Tafel vergißt man gar manches
Ungemach, und wenn die in Peking wohnenden Euro=
päer sich ungeachtet aller sie umgebenden Widerwärtig=
keiten wohl fühlen, so sind daran in erster Linie unstreitig
die ihnen zur Verfügung stehenden ausgezeichneten
Nahrungsmittel und die vortrefflichen chinesischen Köche
schuld. —

Shokra, der bis zu meiner Rückkehr im Hospital
behandelt worden war, sprang jetzt wieder munter um=
her und leistete mir auf meinen Ausflügen in die ver=
schiedenen Bazare Gesellschaft. Sowohl durch seine
schwarze Hautfarbe wie durch seine Matrosentracht erregte
er, wohin er kam, allgemeines Aufsehen, und vor der
Gesandtschaft warteten stets kleinere Gruppen auf sein
Erscheinen. Ich muß den Chinesen das Zeugnis aus=
stellen, daß sie sich in ihrer Neugier und den Äußerungen
der Überraschung über die ungewohnte Erscheinung eines

Schwarzen ungleich manierlicher benahmen, als meine
lieben Landsleute daheim, die doch am Ende an den
Anblick dunkelgefärbter Menschen allmählich gewöhnt sein
sollten, sich bei gleichen Anlässen zu benehmen pflegen.

Für meine Bazar-Wanderungen erwies sich mein
kleiner Begleiter für mich insofern nützlich, als sich die
Aufmerksamkeit der Bevölkerung ganz und gar auf ihn
konzentrierte, und niemand sich um mich, den weißen
Teufel, kümmerte.

Ein einziges Mal nur, als ich allein und zwar am
Vorabend eines Festes durch die Menschenmenge ritt,
nahm man von mir in wenig angenehmer Weise Notiz
und bewarf mich mehrfach von hinten mit Pfirsichen,
was indessen letzteren entschieden übler bekam, als mir.
Ich kümmerte mich denn auch nicht mehr um die mir
dargebrachte Ovation, als mein Roß, ein ehrwürdiger,
auf mindestens ein fünftel Jahrhundert zurückblickender,
zum Gesandtschaftsinventar gehörender Schimmel, dessen
dickes Fell sich gegen alle äußeren Einwirkungen un-
empfindlich zeigte.

Fast allmorgentlich stattete ich auf dem Rücken dieses
greisen kaiserlich deutschen Reichsrosses im langsamen
Schritt den einzelnen Stadtteilen Besuche ab und nur
ausnahmsweise hatte ich den Mut, zu Fuß einher zu
waten, wobei ich mir bei feuchtem Wetter wie ein teig-
tretender, bei trockenem wie ein in den Mehlkasten geratener Bäckerlehrling hätte vorkommen können, wenn
meine Geruchsnerven mir diese Illusion nicht gründlich
vereitelt hätten.

Bereut habe ich es nicht, mich stundenlang im Schmutze
bewegt und unter das unsauberste Volk der Erde ge-

mischt zu haben. Welch eine Fülle neuer Eindrücke bieten
sich hier dem Auge! Wahrlich, das Straßenleben Pekings,
namentlich in einigen Teilen der Chinesenstadt, ist es wert,
daß man ein paar Stiefel und Beinkleider, sowie einige
Flaschen Eau de Cologne opfert. Schon für gewöhnlich
macht der ganze Teil der Stadt, in dem die Bazare
liegen, den Eindruck, als fände hier ein beständiger Jahrmarkt statt, um wie viel mehr an Tagen irgend eines
größeren Festes!

In den breiten, von Kaufläden flankierten Straßen
reihen sich, den Verkehr in bedenklicher Weise beengend,
Buden, Tische und Karren, mit allen erdenklichen Waren
und Lebensmitteln bedeckt, an einander. Dazwischen
haben Geschichtenerzähler, die stets ein zahlreiches an-
dächtiges Publikum finden, Theatertruppen, Zauber-
künstler, Wahrsager und Bauernfänger ihre meist aus
Lumpen zusammengeflickten Zelte aufgeschlagen. Schlan-
gen- und Kautschukmenschen, denen Renz in anbetracht
ihrer geradezu verblüffenden Leistungen mit Freuden
vielleicht 100 Mark für den Abend bewilligen würde,
mühen sich hier mit einem schmutzigen, kaum das Not-
dürftigste bedeckenden Lappen bekleidet, von früh bis
spät in sengender Sonnenhitze ab und verdienen mit
zwölfstündigem Gliederverrenken kaum genug Cash, um
sich bei ihrem ebenfalls al fresco arbeitenden, verführerische
Wirbel trommelnden Nachbar, dem Kuchen- und Pastelen-
bäcker, einmal gründlich satt essen zu können.

Ambulante Barbiere, an dem einen Ende einer
Bambusstange einen rotlackierten Schemel, am anderen
ihren Handwerkskasten tragend, drängen sich, einem
stimmgabelähnlichen Instrument schnurrende Töne ent-

lockend, neben kastagnettenschlagenden Hühneraugen=
operateuren und tambourinbewaffneten Blinden durch
die staubbedeckte, schwitzende, nach Knoblauch duftende
Menge. Nahezu jedes Straßengewerbe hat sein eigenes
Instrument, sein besonderes Signal, um die Aufmerksam=
keit des Publikums auf sich zu lenken, und nur ver=
hältnismäßig selten hört man die Leute von ihren eigenen
Stimmwerkzeugen Gebrauch machen.

Die Kaufläden sind innen und außen vielfach mit
vergoldetem Holzschnitzwerk nahezu überladen, und eine
solche über und über neuvergoldete, aus fußtiefem
Schlamm aufragende Hausfront gewährt gerade als
Gegensatz zu dem ringsum uns entgegenstarrenden himmel=
schreienden Elend einen ganz merkwürdigen Anblick. Von
langer Dauer ist dieser Glanz nicht, denn wenige Wochen
genügen, die Vergoldung unter einer dicken Schmutzkruste
für immer zu begraben. Schaufenster oder Auslagen,
wie man sie in Europa gewohnt ist, fehlen in chinesischen
Kaufläden, und selbst im Innern derselben ist von einer
Ausstellung der Waren nichts zu bemerken. Der von
allen Seiten in die Häuser dringende Staub zwingt die
Händler, ihre Bestände verschlossen zu halten, und nur
wenn man nach einem bestimmten Artikel fragt, werden
erst die wunderbarsten Schätze hervorgeholt, herrliche
Seidenstoffe, Pelzwaren, Schmuckgegenstände, oder was
es gerade sein mag. Nicht selten findet man in den
elendesten Spelunken Kostbarkeiten im Werte vieler Tau=
sende von Dollars aufgespeichert und gleichzeitig eine
so reiche Auswahl, wie nur in den ersten Magazinen
von Berlin, Paris oder London.

Was auf den Straßen feilgeboten wird, ist Schund=

ware, größtenteils chinesischen Ursprungs, vielfach auch „made in Germany".

Der Händler mit getragenen Herrenkleidern steht seinem jüdischen deutschen Kollegen in keiner Hinsicht nach. Er ist sogar womöglich noch aufdringlicher, redseliger und unverfrorener in der Art des „Anreißens" harmloser Wanderer.

In einem geräumigen, aus alten Kleiderfetzen zusammengestückelten Zeltdache, oder auch unter freiem Himmel hat er seine Vorräte zu einem haushohen Haufen aufgeschichtet. Auf dem Gipfel desselben steht ein bezopfter Bursche, ein Kleidungsstück nach dem andern vor den Augen der gaffenden Menge auseinanderfaltend und mit singender Stimme dessen Vorzüge preisend, um es dann in hohem Bogen an das entgegengesetzte Ende des Zeltes beziehungsweise Standes zu schleudern. Hat die letzte Hose endlich auf diese Weise die Luft durchflogen und bildet nunmehr den Gipfel eines neuen Berges, so wird letzterer erstiegen und die Schleuderarbeit beginnt von neuem.

Ich kann diese Art der Zurschaustellung ihrer Waren unseren Kleiderjuden gar nicht genug empfehlen; denn abgesehen davon, daß jedes einzelne Stück den Kauflustigen vor Augen geführt wird, dürfte auch den Motten und anderen mit Zerstörungstrieb begabten Insekten durch die beständige Lüftung das Dasein gründlich verleidet werden.

So sauber und appetitlich mir die zum Kauf gestellten rohen Lebensmittel erschienen, so abstoßend wirkten auf mich die fertigen Speisen in den unzähligen fliegenden Garküchen, Kuchen= und Zuckerbäckereien. Auch konnte

ich mich nicht entschließen, von der in trüben Gläsern
feilgebotenen Pflaumenlimonade oder den verschiedenen
Fruchteisen zu kosten. Ich übertrug Shokra daher die
Pflichten als Probiermamsell und erfuhr dadurch, daß
die meisten dieser auf mich nichts weniger als anziehend
wirkenden Genußmittel und Näschereien an Wohlge=
schmack nichts zu wünschen übrig ließen. Und was
mein Shokra sagt, das ist für mich ein Evangelium.
Der Junge weiß nicht nur, was sich schickt, sondern auch
was dem europäischen Gaumen, d. h. dem seines Herrn
behagt, beziehungsweise von ihm verworfen wird.

Überhaupt bitte ich, meinen Shokra nicht für einen
unzivilisierten Menschen zu halten. Er ist trotz seiner
schwarzen Haut gebildeter, als viele seiner gleichaltrigen,
d. h. 14jährigen Genossen in Europa, hat vielseitige
Interessen und ist dauernd bemüht, den Schatz der in
seinem kleinen Köpfchen aufgespeicherten Kenntnisse zu
bereichern. So trat er eines Morgens in Peking mit
der Frage an mein Bett: „Mais Monsieur! qui a
battu Napoléon I., les Allemands ou les Anglais?"
Er behauptete, die Deutschen hätten Napoleon geschlagen,
wohingegen der chinesische Koch des Herrn von Brandt
diesen Ruhm für die Engländer in Anspruch nähme.

Ich bin überzeugt, die meisten meiner Leser werden
ebenso erstaunt darüber sein, daß solche Themata zwischen
einem schwarzen Jungen und einem bezopften Kasserollen=
helden erörtert werden, wie ich es damals war. Heute
bin ich an ähnliche Fragen meines Shokra längst ge=
wöhnt und werde nicht selten durch dieselben gewahr,
wie wenig ich gelernt und wie viel von dem Wenigen
ich vergessen habe.

Wagen in Peking.

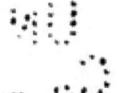

Der Chinese ist durchweg ein Freund kleiner Sing-
und Ziervögel, und namentlich ist es eine Rotkehlchenart,
die sich bei ihm besonderer Beliebtheit erfreut. Ein wie
mit Keulen zusammengeschlagener baumlanger Kerl, mit
einem Stöckchen in der Hand, auf dem ein an einen
Faden gefesseltes Rotkehlchen sitzt, ist eine Erscheinung,
der man in Peking häufig begegnet.

An allen Ecken und Enden giebt es bei einer jeden
Wanderung Neues und Interessantes zu schauen: Mandarinen zu Roß, in Sänften oder auch in zweirädrigen
Karren, begleitet von berittenen Dienern oder speer-
tragenden Läufern, Kamele, von Mongolen in fett-
glänzenden Kaftans mit langen Stöcken vorwärts getrieben, verschlossene Sänften vornehmer Damen, Mitglieder der jeunesse dorée in heliotropfarbenen oder
blauen Gewändern mit ärmellosen Jacken aus quitten-
gelber, oder pflaumenfarbener Seide, ihre weiten Beinkleider in niedrige Gamaschen gesteckt, mit hochgezogenen
Knien im Sattel balancierend, Eselreiter und Lastkarren
ziehen in buntem Durcheinander an unseren Blicken
vorüber.

Auch einem Leichenzuge begegneten wir. Der aus
nahezu vier Zoll dicken abgerundeten Holzbohlen zu-
sammengefügte, heillos schwere, über und über mit buntem
Flitter bedeckte Sarg wird an quer untergeschobenen
Hölzern von gleichzeitig 48 irgendwo auf der Straße
aufgelesenen Bummlern, unter Vorantritt Flöte blasender,
Pauken und Tamtam schlagender Musikanten, sowie zahl-
reicher mit Bannern, Innungszeichen, gerösteten Schweinen,
Enten, Hühnern, und weiß der Himmel, was sonst noch
beladener Kulis zum Thore hinaus getragen. Der ganze

Zug macht einen nichts weniger als feierlichen Ein=
bruck, würde aber auf der anderen Seite seiner Schäbig=
keit wegen auch von jedem Karnevalsausschuß von der
Teilnahme am Festzuge ausgeschlossen werden.

In einer wenig belebten Quergasse steht eine Schar
halbnackter Gassenbuben in großer Erregung über zwei
kämpfende Heuschrecken gebeugt, auf die sie ihren kurz
zuvor irgendwo erbettelten Cash gegeneinander gesetzt
haben. Hier wieder fesselt ein Glashändler, der einer
Flasche mit dünnem elastischem Boden durch Aussaugen
und Wiederhineinlassen der Luft Töne entlockt, die an
diejenigen des Krikri seligen Angedenkens erinnern, unsere
Aufmerksamkeit, bis unsere Gedanken plötzlich in höhere
Sphären gelenkt werden, denn hoch über unseren Köpfen
durchschwirren Holzharfentöne die Luft. Aufwärtsblickend
sehen wir einen von einem Dache aus geleiteten Flug
zahmer Tauben seine Kreise ziehn.

Auf dem Rücken, oberhalb des Schwanzansatzes
befestigt, trägt jedes Tier eine Anzahl verschieden ab=
gestimmter federleichter Holzpfeifchen, denen von dem
hindurchstreichenden Luftzuge weithin hörbare Töne ent=
lockt werden.

Abgesehen davon, daß diese Musik das Ohr des
Chinesen erfreut, soll sie auch noch dazu dienen, die
Raubvögel von den Tauben fernzuhalten.

Die Hauptstadt des Reiches der Mitte verfügt
namentlich in der Nähe der Bazare und der Thore über
eine große Zahl freier Plätze. Dieselben dienen indessen
nicht wie in anderen Großstädten der Erholung der
Bevölkerung, als Tummelplatz für Kinder oder sonstigen
edlen Zwecken, sondern als öffentliche Bedürfnisanstalten.

Der Chinese ist der schamloseste Mensch von der Welt, und er sucht geradezu die Öffentlichkeit da, wo jeder andere Planetenbewohner sich entweder seitwärts in die Büsche schlägt, oder sich in ein mit 0 bezeichnetes Kämmerchen zurückzieht. Wie es auf solchen Plätzen aussieht und welche Kämpfe sich hier zwischen räudigen Hunden, zum Skelett abgemagerten Schweinen und Kehrichtsammlern abspielen, das spottet zwar nicht jeder Beschreibung, aber doch meiner Feder.

Heil Ihnen, daß ich kein Zola bin! Ich würde Ihnen sonst eine Schilderung liefern, die alle Leserinnen zum Riech= und alle Leser zum Kognaksläschchen treiben würde.

Wollen Sie, meine Herren, auch trotzdem einen genehmigen, so habe ich weder vom sanitären, moralischen, noch schriftstellerischen Standpunkte etwas dagegen einzuwenden, zumal ich Ihnen ohnehin noch die eine oder andere Scheußlichkeit erzählen muß, ohne die das Bild des Pekinger Straßenlebens unvollständig wäre.

So fahren z. B. allmorgentlich in der Frühe Karren durch die Stadt, um die aus den Häusern geworfenen Leichen über Nacht verstorbener Kinder armer Leute aufzusammeln und in eine gemeinsame Grube abzuliefern. Für die Begräbnisse Erwachsener verschwenden die Reichen ein Vermögen und stürzen sich die Armen in Schulden, die Leichen der Kinder der ärmeren Klassen werden ohne Umstände vor die Thür gesetzt.

Wer Peking von seiner besten oder vielmehr einzig guten Seite kennen lernen will, der besteige, was allen Verordnungen zum Trotz durch ein Trinkgeld an einen der Treppenwächter leicht zu erreichen ist, irgendwo die

Stadtmauer. Er wird sich dann in eine andere Welt
versetzt wähnen; denn vor seinen Blicken dehnt sich ein
riesengroßer Park, zwischen dessen Baumwipfeln hindurch
goldgelbe, blau und grün im Sonnenlichte flimmernde
Tempel= und Palastdächer hindurchleuchten. Peking von
diesem Standpunkt aus gesehen, ist eine der lieblichsten,
anmutigsten Städte des Ostens. Kein Wunder, daß die
Mauer daher nicht nur den beliebtesten, sondern den ein=
zigen Spaziergang hier ansässiger Europäer bildet.

Im Osten der Stadt, unmittelbar an der äußersten
Mauer liegt die durch ihre herrlichen Bronzeinstrumente
berühmte kaiserliche Sternwarte, die, Überlieferungen zu=
folge, von persischen Astronomen, welche mit dem Kaiser
Kublai=Khan nach China gekommen waren, im 13. Jahr=
hundert errichtet worden ist. Jedenfalls ist sie eher äl=
teren, als neueren Datums, denn schon Marco Polo, der
Peking Ende des 13. Jahrhunderts besuchte, erwähnt
ihrer.

Im unteren Hofe haben wir zwei bronzene von
Drachen getragene Planispharien und ein Astrolabium
zu bewundern, deren Patina außerordentlich schön ist.
Auf einer die Mauer überragenden Terrasse befindet sich
neben einem Himmelsglobus, Quadranten, Sextanten
und anderen Instrumenten, die im Jahre 1674 nach
Angaben des Jesuitenpaters Verbiest gegossen worden
sein sollen, auch ein dem Kaiser Kanghi von Ludwig
XIV. zum Geschenk gemachter Azimut, der zwar tadel=
los gearbeitet und erhalten ist, dessen Bronze hingegen
einen Vergleich mit der der in Peking gefertigten
Instrumente nicht standzuhalten vermag. Die Stern=
warte, die auch heute noch astronomischen Zwecken dient,

ist von Rechtswegen den fremden Teufeln verschlossen, doch ist der Wächter kein Unmensch, und leicht gelingt es jedermann, sein Herz durch eine kleine Gabe zu erweichen.

Der Chinese ist überhaupt bei ähnlichen Anlässen Gemütsmensch, und außer den Thoren des kaiserlichen Palastes dürfte es im ganzen Reiche keine Pforte geben, die sich für den Europäer nicht für Geld und gute Worte, namentlich aber ersteres in den Angeln drehte. Nur dürfte die Höhe des verlangten Obolus nicht immer im Verhältnis zu dem schließlich Erreichten stehen. Denn das, was unserer hinter den verschlossenen Thüren harrt, entspricht gar oft keineswegs unseren Erwartungen.

Ich habe von Reisenden gehört, denen ein Besuch des Yung-ho-kung, der größten Lamaserei Pekings, allein gegen 100 Mark gekostet hat, da man nicht nur am Hauptthore, sondern auch noch an jedem der einzelnen Höfe und Gebäude zur Ader gelassen wird. Sie sahen außer an die 1000 schmutziger Lamas, zwei Bronzelöwen, zwei Emaille-Cloisonnée-Elefanten, die zu den besten Arbeiten dieser Art zählen, sowie einige schöne Altargefäße, Geschenke verschiedener Kaiser, und mußten sich's für ihr schönes Geld auch noch gefallen lassen, von den Klosterbrüdern verspottet und verhöhnt zu werden.

Anstatt den Lamas 100 Mark zu schenken, schenkte ich mir lieber den Besuch ihres Klosters und begnügte mich mit einem solchen in der kleineren Lamaserei Yung-chu-zu, deren Prior, eine weinehrliche alte Seele, Herrn v. Brandt persönlich befreundet war und mich als seines Freundes Freund zu sich geladen hatte.

Diese „kleinere" Lamaserei zählt immer noch an die 500 Gebäude und 12 Tempel, deren einer bisher einem

lebenden Buddha zur Wohnung gedient hatte. Der
heilige Mann war vor kurzem gestorben, und man wartete
nun auf einen Ersatz aus Lhassa, wo von solchen Herr=
schaften scheinbar ein wohlassortiertes Lager gehalten
wird. Da in den Gebäuden zur Zeit nur 80 Lamas
wohnten, so machte die ganze Anlage den Eindruck eines
verkrachten Vergnügungsetablissements, wenngleich sich
nicht leugnen läßt, daß die Gebäude für orientalische
Verhältnisse vortrefflich in stand gehalten waren und
überall verblüffende Sauberkeit herrschte.

Mein Führer war der Prior in höchsteigener Person,
ein ursideler Herr mit blutunterlaufenen Augen, angethan
mit einem schmutzig roten Gewande. Als ich ihn durch
Herrn Dr. Forcke, der mich liebenswürdiger Weise be=
gleitet hatte, fragen ließ, ob er nichts zur Linderung
seines Augenübels unternähme, meinte er, sein Leiden
könne bald gehoben werden, wenn er das Trinken auf=
gäbe, was indessen nicht in seiner Absicht läge.

Er machte ganz den Eindruck eines Mönches, wie
sie uns aus dem Mittelalter geschildert werden, schien
uns jedoch zu meinem Leidwesen für Temperenzler zu
halten, da er uns neben Kuchen und Obst nur Thee anbot,
stärkere Getränke hingegen vorenthielt.

In seinem Kämmerchen sah es recht wohnlich aus.
Der Kang war mit schönen weichen Teppichen belegt,
die Wände schmückten Holzschnitzereien, und auf einem
Tische von braunem Holz mit Marmoreinlage stand ein
Teller mit prächtig duftenden, rotbackigen Äpfeln. Das
laute Ticken einer großen Wanduhr trug gleichfalls dazu
bei, dem Raume den Stempel des Wohnlichen auf=
zudrücken.

Auf meinen Wunsch holte unser Wirt verschiedene
Lamakopfbedeckungen herbei, Hüte und Mützen für Gebet=
übungen und festliche Anlässe. Neu war mir darunter
ein runder Hut mit gerade abstehender Krempe, aus
einer harten, vergoldeten und lackierten Pappmasse ge=
formt. Wie uns bedeutet wurde, wird diese Masse aus
alten ha tas d. h. farbigen Seidenbändern hergestellt,
die aus Tibet bezogen und unter den Lamas als Zeichen
der Freundschaft verschenkt werden. Auch der Dalai
Lama pflegt solche ha tas an seine Besucher zu verteilen,
und ein besonders schönes Stück aus himmelblauer Seide
mit eingewebten chinesischen Glückszeichen, welches dem
nepalesischen Gesandten am Hofe von Lhassa vom Dalai
Lama s. Z. verehrt worden ist, befindet sich in meiner
Sammlung.

Der erwähnte Hut, der mittels Bänder unterm
Kinn befestigt wird, dient den Lamas nur bei kaiserlichen
Empfängen als Kopfbedeckung. Bei dieser Gelegenheit
tragen sie auch, nach dem Vorbilde der Militär= und
Zivilbeamten, einen farbigen Glasknopf auf dem Hut
als Abzeichen ihres Ranges. So war z. B. unser Freund
zur Führung des hellroten Knopfes berechtigt und hatte
demnach den Rang der Mandarinen ersten Grades.

Zu meiner Freude gelang es mir nicht nur diesen
seltenen, selbst Herrn v. Brandt bis dahin noch nicht
zu Gesicht gekommenen Hut nebst Knopf, sondern auch
noch eine riesenhafte Gebetmütze aus goldgelbem dicken
Wollplüsch käuflich zu erwerben.

Eine andere Lamaserei, deren Besuch sich wegen
eines in einem schönen, leicht zugänglichen Hofe auf=
gestellten Denkmals lohnt, liegt etliche Kilometer außer=

halb der nördlichen Stadtmauer. Das aus weißem
Marmor in Pagodenform erbaute Denkmal ist vom
Kaiser Kienlung dem Andenken eines in Peking an den
Blattern verschiedenen Onkels, des derzeitigen Dalai
Lamas, errichtet worden und zeigt in Basrelief Scenen
aus dem Leben des Verstorbenen.

Von hier aus in die Stadt zurückkehrend, passierten
wir einen Exerzierplatz, auf dem gerade Kavallerieschieß=
übungen abgehalten wurden. Die Leute hatten ihre
alten Luntenflinten in vollster Karriere zu laden und
auf ein gegebenes Ziel zu schießen. Das Laden und
Schießen wurde prompt ausgeführt, die Kerle saßen
trotz hochgezogener Kniee sicher im Sattel, aber einen
Treffer hatte niemand zu verzeichnen.

Der aus dem 13. Jahrhundert stammende, unter
der heutigen Dynastie erneuerte Konfuciustempel wurde
uns nach langem Feilschen gegen ein Eintrittsgeld von
einem Dollar für den Kopf geöffnet. Durch einen mit Pinien
bepflanzten Hof gelangt man zu dem etwa 50 Fuß
hohen Hauptgebäude, dessen Dach von mächtigen Teak=
holzsäulen getragen wird. Außer einigen dem Gedächtnis
des Konfucius und seiner Schüler errichteten Holztafeln
ist im Innern nichts zu sehen. In einem der Höfe
finden wir Steine mit den Namen aller Glücklichen, die
den ersten Grad der Gelehrsamkeit erworben haben, in
einem andern sechs Monumente zur Erinnerung an sieg=
reiche Feldzüge verschiedener Kaiser.

Wenige Schritte bringen uns vom Konfuciustempel
zur Halle der Klassiker.

Inmitten eines geräumigen Hofes erhebt sich ein
von marmornen Wasserbecken und Balustraden umgebener

Pavillon, rings um den Hof ziehen sich lange Hallen, in denen auf etwa 200 aufrechtstehenden Steintafeln der Text der neun chinesischen klassischen Bücher eingemeißelt ist. Sehenswert ist u. a. ein aus grünen und goldgelben Porzellankacheln aufgeführter, mit glasierten Ziegeln gedeckter dreifacher Thorbogen, dessen Pfeiler auf reichornamentierten weißen Marmorsockeln ruhen.

Nachdem wir auch hier von den Thürhütern gehörig gerupft worden waren, schwangen wir uns wieder in den Sattel und setzten unsere Forschungsreise fort.

Es war gerade Sonntag, und als uns aus einem am Wege liegenden christlichen Gotteshause Gesang entgegenschallte, saßen wir für einige Minuten ab, um einen Blick in das Innere des Gebäudes zu werfen. Eintretend, erfuhren wir auf Befragen, daß wir uns in einer Lazaristenkirche, deren es vier in Peking giebt, befanden. Dieselbe war bis auf den letzten Platz von chinesischen Christen gefüllt, der amtierende Geistliche trug eine viertantige Mütze, und zwei bezopfte Knaben, die gelbe Bambushütchen mit roten Roßschweifen auf dem Kopfe trugen, sekundierten ihm. Die innere Ausschmückung der Kirche, die von chinesischen Handwerkern unter Aufsicht der Priester ohne jede fachmännische Leitung erbaut worden ist, entspricht mehr chinesischem, als europäischem Geschmack.

Den Abend verbrachte ich in der Familie eines liebenswürdigen Landsmannes, Herrn Ohlmer, Beamten des chinesischen Seezolldienstes, dessen Gattin ihre Gäste nicht nur durch berühmt gute Kost, sondern auch durch anregende Unterhaltung an ihr Haus zu fesseln weiß. Erst nach Mitternacht trat ich unter Shotras Führung

20*

und unter Vorantritt eines Dieners, der eine riesengroße
Papierlaterne trug, auf der mit chinesischen Schriftzeichen
„Deutsche Gesandschaft" vermerkt war, den Rückweg an.
Trotz ungeheurer Summen, die alljährlich für Straßen=
beleuchtung ausgesetzt werden, ist in Peking von einer
solchen schlechterdings nichts zu merken. Es geht hiermit
eben wie mit allem in China. Die erforderlichen Gelder
werden von der Regierung angewiesen, gehen aber durch
so viele klebrige Hände, daß das, was schließlich nach
unten durchsickert, kaum für den Laternenanzünder hin=
reicht, geschweige denn dafür, daß er etwas Anzündbares
findet.

Nur wenn der Kaiser, der Sohn des Himmels, sei=
nen Palast verläßt, um in einem der Tempel die ihm
vorgeschriebenen Opfer zu verrichten, sieht es auf den
von Seiner Majestät passierten Straßen so aus, wie es
von Rechts wegen jederzeit in ganz Peking aussehen
sollte. Da ist dann alles in schönster Ordnung. Die
vom kaiserlichen Zuge betretenen Wege sind eben wie ein
Billardtisch, und da keinem Menschen gestattet ist, sich bei
solchen Gelegenheiten blicken zu lassen, wenn ihm sein
Kopf lieb ist, so sieht der sonst in seinem Palaste einge=
schlossene Monarch nichts von dem entsetzlichen, unter
seinem Volke herrschenden Elend.

Vieles, unendlich Vieles ist faul im Staate China,
und es ist auch keine Aussicht auf Besserung vorhanden,
es sei denn, daß man eine alles unter sich zermalmende
Dampfwalze durchs Land fahren ließe, um dasselbe dann
mit einer anderen Rasse neu zu besiedeln.

Ein in chinesischen Diensten stehender Bahnbau=
ingenieur schrieb kürzlich an einen mir befreundeten Herrn

über den Fortgang einer seiner Aufsicht unterstellten
Eisenbahnarbeit: „Zweihundert Menschen werden der
Regierung täglich vom Taotai in Rechnung gestellt, fünf-
zehn sind thatsächlich zur Stelle, und diese erhalten keinen
Groschen."

Eine willkommene Abwechselung in den ewigen Tem-
pelbesichtigungen bot mir ein Ausflug nach der nur etwa
1½ Stunden von der Stadt entfernt gelegenen Sommerresidenz des russischen Gesandten, Grafen Cassini, einer allerliebst gehaltenen, am Bergesabhang gelegenen Tempelan-
lage, von deren verschiedenen Terrassen man Peking und
seine nächste Umgebung überschaut. Nach einem substanzi-
ellen Frühstück und nachdem ich vom Grafen Cassini noch
eine Anzahl Empfehlungsschreiben an verschiedene hohe Beamte Südsibiriens, dem ich einen Besuch zugedacht, erhalten hatte, kehrte ich auf dem greisenhaften Reichs-
schimmel nach Peking zurück, um noch selbigen Nachmittags
die in der Chinesenstadt gelegenen Tempel des Himmels
und des Ackerbaues zu erledigen.

Nach dem etwas flüchtigen Besuch, den ich diesen
ältesten chinesischen Tempeln abstattete, wäre ich kaum
in der Lage, über diese interessanten Überbleibsel mono-
theistischen Kultus, der dem Konfucianismus voranging,
eingehender zu berichten, hätte nicht einer unserer Landsleute — ich glaube, Herr von Möllendorf — sich die
Mühe genommen, einen Führer durch Peking zu ver-
fassen, aus dem ich dem Leser einiges verrate, was mir
mit eigenen Augen zu sehen nicht vergönnt war.

Ein gegen 3 Quadratkilometer Grundfläche bedeckender,
von hohen Steinmauern eingeschlossener Park birgt in
seiner Mitte die wiederum von Mauern umgebene und

durch solche in verschiedene Höfe geteilte eigentliche Tempel=
anlage, zu der der Sohn des Himmels alljährlich am
21. Dezember in einer mit gelber Seide überzogenen,
von 32 Dienern getragenen Sänfte unter Vorantritt von
Musikbanden, sämtlichen Prinzen und hohen Beamten
wallfahrtet, nachdem tags zuvor mit großem Pomp in
einem von Elefanten gezogenen Wagen die Opfergaben
vorausgesandt worden sind.

Außerhalb des Thores der inneren Mauer befindet
sich der Enthaltsamkeitspalast, in dem Seine Majestät
bis zum nächsten Morgen unter Verzicht auf Schlaf,
Wein und animalische Kost in sich zu gehen hat.

Sieben viertel Stunden vor Sonnenaufgang wird
er in einem Elefantenwagen zum Südthore der äußeren
Mauer gefahren und begiebt sich von dort aus zu Fuß
nach dem in der inneren Umwallung gelegenen Altar,
einem etwa 100 Fuß im Durchmesser haltenden, in drei
mit Balustraden versehenen Abstufungen sich nach oben
verjüngenden Marmorbau, zu dessen oberer Terrasse, auf
der für den Kaiser ein gelbseidenes Zelt aufgestellt ist,
eine Treppe von 27 Stufen hinaufführt.

Im Südosten dieses Altars befindet sich ein neun
Fuß hoher, mit grünen Kacheln bedeckter Herd mit eiser=
nem Roste, auf dem neben wohlriechenden Harzen, im
Augenblicke wo der Kaiser die Anlage betritt, unter Musik=
klängen ein ganzer Stier den Flammen übergeben wird.

Sobald der Sohn des Himmels die obere Terrasse
betreten hat, läßt er sich dreimal auf die Kniee nieder,
verneigt sich, streut seinen Vorfahren Weihrauch und legt
einige Rollen Seide, Nephritschalen und andere Opfer=
gaben nieder, worauf ein Gebet verlesen wird und Seine

Tempel in Peking.

Majestät kniend den Trank und das Fleisch der Glück=
seligkeit empfängt.

Mit Tagesanbruch ist die Feierlichkeit beendet, und
wie er gekommen, zieht der Kaiser in seinen Palast zurück.

Nördlich vom Himmelsaltar liegt der Altar, auf
dem der Kaiser für einen gesegneten Herbst betet. Auf
demselben stand bis vor einigen Jahren ein von drei
übereinander liegenden, mit blau glasierten Ziegeln be=
legten Dächern gekrönter Tempel, der als das schönste
Bauwerk Pekings galt. Leider wurde derselbe vom Blitze
getroffen und eingeäschert, was im ganzen Reiche für
ein böse Zeiten verheißendes Zeichen gedeutet wurde.

Der Tempel des Ackerbaues, eine dem Himmels=
tempel gegenüber liegende, gleichfalls von prächtigem Park
umgebene Anlage, enthält vier große Altäre. Alljährlich
im Frühjahr begiebt sich der Kaiser hierher beten und
beackert ein bestimmtes Grundstück mit der Pflugschar,
um seinen Unterthanen mit gutem Beispiel voranzugehen.

Um mir in keiner Hinsicht Vorwürfe machen zu
können, sah ich mir noch am Tage, bevor ich die Haupt=
stadt des Reiches der Mitte verließ, den Trommel= und
den Glockenturm an. Beide liegen in der Tartarenstadt.
Ersterer birgt eine kolossale Pauke, auf der zu Zeiten der
Gefahr Lärm geschlagen und im übrigen nächtlicherweile
die Stunde verkündet wird, in letzterem hängen fünf
aus der Zeit des Kaisers Yung=lo (Anfang 15. Jahr=
hunderts) stammende Glocken von je 18 Fuß Höhe und
10 Fuß unterem Durchmesser. Sie sollen jede 60 000
Kilo wiegen, so wenigstens wird behauptet. Nachgewogen
habe ich sie nicht.

Wer längere Zeit in Peking bleibt, dem bieten sich

noch gar manche lohnende Ausflüge in die nähere Um=
gebung der Stadt, so zu dem kaiserlichen Wildpark, dem
Altar des Mondes, dem aus dem Anfange des 17. Jahr=
hunderts stammenden portugiesischen Friedhof, auf dem
die Gräber der ersten nach China gekommenen katholischen
Missionare liegen, nach dem 1860 von den Franzosen
zerstörten und jetzt teilweise restaurierten kaiserlichen
Sommerpalast u. a. m.

Was aber immer die Stadt der Städte den Frem=
den an Sehenswürdigkeiten bieten mag, keine derselben
hat es vermocht, mich in gleicher Weise zu fesseln wie
das Volks= und Straßenleben, und meiner Empfindung
nach ist ein Blick in dasselbe allein schon eine Reise nach
Peking wert.

Beladen mit allen möglichen erworbenen Schätzen
nahm ich an einem herrlichen sonnigen Oktobermorgen
von Herrn v. Brandt sowie den übrigen Herren der Ge=
sandtschaft Abschied und ritt auf einem Eselchen nach
Tungchau, wo mich ein vorher bestelltes Boot erwartete,
in dem ich, mit dem Strome fahrend, in 36 Stunden
wieder nach Tientsin gelangte.

Wenige Tage noch verbrachte ich dort im Hause
des Herrn Detring, um mich dann von einem Dampfer
erst nach Tschifu und später nach Korea entführen zu
lassen.

Vier Wochen im Königreich Korea.

Nachdem ich in dem kleinen, reizend gelegenen Hafen=
städtchen Tschifu den Staub Chinas von den Füßen
geschüttelt hatte, fuhr ich an Bord der sich auf der Reede
wiegenden Owari Maru, eines Dampfers der Nippon
Yusen Kaisha, zu deutsch Japanischen Schiffahrts=
gesellschaft, die über eine Flotte von gegen fünfzig meist
in England gebauten Dampfschiffen verfügt, und wurde
hier am Fallreep von dem Kapitän des Schiffes mit
jener überschwenglichen, beinahe ans Komische grenzenden
Höflichkeit, die den Japaner auszeichnet, bewillkommnet.

Die Nippon Yusen Kaisha hatte sich bereits am
Lande dadurch bei mir auf das vorteilhafteste eingeführt,
daß sie mir für mich wie auch für meinen Diener eine
Fahrpreisermäßigung von zwanzig Prozent aufgedrängt
hatte, nicht etwa in meiner Eigenschaft als Forschungs=
reisender, sondern — man lese und staune — als Land=
wehroffizier der deutschen Armee, von welcher erhabenen
Stellung meinerseits man durch meinen Paß zufällig
Kenntnis erhalten hatte.

Daß mir auf diese Weise von Japanern eine Prämie auf die Opfer, die ich als wehr= und waffenfähiger Mann meinem Vaterlande zu bringen verpflichtet bin, gezahlt wurde, rührte mich tief und um so tiefer, als mit der Rührung eine Ersparnis für meine Reisekasse von etwa vierzig Mark verbunden war.

Gleiche Ermäßigungen werden auf der genannten japanischen Linie übrigens allen Offizieren, Beamten und Missionaren, einerlei welcher Nation sie angehören, zu teil. Um dem sich vor Höflichkeit und Liebenswürdigkeit beinahe überschlagenden Kapitän den nötigen Halt zu geben und gleichzeitig ein gewisses heimatloses Gefühl, welches mich stets beim Betreten schwankender Schiffe in der Magengegend zu beschleichen pflegt, zu beseitigen, ließ ich mir von dem japanischen Steward die zu einem cocktail nötigen Ingredienzien holen und lud, nachdem die Mischung wohlgelungen war, meinen kleinen Kapitän ein, mit mir auf das Wohl seines Landesherrn, des mir aus der gleichnamigen Operette wohlbekannten Mikado, zu trinken.

Sollte einer meiner Leser so ungebildet sein, nicht zu wissen, was ein cocktail ist, so lasse er sich folgendes gesagt sein.

Ein cocktail ist eine Mischung von geschlagenen Eidottern und Zucker, in einer Serviette zu Schnee zerstampftem Eis, Whisky, Kognak, Sekt oder irgend einer anderen alkoholhaltigen Flüssigkeit und einigen Tropfen Angosturabitter, alles zusammen vor dem Gebrauch gut durcheinander zu schütteln. Kurz, um uns verständlicher auszudrücken: der cocktail ist ein kultivierter Knickebein, er stärkt den Magen und schärft den Verstand, wirkt beruhigend auf die Nerven und ist als Trost in trüben Stunden beiden Geschlechtern, namentlich an Bord von Schiffen, auf das angelegentlichste zu empfehlen.

Der gleichen Ansicht schien auch mein Kapitän zu sein, denn kaum hatte er das Wort cocktail vernommen, als sich seine Mundwinkel so weit wie möglich den Ohrmuscheln näherten, und er damit gleichzeitig vor meinen erstaunten Augen ein Gebiß enthüllte, wie ich es bisher noch nicht gesehen hatte, aber in Zukunft noch oft genug bei seinen Landsleuten beobachten sollte. Zuerst glaubte ich, der Mann hätte seine Zähne von oben bis unten vergoldet, bei näherer Betrachtung erkannte ich indessen, daß jeder der Schneidezähne zwei, drei ja selbst vier Goldplomben trug, so daß das Ganze aussah wie ein Mosaik von Gold und Elfenbein. Der Japaner hat auffallend schlechte Zähne, aber er ist stolz auf alles, was er hat, selbst auf das Schlechte, und hält es daher für außerordentlich chic, demjenigen, dem er die Zähne zeigt, diese mit möglichst vielen Plomben vorzuführen, zumal eine solche Goldmine seiner Ansicht nach zugleich geeignet ist, seinen Kredit wesentlich zu erhöhen. Unter den sämtlichen Offizieren an Bord fand sich, wie ich später sah, kein einziger, der nicht ostentativ das Gold, welches ihm sein Dentist in die Zähne versenkt hatte, zur Schau trug.

Nachdem wir noch einige Stunden lang Bohnenkuchen (die Rückstände gepreßter und dadurch ihres Öls beraubter Bohnen), die in Japan als Düngemittel Anwendung finden, geladen hatten, lichteten wir kurz nach Mittag die Anker und verließen die Reede. Draußen begegneten wir S. M. Schiff „Alexandrine", und die

japanische Handelsflagge, eine rotstrahlende Sonne in
weißem Felde darstellend, senkte sich dreimal zum Gruße
vor der deutschen Kriegsflagge. Bald war Tschifu uns=
seren Blicken entschwunden, und da der beständig in
dichten Flocken herniederfallende Kohlenstaub (wir feuerten
mit japanischer Kohle) mir den Aufenthalt auf Deck ver=
leidete, zog ich mich in den Salon zurück und vertiefte
mich in die Lektüre einer in englischer Sprache erscheinenden
japanischen Zeitschrift, des Kobe Chronicle. Rice still
falling war das Erste, was mir vom Marktberichte in
die Augen fiel, dann folgte eine lange Jeremiade über
die schlechte Lage der Landwirtschaft, ein Artikel über die
zerfahrenen Verhältnisse des Parlaments und den leidigen
Parteihader, Notizen über Feuersbrünste, bei denen die
Zahl der eingeäscherten Häuser immer gleich in die
Hunderte ging, über Selbstmorde, Kesselexplosionen, Dieb=
stähle ꝛc., mit einem Wort tout comme chez nous.
Das also war das Land, welches mir als der Inbegriff
alles Idyllischen geschildert worden war, das Land meiner
Sehnsucht und meiner Träume? Verstimmt und ernüchtert
zugleich legte ich das Blatt, welches mir mit seiner elenden
Druckerschwärze alle Illusionen zerstört hatte, aus der Hand.

Sollte auch in Korea der Druckteufel bereits an der
Arbeit sein?

Der erste Offizier, ein wunderbar pomadisierter und
auf eine halbe Seemeile nach Patschuli duftender ja=
panischer swell, kam gerade an der Salonthür vorüber,
und ich bat ihn um Aufklärung. Nein! Es gäbe noch
keine Zeitungen in Korea, das Land sei perfectly savage,
ich thäte überhaupt gut, meine Erwartungen von vorn=
herein auf ein Minimum herabzuschrauben.

„Mensch! Gott, Buddha, oder an wen Sie sonst glauben, sagen Sie, trinken Sie eine Flasche Bier mit mir und schwören mir, daß Korea perfectly savage ist? Glauben Sie denn, daß mir daran liegt, civilisierte Menschen und Staaten, die nichts als schlechte Nach= ahmungen europäischer Vorbilder sind, kennen zu lernen? Glauben Sie etwa, ich käme 12000 Meilen weit von Europa hergereist, um mich hier über die gleiche Civili= sation und gleich langweilige dressierte Menschen zu ärgern wie daheim? Länder wünsche ich, in denen es weder Zeitungen, Posten noch Telegraphen giebt, Länder, die keine Hotels besitzen, in denen man einmal für den Zimmerkellner, zweimal für das Stubenmädchen und dreimal für den Hausknecht auf den Knopf zu drücken ersucht wird; Länder, in denen — nehmen Sie mir's nicht übel — patschulihaltige Parfüms noch keinen Ein= gang gefunden haben; Menschen die entweder nackt gehen oder sich durch originelle Kleidung auszeichnen und deren Finger noch nie mit den Tasten eines Klaviers in Be= rührung gekommen sind. Ist Korea ein solches Land?"

Jawohl. Korea sei zwar mit China durch einen Telegraphen verbunden, aber im übrigen perfectly savage.

„Gut, was ich versprochen, sollt Ihr voll genießen. Steward, eine Flasche Bier!"

Nach wenigen Minuten stand das Verlangte vor mir, aber Etikette und Marke, ein goldenes Einhorn auf weißem Grunde mit der Unterschrift Kirin Beer, Tokio, waren mir unbekannt.

„Made in Japan, not made in Germany," meinte grinsend mein Gegenüber und erzählte mir, daß es in

seiner Heimat sechs große, nach deutschem Muster ein=
gerichtete Staats= resp. Aktienbrauereien gäbe, neben
einer Unzahl kleinerer, welch letztere aber durchweg
miserables Zeug lieferten und ihre Flaschen mit Nach=
ahmungen der Etikette bekannter deutscher und englischer
Exportbrauereien beklebten.

„Sehen Sie, alter Freund, das alles sind die Früchte
abendländischer Kultur. Doch lassen Sie Ihr Bier nicht
abstehen. Es lebe Korea! Prosit!"

Als wir absetzten, konnte ich nicht umhin, dem klei=
nen Japaner zuzugestehen, daß ich von der Güte des
Bieres auf das angenehmste überrascht sei. Da ich der
einzige Kajütenpassagier an Bord war, überließ man
es mir, aus den vorhandenen Vorräten den Speisezettel
für den Abend zusammenzustellen. An dem Essen be=
teiligten sich außer dem wachthabenden sämtliche Offiziere,
und ich muß ihnen das Zeugnis ausstellen, daß sie mit
Messer und Gabel ungleich manierlicher umzugehen wußten,
als ein großer Teil mir bekannter, unheimlich gelehrter
deutscher Professoren und Geheimräte, die zwar eine vor=
treffliche Schulbildung, aber keine Kinderstube genossen
haben.

Gegen 8 Uhr abends passierten wir das Leuchtfeuer
von Shan=tung, sternenklarer Himmel wölbte sich über
uns, und sanft atmete das Meer, matter und matter
wurde das Licht des letzten Feuerzeichens, welches uns
mit der chinesischen Küste verband, und bald war es im
Dunkel der Nacht vollends verschwunden.

Als ich kurz darauf in meine Kammer kam, fand
ich daselbst meinen kleinen dreizehnjährigen Diener Shoka,
der, wie gewöhnlich, alles fein säuberlich hergerichtet

hatte, meiner harrend, um mir beim Auskleiden behilflich
zu sein. Shokra schien in ungewöhnlich gehobener Stim=
mung zu sein; als ich ihn fragte, was ihm wäre, meinte
er: „J'aime beaucoup les Japonnais, Monsieur“, und
in seinem drolligen Französisch erzählte er mir nun, wie
viel besser die Japaner seien als die Chinesen, die er aus=
nahmslos als Lügner und Diebe sans sentiment be=
zeichnete, während die Japaner an Bord sofort die wärm=
sten Decken, deren sie hätten habhaft werden können, her=
beigeschleppt hätten, um, wie er sich ausdrückte, ein Nest
für ihn zu bauen. Jeder an Bord habe ihm Liebes
erweisen wollen, und von mehreren Matrosen habe er
sehr schöne Geschenke erhalten. Ob er mir dieselben zeigen
dürfe? Natürlich durfte er, und glückstrahlend holte er
einen aus Pappe geformten, mit bunten Federn beklebten
Papagai und eine kleine mit Wasser gefüllte Glaskugel,
in der künstliche Goldfische herumschwammen, herbei.
Beides wurde gebührend von mir bewundert, und Shokra
durfte sein Nest aufsuchen.

Am folgenden Morgen hatte ich Gelegenheit, mich
davon zu überzeugen, mit welcher Liebe die Japaner den
kleinen Kerl behandelten. Während er in China beständig
etwa wie ein Orang=Utang angestaunt, betastet und nicht
selten geneckt worden war, schienen die Japaner ihn viel=
mehr wie ein von Gott in der Feiertagslaune geschaffenes
Kunstwerk anzusehen. Es war geradezu komisch, zu be=
obachten, wie sie um den Jungen besorgt waren, ihn
hätschelten und wie ein rohes Ei behandelten.

Wir sind später mehr als sechs Monate in Japan
geblieben, aber wohin wir immer kamen, überall war
Shokra der Liebling der Bevölkerung, und ich verdenke

es ihm nicht, daß er die Japaner für les plus bons
hommes du monde erklärt.

Die ersten koreanischen Küsteninseln kamen schon in
aller Frühe in Sicht, das Meer zeigte eine intensiv hell=
grüne Farbe, aus der die vom Rosenrot des Morgen=
lichtes übergossenen kahlen Felsen gleich Böcklinschen Feen=
inseln aufragten. Es war ein entzückend schöner Herbst=
tag, und als wir bald nach Mittag in die Bucht von
Chemulpo einfuhren, zeichnete sich die Küste Koreas in
seltener Klarheit vom wolkenlosen Himmel ab. Als Ku=
riosum erzählte mir der Kapitän, daß der Unterschied zwi=
schen Ebbe und Flut hier einunddreißig Fuß beträgt.

Lange schon, bevor wir die einzelnen Häuser der
Stadt erkennen konnten, hatte ein weithin leuchtendes
schloßartiges, auf einem hinter der Stadt sich erhebenden
Bergrücken gelegenes Gebäude meine Aufmerksamkeit auf
sich gezogen. Ich hielt dasselbe anfangs für einen Som=
merpalast des Königs, bis ich zu meiner Freude erfuhr,
daß es das Wohnhaus des Vertreters der Hamburger
Firma E. Meyer u. Co., des einzigen großen europäischen
Handelshauses in Korea sei. Da ich von unserem da=
maligen Gesandten in China, Herrn von Brandt, dessen
Gastfreundschaft ich mehrere Wochen in Peking genossen
hatte, dem hiesigen Chef der Firma, Herrn Karl Wolter,
warm empfohlen worden war, so war ich schon jetzt über=
zeugt, daß ich auf der Veranda des stolzen Gebäudes
manche angenehme Stunde verleben würde. Ich sollte
mich — das bemerke ich gleich vorweg — in dieser An=
nahme denn auch nicht getäuscht sehen.

Als wir etwa eine Meile vom Ufer entfernt, zwischen
einem japanischen und einem amerikanischen Kriegsschiff

Anker geworfen hatten, wurden wir bald von einer ganzen Flottille kleiner, in Form von Pantoffeln gebauter Boote umringt, und ich war gerade im Begriff, mit der Bemannung eines derselben in Unterhandlung zu treten, als sich der an Bord gekommene Hafenmeister, ein Engländer, mir vorstellen ließ und mich einlud, mit ihm in seiner Gig an Land zu fahren. Im Laufe der Fahrt erkundigte ich mich danach, ob in Chemulpo irgend ein Absteigequartier für Fremde existiere, und erfuhr, daß ein ganz gutes japanisches Gasthaus vorhanden sei. Ob ich denn niemanden in der Stadt kenne?

Nein! Aber ich sei an Herrn Wolter, Vertreter der Firma Meyer, empfohlen.

Wie ich in diesem Falle überhaupt daran denken könne, mich in einem Gasthaus einzuquartieren; ich müsse selbstverständlich ohne Sack und Pack zu Herrn Wolter ziehen, er, der Hafenmeister, selbst würde sich ein Vergnügen daraus machen, mich hinaufzubegleiten.

Da ich die phänomenale Gastfreundschaft aller Europäer im fernen Osten genugsam an mir erfahren hatte, folgte ich, Shokra mit dem Gepäck vorläufig im Gasthaus unterbringend, meinem Führer. Ich äußerte mein Befremden darüber, nur Japanern und Chinesen, dagegen fast keinem einzigen Koreaner zu begegnen, und erfuhr von meinem Begleiter, daß die auf ca. 5000 Seelen angegebene Bevölkerung der Stadt sich allerdings in der Hauptsache aus Japanern (2300) und Chinesen (550) zusammensetze, so daß, wenn man auch noch die zweiundbreißig vorhandenen Europäer, von denen gerade die Hälfte deutscher Nationalität sind, hinzurechne, nicht mehr als vierzig Prozent auf die Eingeborenen entfielen.

Übrigens führe unfer Weg gerade durch die japanifche
Kolonie, die, gleich der chinefifchen, ein abgefchloffenes
Ganzes mit eigener Verwaltung bilde. Der erfte Ein=
druck, den ich hier vom japanifchen Volksleben, japa=
nifcher Sauberkeit und japanifchem Fleiße erhielt, war
ein durchaus günftiger, trotzdem mir von meinem Be=
gleiter bedeutet wurde, ich dürfe aus der hiefigen Kolonie
und deren Bewohnern nicht auf Japan fchließen, da die
ihr Vaterland verlaffenden Japaner die Hefe des Volkes
bildeten.

Mir gefielen die rotbackigen, vergnügt und verfchmitzt
ausfchauenden Leutchen in ihrer Nationaltracht, dem
Kimono, vortrefflich und jedenfalls weit beffer als ihre
europäifierten Landsleute, die, mit Hofe, Rock, Wefte und
fteifem Filzhut bekleidet oder in Uniformen abendländi=
fchen Schnittes gezwängt, meift etwas Affenartiges an
fich haben. Mein befonderes Wohlgefallen erregten die
Arbeiter und Hausdiener, die mich in ihrer originellen
Tracht, trikotartig eng anliegenden Beinkleidern und weitem
dunkelblau baumwollenem Ärmelwams, welches neben
allen möglichen weißen und roten Ornamenten auch den
Namen des Arbeitgebers oder deffen Wappen aufweift,
lebhaft an die Clowns unferer Zirkuffe erinnerten, wo=
hingegen die Frauen und Mädchen, die auf ftelzenartigen
Holzfchuhen mit einwärts gefetzten Füßen einherwatfchelten,
nicht eben dem Bilde entfprachen, welches mir meine
Phantafie von ihnen vorgegaukelt hatte.

Doch was ift das für eine merkwürdige Erfcheinung,
die dort, einem wandelnden Riefenpilze gleich, uns ent=
gegenkommt? Ich bleibe ftehen, um mir diefelbe genau
zu betrachten. Wie ich an den Umriffen der Figur und

Coreaner in Trauer.

dem einzigen sichtbaren Körperteil, der Hand, erkenne,
ist es ein Mann, der in ein bis auf die Knöchel reichen-
des, um die Hüften mit einem Bande zusammengehaltenes,
hellgraues, hembartiges Gewand aus ungebleichtem, durch-
sichtigem Nesselfasergewebe gehüllt ist. Seine Füße stecken
in dicken, wattierten Strümpfen aus weißem Baumwoll-
zeuge und sandalenartigen Schuhen aus dünnen Hanf-
stricken. Kopf und Schultern verschwinden gänzlich unter
einem aus rohem gespaltenem Bambus geflochtenen
pyramidenförmigen Hut von etwa achtzig Centimeter unterem Durchmesser und einem halben Meter Höhe, so daß
man nicht recht begreift, warum der also Vermummte
auch noch ein zwischen zwei Holzstäbchen gespanntes gaze-
artiges Stück Nesselgewebe mit der Hand vor sein ohnehin unsichtbares Antlitz hält. Der Mann ist nicht, wie
ich anfangs vermutete, ein Mönch oder bußfertiger Sünder,
sondern ein Koreaner in dem landesüblichen Trauergewande. Unter dem Hute trägt er noch eine sackartige
gelbgraue Kappe, die gleichfalls aus Nesselfasern hergestellt ist.

Es dürfte, außer etwa China, kaum ein Land auf
unserem Planeten geben, in dem die Trauervorschriften
gleich strenge sind und in gleich pünktlicher Weise befolgt
werden wie in Korea. Der Koreaner hat für Vater und
Mutter und — sollten diese den Großeltern im Tode
vorangegangen sein — auch für letztere in jedem einzelnen Falle für siebenundzwanzig Monate Trauer anzulegen, wohingegen der Tod der Kinder für die Eltern ähnliche Verpflichtungen nicht nach sich zieht. Der Trauernde
hat sich für die Dauer der Trauerzeit nicht nur aller
Arbeit zu enthalten, sondern, was ihm zweifellos weit

21*

peinlicher ist, er darf sich auch, falls er vorher verlobt war, vor Ablauf der genannten Zeit nicht verheiraten, so daß, wenn gerade mehrere Trauerfälle sich in der Familie in Intervallen von etwa drei Jahren folgen, Braut und Bräutigam alt und grau werden können, bevor sie zu ehelicher Verbindung gelangen.

Der Mann im Trauergewande war noch nicht meinen Blicken entschwunden, als zwei andere Koreaner des Weges kamen und meinen Begleiter begrüßten. Sie trugen weite, weiße, über den Knöcheln in wattierte Strümpfe gesteckte Hosen, dazu der eine ein hembartiges, gürtelloses, weißes Gewand, der andere über diversen weißen Wämsern eine kurze, stark wattierte Jacke aus himmelblauem Seidenstoff, über der rechten Brust mit gleichfarbiger Schleife geschlossen. Am Gürtel hingen Feuerstahl, Brillenfutteral, Eßstäbe, sowie ein aus Papier gefertigter Tabaksbeutel, im Gürtel steckte eine etwa drei Fuß lange Pfeife mit erbsengroßem Kopf und kurzem Mundstück aus Neusilber und einem mit eingebrannten Ornamenten versehenen Rohr von der Stärke eines Bleistifts. Als Kopfbedeckung trugen sie hohe, nach oben konisch sich verjüngende, schwarze, haarsiebartige Hüte mit etwa 4 Zoll breiter gerade abstehender Krempe. Diese Hüte werden entweder aus Roßhaar oder aus feingespaltenem, schwarzgefärbtem Bambus geflochten. Die letztere Sorte ist bei weitem die teurere, und Hüte bester Qualität kosten bis zu dreißig Mark. Der Koreaner trägt sein Haupthaar von allen Seiten des Kopfes nach dem Wirbel gestrichen und hier säuberlich in einen Knoten von der Größe eines Enteneis geschlagen. Um den Schädel legt er ein etwa zwei Zoll breites Band aus Roßhaar und setzt dar=

auf eine konische Kappe gleichen Materials, deren hintere Hälfte zur Unterbringung des Haarknotens sich stufenartig über die vordere erhebt. Erst nach Befestigung dieser beiden Stücke wird der beschriebene Hut aufgesetzt und vermittelst lang herabhängender schwarzseidener Bänder, die unter dem Kinn eingeknotet werden, festgehalten. Der Koreaner besseren Standes legt seinen Hut, der übrigens weder gegen Wind, Kälte, noch Sonne Schutz gewährt, selbst im Hause tagsüber nur selten ab, außerhalb seiner Wohnung aber zeigt er sich nie ohne denselben, ebenso ist für ihn der Hut unerläßlich, wenn er Besuche empfängt. Die Kopfbedeckung der höchsten Beamten besteht nicht in einem Hut, sondern in einer Kappe, ähnlich derjenigen, wie sie von dem gemeinen Manne unter dem Hut getragen wird, an deren hinterem Teil aber zwei seitlich nach vorn abstehende Flügel aus Roßhaargewebe befestigt sind. Unverheiratete Leute, gleichviel welchen Geschlechtes, ahai genannt, tragen das Haar in der Mitte gescheitelt und in einen hinten lang herunterhängenden Zopf geflochten, so daß es in einzelnen Fällen, zumal die männliche Bevölkerung Koreas sich ohnehin durch ungemein weiche Gesichtszüge auszeichnet, kaum möglich ist, einen Knaben vom Mädchen zu unterscheiden.

Mit dem Eintritt in die Ehe wird den Knaben das Haar in der erwähnten Weise hochgebunden, das des Mädchens hingegen in zwei Zöpfe geflochten, die entweder als eine Art Chignon, durch welches eine große pfeilartige Nadel gesteckt wird, oder — so namentlich bei den ärmeren Leuten — um den Kopf geschlungen getragen werden. Mädchen sowohl wie Frauen besitzen keinerlei Kopfbedeckung, verlobte Jünglinge resp. Knaben

zeichnen sich durch einen Hut, ähnlich dem der verheirateten
Leute, aus, nur ist derselbe von gelber Farbe und meist
mit einem rosaseidenen Bande befestigt. Überhaupt ist,
wie wir noch im weiteren Verlauf der Reise sehen werden,
Korea das Land der Hüte.

Nach Überwindung einer steilen Steigung hatten
wir das Haus des Herrn Wolter erreicht, ich wurde auf
das herzlichste willkommen geheißen, Boten wurden ab=
gesandt, Shokra und mein Gepäck zu holen, und eine
Stunde später saß ich, nachdem ich mich in einem heißen
Bade verjüngt hatte, in einem behaglichen Fremden=
zimmer, in dem in einem kleinen eisernen Ofen ein Holz=
feuer so lustig bullerte, daß mich nach siebenjährigem
Tropenleben ein längst entwöhntes Sehnen nach einem
Winter in der Heimat ergriff. Daß ich einen solchen
gerade in Korea erleben möchte, will ich nicht behaupten,
es sei denn, daß mir das Gebäude der russischen Ge=
sandtschaft in Söul zur Verfügung gestellt würde, denn
nur in diesem befinden sich, soweit ich zu beobachten
Gelegenheit hatte, Heizvorrichtungen, die geeignet sind,
einer Kälte von - 20 Grad Celsius (so weit sinkt das
Thermometer hier zuweilen, während es im Sommer auf
+ 37 Grad steigt) ein Paroli zu biegen.

Herrlich war der Blick von der großen, säulen=
getragenen Veranda des Hauses auf die von keinem
Windhauch gekräuselten Wasser der Bucht mit ihren
malerischen Inseln und vor Anker liegenden Schiffen, auf
die Stadt und die hier und da hervorleuchtenden Gärten
und Reisfelder, zu denen die kahlen, im Westen das
Bild abschließenden Berge einen wirkungsvollen Hinter=
grund bildeten.

Unverheirateter Koreaner.   Mandarin.   Verheirateter Koreaner.

Mein erster Gang am nächsten Morgen galt dem Teile der Stadt, in dem die Koreaner, getrennt von den sie allmählich verdrängenden Fremden, leben. Ich fand die Straßen der Niederlassung weit freundlicher und sauberer, als später diejenigen der Hauptstadt. Wahrscheinlich hat das gute Beispiel der Japaner hier veredelnd gewirkt. Die Häuser der Bewohner selbst freilich ließen in ihrem Äußeren an Ärmlichkeit ebensowenig wie im Innern an Schmutz zu wünschen übrig. Die Behausung des armen Mannes in Korea ist überaus dürftig. Auf einem niederen Unterbau von unbehauenen Feldsteinen, die, um kostspieligen Mörtel zu ersparen, durch Strohseile und Lehm zusammengehalten werden, sind Wände aus Lehmfachwerk errichtet, über denen sich zum Schutze gegen den Wind ein mit einem Netzwerk aus Strohseilen überspanntes Strohdach wölbt. Kleine unter dem Dach eingelassene, mit Ölpapier beklebte Fensterchen sorgen dafür, daß das liebe Himmelslicht trüb durch geölte Scheiben bricht. Treten wir ein in ein solches ausnahmslos einstöckiges Häuschen, so finden wir meist zur Rechten, ein bis zwei Fuß unterhalb des übrigen Hausflures liegend, die Küche, in der der Koreaner sich sein einfaches Mahl aus Reis, Hirse oder Bohnen bereitet, und dahinter die Schlafkammer. Der zur Linken gelegene Raum, in dem die Familie auf mattenbedecktem oder mit starkem Ölpapier beklebtem Boden hockt, dient als Wohnraum, und an diesen schließt sich die Vorratskammer. An zweierlei ist in koreanischen Häusern, namentlich in der kalten Jahreszeit, niemals ein Mangel, nämlich an einer mit dem nötigen Muff verbundenen betäubenden Wärme und an Ungeziefer jeden Kalibers, wobei, meinen persönlichen Erfahrungen nach, die Flöhe sich in erdrückender Majorität befinden und alle ihre Nebenbuhler ausstechen. Die hohe Temperatur überrascht den Fremden um so mehr, als nirgendwo im Raume irgend etwas einer Feuerstelle Ähnliches zu entdecken ist. Erst bei gründlicher Nachforschung gewahrt man, daß die Heizung des Hauses entweder von außen oder von der Küche aus erfolgt, und daß der Flur des Wohnzimmers nichts anderes ist, als die Oberfläche eines großen Ofens, dessen Rauchabzug am entgegengesetzten Ende des Hauses, wenige Fuß über dem Erdboden liegt. Über die Herkunft des Ungeziefers zerbricht man sich bekanntlich niemals den Kopf, es kommt und es ist da. Von Mobilien ist außer etwa einigen winzigen, kaum zwölf Zoll hohen Holztischchen, die zu den Mahlzeiten dienen, einem kleinen Hausaltar, auf dem den Vorfahren Opfer gebracht werden, und einem gegen drei Zoll hohen und vierzehn Zoll langen Holzschemel, den sich der Koreaner beim Schlafengehen an Stelle einer Schlummerrolle unter das Genick legt, in den meisten Fällen wenig zu finden. Nur bei den vornehmeren Leuten sieht man oft in recht geschmackvoller Weise mit Messingbeschlag versehene Schränke, Kästen und Truhen, die in vortrefflicher Arbeit von den Schreinern der Hauptstadt geliefert werden.

Selten fehlt neben den Häusern der ärmeren Leute eine Bucht, in der einige garstige schwarze Vertreter der Gattung Borstenvieh ihr Wesen treiben. Auch Hühner und Enten werden viel gehalten. Da so gut wie gar keine Fahrstraßen vorhanden sind, auch Esel, Maultiere, Kamele und Elefanten im Lande nicht vorkommen, so

ist man für den Transport von Lasten entweder auf
Menschenkräfte, auf das Rind oder die eingeborenen,
wenn auch kleinen, so doch äußerst ausdauernden und
kräftigen Ponies angewiesen. Zur Feldarbeit wird fast
ausschließlich das in Farbe und Bau lebhaft an seine
Vettern in Angeln (Nordschleswig) erinnernde koreanische
Rind männlichen wie weiblichen Geschlechtes verwendet.
Der bei uns so beliebte Ochse ist in Korea eine ebenso
unbekannte Erscheinung, wie der Eunuch in Deutschland,
wohingegen letzterer wiederum in Korea, namentlich in
der Umgebung des Königs, keineswegs zu den Selten=
heiten gehört.

Der koreanische Kuli trägt seine Last auf dem Rücken,
und zwar auf einem nach Art eines Ranzens mit Stroh=
seilen über den Schultern befestigten Holzgestelle in Form
einer Staffelei. Die Schenkel derselben sind so lang,
daß sie den Kopf des Trägers um etwa einen Fuß
überragen und beinahe bis zur Erde reichen. Da, wo
bei der Staffelei das Bild aufsteht, befindet sich hier
ein sitzartiges Brett, auf welches die betreffende Last ge=
stellt, gelegt oder sonstwie befestigt wird. Selbst Wasser
und andere Flüssigkeiten werden von den Koreanern auf
diese Weise befördert, zu welchem Zwecke über das Last=
brett ein Querbaum gelegt wird, an dessen Enden die
Töpfe, Eimer oder Blechgefäße gehängt werden.

Wie in China, so ist auch in Korea das einzig
gangbare Zahlungsmittel der Kupfercash, ein kleines aus
einer Mischung von Kupfer, Blei oder Zink bestehendes,
in der Mitte durchlöchertes Geldstück. Infolge dieses
Umstandes wird das Reisen im Inneren des Landes
ganz außerordentlich erschwert, da der Reisende gezwungen

ist, seine ganze Barschaft in schwerer Münze mitzuführen, so daß selbst auf kürzeren Expeditionen das Gewicht seiner Geldsäcke dasjenige seiner gesamten sonstigen Habe weit übersteigt.

Bis vor wenigen Jahren wurden 350 koreanische Kupfercash einem japanischen Silberyen oder Dollar (etwa 2 Mk. 40 Pf. nach heutigem Kurs) gleichgerechnet. Da machte die koreanische Regierung plötzlich den genialen Streich, daß sie -- die Münzen werden nicht geprägt, sondern gegossen — die alten Cash einzog, durch neue, weit geringwertigere ersetzte und diese der Bevölkerung aufzwang. Die Folgen blieben nicht aus. Wer nicht gezwungen werden konnte, verweigerte die Annahme der neuen Münze, Handel und Wandel stockten, und der Wert des Cash sank binnen kurzem derartig, daß der japanische Silberyen anstatt mit 350 heute mit 3250 Cash bezahlt werden muß.

Diesen Umstand benutzten die Japaner, um aus der Not ihrer Nachbarn für sich eine Tugend zu machen. Sie schlugen dem König vor, die Silberwährung einzuführen und nach japanischem Muster eine Münze in der Hauptstadt zu errichten. Um dem gerade auf dem Trockenen sitzenden, aber sonst zu allen Experimenten geneigten Monarchen die Sache zu erleichtern, erbot sich ein japanisches Konsortium, das erforderliche Geld vorzustrecken, falls ihm dafür das Recht zugesprochen würde, nach Belieben Silber- und Nickelmünzen prägen zu lassen. Kostspielige Maschinen wurden durch Vermittelung der Firma Meyer bezogen und die nötigen Baulichkeiten in Sŏul errichtet. Kaum war jedoch alles fix und fertig, als man zu der Einsicht kam, daß nicht Sŏul, sondern der Hafenplatz

Chemulpo der geeignete Ort für eine Münze sei. Während meiner Anwesenheit daselbst war man nun gerade damit beschäftigt, hier die erforderlichen Bauten aufzuführen, auch hörte ich später, daß man thatsächlich mit der Prägung begonnen, daß indessen die chinesische Regierung gegen die Weiterführung Protest erhoben habe, weil der König sich auf den Münzen den Titel „Großkönig" widerrechtlich beigelegt hatte. Ein gleiches Fiasko wie die Münze hat auch die koreanische Post erlebt, die, glaube ich, nur einen einzigen Tag als Imperial Korean Post ihre Thätigkeit entfaltet hat, dann abbrannte und seitdem nicht wieder aufgebaut worden ist. Eine Reihe sehr schön gedruckter Marken in den Albums der Brief-markensammler ist das einzige, was von der ganzen koreanischen Postherrlichkeit übrig geblieben ist.

Korea ist, trotzdem es China gelegentlich beliebt, jegliche Verantwortlichkeit für das, was im Lande ge-schieht, von der Hand zu weisen, de facto nichts anderes als ein chinesischer Vasallenstaat, wie schon daraus erhellt, daß man einen jährlichen Tribut nach Peking entrichtet, daß zu der Thronbesteigung jedes neuen Königs von Peking aus eine Gesandtschaft mit einem Schreiben des Kaisers erscheint, in dem der König als solcher anerkannt wird, und daß der König diese Gesandtschaft an einem Thorbogen, circa zwei Kilometer außerhalb der Haupt-stadt, in Person zu begrüßen hat. Übrigens hat der König, als er dem Kaiser von China im Jahre 1890 das Ableben der Königin Mutter anzeigte, in dem be-treffenden Schreiben selbst die Worte gebraucht; „Ein kleines Königreich und ein Vasallenstaat, dem der Kaiser von China von jeher gnädig gesonnen gewesen sei."

Dementsprechend nimmt auch der chinesische Minister=
resident am Hofe von Sôul gegenüber seinen europäischen
und seinem japanischen Kollegen eine für diese fast be=
leidigend bevorzugte Stellung ein. Er ist der einzige,
der das Recht hat, sich in seiner Sänfte bis zur Audienz=
halle tragen zu lassen, während die übrigen fremden
Vertreter die ihrige außerhalb des Palastthores zu ver=
lassen haben, ebenso ist es nur ihm gestattet, sich in Gegen=
wart des Monarchen zu setzen.

Nachdem ich mich an den koreanischen Häusern satt
gesehen, stattete ich dem japanischen Viertel mit seinen
wie aus der Spielzeugschachtel geholten zierlichen Holz=
häuschen, seinen liliputartigen Gartenanlagen und seinem
Friedhofe, sowie endlich auch dem gleichfalls gut ge=
haltenen, in jeder Weise Wohlstand verratenden Chinesen=
quartier Besuche ab.

Mittags erhielt ich ein Telegramm von unserem
Konsul in Sôul, des Inhaltes, ich möge mich möglichst
ohne Zeitverlust nach der Hauptstadt auf den Weg machen,
da der König am nächsten Morgen in großer Prozession
zu einem Tempel außerhalb der Stadt ziehen wolle, bei
welchem seltenen Anlaß ich Gelegenheit hätte, Zeuge eines
der merkwürdigsten Schauspiele zu sein, die sich dem
Auge des Reisenden im fernen Osten überhaupt jemals
böten.

Eine angenehmere Botschaft hätte mir so leicht nicht
werden können. Aber, wie schnell genug nach dem circa
fünfzig Kilometer entfernten Sôul kommen, um daselbst
noch vor Dunkelwerden, d. h. vor Schluß der Stadt=
thore, einzutreffen? Ich bot sofort ein kleines afrika=
nisches Königreich für ein Pferd, aber Herr Wolter ver=

zichtete großmütig auf ersteres und stellte mir letzteres auch so zur Verfügung. Unseren Konsul bat ich telegraphisch, mir von Sôul aus ein zweites Pferd auf halbem Wege entgegenzuschicken, und Shofra erhielt die Anweisung, am nächsten Morgen mit einem kleinen Dampfer, der den Verkehr zwischen Chemulpo und der Hauptstadt auf dem Flusse Han vermittelt, mit dem Gepäck zu folgen. Eine halbe Stunde später saß ich im Sattel eines untersetzten mongolischen Pferdchens, welches, wie alle seine Stammesgenossen, bei jedem dritten Schritte gewohnheitsgemäß stolperte, ohne aber je dabei zu Falle zu kommen. Der Weg, der größenteils durch kahle Gebirgslandschaft führte, war kaum zu verfehlen nach den genauen Informationen, die ich erhalten hatte, und so trabte ich denn lustig darauf los, erst durch die Stadt, dann dahin zwischen Reisfeldern, auf denen hochgeschürzte Männer, bis über die Knie im Schlamm watend, reife Ähren schnitten, die dann von Rindern in Holzgestellen, die zu beiden Seiten des Sattels befestigt waren, heimgebracht wurden. An einzelnen Stellen war man bereits wieder damit beschäftigt, den Boden mit Hilfe eines von einem Stier gezogenen Holzhakens für die neue Einsaat vorzubereiten.

Nachdem ich eine von einem Deutschen mit Unterstützung des Königs für eine Seidenraupenzucht angelegte, aber später verlassene und nunmehr verwildernde Maulbeerpflanzung hinter mir gelassen und eine Paßhöhe erklommen hatte, ging es für kurze Zeit steil bergab, dann aber in flottester Gangart auf schmalem und steinigem, aber ebenem Pfade weiter. Trotz des durchweg öden Charakters der koreanischen Landschaft, in die nur

vereinzelt Baumgruppen und niederes Buschwerk einige
Abwechselung bringen, schwebt über derselben ein eigen=
artiger poetischer Zauber, wie ich ihn kaum in irgend
einem anderen Lande empfunden habe. Es liegt über
allem eine wunderbare wohlthuende Ruhe, eine Art
Heidepoesie, die sich nicht näher beschreiben läßt. Selbst
wenn weit und breit nichts zu sehen ist, was auf das
Vorhandensein lebender Wesen hindeutet, fühlt man
sich dennoch nicht einsam, und begegnet man Men=
schen, so hat man ihnen gegenüber von vornherein das
Gefühl absoluter Sicherheit. Die Koreaner wirken auf
den Fremden ungemein sympathisch, sie haben etwas Re=
spektvolles, Bescheidenes und Liebenswürdiges in ihrem
Wesen, was ihren Nachbarn, den Chinesen, so ganz und
gar abgeht. Daß den Chinesen Eigenschaften auszeich=
nen, die ihn im Kampfe ums Dasein dem Koreaner weit
überlegen machen, ist zweifellos, aber eben das Fehlen
dieser Eigenschaften seiner bezopften Nachbarn bringt uns
den Koreaner so ungleich näher.

Nichts berührte mich, nachdem ich den menschlichen
Ameisenhaufen China verlassen hatte, angenehmer, als
hier einmal wieder Menschen zu sehen, die nichts zu thun
hatten und spazieren gingen. Chinesen und — Ham=
burger (ich bin selber einer und kenne meine Landsleute)
gehen überhaupt nicht spazieren, sondern stets irgendwo=
hin, sie rennen wie die Besessenen aneinander vorüber
und haben nur Zeit zum Gruß für denjenigen, von
dessen Bekanntschaft sie sich einen geschäftlichen oder sonsti=
gen Vorteil versprechen. Ich für meine Person habe die
Erfahrung gemacht, daß meist diejenigen Menschen die
liebenswürdigsten sind, die mit wenig Arbeit auskommen.

Einer meiner Freunde, eine Seele von Mensch, hat ein=
mal die Behauptung aufgestellt: Wer die Arbeit kennt,
der liebt sie nicht, und wer sie liebt, der kennt sie nicht.
Der Mann ist kaiserlich deutscher Konsul und füllt seinen
Platz zur vollsten Zufriedenheit seiner vorgesetzten Be=
hörde aus; denn er kann, wenn es not thut, wie ein
Pferd arbeiten und thut das auch, was um so mehr
Anerkennung verdient, als es ihm ganz und gar kein
Vergnügen macht.

Hätte ich geschäftlich mit den Koreanern zu thun,
sei es als König, Beamter oder Kaufmann, ich würde
sie mir anders geartet wünschen; als Reisender aber, der
ich nur von ihren angenehmen Eigenschaften Gebrauch
zu machen hatte, liebe ich sie, wie sie sind, und dies
wäre in noch höherem Grade der Fall, wenn sie nicht
gewissermaßen einen point d'honneur darein gesetzt zu
haben schienen, den Chinesen wenigstens nach einer Rich=
tung hin in den Schatten zu stellen, nämlich in Bezug
auf körperliche Unsauberkeit. Trotz aller Anstrengungen
freilich ziehen sie auch in diesem Kampfe gegen die Söhne
des himmlischen Reiches den kürzeren, und als Schwein
steht der Chinese immer noch unübertroffen da.

Die Koreaner ähneln in ihren Gesichtszügen un=
streitig mehr den Japanern als den Chinesen und zeich=
nen sich vielfach durch eine helle Hautfarbe aus. Sie
sind von mittlerem Wuchs, ebenmäßig gebaut, haben
meist kleine abgeplattete Nasen, vorstehende Backenknochen
und hochgeschwungene Augenbrauen. Braunschwarzes
Haar ist die Regel, doch habe ich auch Individuen mit
helleren Nuancen kennen gelernt. Äußerst spärlich ist
der Bartwuchs bei ihnen entwickelt, verhältnismäßig

wenige Koreaner haben einen Anflug von Schnurrbart, und Besitzer von Vollbärten gehören zu den größten, allgemeine Bewunderung erregenden Seltenheiten.

Die Häuser in den am Wege liegenden Dörfern sind noch ärmlicher als diejenigen, die wir in Chemulpo gesehen, elende Lehmhütten mit oft von Kürbisranken überwuchertem Grasdach. Auf einem Lehmflur sieht man die Weiber mit Flegeln Reis, Hirse oder Buchweizen dreschen, Getreide reinigen und mahlen, und daneben trocknen in der Sonne an Weiden hängende Tabaks= blätter oder in Körben ausgebreitete rote Pfefferschalen. Nackte Säuglinge — die Kleinen werden erst mit dem dritten oder vierten Jahre entwöhnt —, Schweine und Hunde sieht man einträchtiglich zusammen in dem das Haus umgebenden Schmutze wühlen, während die be= reits flügge gewordenen Kinder vielleicht auf die Suche nach Reisig in die Berge geschickt sind. Ich hatte auf der die Hauptstraße mit Chemulpo verbindenden Land= straße einen lebhaften Verkehr zu finden erwartet, aber selten traf ich einen einsamen Wanderer, und nur ein= mal begegnete ich einem größeren Trupp Leute, die einer von zwei Kulis getragenen Sänfte folgten, in deren Innerem mit gekreuzten Beinen ein koreanischer Beamter hockte, den ich wahrlich nicht um dieses Vergnügen be= neidete, denn die koreanische Sänfte ist im Vergleich zu allen anderen Sänften, und auch zu den chinesischen, wegen ihrer Winzigkeit eine wahre Folterkammer.

Hinter dem Dorfe Orekul kam mir das von unserem Konsul erbetene Pferd, von seinem mafu (Knecht) am Zügel geführt, entgegen. Sobald dem aalglatten, tem= peramentvollen, wie ich später erfuhr, siebzehnjährigen

Rappen chinesischer Rasse der Sattel aufgelegt und mein
Stolperer dem mafu zur Unterbringung in dem nächst=
gelegenen Dorfe übergeben war, ging es weiter und
zwar vom Fleck weg ventre à terre; denn anders schien
es der kleine Hengst nicht zu thun. Trotzdem ich leidlich
mit Pferden umzugehen weiß und schon mit manchem
Racker fertig geworden bin, verlor ich doch gelegentlich
die Kontrolle über den wie von Furien gepeitscht über
Stock und Stein dahinsausenden Chinesen, so daß ich
endlich meinem Schöpfer dankte, als ich, ohne unter den
in den Dörfern sich herumsielenden Kindern und Schweinen
irgend ein Unglück angerichtet zu haben, an eine weite
Sandwüste gelangte, die bis an den von mir zu pas=
sierenden Hanfluß heranreichte. „Nun, Alterchen, tob
dich nach Herzenslust aus, hier wirst du schon kirre
werden." Damit zog ich dem kleinen Kerl ein paar
tüchtige über. Wie ein Vogel flog er über den tiefen
Flugsand, seine Hufe schienen den Boden kaum zu be=
rühren, und mit dem Kirremachen war's nichts. Ich
glaube, es hätte noch stundenlang so fortgehen können,
denn eine Lunge schien mein Rappe nicht zu besitzen.
Erst der Han setzte seinem Jagen ein Ziel, und an der
Fährstelle blieb er stehen wie ein Lamm. Als wir auf
einem Ponton an das jenseitige Ufer gesetzt waren,
meldete sich ein mir aus Soul entgegengeschickter,
mit zwergartigem Pony berittener Konsulatskonstabler
bei mir, um von hier ab die Führung zu übernehmen.
Wir durchritten das auf einer Anhöhe am Flusse ge=
legene Dorf Mapu und zogen dann, während die
sinkende Sonne die im Norden und Süden die Haupt=
stadt einschließenden Berge in Purpur hüllte, der später

einem tiefen Violett wich, zwischen sorgsam bebauten
Feldern weiter. Selten habe ich so üppige Kohlfelder
gesehen wie hier, die ganze Gegend glich einem Gemüse=
garten, und ein größerer Gegensatz, als der zwischen der
Landschaft, durch die unser Weg bisher geführt hatte,
und der, die sich jetzt zu beiden Seiten des Weges aus=
breitete, läßt sich kaum denken.

Mein Rappe war in Gesellschaft seines kleinen Stall=
genossen das Phlegma selbst, ich konnte ihm die Zügel auf
den Hals legen und mich mit ganzer Seele dem Genusse
des Beobachtens von Land und Leuten hingeben. Wenn=
gleich die Straße von Mapu ab fahrbar geworden war,
begegnete uns doch nur ein einziger mit Rindern bespannter
Karren, trotzdem der Verkehr an Lebhaftigkeit nichts zu
wünschen ließ. Auffallend war mir die große Zahl
der schwankenden Gestalten, die, des süßen Weines oder
vielmehr Reisschnapses voll, aus der Hauptstadt kommend,
in Zickzacklinien heimwärts strebten. Ich glaubte aus diesem
Umstand mit einem gewissen Recht auf einen hohen Fest=
tag schließen zu dürfen, vernahm und konstatierte jedoch
später, daß der Koreaner sich auch ohne äußere Anlässe
gern einen Affen kauft. Er arbeitet nach berühmten
Mustern:

> Im Winter trinkt er und singet Lieder
> Aus Freude, daß der Sommer nah ist,
> Und kommt der Sommer, so trinkt er wieder
> Aus Freude, daß er endlich da ist.

Wer wollte ihm das verdenken? Ich am allerwenigsten,
zumal ich gefunden habe, daß der angezechte Koreaner
den nüchternen an Artigkeit und Liebenswürdigkeit viel=
leicht noch übertrifft.

Außerdem fehlt in Korea das Schreckgespenst, welches so manchen braven Germanen davon abhält, so viel zu trinken, daß ihm die Auffindung des Schlüsselloches seiner Hausthür später Schwierigkeiten bereitet — die polternde Alte. Denn hier zu Lande schwingt der Mann den Pantoffel, und es ist mir nicht zu Ohren gekommen, daß er schlecht dabei führe. Die Frau spielt bei den Koreanern eine so untergeordnete Rolle, wie bei wenigen anderen Völkern des Orients, sie gilt bis in ihr spätestes Alter gewissermaßen als Kind, kann wegen krimineller Handlungen — da sie eben als unzurechnungsfähig angesehen wird — kaum vor Gericht geladen werden, ja sie besitzt nicht einmal einen Namen, sondern wird nur als die Tochter des X, Schwester des Y oder Mutter des Z bezeichnet. Sie hat sich jeglicher Einmischung in die Angelegenheiten der Männer zu enthalten, darf ohne Erlaubnis ihres Gatten weder ausgehen noch einen Blick auf die Straße werfen, geschweige denn Besuche empfangen. Solange sie die Kinderschuhe austreten, ist es den Mädchen erlaubt, zu gehen, wohin sie wollen, sind sie indessen zu Jungfrauen herangereift, so ist's mit der Ungebundenheit vorbei, sie sind — wenigstens in den vornehmen Familien — in die Frauengemächer gebannt und dürfen niemanden sehen und mit niemandem sprechen, außer mit ihren allernächsten Verwandten. Bei der Verheiratung junger Leute werden deren Neigungen in keiner Weise berücksichtigt: sind die betreffenden Väter einig, so werden die Astrologen und Geomanten nach ihrer Meinung gefragt, und nachdem diese Tag und Stunde der Hochzeit festgesetzt haben, wird die Ehe geschlossen. Polygamie giebt es in Korea nicht, ja, der Koreaner

22*

kann, selbst wenn er sich von seiner Gattin trennt, keine
andere Ehe vor dem Tode seiner ersten Frau eingehen,
wohingegen es ihm stets unbenommen ist, sich Konkubinen
in beliebiger Zahl zu halten. Ein junges Mädchen oder
eine Witwe, mit der er nachweislich ein zärtliches Verhältnis unterhalten hat, kann er sogar als Konkubine
beanspruchen und sie, falls sie ihm entlaufen sollte, zwangs-
weise in sein Haus zurückbringen lassen.

Trotz der untergeordneten Stellung, die nach diesem
das Weib einnimmt, wird demselben von seiten der Koreaner
äußerlich ein gewisser Grad von Achtung nicht vorent-
halten. Die Gemächer der Frauen gelten als ein Heiligtum, in welches sogar die Gerichtsbeamten nicht eindringen dürfen, auf der Straße geht jeder Mann auch
dem ärmsten Weibe aus dem Wege und hütet sich, die
Frau eines andern auch nur mit der Fingerspitze zu
berühren. Ja, die Frau hat sogar ihre besonderen Rechte.
So ist es ihr z. B. — natürlich mit Erlaubnis ihres
Gatten — gestattet, auch nach Sonnenuntergang aus-
zugehen, wohingegen der Mann von Dunkelwerden bis
um 2 Uhr in der Frühe sich nach einem alten Gesetz,
welches heutzutage allerdings etwas lax gehandhabt
wird, nicht auf der Straße zeigen darf.

Unverheiratete Leute männlichen Geschlechtes werden
gleich den Frauen mehr oder weniger als Kinder behandelt, und Junggesellen, mögen sie selbst das dreißigste
Lebensjahr überschritten haben, sind von Beratungen
der Männer, sowie von Beamtenposten ausgeschlossen.

Alle diese Einzelheiten erfuhr ich nun freilich nicht
von meinem Führer, dem Konsulatskonstabler, sondern
erst später aus der Histoire de l'Eglise de Corée par

Thor der Hauptstadt Seoul.

Ch. Dallet, und als ich gegen sieben Uhr durch das zum Glück noch offenstehende imposante Thor in die Hauptstadt einritt, da war mir die Stellung der koreanischen Frau noch ein Buch mit sieben Siegeln.

Nur meinem flotten Rappen hatte ich es zu verdanken, daß ich noch vor Thoresschluß anlangte, denn ich sah den mit einem etwa achtzehn Zoll langen Schlüssel bewaffneten Pförtner bereits am Schlosse hantieren, und kaum hatte er mich passieren lassen, so schlossen sich kreischend und polternd die mächtigen eisenbeschlagenen Thorflügel hinter mir. Die Schlüssel der verschiedenen Thore werden sodann in den Palast des Königs gebracht, und verspätet anlangende Wanderer sind, falls sie es nicht vorziehen, mit Lebensgefahr an Stricken die Mauer an der einen oder anderen schadhaften Stelle zu erklettern, gezwungen, außerhalb der Stadt das Heranbrechen des jungen Tages zu erwarten.

Sôul — der Name bedeutet zu deutsch Hauptstadt — ist ganz und gar nach chinesischem Muster angelegt, was schließlich nicht weiter zu verwundern ist, da die heute gegen 200 000 Einwohner zählende Stadt im Jahre 1392 von einem Günstling der Mingfamilie, die damals in China gerade die Mongolen vertrieben und sich des Thrones in Peking bemächtigt hatte, gegründet worden ist. Der betreffende Herr, dem nicht nur die Stadt, sondern auch die jetzige Dynastie ihre Gründung verdankt, hieß Tsitsien, oder vielmehr er hieß nicht so, sondern heißt heute so, da alle koreanischen Könige erst nach ihrem Tode einen Namen erhalten. Man muß ihm das Zeugnis ausstellen, daß er vom malerischen Standpunkt aus die Lage der Hauptstadt vortrefflich gewählt

und sie durch eine etwa zwölf Kilometer lange, bergauf
bergab laufende, etwa zwanzig Fuß hohe und nicht viel
weniger dicke, mit Schießscharten versehene Steinmauer
gegen feindliche Überfälle gut gesichert hat. Über den
Thoren koreanischer Städte — Sòul selbst besitzt deren
acht — erheben sich nach chinesischer Art einfache oder
doppelte, nach allen vier Seiten weit ausladende, ge=
schweifte Ziegeldächer.

Sobald wir die Stadtmauer hinter uns hatten,
bogen wir rechts in eine schmutzige Gasse ein, zogen
zwischen verhältnismäßig solide gebauten, aber ihrer un=
mittelbar unter dem Dach angebrachten Fensterchen wegen
sämtlich den Eindruck von Pferdeställen machenden Häusern
weiter und hielten bald vor einem in eine Mauer ein=
gelassenen Thor. Nachdem sich dasselbe aufgethan,
ritten wir in einen geräumigen Hof mit Stallungen und
Dienerwohnungen, von dem eine breite Steintreppe in
einen Garten hinaufführte. Das Ganze machte einen
vielversprechenden Eindruck, und ich war infolgedessen
überzeugt, nachdem ich mich kurz zuvor in Bangkok über
die geradezu unwürdige Art, in der die kaiserlich deutsche
Ministerresidentur untergebracht war, in der Tiefe meiner
Seele geschämt hatte, hier ein der Weltmachtstellung
meines Vaterlandes entsprechendes Konsulatsgebäude zu
finden.

Leider sollte ich mich in dieser Erwartung getäuscht
sehen; denn als ich die Treppe empor geeilt war, sah
ich in einem allerdings entzückenden Gärtchen in herr=
licher Lage ein jammervolles einstöckiges Häuschen,
welches sich von allen übrigen Behausungen der Ein=
geborenen nur durch eine Thür nach europäischem Muster

und durch regelrechte Glasfenster unterschied. Anfangs
hielt ich das Häuschen für die Wohnung des Gärtners;
als jedoch in der Hausthür ein nichts weniger als
gärtnermäßig gekleideter Herr erschien, um mich als seinen
Gast zu begrüßen, da wußte ich, daß ich in dem Be=
treffenden Herrn Konsul Krien und in dem Hause, an
dessen Schwelle er mich empfing, das kaiserlich deutsche
Konsulatsgebäude vor mir hatte.

Um meinem freundlichen Wirte etwas Angenehmes
zu sagen, lobte ich die idyllische Lage seines poetischen
Häuschens, wäre aber dann beim Eintritt beinahe mit
den mir unwillkürlich entschlüpfenden Worten des Faust:
„In dieser Armut, welche Fülle, in diesem Kerker, welche
Seligkeit!" aus der Rolle gefallen.

„Ja, ja," meinte der Konsul, der meine Gedanken
erraten haben mußte, „puritanisch einfach, billig und
schlecht, so will man es daheim. Erzählen Sie nur ein=
mal in Berlin, wie es bei uns aussieht, denn wenn wir
stöhnen, so heißt es, es sei pro domo, was ja freilich
in diesem Falle auch wörtlich zutrifft. Jedenfalls nützt
es nichts. Tag für Tag frage ich mit Leicester: ‚Stürzt
dieses Haus nicht sein Gewicht auf mich?‘ Aber das
alte Haus stürzt halt nicht, und bevor es nicht mindestens
einen Staatsbeamten unter sich begraben hat, giebt es
eben kein neues. Doch lassen Sie uns nunmehr ein
Gläschen Pschorr auf Ihr Wohl trinken und dann auf
ein halbes Stündchen in den Klub gehen." Ich glaubte,
mich verhört zu haben, und kam mir beinahe lächerlich
vor, als ich fragte, ob denn in Söul ein Klub existiere.
„Aber natürlich haben wir einen solchen, Sie können ihn
auch Cercle Diplomatique nennen, denn seine Mit=

glieder setzen sich fast ausschließlich aus den beim König accreditierten fremden Vertretern und ihren Beamten zusammen. Wir haben hier einen bevollmächtigten Minister der Vereinigten Staaten, einen Generalkonsul und Chargé d'affaires des russischen Kaiserreiches, einen französischen Konsul und Commissaire, einen großbritannischen Generalkonsul, dazu einen japanischen Ministerresidenten und Chargé d'affaires, und — last not least — einen Residenten aus dem Reiche der Mitte. Alle diese Herren haben ihren Stab von Vizekonsuln, Sekretären, Attachés, und Sie können sich demnach denken, daß wir auch ohne die Missionare der verschiedensten Religionsgesellschaften eine ganz hübsche Gesellschaft bilden."

„Kommen Sie, ich bin begierig, Ihre diplomatic mixed pickles kennen zu lernen." Damit trank ich mein Glas aus und folgte, da ich mich wegen Mangels jeglichen Gepäcks — ausgenommen eine Zahnbürste — nicht umkleiden konnte, meinem Führer im Reitanzug in den nahegelegenen Klub.

Hier fand ich gegen ein Dutzend Herren der verschiedenbsten Nationalitäten beisammen, die alle ein Herz und eine Seele zu sein und sich nur im Mischen von cocktails gegenseitig den Rang streitig zu machen schienen. Einer nach dem andern trat an der bar als cocktail mixer auf, um seine Kollegen zur Beurteilung seiner Mischung einzuladen. Sine ira et studio mußte ich dem Consul et Commissaire de la République Française den Preis als raffiniertesten Giftmischer zuerkennen.

In dem engen, aber behaglich eingerichteten Speisezimmer unseres Konsulats nahm ich später mit Konsul

Krien und Vizekonsul Reinsdorf ein vortreffliches Mahl
ein, welches mit einer Tasse Kaffee und mit einer guten
Cigarre seinen Abschluß fand. Kaum hatten wir uns
vom Tisch erhoben, als einer der Diener meldete, die
halbe Stadt stünde in Flammen. Vor die Thür eilend,
sahen wir, daß der Feuermelder den Mund zwar, wie
das bei solchen Leuten überall in der Welt der Fall ist,
ein wenig voll genommen hatte, daß aber nicht weit
vom Konsulat die Lohe thatsächlich gen Himmel schlug
und das Feuer sich mit unheimlicher Geschwindigkeit
ausbreitete.

Niemand war glücklicher als ich. Mir thaten zwar
die armen Menschen leid, welche Habe und Gut bei der
Gelegenheit einbüßten, aber wenn es doch einmal bren=
nen sollte, so war es mir lieb, daß dies während meiner
Anwesenheit geschah, denn die Charaktereigenschaften eines
Volkes treten nie deutlicher hervor als bei großen Fest=
lichkeiten, Aufständen und Feuersbrünsten.

Ohne auch nur eine Minute zu verlieren, begab ich
mich auf die Brandstätte, und was ich da sah, war
immerhin des Verzichtes auf die geistvollste Plauderei
in dem behaglichsten Salon wert.

Söul besitzt eine Anzahl Straßen, deren Ausdeh=
nung und Breite sich keine abendländische Großstadt zu
schämen brauchte. Der größte Teil der Straßenfläche
wird aber, wahrscheinlich zu Nutz und Frommen einer
Anzahl von Beamten, an ärmere Leute und Händler
aller Art zum Aufschlagen leichtgebauter Buden und
Schuppen vermietet, so daß von der breitesten Straße
nichts übrig bleibt als ein Weg, der kaum zwei Ochsen=
karren das Ausweichen gestattet. Sobald der König

einer dieser Straßen zu passieren beabsichtigt, werden
schleunigst sämtliche Holzbauten entfernt, und Seine Ma=
jestät dürfte daher kaum eine Ahnung davon haben, wie
es in seiner Hauptstadt aussieht, solange er geruht im
Palaste zu bleiben, was leider die Regel und nicht die
Ausnahme ist.

In einer solchen Straße, die zufällig von der für
morgen angesetzten Prozession nicht berührt wurde, war
nun ein Feuer ausgebrochen, welches, zumal der Wind
seine Ausbreitung begünstigte, unter dem leicht brennba=
ren Material eine furchtbare Verheerung anrichtete.

Die Besitzer der Buden, ausnahmslos Koreaner,
standen, mit ihren weißen langen Gewändern geisterhaften
Wesen gleich, entweder thatenlos da und sahen sich die
Bescherung an, oder sie hatten sich auf die Ziegeldächer
der die eigentliche Straße begrenzenden Häuser geflüchtet,
und beschworen alle guten Geister der Luft, des Wassers
und der Erde, den Flammen Einhalt zu gebieten. Nur
einige beherzte Männer hatten sich zu thatkräftigem Han=
deln aufgerafft und trugen in Schüsseln und Schälchen,
Töpfchen und Tassen Wasser herbei, welches sie, etwa
wie eine Opfergabe, in die Flammen schütteten. Wären
nicht die japanischen und chinesischen Feuerbrigaden aus
ihren Quartieren, die sie wahrscheinlich mehr oder weni=
ger bedroht glaubten, zur Stelle geeilt, ich glaube, ganz
Sôul hätte niederbrennen können, ohne daß die Koreaner
den energischen Versuch zu einem corriger la fortune
gemacht hätten. Deutlich traten übrigens auch bei dieser
Gelegenheit die Charakterverschiedenheiten der Chinesen
und Japaner zu Tage; denn während die ersteren mit
größter Ruhe und Überlegung den Flammen auf den

Leib rückten, wollte bei den Japanern jeder alles thun und jeder der erste sein, so daß man vor lauter Eifer und Überstürzung erst verhältnismäßig spät zur Entfaltung einer wirklich nußbringenden Thätigkeit kam. Die nach und nach auf ein begrenztes Gebiet zurückgedrängten Flammen verbreiteten eine wohlthuende Wärme, und Mitternacht war längst vorüber, als ich im höchsten Grade befriedigt von dem Gesehenen und Erlebten die Brandstätte verließ, um mein Kämmerchen im Konsulatsgebäude aufzusuchen und mich dort mit der durch einen sechsundzwanzig Meilen langen Ritt, eine internationale cocktail-Probe und eine Feuersbrunst gerechtfertigten Erwartung auf einen tiefen Schlaf ins Bett zu legen.

Als ich am nächsten Morgen, in einen mir als Schlafrock dienenden gelbseidenen, pelzgefütterten mongolischen Fürstenmantel, den ich in Peking erstanden hatte, gehüllt, zur Thür hinausschaute, hätte ich mich ohne die geringste Phantasie in mein geliebtes Hinterpommern, wie sich's im Herbste zuweilen dem Auge zeigt, zurückversetzt wähnen können; denn dichter Nebel entzog selbst die nächstliegenden Gegenstände meinen Blicken, und ich sah nichts, was mich auch nur im geringsten an das Land erinnerte, in dem ich weilte.

Nachdem ich gleich dem nach frischem Wasser schreienden Hirsch einige unartikulierte Laute ausgestoßen, schlüpfte ich wieder in mein mollig warmes Bett zurück und harrte des dienstbaren Geistes, der da als eine Folge meiner unartikulierten Laute kommen sollte. Und er kam, kam in Gestalt eines allerliebsten kleinen Koreaners von höchstens zwölf Jahren, der aber, wie ich aus seiner Haartracht erkannte, bereits verheiratet, zum mindesten

aber verlobt sein mußte. Er war ein herziges Kerlchen
mit pfirsichblütfarbenem Teint, haselnußbraunen Augen und
einem feingeschnittenen Gesichtchen. Mit seinen der Kälte
wegen vier= oder fünffach übereinandergezogenen wattier=
ten Hosen und Jacken sah er aus wie ein wandelnder
weißer Luftballon und nickte derartig komisch, daß ich
mich vor Lachen im Bette kugelte.

Da der kleine Mann an mir ebensoviel Vergnügen
zu haben schien, wie er mir bereitete, verständigten wir
uns, trotzdem ich kein Wort Koreanisch und er keines
einer andern Sprache konnte, wunderbar, wie aus der
Thatsache erhellt, daß der Ballon zur Thür hinaus=
schwebte, um bald darauf mit Thee, Eiern, Butter und
Brot zu erscheinen und mich nach Erledigung des Früh=
stücks ins Badezimmer zu führen. Erst gegen neun Uhr
hatte sich der Nebel verflüchtigt, und als ich nun ins
Freie trat, um mich an den Strahlen der Herbstsonne
zu wärmen, bot sich meinen Blicken ein Bild, wie ich
es täglich anschauen könnte, ohne seiner müde zu werden;
denn vor mir lag die Hauptstadt des Königreiches Korea,
eines der merkwürdigsten Reiche der Erde, von dem man
nicht weiß, ob es sieben oder zwanzig Millionen Ein=
wohner hat, eines Landes, welches es fertig gebracht
hat, in seiner Abgeschlossenheit gegen abendländische Kul=
tur selbst sein Nachbarreich China zu übertrumpfen. Erst
seit dem Jahre 1876 sind die koreanischen Häfen den
Japanern laut Vertrag geöffnet, diesem folgte als zweiter
1882 ein solcher mit den Vereinigten Staaten, und we=
nige Wochen später wurden gleiche Verträge mit England
und Deutschland abgeschlossen. Nach diesem ist es schließ=
lich nicht sonderlich überraschend, daß Korea auch heute

noch ein Land ist, von dem die meisten Geographielehrer
weniger wissen, als sie ihre Schüler lehren, ein Land,
unendlich reich an terra incognita für die gesamte gebildete Welt, und ein Land, welches einen geradezu fas=
cinierenden Reiz auf den Reisenden ausübt; denn der
größte Reiz liegt für den letzteren bekanntlich darin, das
zu schauen, was vor ihm wenige Menschen gesehen haben,
oder was er womöglich als erster sieht.

Der Anblick, den Söul vom Garten des deutschen
Konsulats aus gewährt, ist weniger malerisch als impo=
sant und eigenartig; denn man sieht aus einem Meer
blauschwarzer Ziegeldächer verschiedene hochgelegene Pa=
läste nach europäischer Bauart emporragen, während im
Norden von kahlen oder strichweise bewaldeten Bergen
altersgraue Türme stolz herabschauen.   Gerade vor dem
deutschen Konsulate auf einem Hügel inmitten der Stadt
erhebt sich ein ganz Söul beherrschender Renaissance=
Palast, das russische Konsulatsgebäude; etwas weiter
östlich fesselt ein Bau im Stil Elisabeths II. das Auge,
an der neben ihm wehenden Flagge als das Eigentum
Ihrer Großbritannischen Majestät kenntlich; ihm stellen
sich würdig zur Seite die japanische Ministerresidentur,
die festungsartig angelegte Wohnung des chinesischen
Residenten und andere mehr.   Über dem ganzen Bilde
schwebt eine zauberhafte Ruhe, die den abgehetzten Kultur=
menschen ungemein wohlthuend berührt, und ich hätte
in diesem Augenblicke, wenn zufällig eine weibliche Ma=
jestät in der Nähe gewesen wäre, in die Knie sinken
und ausrufen können: „O Königin, das Leben ist doch
schön!", wenn — nun wenn Deutschland in Korea in
gleich anständiger Weise vertreten gewesen wäre wie die

anderen Groß= und Kleinmächte. So aber hätte ich die
verführerischste Königin unangeknict stehen lassen und
wäre beschämt wieder in meine Kammer des kaiserlich
deutschen Konsulatsgebäudes geschlichen, denn dieses
Gebäude, welches sich vielleicht zu einem Landkrug im
Kreise Schievelbein ganz gut eignen würde, ist alles
andere als geeignet, das Ansehen Deutschlands — ich
will nicht einmal sagen, zu heben, sondern nur auf der
Höhe zu halten, die notwendig ist, um nicht lächerlich
zu erscheinen. Wo andere Nationen in Gesellschafts=
toilette auftreten, da steht es dem Deutschen Reiche schlecht
an, die Rolle des Aschenbrödels zu spielen.

Nicht das auswärtige Amt in Berlin ist für eine
solche Handlungsweise verantwortlich zu machen, denn
il y a des juges à Berlin, Leute, die wissen, was sich
schickt, und wie es in der Welt aussieht, sondern in erster
Linie diejenigen Reichsboten, die stets verneinen, wenn
Summen gefordert werden für Repräsentationszwecke 2c.
im Auslande. Möge man an Regierungsgebäuden
daheim sparen, soviel man will und kann, im Auslande
darf nicht mit dem Pfennig gesucht werden; denn da
tariert uns eine ganze Nation nach einem einzigen
Gebäude und dem in demselben hausenden Vertreter.
Es giebt gar keine beschränktere Ansicht als diejenige
mancher deutscher Bierphilister, daß Deutschland mächtig
und angesehen genug sei, um auf Äußerlichkeiten Verzicht
leisten zu können. Wenn der deutsche Michel sich ein=
bildet, er könne noch heute a conto des im Jahre 1870
geernteten Ruhmes im Schlafrock oder, wenn es hoch
kommt, im Jägerhemd mit angeknöpften Manschetten
unter den Vertretern anderer Nationen einherlaufen, so

verdient er seinen Namen mit Recht, und wenn unsere
Herren Abgeordneten glauben, die Siamesen oder Ko=
reaner bildeten sich ihr Urteil über uns und unser Vater=
land aus den Treitschkeschen Jahrbüchern, so mögen sie
sich gesagt sein lassen, daß genannte Personen uns
lediglich danach beurteilen, wie der deutsche Vertreter in
ihrem Lande auftritt. Wie die Siamesen aus dem Ge=
bäude der deutschen Ministerresidentur in Bangkok, so
ziehen die Koreaner aus dem des deutschen Konsulates
in Söul folgende Schlüsse:

„Entweder ist Deutschland ein Land, welches nicht
einmal so viel Geld hat wie beispielsweise Japan, oder
aber es läßt es uns und unserem Könige gegenüber
an der Achtung fehlen, die andere Nationen uns und
ihm zu zollen für geboten erachten. In beiden Fällen
lohnt es sich nicht, den Deutschen irgend welche Sym=
pathien entgegen zu bringen."

Nein, meine Herren Landsleute! Glauben Sie mir,
daß für die Vertretung unseres Vaterlandes in der
Fremde gar nicht genug gefordert und gar nicht wenig
genug abgelehnt werden kann. Wollen wir uns mit
anderen Nationen auf gleicher Höhe halten, so brauchen
wir für unsere Vertretungen im Auslande Gebäude,
die der Weltmachtstellung des Deutschen Reiches ent=
sprechen, und in den Gebäuden wiederum Leute, die
nicht nur schwierige Examina, sondern auch eine Kinder=
stube hinter sich haben, Männer mit tadellosen Manieren,
weitem Horizonte und dem festen Willen, die ihnen vom
Reich gezahlten Repräsentationsgelder auch zu dem Zwecke
zu verwenden, zu dem sie bewilligt worden sind; kurzum
Leute von Welt.

Zum Glück ließen mir die Herren des Konsulats nicht lange Zeit, mir mit ähnlichen schwermütigen Betrachtungen über die Beschränktheit eines Teils unserer Volksvertreter, wenn auch nur vorübergehend, mein Leben zu verbittern. Ich wurde zu einem Spaziergang durch die Stadt abgeholt und folgte mit Freuden meinen liebenswürdigen ortskundigen Führern.

Der in den Straßen herrschende Schmutz sollte — so hatte man mir mitgeteilt — selbst denjenigen Pekings weit hinter sich lassen, aber nach den Erfahrungen, die ich in Sóul und mehreren anderen koreanischen Städten gesammelt, kann ich dieser Ansicht nicht beipflichten. Freilich trat ein Mangel an Schmutz und Unrat nirgendwo hervor, und namentlich in den engeren Gassen, zu deren beiden Seiten die übelsten Flüssigkeiten fußtief standen, duftete es nicht gerade nach Lavendel. Aber im Vergleich zu Peking erschien mir Sóul fast wie eine in hygienischer Beziehung mustergültig angelegte Stadt. Außer dem sich in ihnen abspielenden Leben bieten die Straßen Sóuls nicht viel des Sehenswerten, es sei denn, daß man sich durch eine aus der Mitte des fünfzehnten Jahrhunderts stammende Bronzeglocke von riesigen Dimensionen, die in einer der Hauptstraßen in einem niedrigen pavillonartigen Verschlage aufgehängt ist, oder einige wenige vernachlässigte Tempelbauten imponieren ließe. Die meisten Häuser zeigen sich uns von der Rückseite, und wir wandeln daher größtenteils zwischen grauen kahlen Lehm- oder Steinwänden dahin. Daß die Rauchabzüge, wenige Fuß über dem Erdboden liegend, auf die Straße münden, ist ein Umstand, der, wie sich denken läßt, auch keineswegs zur Erhöhung des Genusses einer

Tempel in Korea.

Promenade beiträgt. Tempel sind in der Hauptstadt nur in geringer Zahl vorhanden, die meisten liegen außerhalb der Stadt, und die sonstigen öffentlichen Gebäude, die königlichen Paläste nicht ausgenommen, sind ihrem Äußeren nach wenig anziehend. Anders sieht es schon in den Straßen aus, in denen die Magazine der Kaufleute und die Werkstätten der Handwerker sich in offenen Gewölben aneinanderreihen, oder in denen in Holzbuden und auf freistehenden Tischen Lebensmittel feilgehalten werden. Besonders waren es die Magazine der Pfandleiher — richtige Tröbelbuden, wie sie der selige Mühlendamm in Berlin in Hülle und Fülle aufzuweisen hatte —, die mein Interesse erregten, denn ich fand in ihnen zu wahren Spottpreisen die merkwürdigsten Produkte alter und moderner Industrie, kleine Stahlkästchen mit Einlage von Silber, verschiedene Messing- und Bronzearbeiten, uralte Lederköcher mit Pfeil und Bogen ·· Rangabzeichen der Mandarinen —, allerliebste Messerchen in metallbeschlagener Holzscheide mit seitlich angebrachten metallenen Eßstäbchen, Musikinstrumente, Hüte, Fächer, Laternen, Unterjacken aus Rohrgeflecht, das heißt eine Art Brust- und Rückenpanzer, den die Koreaner im Sommer tragen, um das Durchschwitzen ihrer weißen Gewänder zu verhüten, Pulskühler aus feinem weißen Roßhaargewebe, die, wie bei uns Pulswärmer im Winter gegen die Kälte, hier im Sommer gegen die Hitze angelegt werden und deren Hauptaufgabe darin besteht, die Handgelenke vor direkter Berührung mit den Ärmeln zu schützen, und anderes mehr. Auch die Erzeugnisse der Möbeltischlerei reizten meine Kauflust, doch bekämpfte ich die letztere in anbetracht der Transportschwierigkeiten.

Dagegen erstand ich eine Sammlung koreanischer Kopf=
bedeckungen und eine solche der verschiedensten Produkte
der Papierindustrie; denn Korea ist nicht nur, wie schon
bemerkt, das Land der Hüte, sondern auch das Land
des Papiers.

Es ist kaum zu glauben, was der Koreaner alles
aus Papier herstellt, und nur zu einem scheint es ihm
vorläufig nicht zu dienen, nämlich als Nahrungsmittel.
Der Koreaner könnte ohne Papier ebensowenig leben,
wie der Bewohner Assams oder Burmas ohne Bambus,
wie der Tamile ohne die Palmyrapalme. Er verwendet
es zu all den Zwecken, zu denen wir Europäer es ge=
brauchen, und nebenbei zu hundert anderen. Es dient
ihm in den Häusern in geöltem Zustande als Fußboden=
belag und als Ersatz des Fensterglases, im Freien als
wasserdichte Decke, als Schirm und Hut. Aus alten
Manuskripten werden vorzüglich haltbare Bindfaden ge=
dreht und diese wieder zur Herstellung von Schuhsohlen,
ja, ganzer Schuhe, von wasserdichten Gefäßen, Körben
u. s. w. verwendet. Das Rohmaterial zu diesem in Be=
zug auf Stärke und Haltbarkeit einzig dastehenden Pa=
piere liefert das Holz des Maulbeerbaumes.

Weniger appetitlich als originell erschienen mir die
an offener Straße liegenden Garküchen, in denen vielfach
in Töpfen von der Größe eines Asphaltkessels ein mit
Fleischstückchen zusammen gekochter Bohnen= oder Hirse=
brei brodelte, von dem jeder Lüsterne gegen Erlegung
einiger Cash mit seinem Eßstäbchen direkt aus dem Topfe
so lange naschen konnte, bis ihm der Appetit verging. Da=
neben wurden in kleinen, in den Boden gegrabenen Löchern
Kastanien geröstet, welche reißenden Abgang fanden.

Auf dem Markte sah ich neben kolossalen Mengen
roter Pfefferschoten die herrlichsten Kohlköpfe der Welt,
Bohnen, Erbsen, Kastanien, Nudeln, Kartoffeln, rohe
und gesottene Eier, Rind= und Schweinefleisch, gekochte
Rinderhaut — scheinbar ein hochgeschätzter Leckerbissen
—, Flußmuscheln, verschiedene Arten Fische und sonstige
Seetiere. Die Fische wurden der Mehrzahl nach in
totem Zustande und nicht, wie in China, lebendig in
wassergefüllten Zubern feilgeboten, Taschenkrebse nicht,
wie bei uns, in Körben durcheinander kriechend, sondern
mit Strohhalmen zu langen Reihen zusammengeflochten,
so daß solch eine etwa meterlange Kette einem riesigen
Tausendfuße glich.

An Früchten entdeckte ich nur die orangegelbe Per=
simone, und zwar sowohl in rohem wie in gepökeltem
Zustande.

Weibern begegneten wir verhältnismäßig selten, und
die wenigen, die uns in den Weg kamen, waren ent=
weder alt und garstig, oder aber sie mußten sich durch
einen über den Kopf geworfenen Mantel fast gänzlich
unseren Blicken zu entziehen.

Daß es unter den jüngeren Mädchen des Landes
auch solche giebt, die sich, ohne daß wir dagegen Protest
erheben würden, uns unverhüllt zeigen könnten, steht wohl
außer Zweifel.

Die für den Reisenden interessantesten Vertreterinnen
der koreanischen Weiblichkeit sind unstreitig die Abigails
oder Palastsklavinnen, meist jüngere Weiber, die sich teil=
weise durch Schönheit, ausnahmslos aber durch die
monströsesten Haartrachten auszeichnen, die je erfunden
worden sind, nämlich phantastische Bauwerke aus Men=

23*

schen= und Roßhaar von oft derartigen Dimensionen, daß
eine Katze versucht sein könnte, ihr Wochenbett darin auf=
zuschlagen.

Einen Anblick, den ich nie im Leben vergessen werde,
boten diejenigen Straßen, durch welche heute die Pro=
zession des Königs marschieren sollte. Durch Abreißen
aller sonst den Verkehr hemmenden Baracken und Ver=
laufsstände war die ursprüngliche Breite derselben wieder
hergestellt worden. Die Fahrdämme waren geebnet und
gesäubert, und eine Anzahl Arbeiter war gerade damit
beschäftigt, in der Mitte einen etwa zwei Fuß breiten
Streifen mit weißem Sand zu bestreuen. Allerorten
standen plaudernde Gruppen müßiger Gaffer umher, und
zu beiden Seiten räkelten sich die zum Spalierbilden
kommandierten Soldaten und Polizisten auf dem Boden
herum, sonnten sich oder schnarchten um die Wette. Diese
Soldaten der koreanischen Armee — die Stärke derselben
wurde mir auf siebentausend Mann angegeben — sind
bis auf die Fußbekleidung nach europäischer Art unifor=
miert, tragen runde, rauhe Filzhüte, ähnlich denen der
italienischen Bersaglieri und sind mit Remingtongewehren
bewaffnet. Als Instruktoren dienen ihnen sonderbarer=
weise amerikanische Offiziere. Ich möchte nicht behaupten,
daß sie mir, so wie sie dalagen und sich im Staube
herumwälzten, während ihre schlecht geputzten Gewehre
ohne Aufsicht daneben standen, einen achtunggebietenden
Eindruck gemacht hätten. Ihre eingeborenen Offiziere
— oder waren es diejenigen der Polizeimannschaften —
trugen die alte koreanische Uniform: schwarzseidenen lan=
gen, oberhalb der Füße mit breitem buntem Seidenbande
— denn Knöpfe kennt der Koreaner nicht — geschlosse=

Palaſtſklavin.

nen Rock, an der Linken ein Schwert in Holzscheide mit
herabhängenden Seidenquasten, an den Füßen chinesische
hohe Filzstiefel und auf dem Kopfe einen rauhen run-
den Roßhaarfilzhut, durch eine Schnur haselnußgroßer
gelber und roter Wachsperlen unterm Kinn befestigt.
Von dem Knauf des Hutes hängt nach vorn ein Büschel
Pfauenfedern, nach hinten ein roter Roßhaarschweif
herunter.

Zwischen dem lagernden Fußvolk verteilt, standen,
der Not gehorchend, nicht dem eigenen Triebe — denn
sie würden, wenn sie gekonnt hätten, sich's sicherlich
ebenso bequem gemacht haben wie ihre Kameraden von
der Infanterie —, einige Dutzend Leib-Gardereiter Seiner Majestät des Königs. Nie sah die Welt ihresgleichen! Neben ihren kaum meterhohen, unausgesetzt
um sich beißenden und hinten ausschlagenden, pomphaft
aufgeputzten Ponies standen sie da, gleich soeben von
der Bühne eines Schmieretheaters entlaufenen geschundenen Raubrittern, mit Stiefeln von so kolossalen Dimensionen, daß sie sich weder setzen noch legen, geschweige
sich ohne Hilfe in den Sattel schwingen konnten, Gewändern aus uralten, von Würmern und dem Zähne
der Zeit benagten Brokaten oder schwarzen, mit vergoldeten Stiften beschlagenen mächtigen Schuppenpanzern,
die sie, gleich Zwangsjacken, an jeglicher Bewegung hin-
derten. Mindestens einige Jahrhundert alte rostüber-
zogene Schwerter und stählerne Sturmhauben mit Spitze
und Kettenbehang vervollständigten die Ausrüstung dieser
königlichen Leibgarde. Ich konnte mich gar nicht satt
sehen an diesen ebenso malerisch wie komisch wirkenden
armen Rittern, die gar nicht zu wissen schienen, was sie

mit ihren Gliedern und all ihrer wurm= und rostzerfres=
senen Pracht anfangen sollten.

Doch auch andere Erscheinungen fesseln unsere Auf=
merksamkeit. Von einer Schar singender Trabanten be=
gleitet, an jeder Seite von mehreren Dienern gestützt
und festgehalten, kommt, auf einem, sein vier Fuß hohes
Pferdchen um mindestens einen Fuß überragenden Sattel
balancierend, irgend ein Mandarin vorüber. Auf der
Brust seines dunkelfarbigen Gewandes trägt er eine
etwa sechs Zoll im Quadrat messende bunte Seiden=
stickerei, die, je nachdem er Zivil= oder Militärbeamter
ist, einen weißen Kranich oder einen Tiger darstellt,
während ein seitlich an den Rippen fest anliegender,
vorn und hinten mehrere Handbreit vom Körper ab=
stehender, einem Tonnenbande vergleichbarer, mit Gold,
Silber, Nephrit oder Elfenbein geschmückter Gürtel schein=
bar dazu da ist, den gelahrten Herrn davor zu schützen,
sich seine Verzierungen abzustoßen. Hinter ihm trägt
einer seiner Diener in einem weitmaschigen Netze aus
Papierbindfaden das merkwürdigste Insignium eines
Mannes von Rang, nämlich ein straußeneigroßes, blank=
poliertes rundes Messingtöpfchen, welches den gleichen
Zwecken dient wie gewisse Porzellangefäße, die wir in
unseren Schlafzimmern in neben den Betten stehenden
Schränkchen sorgsam den Blicken unserer Nebenmenschen
zu entziehen pflegen.

Andere Mandarinen, Minister und Hofbeamte leg=
ten den Weg zum Palaste in offenen Sänften zurück,
von deren Rücklehne Leoparden= und Pantherfelle herab=
hängen. Sie trugen vielfach dunkelfarbige geblümte
Seidenmäntel. Unter einigen Sänften, deren Insassen

Hauptstraße und Palastthor in Seoul.

sich durch eine mitraähnliche vergoldete Kopfbedeckung aus Papiermaché auszeichneten, befand sich an einer Stange ein etwa zwei Fuß im Durchmesser haltendes, auf dem Boden entlang laufendes Rad, welches mir durchaus geeignet erschien, den Trägern ihre Arbeit zu erleichtern. Von meinen Begleitern hörte ich, daß die also beförderten Herrschaften der Zunft der Astrologen und Geomanten angehörten, und daß diese berufsmäßigen Schwindelmeier sich im Lande so hoher Achtung erfreuten, daß schlechterdings nichts unternommen würde, ohne vorher ihren Rat einzuholen.

So, mit jeder Minute neue Eindrücke in uns aufnehmend, hatten wir langsam voranschreitend diejenige Straße der Stadt erreicht, die etwa mit den Berliner Linden verglichen werden könnte, insofern wenigstens, als sie zum Palaste des Königs führt und, was ihre Breite anlangt, jede andere Straße Söuls in Schatten stellt. Nach koreanischen Uhls, Dressels, Kranzlers, Felsings, Ashers, nach Hotels, Cafés, American bars sucht man freilich umsonst, denn die Straßenfronten werden ausschließlich durch Kasernen und Beamtenwohnungen in dem uns bekannten Pferdestallstil gebildet. Trotzdem erkennt man auf den ersten Blick, daß man sich im Mittelpunkte des Verkehrs befindet. Ein großes mächtiges Thor am Ende der Straße wird uns als Eingang zu dem Palaste gezeigt, in dem die von seinem Volke heilig gehaltene Person des Monarchen, der Sohn des Himmels, residiert. Den Namen dieses hohen Herrn kann ich dem geehrten Leser Lieber nicht verraten, da er einen solchen erst nach seinem Tode erhält. Zwar ist ihm bei seiner Thronbesteigung vom Kaiser von China

für die Dauer seiner Regierung ein Name verliehen
worden, aber das Aussprechen desselben würde die
schwersten Strafen nach sich ziehen, nur im schriftlichen
Verkehr mit dem Hofe in Peking darf er gebraucht
werden.

Wie in Deutschland bei Schustern und Schulmeistern,
so sind in Korea bei den Beamten aller Rangstufen Brillen
— namentlich solche aus Rauchtopas — ungemein beliebt:
ja, ein Mandarin ohne Brille ist eigentlich kaum denkbar. Ob auch der kleine Mann die Berechtigung hat,
sich ein solches Ding auf die Nase zu setzen, ist mir unbekannt, dagegen weiß ich, daß selbst der höchste Mandarin in Gegenwart des Königs ohne Brille zu erscheinen hat. Je näher wir dem Palastthore kommen,
um so lebhafter wird das Treiben, überall lagern Soldaten mit Hunderten von Fahnen, die in tausend schönen
Farben spielen; zu Roß oder in Sänften ziehen hohe
und niedere Beamte, je nach ihrem Range von einer ge-
ringeren oder größeren, mehr oder minder Spektakel
vollführenden Dienerschaft umgeben, heran, um an den
Thoresstufen abzusitzen und letztere, an jeder Seite gleich
gichtbrüchigen Greisen von einem Diener gestützt, mit
langsam abgemessenem Schritte emporzusteigen, denn so
und nicht anders will es die Sitte, und ein Beamter,
der ohne Unterstützung mit elastischen Schritten einher-
wandeln würde, wäre für die Koreaner ein ebenso uner-
hörtes Schauspiel, wie für uns etwa ein in Trikots ge-
steckter, durch brennende Reifen springender Kultus-
minister. Die Würde seines Amtes lastet — so wird
angenommen — derartig auf ihm, daß er der Unterstützung zweier kräftiger Männer bedarf, um nicht unter

der Last zusammenzubrechen. Wesentlich erleichtert wird
ihm die vorschriftsmäßige Schwerfälligkeit seiner Be=
wegungen dadurch, daß er als Mann von Rang und
Würden bei allen feierlichen Anlässen so viele Hemden,
Hosen und Röcke übereinanderzieht, wie er deren besitzt,
d. h. von jedem vielleicht ein halbes Dutzend. Bedenkt
man, daß alle diese Kleidungsstücke stark wattiert sind,
so wird man es begreiflich finden, daß ein bayerischer
Braumeister in Bezug auf Taillenweite eine Pinie ist im
Vergleich zu einem koreanischen Mandarinen.

Man sollte glauben, daß in einer Stadt, in der
neben einer ganzen Anzahl europäischer Ministerresi=
denten und Konsuln auch noch einige Dutzend Missio=
nare — europäische Kaufleute giebt es in Söul nicht —
ihr Wesen treiben, die eingeborene Bevölkerung über die
Erscheinung eines neuen Europäers ohne weiteres zur
Tagesordnung übergehen würde. Das wird auch in
der Regel der Fall sein; anders mit meiner Person, die
bei den Koreanern annähernd dasselbe Interesse erregte,
welches ich jedem von ihnen entgegenbrachte, nicht etwa
meiner körperlichen Reize wegen, ach nein! sondern
einesteils wegen meiner mit zahlreichen Erinnerungen
an die Studentenzeit bedeckten linken Wange, anderen=
teils aber wegen meiner aus dickem gereifeltem, silber=
grauem englischen Plüschstoff gefertigten Reithosen, die
ich in vorläufiger Ermangelung anderer Beinfutterale
auch heute wieder hatte anlegen müssen.

Wo immer ich ging und stand, bildete sich um mich
eine Korona wißbegieriger Kinder, Männer und Greise,
die meine Schenkel betasteten und sich lebhaft darüber
unterhielten, von was für einem Tiere wohl dieses

sonderbare glänzende Fell stammen möchte. Sie wurden
gar nicht müde, mit der Hand über den Plüsch zu
fahren und sich an seiner Weichheit zu ergötzen. Mit
wahrer Lammesgeduld ließ ich die liebenswürdigen Men=
schen gewähren und entzog mich nur dann ihrem For=
schungsdrange, wenn mir die Sache zu kitzelig wurde.

Pünktlichkeit ist, wie wir aus Büchmann wissen, die
Höflichkeit der Könige. Dieses Wort Ludwigs XVIII.
hat leider für den Orient keine Bedeutung, denn Fürst
und Volk handeln dort gleichmäßig nach dem Grundsatz:
Kommst du heute nicht, kommst du morgen. Auch der
König von Korea ist in dieser Hinsicht kein Ausnahme=
mensch, und so hatte er, trotzdem die Prozession auf die
elfte Vormittagsstunde festgesetzt worden war, um ein
Uhr noch immer nicht geruht zu erscheinen. Hoffen und
Harren macht bekanntlich hungrig. Das verspürten auch
wir deutlich, und da wir keine Lust hatten, gegen das
Knurren unserer Magen taub zu bleiben, andererseits
aber auch — um die Prozession nicht zu versäumen —
nicht zum Frühstück ins Konsulat zurückkehren konnten,
so nahmen wir unsere Zuflucht zu einem Chinesen, der
in einer der vom Zuge berührten Straßen einen Laden
besitzt, in dem man so zu sagen alles haben kann, vom
Richtschwert bis zur Puderquaste. Wir trafen hier
einige japanische Elegants in perlgrauen Hosen und
schwarzen Gehröcken, die uns mit gutem Beispiel voran=
gingen und sich einen Frühschoppen ausgezeichnet schmek=
ken ließen. Der bezopfte Ladenbesitzer sprang mit ver=
ständnisvollen Blicken auch uns sofort mit einigen
Flaschen ins Gesicht, schleppte Brot herbei, öffnete eine
Büchse marinierter Heringe und überließ uns damit

unserem Schicksal. Dem Deutschen vergeht die Zeit nie
schneller als bei Bier und Heringen, und wir bemerkten
daher kaum, daß wir nochmals zwei Stunden durchlebt
hatten, bevor der Ruf ertönte: Der König kommt!

Als wir vor die Thür traten, sahen wir vorläufig
nichts als eine Schar gleich einer vom Fuchs gehetzten
Gänseherde schreiend auseinanderstiebender weißer Gestalten, die von Läufern mit Holzrudern rechts und links
an die Mauer gedrückt wurden.

Nach geraumer Zeit kommt die Spitze des Zuges
in Sicht. Eine Anzahl geschundener Raubritter und
Panzerreiter sprengt, mit Mühe sich im Sattel haltend,
auf winzigen Ponies heran; ihnen folgt, in abgekürztem
Trabe durch einander rennend, eine Abteilung Infanterie
mit vier Posaunenvirtuosen, die mit solcher Begeisterung
in ihre fünf Fuß langen Messinginstrumente hineinblasen,
daß ihnen die Augen aus den Höhlen treten; dann
kommt ein an der Spitze mit einem Fasanenbündel ge-
schmücktes Banner, getragen von einem Offizier. Zu
beiden Seiten desselben laufen Träger mit sechzehn
blauseidenen Fahnen, deren Stangen mit Glocken be-
hangen sind. Hierauf wieder eine Abteilung Infanterie
als Vortrab eines Generals mit gelbem Banner, zu
beiden Seiten Träger der seltsamsten Feldzeichen, als
da sind Lanzen mit roten Roßschweifen, Schirmen,
Dreizacken, buntlackierten Schildern mit chinesischen
Schriftzeichen, Feuerhaken, Hellebarden und Holzrahmen,
die mich lebhaft an die Pfeifengestelle unserer Großväter
erinnerten, nur daß hier die Pfeifen durch mit der Spitze
nach unten stehende Pfeile mit weißen Federn an den
Enden ersetzt waren. Da erscheint zu Roß, das Haupt

bedeckt mit gülbenem Helm, ebenfalls eine gelbseidene
Fahne in der Rechten, der Oberst der Leibgarde, um=
geben von Trabanten mit rotlackierten Säbeln, hinter
ihm zottelt ein Reiter mit mächtigem Dreizack, und
diesem schließt sich der Träger des weißen, schwarzum=
ränderten Reichsbanners an. Dichter Staub verkündet
das Nahen eines neuen Trupps Infanterie. Darauf
rasseln einige kleine, von den Bedienungsmannschaften
gezogene Gatlinggeschütze vorüber. Ein im vollsten
Trabe blasendes und trommelndes Musikkorps in gelben
gazeartigen Gewändern und gleichfarbigen mit bunt=
farbigen Rosetten besetzten Strohhüten fesselt Ohr und
Auge in gleichem Maße wie die nächste Abteilung,
nämlich eine Schar Sänger und Herolde, die das
Nahen des Königs verkünden. Gleich hinter ihnen,
unter Vorantritt eines Trägers mit der Königsstandarte,
gewahren wir eine mit einem Balbachin versehene und
mit rotem Stoff bezogene königliche Sänfte, die aber,
wie man mir bedeutet, leer ist und nur dazu dient, die
Aufmerksamkeit der bösen Geister, die sich — so nimmt
man an —, lüstern wie sie sind, gleich auf die erste
Sänfte stürzen, von derjenigen, in der Seine Majestät
folgt, abzulenken. Nachdem wieder ein Trupp Helle=
bardenträger und Panzerreiter vorübergezogen ist, kommt,
umschwärmt von einem ungeordneten Haufen Fußvolk
mit aufgepflanztem Bajonett, unter rotem, an den Seiten
offenem Balbachin ruhend, der Sohn des Himmels, ein
freundlich und wohlwollend dareinblickender Herr von
etwa vierzig Jahren, angethan mit dunkelrotem Seiden=
mantel, das Haupt bedeckt mit schwarzer, mitraartiger
Mütze. Das Bärtchen, welches die Lippen des leut=

Königliche Prozession in Seoul.

seligen Monarchen einrahmt, könnte höchstens den Neid eines bartsüchtigen deutschen Sekundaners erregen. Laut= los — so verlangt es die Etikette — und scheinbar ohne die geringste Notiz zu nehmen, läßt das Volk die königliche Sänfte vorüberziehen, einige Leute wenden sich sogar ab, um durch ihren Blick nicht die geheiligte Person des Herrschers zu verunreinigen; nur wir Euro= päer lüften den Hut zum Gruße, und durch ein Neigen des Hauptes dankt der König. Unmittelbar hinter der Sänfte Seiner Majestät folgt eine Anzahl berittener fetter Eunuchen in Gewändern von blaugrüner Seide. Ich erfuhr bei dieser Gelegenheit, daß alle diese Herren, von denen man annehmen sollte, daß das Ewig=Weib= liche sie nicht mehr hinanzieht, verheiratet sind, als die eifersüchtigsten Gatten ihre Frauen oft zur Verzweiflung bringen und den ihnen von der Natur versagten Kinder= segen dadurch ersetzen, daß sie Eunuchen im Knaben= oder Jünglingsalter an Kindesstatt annehmen. Riesen= hafte, auf Bahren ruhende Pauken, deren Schläger nebenher springen, werden der Sänfte des Kronprinzen, eines bartlosen blassen Jünglings, der fast die gleiche Tracht wie sein Vater angelegt hat, voraufgetragen, während Diener in weißen Röcken mit grünen Gaze= überwürfen und schwarzen Filzhüten neben= und hinter= herlaufen.

Ein unscheinbarer älterer Herr, auf einem Pony von der Größe eines Neufundländers hockend, ward mir als der Präsident des auswärtigen Amtes mit einem Monatsgehalt von vier Sack Reis, zwei Sack Bohnen und zehntausend Cash (etwa sieben Mark zwanzig Pfennige) bezeichnet. Den Schluß des Zuges bildet ein Trupp geschundener Raubritter unter Führung des eine himmelblaue Fahne schwingenden, einflußreichsten Mannes bei Hofe, eines Lieblings Seiner Majestät, des Generals Han.

Sobald sich das Volksgetümmel verlaufen hatte, traten wir den Rückmarsch zum Konsulate an, um uns dort durch ein kurzes Nachmittagsschläfchen von den Strapazen des Tages zu erholen.

Gegen Sonnenuntergang machte ich allein einen Spaziergang auf den südlich von der Stadt gelegenen Nam Shan, der, teilweise mit Nadelholz bedeckt, schroff ansteigt und die Stadt um mehrere hundert Fuß über= ragt. Ich sah von hier aus, daß die Häuser der Stadt entweder in Hufeisenform oder in Form von Rechtecken gebaut sind und auf diese Weise nach hinten einen offenen Hof bilden.

Die verschiedenen königlichen Palastanlagen mit ihren ausgedehnten Höfen und Gärten, Mauern und Thoren bilden gewissermaßen kleine in sich abgeschlossene Städte. Einer derselben, der sogenannte Neue Palast, in dem der König gelegentlich Hof hält, bedeckt mit seinen Anlagen einen Flächenraum von mehreren hundert Morgen.

Manche Paläste werden nur zu besonderen Anlässen, königlichen Hochzeiten, zur Beherbergung der aus Peking eintreffenden Gesandten u. s. w., benutzt. Der Palast, in dem der König während meiner Anwesenheit in Soul residierte,, der Thoi Hwa Mun, ist von hohen Mauern umschlossen, in welche drei Thore eingelassen sind. Das Hauptthor in der uns bekannten chinesischen Form mit Doppeldach, wird von zwei auf gemauerten

Sockeln ruhenden grotesken Steinlöwen flankiert und hat drei mit bunten Figuren bemalte hölzerne Doppelthüren, von denen wie in Berlin die Durchfahrt durch den Mittelbogen des Brandenburger Thores nur königlichen Wagen zusteht, die mittlere einzig und allein für Seine Majestät geöffnet wird.

Durch das Thor gelangt man nacheinander in zwei gepflasterte, von Beamtenwohnungen umgebene Höfe, von diesen in einen dritten Hof, an dessen Ende auf hoher Plattform sich die königliche Audienzhalle erhebt. Zu beiden Seiten derselben stehen in zwei Reihen je zwölf niedere Säulen, neben denen bei großem Empfange des Königs die Beamten genau nach ihren Rangabstufungen Aufstellung zu nehmen haben.

In einem angrenzenden Hofe steht, auf achtundvierzig Steinsäulen ruhend, inmitten eines Lotusteiches, der Sommerpalast des Königs. Außerdem befinden sich innerhalb der ganzen riesenhaften Anlage noch unzählige andere Gebäude, so die Prüfungshalle, die Halle der Geister, in welcher die Leichenfeierlichkeiten für Mitglieder der königlichen Familie stattfinden, die ausgedehnten Räume, in denen der König mit seiner Familie und seinen Weibern lebt u. s. w.

In einem Lande, in dem wie in Korea die ganze Religion — die meisten Koreaner bekennen sich zur Lehre des Konfucius — eigentlich lediglich im Ahnenkultus besteht, werden den Verstorbenen begreiflicherweise ganz außerordentliche Ehren erwiesen. Stirbt der König, so hat jeder Bürger des Landes siebenundzwanzig Monate lang zu trauern. Diese Trauerzeit zerfällt in zwei Perioden: die der tiefen und die der Halbtrauer.

Die erstere währt so lange, wie die königliche Leiche
aufgebahrt steht, nämlich gegen fünf, die letztere zwei=
undzwanzig Monate. Während der Dauer der Volltrauer
dürfen an den Hausaltären nur Opfer für den ver=
storbenen König gebracht werden; Hochzeiten, Begräb=
nisse, Auspeitschungen und Hinrichtungen haben zu unter=
bleiben; ebenso ist es verboten, Tiere zu töten und Fleisch
zu essen. Diese Vorschriften werden allseitig strengstens
befolgt, doch wird es ärmeren Leuten, die nicht in der
Lage sind, die Leichen verstorbener Angehöriger einbal=
samieren zu lassen, im Sommer aus sanitären Gründen
gestattet, solche zu beerdigen. An festgesetzten Tagen haben
sich für die Dauer der tiefen Trauerzeit die Mandarinen
der einzelnen Provinzen an bestimmten Punkten zu ver=
sammeln und, mit dem Gesicht der Hauptstadt zugewen=
det, offiziell einige Stunden lang zu heulen. Nachdem
von den Astrologen Ort und Zeitpunkt der Beisetzung
der königlichen Leiche ausbaldowert worden ist, wird
der Sarg auf eine Bahre von kolossalen Dimensionen
gehoben und abwechselnd von den Mitgliedern des
Trauergefolges, an dem unter anderen sämtliche Truppen,
Beamten u. s. w. teilnehmen, nach dem meist auf einem
Hügel in der Nähe der Hauptstadt belegenen Begräbnis=
platz getragen. Für jede Königsleiche wird ein neuer
Platz gewählt, auf dem nach erfolgter Beisetzung neben
einem Monument ein Gebäude für die Unterkunft der
mit der Bewachung und Opferdarbringung beauftragten
Beamten errichtet wird.

Bemerkt sei noch, daß kein Unterthan den König
oder dessen Leiche weder mit einem Teile seines Körpers
noch mit einem metallenen Gegenstand berühren darf.

Ein koreanischer Arzt, der sich demnach einfallen ließe, seinem allergnädigsten Landesherrn mit Hilfe einer Pinzette einen Splitter oder sonst etwas aus dem Körper zu entfernen oder einen Absceß zu öffnen, würde sich der schwersten Majestätsbeleidigung schuldig machen und höchstwahrscheinlich schleunigst um einen Kopf kürzer gemacht werden.

Auf der anderen Seite, so erzählt Père Dallet, gilt — falls Seine Majestät die Schuld trifft — für den betreffenden Unterthan die zufällige Berührung mit der geheiligten Person des Königs für eine Auszeichnung allerersten Ranges, und der so Geehrte hat die Berechtigung, fortan zur Erinnerung an den glücklichen Unfall ein rotes Seidenband zu tragen.

Die Sonne war längst hinter den Bergen verschwunden, als ich fröstelnd wieder im Konsulat anlangte. Bald darauf sah ich auf verschiedenen Berggipfeln Feuer auflodern, die ich als Freudenfeuer so lange mit der heutigen Prozession in Verbindung brachte, bis ich vom Konsul Krien dahin belehrt wurde, daß allabendlich nach trojanischem Muster von einem Ende des Königreiches zum anderen — Korea hat etwa das gleiche Areal wie Großbritannien — von Berggipfel zu Berggipfel durch Fanale gemeldet würde, daß Ruhe und Friede im Lande herrsche. Für Zeiten der Not sind ganz bestimmte Feuerzeichen verabredet, so daß man binnen kürzester Zeit in der Hauptstadt von einem etwaigen Aufstande, einem Einfall feindlicher Truppen u. s. w. Kunde erhalten und entsprechende Weisungen erteilen kann.

Erst nach dem Essen erschien Shokra mit dem Gepäck. Der Flußdampfer, mit dem er gekommen war,

hatte sich, wie das gewöhnlich der Fall sein soll, ver=
schiedentlich festgefahren und war infolge dessen erst so
spät in Mapu eingetroffen, daß Soul nicht mehr vor
Thorschluß hatte erreicht werden können. Ein vom Kon=
sulat aus abgesandter Diener hatte ihn an Bord in
Empfang genommen und ihn schließlich ebenso wie die
einzelnen Gepäckstücke mit Hilfe eines Seiles unversehrt
über die Stadtmauer gelotst.

Die Zähne des Jungen, der an Kälte noch gar
nicht gewöhnt war, schlugen wie die Kastagnetten eines
Tarantellatänzers auf einander, so daß wir den kleinen
Kerl schleunigst in die Nähe des Ofens brachten. Aber
selbst am Feuer wollte ihm nicht ordentlich warm wer=
den, und er meinte, als ich fragte, wie ihm das Reisen
hier zu Lande gefiele: „Korea est un pays très froid,
même le feu est froid ici."

Tags darauf hatte ich als zivilisierter Mensch im
schwarzen Rock meine Besuche bei den verschiedenen
fremden Vertretern zu machen, die sich gegenseitig in
Bezug auf Liebenswürdigkeit und Gastlichkeit überboten,
so daß ich gleich einem Salonlöwen in der Berliner
Ball= und Trüffelkampagne fortan für jeden Abend be=
setzt war.

Man verkehrt in Soul in zwangloser Weise, ißt
gut und trinkt oft mehr, als einem bekömmlich ist.

Noch heute denke ich an ein Mittagessen, welches
der russische Minister mir zu Ehren gab und bei welchem,
nachdem man schon bei dem jedem russischen Essen vor=
angehenden Sakuska mindestens ein halbes Dutzend
Schnäpse hatte zu sich nehmen müssen, die Diener aus
Versehen zum Fisch Rum anstatt Moselwein einschenkten,

der denn auch, da er einmal da war, gewissenhaft ge=
trunken wurde. Nach Tische wurde anstatt Bier Wobka
gekneipt, und der Umstand, daß ich dieses russische Na=
tionalgetränk nicht nur nicht verschmähte, sondern sogar
lobte und pries, begeisterte meinen scharmanten Wirt
dermaßen, daß er mich — wiederum nach russischem
Brauch — beim Abschiede mehrfach umarmte und küßte.
Daß ich mich auch des folgenden Morgens mit Freuden
erinnerte, möchte ich nicht behaupten.

Kaum irgendwo ist mir die Zeit so schnell und an=
genehm vergangen wie in der Hauptstadt Koreas. Da
gab es viel des Interessanten zu sehen und zu beob=
achten, so viel des Merkwürdigen zu kaufen und so viel
nette Menschen kennen zu lernen, daß die Tage dahin=
schwanden, man wußte nicht wie. Wie sich denken läßt,
war mir, nachdem ich die Monarchen aller übrigen von
mir bereisten Länder, mit alleiniger Ausnahme des Kai=
sers von China, der eben Fremde — die fremdländischen
Gesandten neuerdings ausgenommen — grundsätzlich nicht
empfängt, persönlich kennen gelernt hatte, daran gelegen,
auch in Söul dem Sohne des Himmels meine Aufwar=
tung zu machen; weniger um mich in den Strahlen
königlicher Huld zu sonnen, als um das beim Empfange
übliche Ceremoniell zu studieren.

Ich war daher auf das angenehmste überrascht, als
mir eines Morgens von unserem Konsul die Mitteilung
gemacht wurde, daß Seine Majestät geruhen wolle, mir
eine Audienz zu gewähren, und daß es demnach geboten
erscheine, mich vorher dem Präsidenten des Auswärtigen
Amtes, von dem wir schon wissen, daß er ein Gehalt

24*

von vier Sack Reis, zwei Sack Bohnen und sieben Mark zwanzig Pfennig monatlich bezieht, vorzustellen.

Wir ließen uns daher noch in selbiger Stunde für den Nachmittag bei dem guten Mann anmelden, und da wir in Erfahrung gebracht, daß Seine Excellenz sich auf das angelegentlichste nach Shokra erkundigt und den Wunsch geäußert hatte, einmal einen schwarzen Menschen zu sehen, so wurde beschlossen, den Jungen mitzunehmen. Nach dem Frühstück bestiegen wir die bereitstehenden Pferde und erreichten nach einem Ritt von etwa zwanzig Minuten — Shokra, der sich als wenig gewandter Reiter entpuppte und sein zwerghaftes Tierchen un cheval très vicieux nannte, nur mit Mühe und Not — den Hof des auswärtigen Amtes, in dem uns von herbeieilenden Dienern die Reittiere abgenommen wurden. Auf einer Steintreppe gelangten wir in einen nach chinesischem Geschmack, d. h. mit Tisch und Stühlen ausgestatteten Raum, in dem uns der Herr Präsident mit freundlichem Lächeln, den Hut auf dem Kopfe, entgegenkam und uns die Hand zum Gruße reichte. Natürlich interessierte ihn Shokra, der in seiner Matrosentracht allerliebst aussah, ungleich mehr als wir beiden Europäer, aber man weiß im Orient, was sich schickt, und wandte vorläufig daher ausschließlich uns seine Aufmerksamkeit zu. Nachdem wir einige Täßchen chinesischen Thees geschlürft, wurden Champagner und englische Bisquits gebracht, und wir stießen mit der alten Excellenz, die auf diese Weise uns zu Ehren mindestens einen ganzen Monatsgehalt verpußte, auf das Vivat, crescat, floreat Koreas an.

Auch Shokra erhielt sein Glas Sekt und seinen Kuchen und wurde von unserem Wirte seiner schönen

Augen, dunklen Hautfarbe und seiner wie Rabengefieder
glänzenden Haare wegen viel bewundert. Die Audienz
beim König, so meinte der freundliche Präsident beim
Abschiede, würde wahrscheinlich am nächsten Tage stattfinden.

Auf dem Rückwege begegneten wir mehreren ver-
hüllten Weibern, denen unter Musikbegleitung eine lebende
Gans vorangetragen wurde. Sie begaben sich, wie mein
Begleiter an dem genannten Vogel erkannte, zu einer
Hochzeit. Die Gans spielt in Korea bei Hochzeitsfesten
eine große Rolle, nicht etwa als Festbraten, sondern als
ein glückbringendes Tier, welches sich im Hause der Neu-
vermählten bis an das Ende seiner Tage eines sorgen-
losen Daseins erfreut.

Schon von dem Augenblicke an, da ich die Hauptstadt Koreas betreten hatte, war mir ein eigentümliches,
beständig die Luft erfüllendes Klappern aufgefallen. Auch
wenn ich zufällig einmal des Nachts erwachte, hörte ich
nichts als das gleiche monotone Geräusch, welches eben-
sogut von einigen tausend Webstühlen, wie von ebenso-
vielen Fleischhackern oder Dreschern herrühren konnte.
Auf Befragen wurden mir die Wäscherinnen als die Ur-
heberinnen des Geklappers angegeben. Nirgendwo in
der Welt nun hatte ich je zuvor Waschfrauen einen solchen Heidenlärm bei ihrem Geschäfte vollführen hören,
und da niemand mir sagen konnte, in welcher Weise
denn eigentlich die Wäscherei betrieben würde, beschloß
ich, der Sache auf den Grund zu gehen. Das war nun
keine so leichte Sache; denn die Räume der Frauen
gelten in Korea als Heiligtum, und der unbefugte Eindringling riskiert daher eventuell die schönsten Prügel.

Das Glück war mir günstig, denn in einem Hause, dessen äußeres Gemach ich von der Straße aus als leer erkannt hatte, sah ich durch eine zweite Thür in einen Raum, in dem mehrere Weiber neben einander am Boden hockten und wie die Verrückten mit kleinen hölzernen Klöppeln in der Größe der bekannten vierkantigen Badethermometer, von denen sie einen in jeder Hand hielten, eine mit weißem Zeuge umwickelte Holzrolle bearbeiteten.

Das Rätsel war gelöst, nicht das Waschen selbst, sondern das Walken der Wäsche war mit dem für Söul so charakteristischen Geräusch verbunden. Die Weiber mußten sich die Arme lahm arbeiten, um durch stundenlanges Klopfen den weißen Gewändern ihrer gestrengen Gatten den nötigen Glanz und die erwünschte Weichheit zu verleihen. Auf den Zehenspitzen, wie ich mich hineingeschlichen, zog ich mich zurück, aber doch nicht vorsichtig genug, um nicht noch im letzten Augenblicke von einem der Weiber gesehen zu werden. Mir einige Komplimente an den Kopf und gleichzeitig die Thür ins Schloß werfen, war für die energische Dame das Werk eines Augenblickes, und ich dankte meinem Schöpfer, daß ich neben dem Kompliment nicht auch noch ein halbes Dutzend Wäscheschlägel an den Kopf bekommen hatte.

Anstatt der erwarteten Ansage zur Audienz wurde einige Tage später aus dem auswärtigen Amte die Meldung überbracht, Seine Majestät seien unpäßlich und daher nicht in der Lage, mich zu empfangen.

An Verschiebungen derartiger Haupt- und Staatsaktionen war ich während meiner langjährigen Reisen im Orient längst gewöhnt worden, namentlich hatte man am siamesischen Königshofe nach dieser Richtung das

Menschenmöglichste geleistet. Außerdem, warum sollte nicht auch der Sohn des Himmels sich einmal den Magen überladen oder einen Katzenjammer haben können. Möglich auch, daß die Herren Astrologen und Geomanten den angesetzten Tag nachträglich für ungünstig erkannt hatten. Genug, ich tröstete mich und dachte, daß aufgeschoben nicht aufgehoben sei.

Als indessen Tag auf Tag verging, ohne daß Seine Majestät etwas von sich hören ließ, zogen wir nähere Erkundigungen ein und erfuhren nun, daß der König auf das Vergnügen, mich kennen zu lernen, endgültig Verzicht leiste, nachdem er erfahren, daß ich – keinen Bart habe.

Daß das Fehlen eines Bartes eine Audienz vereitelt, mag den Lesern dieser Zeilen gewiß mehr als unwahrscheinlich klingen, aber das ändert nichts an der Thatsache. Europäer haben für die Koreaner im allgemeinen und für ihren König im besonderen in der Hauptsache ein Interesse ihrer Bärte wegen, und dieses Interesse steigt ebenso mit der Größe des Bartes, wie es mit der abnehmenden Größe desselben fällt. Da ich nun so glatt rasiert bin, daß eine englische Zeitung, die sich mit der Beschreibung meiner Persönlichkeit befaßte, mich ungestraft als einen gentleman with a somewhat ecclesiastical appearance schildern konnte, hatte ich für Seine Majestät, die gerade einige Tage zuvor ein bartloses englisches Parlamentsmitglied ahnungslos empfangen hatte, jeglichen Reiz verloren; der hohe Herr blieb andauernd unpäßlich, und ich hatte das Nachsehen.

Die Weigerung Seiner Majestät, mich zu empfangen, hatte aber noch weitere Folgen; denn der Herr

Präsident des Auswärtigen Amtes, der sich gewisser=
maßen mit seiner Ehre engagiert glaubte, ärgerte sich
über die Weigerung des Königs dermaßen, daß er sein
Portefeuille niederlegte und sich in die Provinz versetzen
ließ; so wenigstens hörte ich später von dem Vizekonsul
Reinsdorff. Und alles das, weil ich keinen Bart trage.

Vielleicht werden diese Zeilen dazu beitragen, daß
von Berlin aus nur solche Leute als Konsulats=Beamte
nach Söul gesandt werden, die sich nicht nur eines
hervorragend starken Bartwuchses erfreuen, sondern sich
auch kontraktlich verpflichten, von dem Rasiermesser, so=
lange sie in Korea weilen, keinen Gebrauch zu machen.
Übrigens hat sich auch in China der Besitzer eines starken
Vollbartes stets hervorragender Wertschätzung zu er=
freuen, und ich glaube nicht zu viel zu sagen, wenn ich
behaupte, daß unser ehemaliger Gesandte in Peking,
Herr von Brandt, seine außerordentlichen diplomatischen
Erfolge, abgesehen von seinen vielen sonstigen vortreff=
lichen Eigenschaften, auch seinem den Gegenstand all=
seitiger Bewunderung bei den Chinesen bildenden präch=
tigen weißen Vollbarte verdankt.

In Begleitung des von Chemulpo zum Besuch
herübergekommenen Herrn Wolter unternahmen wir
eines Morgens einen längeren Ritt in die Umgebung
Söuls. Durch das Ostthor die Stadt verlassend, trab=
ten wir etwa eine Stunde auf leidlichen Wegen dahin,
bis wir plötzlich, durch aufsteigenden Rauch, Gonggeläute
und Flötengeblase angelockt, vom Pfade abwichen und,
querfeldein sprengend, an einen mit in den Boden ge=
steckten Fähnchen abgegrenzten Platz gelangten, in dessen
Mitte auf einem brennenden Haufen trockenen Grases

die Leiche eines buddhistischen Mönches schmorte. Mönche und Nonnen, beide dem Äußeren nach nur an ihren Kopfbedeckungen zu unterscheiden — die Mönche tragen korbförmige gelbe Mützchen aus feinstem Bambusgeflecht und darüber große sechskantige Bambushüte mit einem wasserdichten Überzug aus geölter Seidengaze, die Nonnen dagegen auf ihrem kurz geschorenen Haar dicke graue spitze Mützen aus ungebleichten Reiswurzeln — standen plaudernd umher und schienen in vortrefflicher Laune zu sein. Wenn auch seit Begründung der heutigen Dynastie, also seit gerade einem halben Jahrtausend, die eigentliche Landesreligion der Konfucianismus ist, so haben sich doch noch einige Überreste des im vierten Jahrhundert nach Christo in Korea eingeführten Buddhismus erhalten, namentlich in Gestalt von Mönchs- und Nonnenklöstern, wie sich solche auch in der Umgegend von Söul in den Bergen finden, und einzelnen buddhistischen Tempeln, die sich in ihrer Bauart von denen in China meist nur durch ihre messingbeschlagenen Thüren unterscheiden. Während der mit einer langen Stange bewaffnete Leichenschmorer in den Flammen herumstocherte, brachten die übrigen Leute Gras herbei oder vergnügten sich mit ihren Musikinstrumenten. Als Herr Wolter, der seinen photographischen Apparat mitgenommen hatte, sie ersuchte, sich einen Moment ruhig zu verhalten, da er ein Bild von ihnen aufnehmen wolle, zeigten sich Mönche und Nonnen gleich photographensromm; auch hatten sie nichts dagegen einzuwenden, daß ich einigen von ihnen die Hüte beziehungsweise Mützen vom Kopfe nahm und ihnen je einen mexikanischen Dollar dafür in die Hand drückte.

Allseitig befriedigt schieden wir von unseren neuen
Freunden, die sämtlich trotz ihres Asketenlebens jetzt
waren wie die Klosterkatzen, und zogen weiter. Bald
ging es in die Berge, und hier entrollten sich Bilder
vor unseren Blicken, über welche ein Landschaftsmaler
vor Wonne Purzelbäume geschlagen hätte, die aber auch
jeden anderen für das Schöne empfänglichen Menschen
mit Entzücken erfüllen mußten. Man konnte sich wirk=
lich nichts Stimmungsvolleres denken als diese lauschi=
gen Haine von Koniferen und herbstlich gefärbten Laub=
bäumen, zwischen denen über Felsgeröll silberklare Bäch=
lein plätschern, während ringsum kahle Granitmassen
sich zu beträchtlicher Höhe auftürmen. An einem dieser,
allem Anscheine nach eigens für lyrische Dichter geschaf=
fenen Plätzchen, in dessen Nähe sich eine größere Tem=
pelanlage befindet, hatte irgend ein frommer Mann ein
allerliebstes Rasthäuschen in chinesischem Stil erbaut, in
dem wir in Ruhe und Behaglichkeit unser mitgenom=
menes Frühstück verzehrten.

Auf dem Rückwege besuchten wir eine auf baum=
umstandener Lichtung gelegene, viele Hundert Jahre alte,
wahrscheinlich königliche Grabstätte in der Nähe des
Mönchsklosters Myo=Wanam. In der Mitte erhebt sich
ein grasbedeckter Hügel, um den eine durchbrochene
Steinballustrade herumläuft, außerhalb derselben halten
lebensgroße steinerne Tiger und Widder Wache, vor dem
Grabe liegt eine schwere, etwa einen Fuß dicke Granit=
platte, und daneben stehen vier in Stein gehauene Pferde,
zwei Priester und zwei Soldaten. Die ganze Grabstätte
erinnert lebhaft an die berühmten Ming=Gräber in der Nähe
von Peking, nur daß letztere unendlich viel großartiger sind.

Rathaus.

Als sehr lohnend erwies sich auch ein Spaziergang auf dem zum Teil noch innerhalb der Stadtmauern gelegenen Nordberg oder Puk Han, von dem aus man die Stadt noch besser übersieht als von Nam Sham. Auf halber Höhe traf ich eine Abteilung Soldaten, die mit Pfeilen nach einer Scheibe schossen. Die Soldaten leisteten wirklich Erstaunliches, denn trotzdem die Entfernung zwischen ihnen und der Scheibe über hundert Meter betrug, wurde letztere von den meisten Schützen getroffen, wohingegen ich bei ähnlichen Übungen in China auf weit kürzere Entfernungen Treffer verhältnismäßig selten beobachtete. Ein besonders glücklicher Zufall hatte es gefügt, daß gerade an dem Abende, an welchem ich den Puk Han bestieg, sich in einem der Höfe des königlichen Palastes die Verteilung der Diplome an diejenigen Studenten vollzog, die bei der alljährlich einmal stattfindenden Prüfung mit Ehren bestanden hatten. Da ich mein Fernglas mitgenommen hatte, so konnte ich die sich im Palasthofe abspielenden Vorgänge fast so genau beobachten, als stände ich auf der Umfassungsmauer des Palastes selbst.

Für den König war ein großes Zelt aufgeschlagen worden, Truppen standen umher, und einige Tausend Menschen wimmelten durcheinander wie auf einem Jahrmarkte. Die eigentliche Feier schien gerade beendet zu sein und Seine Majestät sich zurückgezogen zu haben; denn anderenfalls würde es auf dem Platze wohl weniger formlos hergegangen sein; auch sah ich, daß einzelne Mandarinen sich bereits dem Ausgange zuwendeten.

So schnell ich konnte, rannte ich den Berg hinunter, um an demjenigen Palastthore Aufstellung zu nehmen,

aus dem, wie ich aus den draußen lagernden Dienern
erkannte, die von der Feier zurückkehrenden Beamten und
Studenten herauskommen mußten. Sie erschienen sämtlich im großen Ornat, bestiegen die ihrer harrenden
Sänften und Ponies und zogen truppweise von dannen,
die frischgebackenen Doktoren, ihr in rosafarbiges Seidenstoff gehülltes Diplom in der Rechten; hinten an ihren
Roßhaarmützen waren zwei auf Draht gezogene Blumen-
guirlanden befestigt, deren andere Enden sie mit den
Zähnen festhielten.   Draußen wurden sie von ihren
Verwandten und Freunden beglückwünscht und im
Triumph heimgeleitet. Sie gehören beinahe ausschließlich
dem Adel des Landes an, denn wenn auch gesetzlich
jedermann sich an den Prüfungen beteiligen kann, so
kommt es doch nur selten vor, daß ein Mann ohne
einflußreiche Beziehungen einen Grad, und seltener noch,
daß der also Ausgezeichnete auch auf Grund seines Grades
einen Posten als Beamter erhält. Überhaupt sind die
Prüfungen in Korea nichts als eine Form, denn alles
kommt hier auf Protektion und Familie an, und wenn
sich trotzdem jährlich viele Tausende junger Leute, ohne
die geringste Aussicht auf Erfolg, an diesen Prüfungen
beteiligen, so geschieht das, weil sie eine Reise in die
Hauptstadt damit motivieren und sich ein paar vergnügte
Tage machen können.   Wie im Reiche der Mitte, so
besteht auch in Korea das ganze Studium in einem
Auswendiglernen der Klassiker, aber hier nicht etwa der
eigenen Klassiker, sondern chinesischer, denn Korea hat
keine alte Litteratur, ferner in einem Erlernen chinesischer
Geschichte und chinesischer Schrift, da letztere ebenso wie

die chinesische Sprache überall im Lande im amtlichen
Verkehr gebraucht wird.

Daß der etatsmäßige Gehalt eines hohen koreanischen
Beamten wenig Verführerisches hat, haben wir an den
vier Sack Reis, zwei Sack Bohnen und 7 Mark 20 Pfg.
unseres Präsidenten des Auswärtigen Amtes gesehen;
aber der koreanische Beamte lebt gleich seinem Kollegen
im Reiche der Mitte nicht von dem, was er vom Staate
erhält, sondern von dem, was er dem Volke abnimmt.
Um einen bestimmten Posten zu erhalten, scheut er sich
oft nicht, so viel an Geschenken und Bestechungen zu
opfern, daß sein ganzes Leben nicht ausreichen würde,
diese Opfer wieder aus dem bezogenen Gehalte zu decken.
Es ist daher begreiflich, daß die Herren Beamten, nach=
dem sie von vornherein so viel Geld ins Geschäft gesteckt
haben, nicht nur das Bestreben haben, die Geschäfts=
unkosten möglichst schnell zu decken, sondern auch noch
möglichst viel zu erübrigen. Das geschieht nun dadurch,
daß sie selbst erpressen, soviel sie können, und außerdem
von den Erpressungsgeldern der Unterbeamten gewisser=
maßen ihre Tantieme beziehen.

Weder in China noch in Korea findet daran irgend
jemand etwas Anstößiges, solange die Ausquetschungen
sich in den hergebrachten Grenzen bewegen und der
Beamte nach oben nur die nötigen Prozente abführt.

Daß unter diesen Verhältnissen sich die Wage der
Gerechtigkeit stets nach der Seite neigt, wo sich der
schwerste Geldbeutel befindet, versteht sich von selbst.
Hat weder der Kläger noch der Beklagte Geld zuzusetzen,
so kommt es ganz auf die Laune des über sie zu Gericht
sitzenden Mandarins an, ob der eine oder der andere

oder alle beide ihre Hiebe bekommen. Geständnisse ganz
nach Wunsch des Richters werden nötigenfalls mit Hilfe
aller erdenklichen Folterqualen erzwungen. Ein beliebtes
Mittel, schweigsame Zeugen oder Angeklagte gesprächig
zu machen, ist die Kniebastonnade, bei der der Betreffende
sitzend, auf einen Stuhl festgebunden, mit einem Rohr-
stock auf Knie und Schienbeine geschlagen wird.

Ich war eines Abends vor dem Hauptthore des
Palastes Zeuge einer allem Anscheine nach durchaus
unwichtigen öffentlichen Gerichtssitzung oder vielmehr
Streitschlichtung, bei der der Angeklagte mit gesenktem
Haupte vor dem aufrecht stehenden Richter in der Hucke
saß, während hinter ihm der Ankläger hockte und zu
beiden Seiten je sechs Soldaten ein Spalier bildeten.
Die Sache verlief in diesem Falle ohne Prügel, vielmehr
erfolgte Freisprechung des Angeklagten, was ich daraus
schließe, daß der Richter denselben nach beendetem Verhör unters Kinn faßte, ihn emporhob und seiner Wege
gehen hieß.

Schon in der zweiten Hälfte des Oktobers wurde
es in Söul derartig winterlich, daß in den Zimmern
des deutschen Konsulats trotz beständigen Heizens das
Thermometer kaum über 14 Grad C. stieg. Wir froren
infolge dessen wie die Schneider, und Shokra erklärte
Korea für „un pays mauvais, mauvais“. Hierzu
hatte er unstreitig eine gewisse Berechtigung, denn abgesehen davon, daß er zum ersten Male in seinem Leben
erkannte, was das Wort Winter bedeutet, war ihm der
Kampf gegen die Kälte noch dadurch erschwert, daß die
Koreaner ihm trotz aller Liebe, die sie ihm sonst ent-
gegenbrachten, die einzige Hose, die er zu seinem

Matrosenanzug besaß, gestohlen und es dadurch mit dem kleinen Sansculotten ein für allemal verdorben hatten.

Zweifellos wurde ihm der Abschied von Söul leichter als mir, da ich mich für alle Zeiten der hoch interessanten Tage, die ich in der Hauptstadt Koreas verleben durfte, mit besonderer Freude erinnern werde.

Auf gleichen Wegen, wie wir gekommen, kehrten wir nach Chemulpo zurück, Shokra zu Wagen, ich im Sattel, und wenige Tage später trug uns ein japanischer Dampfer zum Hafen hinaus, um uns nach Fusan und Gensan, zwei Hafenplätzen auf der Ostküste der koreanischen Halbinsel, zu bringen.

Fusan ist von beiden der weitaus bedeutendere Platz und bessere Hafen, der Wert seiner Ein= und Aus= fuhr bezifferte sich im Jahre 1891 auf 3200000 Dollar, wohingegen auf Gensan kaum 800000 Dollar entfielen. In malerischer, von kahlen Bergen gebildeter Meeres= bucht gelegen, bietet die Stadt mit der davorliegenden Hirschinsel bei der Einfahrt ein hübsches Bild. Schon vom Schiffe aus erkennt man an den schmucken am Ufer liegenden Holzhäuschen und einzelnen Gruppen dunkel= grüner Koniferen, daß auch hier die Japaner die Be= wohner des Landes bereits verdrängt haben. In der That ist denn auch die eigentliche Hafenstadt, in der über 5000 Japaner leben — das Reich der Mitte ist nur mit etwa 150 Zöpfen vertreten —, in ihrem Charakter durch= aus japanisch. Überall sieht man japanische Gasthäuser, Kaufläden mit europäischen Schundartikeln oder japani= schen Nachahmungen solcher, mit Porzellanen, Glas= und Steingutwaren, in den Schneiderwerkstätten klappert

die Nähmaschine, in den Friseurläden bearbeitet der japanische Haarkünstler seinen Kunden mit der rotierenden
Rollbürste, vor den Thüren verschiedener Photographen
hängen in Schaukästen die verführerischsten Bilder.
Zahnärzte und Doktoren laden die leidende Menschheit
durch Plakate ein, bei ihnen Heilung zu suchen, und
vor den Häusern sonnen sich schwanzlos geborene japanische Katzen, die in keiner Familie aus dem Lande
der aufgehenden Sonne fehlen dürfen. Und die Koreaner? Sie leben ihrer etwa 30000 abseits von diesem
geschäftigen Treiben und kommen nur, um über Tage
sich als Lastträger einige Cash zu verdienen oder auf
den Fischfang zu fahren, der an der Küste außerordentlich
ergiebig ist. Fleißig und geduldig verrichten sie die
schwere Arbeit des Löschens und Ladens der ankommenden und abgehenden Waren und haben nichts dagegen
einzuwenden, daß die sie beaufsichtigenden Japaner ihnen,
um sich die Kontrolle zu erleichtern, mit Tusche chinesische
Schriftzeichen auf die Wange malen.

Auf dem Fischmarkt, den ich während meines sechs-
tägigen Aufenthaltes jeden Morgen besuchte, waren stets
ungeheure Mengen der verschiedensten Seetiere aufgestapelt, u. a. Haifische, Riesenrochen, Violin-, Schwert-
und Hammerfische, eine bis zu siebzig Pfund schwer
werdende Karpfenart, von den Koreanern totémi genannt, und mächtige Haufen silberglänzender Sardinen,
die aber nicht wie an der Riviera in Öl gelegt, sondern
zu Dünger verarbeitet werden. Daß es zwischen all den
an der Sonne trocknenden Fischen und Haifischflossen,
den faulenden Sardinen und Muscheltieren nur für Leute

mit anormalen Geruchsnerven längere Zeit auszuhalten ist, wird man begreiflich finden.

Im Jahre 1891 wurden von hier für 90000 Dollar gesalzene und getrocknete Fische, für 3000 Dollar Fisch= dünger und für 700 Dollar Haifischflossen nach China und Japan ausgeführt.

Die Zollverwaltung ist die einzige Behörde in Korea, die in der Lage ist, zuverlässige Angaben über ihr Res= sort zu machen; denn sie ist gewissermaßen eine Filiale des unter der Leitung Sir Robert Harts stehenden musterhaft organisierten chinesischen Zolldienstes, dessen Beamte durchweg Europäer der verschiedensten Nationen oder Amerikaner sind. Die in Korea angestellten Zoll= beamten sind der koreanischen Regierung von der chinesi= schen leihweise überlassen worden.

Der Chief Commissioner der koreanischen Zölle war zu meiner Zeit ein Deutscher, Herr J. F. Schönicke, der mir in liebenswürdigster Weise seinen letzten Jahres= bericht (1891) zur Verfügung stellte. Danach ist der Wert des Imports und Exports in den letzten sechs Jahren von 2059585 Dollar (1885) auf 8622812 Dol= lar (1891) gestiegen; die Zolleinnahmen beliefen sich im letztgenannten Jahre auf 549058 Dollar.

Ausgeführt werden in der Hauptsache Reis, Ge= treide und Bohnen, und zwar ausschließlich nach Japan, daneben Rinderhäute und Hundefelle (der Hund wird von den Koreanern gegessen), Fische, eßbarer Seetang, Trepang, Papier u. s. w.

Als Importartikel stehen Baumwollstoffe englischen Fabrikates mit über $2\frac{1}{4}$ Millionen Dollar obenan, da= nach kommen chinesische Seidenstoffe mit $\frac{1}{2}$ Million, und

den Rest bilden europäische Waren verschiedenster Art.
Der Löwenanteil des Importgeschäftes entfällt mit etwa
3 Millionen Dollar auf England, dann folgen Japan
mit etwa 1 Million, China mit 800 000 Dollar, Deutsch=
land mit 250 000, die Vereinigten Staaten mit 190 000,
Frankreich mit 70 000, Holland mit 25 000, Österreich
mit 18 000, Belgien mit 3000 und Rußland mit etwa
1000 Dollar. Trotz seines bedeutenden Handels ist die
Schiffahrt Englands nur mit 1430 Tonnen im Jahre
1891 vertreten, wohingegen Deutschland mit 7657 Ton=
nen, China mit 11 263, Rußland mit 18 893 und Japan
mit 311 754 Tonnen beteiligt ist.

Daß der koreanische Markt von Jahr zu Jahr
größere Bedeutung gewinnen wird, steht außer Frage,
denn alle Reisenden, die das Innere des Landes kennen
gelernt haben, sind darüber einig, daß die Landwirt=
schaft einer großartigen Entwickelung fähig und daß das
Land reich ist an Gold=, Silber=, Blei=, Kupfer=, Eisen=
erzen und Kohlen. Leider aber verpufft der König den
größten Teil der Landeseinnahmen in allerhand Festlich=
keiten und verwendet keinen Cent auf die Hebung des
Verkehrs. Die Wege sind infolge dessen im Innern des
Landes in einer solchen Verfassung, daß es sich für den
Bauer nicht lohnt, mehr Getreide zu bauen, als er für
sich und seine Familie gebraucht, da der Transport
etwaigen Überflusses mit zu viel Mühen und Kosten
verbunden wäre. So kommt es vor, daß zuweilen ein
Distrikt Hunger leidet, während in benachbarten Be=
zirken die Leute gar nicht wissen, was sie mit ihren
Erntevorräten anfangen sollen. Aus dem gleichen
Grunde ist zur Zeit an eine Ausbeutung der verschiede=

nen Minen nicht zu denken, und das einzige heute in
nennenswerten Quantitäten exportierte Metall ist Gold,
welches die Eingeborenen in den Flußbetten waschen.
Dem Handelsberichte zufolge ist für 689078 Dollar
Gold im Jahre 1891 ausgeführt, aber da kein Japaner
Korea verläßt, ohne einige Päckchen Goldstaubes auszu-
schmuggeln, wird angenommen, daß tatsächlich die fünf-
fache Menge Goldes alljährlich aus dem Lande geht.
Immerhin steht zu hoffen, daß der König über kurz oder
lang zu der Einsicht gelangen wird, daß er sein Geld
gar nicht besser anlegen kann als in Verkehrswegen,
Eisenbahnen und Förderung der verschiedenen Metalle,
an denen sein Land so reich ist. Nach dieser Richtung
auf Seine Majestät einzuwirken, scheint mir die Hauptaufgabe der fremdländischen Vertreter in Söul zu sein.

Während meines Aufenthaltes in Fusan war ich
Gast des Sohnes des berühmten norwegischen Dichters
Björnstjerne Björnson, Herrn Einar Björnson, der einen
höheren Posten im koreanischen Zolldienst bekleidet und
ein reizendes Häuschen mit herrlichem Blick auf die
Hafenbucht bewohnt. Nachmittags fuhren wir meist auf
den Fischfang und brachten jedesmal reiche Beute heim.
Nie zuvor habe ich irgendwo in der Welt so wunder-
bares Meerleuchten beobachtet wie bei einer nächtlichen
Bootfahrt in der Hafenbucht von Fusan. Man hatte
die Empfindung durch eine Masse flüssigen stahlblauen
Metalls zu fahren, und konnte mühelos gedruckte Schrift,
die man dem leuchtenden Wasser näherte, lesen.

Japan ist in Fusan durch einen Generalkonsul,
China durch einen Konsul vertreten.

Gensan, welches ich nach einer recht bewegten
25*

Nachtfahrt erreichte, ist der nördlichst gelegene Hafen an
der koreanischen Ostküste. Mit dem an Bord gekom=
menen Zollkommissar Herrn Grundmann, einem Deut=
schen, fuhr ich an Land und besichtigte das friedlich und
anmutig gelegene Städtchen, in dem neben 13000 Ko=
reanern etwa 700 Japaner, 50 Chinesen und 6 Euro=
päer ein allem Anschein nach recht beschauliches Dasein
führen, in welches nur gelegentliche Jagdausflüge, sowie
die Ankunft eines japanischen oder russischen Dampfers
etwas Abwechselung bringt. Für Jäger ist Gensan ein
wahres Eldorado, denn in der nächsten Umgebung ist
neben anderem Wilde der Tiger ein häufig gesehener,
den Eingeborenen recht unwillkommner Gast. Allein im
letzten Jahre wurden über dreihundert Tigerfelle von
Gensan ausgeführt, und ein prächtiges lebendes Exem=
plar wurde mir für 250 Mark zum Kaufe angeboten.
Daneben gehört die Wasserjagd namentlich zur Winters=
zeit, in der es in der Hafenbucht von wilden Schwänen
und Wildgänsen wimmelt, zu den besten des ganzen
Ostens. Herr Grundmann erzählte mir, daß er erst
kürzlich an einem Tage zweiunddreißig Gänse geschossen
habe. Eine derselben, die in Gestalt eines ausgezeich=
neten Bratens bei einem Diner, zu dem mich mein
freundlicher Landsmann eingeladen hatte, auf der Tafel
erschien, hat mich zu der Erkenntnis gebracht, daß eine
gute gebratene Gans auch in Korea eine gute Gabe
Gottes ist. Eine Spezialität Gensans sind ferner seine
vorzüglichen Austern, die den besten holländischen in
keiner Hinsicht nachstehen und zu lächerlich billigen
Preisen in jeder gewünschten Menge zu haben sind.
Wenig appetitlich erscheint mir nur die Art, wie sie

feilgeboten werden, nämlich ihrer Schalen beraubt, in
offenen Körben zu einer quabbeligen Masse vereint.

Die Austernschalen werden namentlich in dem ja=
panischen Viertel als Wegebaumaterial verwendet. Wie
in Fusan, so haben auch hier China und Japan ihre
Konsulate, und die japanische Regierung besitzt in Gen=
san ein zweiflügeliges, dreistöckiges Konsulatsgebäude,
dessen sich kein deutscher Botschafter irgendwo in der
Welt zu schämen brauchte.

Vor meiner Abreise von Gensan stattete ich noch
einem koreanischen Goldkäufer einen Besuch ab. Ich
fand den mit untergeschlagenen Beinen auf seiner Matte
sitzenden alten Herrn in vollster Thätigkeit, vor sich
einen Mörser, in dem er das ihm angebotene Metall
zerstieß, um es auf seinen Quarzgehalt zu untersuchen,
neben sich eine chinesische Wage. Etwa ein halbes
Dutzend seiner Landsleute, die aus dem Inneren ge=
kommen waren und das von ihnen gewaschene Gold in
Papierdütchen bei sich führten, beobachteten aufmerksam
das Zerstoßen und Wägen ihrer Ware. Sie schienen
unbedingtes Zutrauen zu ihrem Abnehmer zu haben
und mit dem von ihm genannten Preise ohne weiteres
einverstanden zu sein; denn das ganze Geschäft wickelte
sich mit wunderbarer Ruhe und ohne jegliches Gefeilsche
ab. Ich erfuhr später in Wladiwostock von einem Herrn
Kustor, einem geborenen Schweizer, ehemaligen Sträf=
lingsinspektor in Sibirien und heute Goldminenbesitzer
daselbst, daß das koreanische Gold bei weitem nicht so
gut sei, wie das sibirische, welches zur Zeit mit 540
Rubeln pro Pfund bezahlt würde, während koreanisches
Gold kaum 300 Rubel erziele. Ich war Herrn Kustor

für diese Belehrung um so dankbarer, als er mir gleich=
zeitig zwei der größten in seiner Wäscherei geförderten
Stücke rohen Goldes als Muster seiner Ware zur freund=
lichen Erinnerung überreichte.

Indem wir nun Korea und damit eines der merk=
würdigsten Reiche der Erde verlassen, seien wir noch
einige wenige Worte über die politische Zukunft des
Landes gestattet.

Je nach Laune der Chinesen von diesen als Va=
sallenstaat oder als unabhängiges Königreich behandelt,
in früheren Jahrhunderten bald von den Japanern,
bald von den Chinesen geknechtet und von jeher ohn=
mächtig, ohne Anlehnung an eine dieser beiden Mächte
auf eigenen Füßen zu stehen, hat Korea nach Abschluß
des russisch = chinesischen Vertrages vom Jahre 1860,
dem zufolge ein Teil der Manschurei bis zum Flusse
Tumen zu Sibirien geschlagen wurde, an Rußland
einen dritten Nachbarn erhalten, vor dem auf der Hut zu
sein es ein volles Recht hat, denn weder für China wie
für Japan hat der Besitz der koreanischen Halbinsel eine
auch nur annähernd so große Bedeutung wie für Ruß=
land, welches in dem berechtigten Wunsche, sich aus
den Fesseln, die ihm die unwirtliche Natur auf allen
Seiten anlegte, zu befreien, sich mit Hilfe der im Bau
begriffenen, in Wladiwostock mündenden sibirischen Bahn
nach dem Stillen Ozean Luft zu schaffen sucht. Während
nun Wladiwostock für nahezu vier Monate durch Eis
von jedem Verkehr abgeschlossen ist, besitzt Korea in
Gensan und Fusan zwei vortreffliche, stets offene Häfen.
Kein Wunder daher, daß Rußland mit lüsternen Blicken
zu seinem schwächlichen Nachbarn hinüberschielt und ihn

unter seine Fittiche nehmen möchte. Zwar hat es sich China gegenüber im Jahre 1886 verpflichtet, unter keinen Umständen koreanisches Gebiet zu besetzen; aber die Weltgeschichte hat genugsam bewiesen, was von solchen Zusicherungen Rußlands zu halten ist.

Ob Japan die Ansprüche, die es früher auf Korea hatte oder zu haben glaubte, später versuchen wird zur Geltung zu bringen, ist eine Frage, deren Entscheidung der Zukunft überlassen bleiben muß.

Korea selbst thut zweifellos weise daran, falls es sich seine heutige Stellung als selbständiges Königreich noch möglichst lange erhalten will, sich ausschließlich an China anzulehnen und gegen die Einflüsterungen fremder Diplomaten, das chinesische Joch von sich abzuschütteln, taub zu bleiben. Auf der anderen Seite wird es aber auch die höchste Zeit, daß die koreanische Regierung zu der Einsicht gelangt, daß mit dem Regieren Pflichten gegen diejenigen, die man regiert, verbunden sind, sonst könnte man doch eines schönen Tages die Erfahrung machen, daß selbst die Geduld des koreanischen Volkes ihre Grenzen hat.

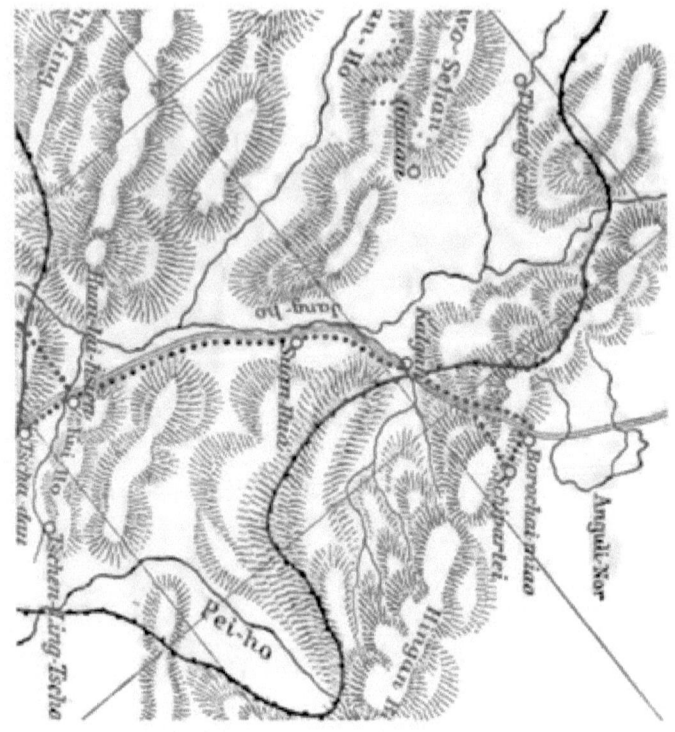

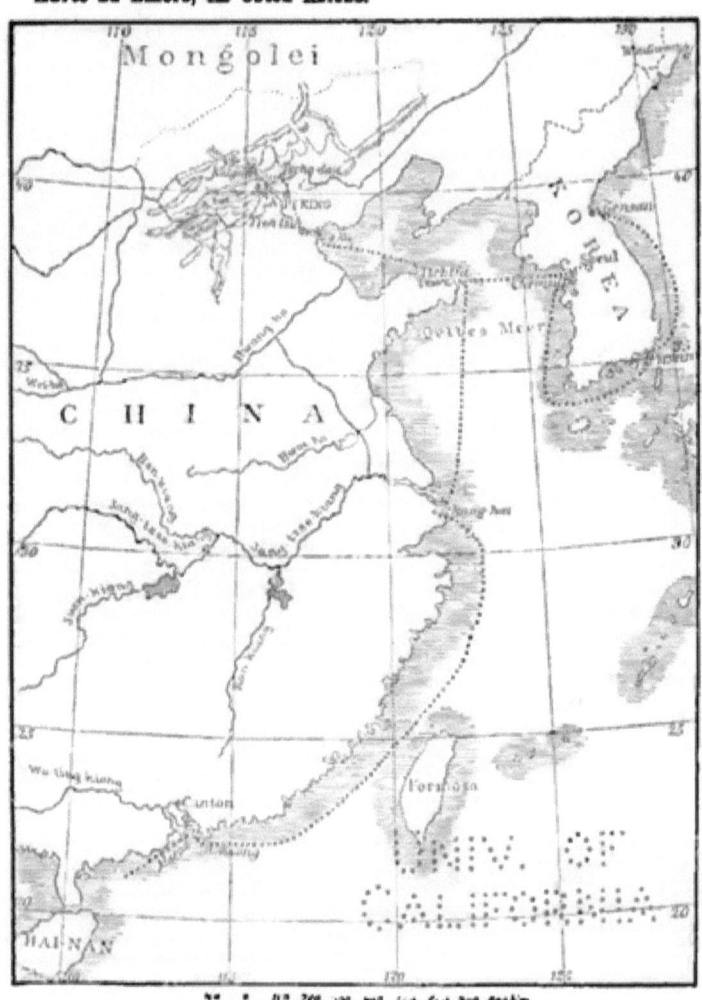